中国博物馆协会博物馆学专业委员会 2020年"博物馆与中国特色话语体系构建"学术研讨会论文集

中国博物馆协会博物馆学专业委员会 编

文物出版社

图书在版编目(CIP)数据

中国博物馆协会博物馆学专业委员会2020年"博物馆与中国特色话语体系构建"学术研讨会论文集/中国博物馆协会博物馆学专业委员会编.——北京：文物出版社，2021.8

ISBN 978-7-5010-7177-7

Ⅰ.①中… Ⅱ.①中… Ⅲ.①博物馆学—中国—学术会议—文集 Ⅳ.①G269.2-53

中国版本图书馆CIP数据核字（2021）第149072号

中国博物馆协会博物馆学专业委员会
2020年"博物馆与中国特色话语体系构建"学术研讨会论文集

主　　编：陈　浩
编　　者：中国博物馆协会博物馆学专业委员会

装帧设计：杭州淘艺数据技术有限公司
责任编辑：刘永海　刘良函
责任印制：张道奇

出版发行：文物出版社
社　　址：北京市东城区东直门内北小街2号楼
邮　　编：100007
网　　址：http://www.wenwu.com
印　　刷：杭州佳园彩色印刷有限公司
经　　销：新华书店
开　　本：889×1194mm　1/16
印　　张：23.25
版　　次：2021年8月第1版
印　　次：2021年8月第1次印刷
书　　号：ISBN 978-7-5010-7177-7
定　　价：480.00元

本书版权独家所有，非经授权，不得复制翻印

中国博物馆协会博物馆学专业委员会
2020年"博物馆与中国特色话语体系构建"
学术研讨会论文集

主 编：陈 浩
编 委：陈 平 陈 浩 侯春燕 蔡 琴（以姓氏笔画为序）
审 订：傅 翼

序

十八大以来,中央高度重视对外话语体系建设,提出着力打造融通中外的新概念新范畴新表述,讲好中国故事,传播好中国声音,增强中国在国际上的话语权。中国特色话语体系是当代中国经济社会发展方式、时代精神和文化传统的表达范式,对内可以引领社会舆论、塑造良好社会政治心态,对外能够捍卫国家文化主权、影响国际舆论。博物馆是集中展现中华优秀传统文化、革命文化和社会主义先进文化的历史文化艺术殿堂,在构建中国特色话语体系中发挥着独特的作用。如何融入国家战略,赋能经济社会高质量发展,并在世界范围内讲好"中国故事",已成为博物馆和博物馆学界亟待解答的重要课题。

因此,2020年10月,由中国博物馆协会博物馆学专业委员会主办,茅山新四军纪念馆和浙江省博物馆共同承办的"博物馆与中国特色话语体系构建"学术研讨会在江苏省镇江市召开。来自全国22个省、自治区、直辖市的38家博物馆、纪念馆、高校以及文博界的知名专家学者50余人参加了此次会议,共同为博物馆发展中中国特色的话语表达建言献策。

受疫情和议题等因素的影响,本次研讨会共收到论文题目及摘要94份,其中形成论文64篇,最终甄选出48篇编入本论文集。入选的论文思路清晰,有理有据,论文作者们围绕"博物馆与跨文化交流"和"博物馆与地域文化"两个分话题,探讨了两个维度下博物馆如何有效参与中国特色话语体系构建,以扎实的理论基础和丰富的实践经验,结合博物馆学、社会学、传播学、心理学等理论,从多个角度为博物馆如何发挥自身优势、参与构建中国特色话语体系提供理论与方法。

《中国博物馆协会博物馆学专业委员会2020年"博物馆与中国特色话语体系构建"学术研讨会论文集》出版在即,希望通过博物馆业内同仁前瞻性的思考与建设性的意见,启发更多博物馆人,使博物馆树立推动和创新中国话语体系建构的自觉意识,为增强中华民族及其优秀文化的全球影响力发挥更大的作用。

中国博物馆协会博物馆学专业委员会主任委员
浙江省博物馆首席专家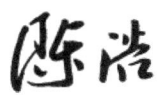

目 录

博物馆与跨文化交流

博物馆参与中国特色话语体系构建刍议	段君峰	4
博物馆藏品在跨文化交流中的作用	唐军富	11
博物馆讲解词翻译与博物馆文化传播	马　楠	17
博物馆在国家形象建构中的作用		
——跨文化传播的视角	盛洁桦	21
从呈现地域文化到融通中外文明		
——全球化背景下区域博物馆展览策略探析	张媛媛	27
发挥地域文化优势　打造中国文化交流客厅		
——浅析湖北省博物馆对外展览打造中国风格名片	黄翀宇	33
翻译目的理论指导下的博物馆外宣翻译		
——以张氏帅府博物馆为例	李晨希	42
共鸣与障碍		
——跨文化传播语境下展览的相关问题及思考	刘晓婷	47
基于中外博物馆太空题材展览差异的反思		
——以中国国家博物馆与伦敦设计博物馆的特展为例	于奇赫	56
聚焦跨文化交流中的接收者		
——博物馆的跨文化交流	李紫真	69

跨界融合 加强展览传播力和影响力

——以湖南省博物馆特展为例谈博物馆展览宣传新实践 ············· 黄志华　75

浅析国际背景下跨文化交流的博物馆展览策展方法 ··················· 蔡　杰　80

浅析中国博物馆对外文化交流中话语体系的基础 ······················ 常嘉意　84

探析异质文化背景下博物馆的跨文化交流

——以大同市博物馆文本英文翻译为例 ····························· 张晶晶　93

体育博物馆的跨文化交流

——以临淄足球博物馆为例 ··· 侯　霞　99

文化逆差下的跨文化传播

——中国博物馆如何建立高效传播体系 ······························ 王　放　104

文物外展中如何克服中华中心主义与东方主义的悖论

——文化外交视野下的博物馆与中国特色社会话语体系 ········· 陈锦航　姚皓杰　董文明　111

我国博物馆"中国表达"意识形态话语体系构建 ······················ 张雨辰　117

异质与本融：博物馆异文化话语体系的困境、消阂及构建 ·········· 赵　好　项　顼　127

中国特色话语体系重构下行业博物馆发展方向研究 ··················· 严方圆　132

博物馆与地域文化

"地域博物馆论"视阈下我国县级博物馆发展模式探究 ·············· 于　晖　144

"京味文化"与博物馆展示方式

——以万寿寺 – 北京艺术博物馆为例 ································· 李　蓓　152

博物馆教育读物创作中地域文化的挖掘与表现

——以《舟山博物馆文物故事读本》为例 ·························· 李飞群　158

从三种关系、三个历史阶段看博物馆与地域文化 ······················ 安俊维　166

地域文化视角下的博物馆研学

——以杭州市区博物馆为例 ··· 胡慧媚　171

地域文化视野下博物馆临时展览的思考

——以西安博物院为例………………………………………………朱歌敏　177

地域文化语境下话语分析理论在陈列语言中的运用

——以安徽博物院《新安江上桃花红：明清时期徽州女性文物展》的策展实践为例

……………………………………………………………………………刘　榴　184

东北烈士纪念馆对东北革命文化的宣传、保护与研究………………衣利巍　191

多元文化维度下的历史文化名人纪念馆（博物馆）的传播与交流

——吴昌硕纪念馆的探索和实践…………………………………邱晓云　199

非国有博物馆建设思考

——以郑州市管城回族区为例……………………………………李　平　206

构建公共博物馆与社区博物馆互动融合发展新格局…………………刘　洪　211

固本守正出新　彰显一方风物

——试述基层博物馆如何突出地域性……………………………刘小梅　217

广域万象　和而不同

——基于副省级城市国家一级博物馆展览学科分类情况的分析研究……吕昌霖　庄松燕　222

基于地域文化的博物馆创新传播研究

——以成都永陵博物馆国乐观念剧《伎乐·24》为例…………赵春昉　250

讲好中国新疆故事　传承弘扬中华文明

——以新疆博物馆社会教育工作为例……………………………张紫琪　257

论博物馆场景与观众的参观行为

——以浙江自然博物院安吉馆为例………………………韦立立　颜　雯　263

略论全球化背景下的博物馆个性发展之路……………………………陈　浩　268

浅谈地域文化在革命纪念类博物馆社会教育活动中的展现

——以韶山毛泽东同志纪念馆为例………………………李　瑛　陈　帅　281

区域博物馆参与中国特色话语体系构建的途径探析 …………………… 张思桐　287

权力网络中的地方政要与公共博物馆
　　——以浙江省西湖博物馆创立为个案的考察 …………………… 任群景　292

试论地方饮食文化在博物馆中的展示
　　——以苏州为例 …………………………………………………… 王程程　298

试论上海中小学生"博物馆研学旅行"供给模式创新 ………… 周婧景　马梦媛　305

试析方言在地方通史展陈中的运用
　　——以晋江市博物馆《晋江历史风景线展》为例 ……………… 陈聪艺　316

陶瓷史构建运动下的博物馆与地方知识
　　——以淄博地区博物馆为中心 …………………………………… 赵　冉　320

新时代区域博物馆参与构建中国话语体系"地方版"初探
　　——以瑞金中央革命根据地纪念馆为例 ………………………… 杨长勇　328

迎接机遇挑战　共筑文化殿堂
　　——平津战役纪念馆通过展览讲好博物馆故事的做法与启示 … 王　悦　335

长三角一体化语境下区域博物馆开放性叙事探究 ………………… 赵甜甜　342

中小型博物馆在地域文化弘扬上的传承创新
　　——以台州市博物馆为例 ………………………………………… 程　龑　353

中国博物馆协会博物馆学专业委员会 2020年"博物馆与中国特色话语体系构建"学术研讨会论文集

博物馆与跨文化交流

博物馆参与中国特色话语体系构建刍议

段君峰（辛亥革命武昌起义纪念馆）

摘要： 博物馆作为中华优秀传统文化的汇聚展示之地，负有弘扬与传承中华优秀传统文化的责任与使命。在中国特色社会主义建设进入新时代、人类命运共同体逐步成为全球共识的今天，博物馆能否及时回应时代需求、充分发挥其职能，很大程度上取决于博物馆能否吸引观众，阐释弘扬优秀历史文化，向世界各国讲好中国故事、传播好中国的声音。博物馆积极参与中国特色话语体系构建，应结合自身工作实际，从展览策划、社教活动等方面着手，加强相关研究工作，增强博物馆的吸引力、提高博物馆的传播力、提升博物馆工作的社会效益，以博物馆特有的方式，参与构建中国特色话语体系。

关键词： 博物馆；吸引力；传播力；中国特色话语体系构建

中国特色话语体系，是与西方话语体系相对而言的。长期以来，西方国家以其强有力的媒体话语权和媒体工具，深刻影响了其他国家，而非西方的话语在国际上常常被漠视。"西强我弱"的局面，与中国特色社会主义文化建设的要求不符、与渐趋世界政治中心的大国崛起地位很不相称，"中国特色的理论、思想、主义、思维方式、价值理念"需要被广泛传播与认可。"世界大国的崛起，不单单是经济的崛起，当国家发展到一定程度，大国崛起其实是文明的崛起、精神的崛起，只有立身于时代文明的制高点，才是真正的崛起。"[1]由此而言，构建中国特色话语体系刻不容缓。近年来，"科学发展观""全面建成小康社会""一带一路""海上丝绸之路""人类命运共同体"等具有中国特色的词语成为人们津津乐道的话题，并得到越来越多国家的关注与认可，可以说，中国特色话语体系的建设取得了初步成效。

很多人可能会认为，中国特色话语体系构建，更多的是意识形态领域的宣传引导，和博物馆的关系好像不大。殊不知，博物馆作为传统文化的载体与传播者，同样肩负着弘扬时代主旋律、满足人民群众日益增长的精神文化需求，参与中外文化交流、传播中华文化的使命。在全面建成小康社会的新时代，传承中华优秀传统文化、增强公众的文化自信，讲好中国故事、传播好中国声音,作为公共文化服务机构,博物馆有着义不容辞的责任与使命。

一、坚定文化自信,中国博物馆大有作为

文化建设是全面建成小康社会的重要一环。传承中华优秀传统文化,坚定全民的文化自信,弘扬社会主义核心价值观,是新时代中国特色社会主义建设的需要,也是实现中华民族伟大复兴的需要,在这方面,博物馆起着重要的作用。

在中国现有的博物馆体系中,涵盖古代历史、近代历史、现当代历史等几个阶段,包括传统文化、近代革命文化(红色文化)、社会主义文化等几大类型,不论是哪种博物馆,都是中华文化源远流长的证明,都是中华文化博大精深的体现。那么,博物馆在坚定公众文化自信方面,有哪些工作可以做呢?笔者认为,可以从以下几方面着手:

一是结合各自主题,推出更多高质量、多元化的展览。展览是博物馆工作的重点内容,也是其发挥社会功能的主要形式。藏品是展览的基础,我国现有5000多家博物馆,绝大部分都各有特色、自成体系,为了更好地发挥博物馆的公共文化职能,每一家博物馆都应该结合自身馆藏及主题,策划推出内容丰富、主题多样的展览。通过形式多样、内容各不相同的展览,向公众展示博大精深的中华文化,满足更多群体、不同年龄阶段、不同知识背景观众的多元文化需求。通过多元的展览内容,满足多元的观众需求,展示中国人民丰富多彩的小康生活。

二是结合时代特点,加强与观众的沟通。"以观众为中心"是博物馆界深入人心的服务理念,但要真正做到以观众为中心,并收到很好的效果,仍然需要博物馆人做出更多艰辛的探索。

在需求日益多元化、信息传播网络化、自媒体高度发达的今天,传统的展览方式已无法收到更好的效果,与观众的沟通与对话方式也需要跟上时代。在新冠肺炎疫情期间,在国家文物局的组织下,中国博物馆积极探索云展览、云直播,使宅在家的民众足不出户即可欣赏展览,既鼓舞了全民的抗疫士气,也丰富了民众的精神文化生活,引起了积极的社会影响。特别是随着5G时代的来临,信息传播技术的升级,很可能会进一步为博物馆的文化传播带来挑战与机遇,也会为拉近博物馆与观众间的距离带来便利。

三是加强文创产品研发,让公众看得见摸得着传统文化。文化因流传而具有生命力,流传要从生活入手,与人们日常生活密切相关的文化才更有生命力。因此,传承弘扬优秀传统文化,也要从日常生活入手,让无形的传统文化融入当代生活。不论是传统历史文化,还是近现代文化、社会主义文化,都有很多可以进行文创开发的素材。加强文创产品研发,一方面要加大对传统文化的研究挖掘,从中发现可资利用的元素;另一方面,则是要结合时代特点与需要,研发出有创意、有市场的文创产品;同时,要进一步提高文创产品的质量,摆脱很多文创产品廉价低质的形象。

二、加强国际传播,中国博物馆应该发出自己的声音

中国自古就有收藏古物的传统,但没有产生现代意义上的博物馆,中国现代意义上博物馆的出现是学习西方的结果。清末新政时期,很多驻外使节在参观了西方国家的博物馆后,向国内介绍这一新鲜事物;国内有识之士基于防止中国文物的海外流失及普及传统文化、启

迪民智的考虑，力请清政府建立自己的博物馆。在清政府无力顾及这一问题的背景下，1905年，张謇在南通成立了中国第一家博物馆——南通博物苑。自此之后，中国的博物馆几经坎坷，但总体上呈发展之势，特别是中华人民共和国成立后，博物馆事业得到了系统性的重建与全面发展，截至2019年年底，全国已备案博物馆达5535家。

中国博物馆从诞生之日起，就深受西方博物馆理论与实践的影响，这一方面是由于近代中国的贫穷落后，无论是自然科学还是社会科学，都远远落后于西方；另一方面，中华人民共和国成立前，中国博物馆缺乏稳定的发展环境，清末国力衰弱，辛亥革命后局势一直动荡，加上后来的抗日战争、解放战争，中国博物馆的发展举步维艰，缺乏相应的理论与实践积累。中华人民共和国成立后，一段时间内，我国的博物馆发展深受苏联博物馆理论的影响，仍然缺乏自身的特色。改革开放以后，我国博物馆与国际博物馆界的交流日益增多，成为中国文化走出去的一个重要渠道，对传播中华文化、增强中国文化的世界影响力发挥了重要的作用。

不可否认的是，在西方话语主导的大背景下，我国博物馆界在博物馆理论与实践方面仍然受到国际博物馆理论的影响。生态博物馆、社区博物馆等新兴的理论皆由国外传入，在博物馆学方面，一些前沿领域，我国博物馆界目前还缺乏系统深入的思考。当然，在全球化进程下的今天，闭门造车并不可取，但中国博物馆应该以习近平新时代中国特色社会主义理论为指导，不断发出自己的声音，结合中国国情和中国博物馆要承担的使命，构建中国特色博物馆理论，以富有中国特色的博物馆话语，在全球化时代讲好中国故事、传播好中国声音，为构建中国特色理论体系、建设文化强国做出应有的贡献。

讲好中国故事、传播好中国声音，中国博物馆应该深化对外交流，更积极主动地参与到对外文化交流中去。中国博物馆深入对外交流合作，一方面，要逐步变以文物输出为主到以文化输出为主，不能简单地把文物送出去展示，要进一步加大文化输出的力度，向世界各国讲述更多文物背后的故事，以及文物故事中所蕴含的中华文化精神。另一方面，要进一步丰富交流方式，加大相关文创产品的输出，让更多人看得见、摸得着、用得上中国文化产品，增加国外公众对中华文化的感知度。

与此同时，中国博物馆的专家学者们，应该紧密结合中国博物馆的发展实际，梳理中国博物馆发展历程，总结中国博物馆发展经验，结合国际博物馆学界关注的热点、难点问题，明确提出中国博物馆的发展理念、具体做法与经验，提出中国博物馆对相关问题的解决方案。积极参与国际博物馆界的学术交流与探讨，提出中国博物馆学界的理论主张，为博物馆理论的不断发展提供中国智慧，为博物馆的可持续发展做出中国的理论贡献。

三、突出特色，博物馆参与中国特色话语体系构建的路径与方法

博物馆有着自己的语言特色，"博物馆话语是以博物馆馆藏资源为基础，以展览、活动等形式为载体，借助不同的展示、传播手段，传播出具有多层次文化内涵的信息。[2]"参与中国特色话语体系构建，博物馆应该结合自身工作特点与特色，通过博物馆特有的方式，为中国特色话语体系构建做出自己的贡献。

（一）陈列展览

陈列展览是目前博物馆发挥其职能的主要

方式。展览质量的高低，直接影响到观众的参观体验与展览的社会效益，而如何组织一个高水平、高质量的展览，除了策展工作之外，还有很多环节需要考虑。比如展览的主题能否吸引观众？展品的选择能否凸现主题？对展品的解释说明是否恰到好处？讲解员能否以适当的方式引导观众去品读、理解展品的文化内涵？展厅的布置能否营造让人舒适的氛围？……这些问题涉及博物馆的藏品研究、陈列展览、参与展览设计与布展的公司、展览讲解等工作。一个好的展览，首先要能吸引观众，不能引人注意、无法吸引观众的展览，无疑不是一个好展览，因为如果没有观众的参与，展览就无法发挥其社会文化效应。当然，在目前的条件下，很多进入博物馆的观众，并不是主动来的，而是跟着旅行团、被导游带进来的。尽管如此，展览质量的高低，还是会影响到观众的参观体验。

说到参观体验，从观众的角度而言，什么样的展览才是好展览呢？单霁翔先生认为，能吸引观众的展览才是好展览。目前能够吸引大量观众的展览，大多还是依靠具有特色的文物或藏品，来策划展览、吸引观众。展品有特色，是一个展览能否吸引观众的核心竞争力。文物是博物馆工作的基础，由此角度而言，藏品就是展览的核心所在。我国的博物馆众多，主题各不相同、藏品各具特色，从现有的体制机制而言，藏品多是相对固定的，虽然各家博物馆都在不断征集扩充自己的藏品，但总体风格上已基本成型，这方面的自由度不大。那么，如何在文物或藏品基本固定的前提下，组织策划一个高质量的展览，这是博物馆办展水平的试金石。无疑，对文物或藏品比较丰富的大馆而言，主题选择的自由度稍大，藏品选择也很丰富，但对很多规模较小的博物馆而言，如何紧密结合自身主题特色、充分挖掘利用馆藏资源，就是一项值得思考的工作了。

（二）藏品研究

文物藏品是一家博物馆的基础，藏品的种类决定了这家博物馆的主题，藏品的多寡则又决定了这家博物馆展览的丰富程度。博物馆藏品的征集，首先要贴合本馆的主题，不断丰富馆内主题藏品，为深化藏品研究、丰富展览元素奠定基础。同时，文物征集要坚持系统化的原则，系列化的藏品更利于后期藏品的研究与利用，也有利于丰富馆藏资源。其次，文物征集还应该明确目的，这里说的目的，是指博物馆在文物征集工作中应尽量结合自身主题与特点，避免蹭热点。比如今年的抗击新冠肺炎疫情，很多博物馆，甚至档案馆都在征集抗疫物品，而不管自身主题是什么。及时征集收藏抗疫物品非常必要，但众多博物馆蜂拥而上的结果，一方面是分化了文物资源，抗疫物品种类有限，导致原本可以相对集中收藏的物品分散多处，不利于后期的策展布展工作，可能很多博物馆都有一部分，但又都不够系统，无法利用，造成资源浪费；二是造成展览同质化、千篇一律、缺乏特色，很难吸引更多的观众，也不利于宣传抗疫精神。

好的展品无疑会给展品圈粉无数，但仅有几件好展品，还不足以达到传承弘扬优秀传统文化的目的。即使是很多著名博物馆的镇馆之宝，其蕴含的历史文化信息，也需要通过通俗易懂的语言、引人注意的方式表达出来，并引导观众去学习、去思考，这样才能使观众真正从展览中体会、感悟优秀传统文化，不断增强文化自信、自觉践行优秀文化传统。这就对博物馆的藏品研究、展览文字说明工作提出了更高的要求。一家博物馆的藏品多少短时间内无法被改变，但充分挖掘、研究藏品，深入透彻阐释藏品背后的历史文化信息，却是每一家博物馆都应该做到的。研究工作是博物馆工作的一项重要内容，与高校等科研机构不同，博物馆的研究对象更多的是文物和观众，在文物藏品和观众之间搭建沟通交流的桥梁与纽带，这是博物馆研究工作应该坚持的基本原则，坚持以观众为中心，在博物馆研究工作中就是要建好这种桥梁，一方面充分、深入地了解文物蕴含的历史文化信息，完整正确地解读文物藏品；另一方面，又要考虑观众的文化需求，研究如何更好地满足观众的特定文化需求，这里的特定文化需求，是指观众到特定的博物馆时的心理预期，即观众到一家博物馆之前想要达到的目的或需要完成的目标。

（三）社教活动

举办社会教育活动是博物馆发挥教育职能的重要工作。相较于展览，社教活动内容更丰富、形式更灵活多样，现在很多博物馆都会结合传统节日、重要时间节点，组织开展相关社教活动，很受欢迎。博物馆的社会教育活动得到越来越多的关注，这一方面是由于国家对传统文化越来越重视，坚定公众文化自信日益成为新时代中国特色社会主义文化建设的重要目标，而作为传统文化物质载体的汇聚之所，博物馆的教育功能与地位日益受到重视；另一方面，博物馆要承担新时代的文化建设使命，也必须日益关注并走向社会。

现在，很多博物馆成为爱国主义教育基地、文化交流基地，博物馆与学校、社区等社会机构的联系越来越多、交流合作也越来越多，这既是博物馆顺应时代需求、完成自身使命的要求，也是博物馆自身不断发展的必要之举。在新的时期，博物馆的社会教育活动要进一步结合自身主题与特点，同时结合时代需要，不断丰富教育活动的内容与形式。2020年上半年，受新冠肺炎疫情影响，全国绝大部分博物馆都未能正常开放，在国家文物局的组织领导下，众多博物馆组织了云展览、云直播，并通过小视频，结合各自主题与特色，宣传抗疫人员的"逆行"身影、动人故事，丰富了疫情管控期间老百姓的精神文化生活，传播弘扬了正能量、鼓舞了全民的抗疫士气。

四、抓住重点，博物馆参与构建中国特色话语体系应该注意的问题

与其他宣传机构不同，博物馆参与中国特色话语体系构建，必须立足传承弘扬优秀传统文化、结合时代文化建设需要，坚持创造性转化、创新性发展，赋予优秀传统文化以新的时代内涵。对中华优秀传统文化进行创造性转化、创新型发展，赋予优秀传统文化以时代内涵，是博物馆行业发挥自身教育功能、弘扬传统文化的必要之举，也是参与构建中国特色话语体系构建的必由之路。笔者认为，参与中国特色话语体系构建，博物馆应重点从以下几个方面加以考虑：

（一）增强博物馆的吸引力

如何吸引观众？这是每一家博物馆都在思考的问题。除了独具特色的文物藏品，博物馆能做的可能就是在展览或活动的形式上更加多样，采用新的科技产品，打造令观众耳目一新的互动或者体验项目。同时，各家博物馆也都抛弃了"好酒不怕巷子深"的传统理念，积极通过传统以及新媒体，大张旗鼓地宣传自己，展示珍贵的文物、推广馆内的活动、宣传自己的工作成就，并大力通过与观众（游客）的互动，来强化观众的参观体验，试图提高观众的回头率、提升自己的口碑与形象。

利用新的科技与媒体技术、加大宣传力度，

无疑会给博物馆带来更多的观众与关注度，但在大的潮流之下，如何彰显自身特色、真正抓住观众的兴趣点，还是需要博物馆从业人员不断做出新的探索与尝试。笔者认为，在现有的工作模式之下，博物馆要进一步增强创新意识、提高创新能力，只有不断地推陈出新、不断地超越过去，才会有更大的进步。

（二）提高博物馆的传播力

传播力指的是传播的效力和影响[3]。博物馆的传播力，是指博物馆的文化传播能力与传播效果，或者说博物馆文化传播的效力和社会影响。如上所述，当下的博物馆都很重视宣传自己，积极通过网站、微博、微信公众号、客户端等展示自己、推广自己。博物馆的社会知名度，可以说是博物馆传播力的晴雨表，知名度越高，说明这家博物馆的传播力越强，反之亦然。如何进一步提高博物馆的传播力？对这个问题，笔者认为，抛却技术层面的东西（这个大同小异），更重要的还是先了解影响博物馆传播力的因素有哪些？

影响博物馆传播力的因素主要包括内容与方式两大方面。就内容而言，由于各家博物馆主题不同，各自宣传的重点自然也有差异，但对宣传内容的质量追求则是相同的，不论是展览、讲座、社教活动还是媒体的宣传，在具体的工作中，都要对相关工作的内容进行严格的审核，确保传播内容的准确、可靠、科学，同时，也要兼顾可读性，使观众乐于、易于接受博物馆所传达的信息。就形式而言，要不断增强创新意识，不断丰富博物馆展览、讲座、社教活动的具体开展方式、扩大博物馆传播受众的覆盖面，让更多的人可以接收到博物馆推送的信息。

（三）扩大博物馆的影响力

扩大博物馆的影响力，以增强吸引力、扩大传播力为基础，同时，博物馆的影响力扩大，也会促进博物馆影响力、传播力的提高。扩大博物馆的影响力，目的在于让更多的人了解博物馆、走进博物馆，从而欣赏、感悟、认同、践行中国文化，实现博物馆的当代价值。

博物馆的影响力来自于博物馆自身，既有客观因素，也有后期发展的影响。客观因素包括自身的馆藏资源、建筑特色、占地面积大小等，这些短期内难以改变。后期发展的影响因素包括展览、社教等活动的质量与社会反响、宣传力度与效果、社会各界的参与度等。如上所言，博物馆的吸引力、传播力直接影响到博物馆的影响力，从这个角度而言，博物馆应该不断加强自身建设，提高自身的公共文化服务能力与水平，在此基础上加大宣传力度、积极关注现实、参与社会建设，不断扩大博物馆的影响力。

博物馆参与中国特色话语体系建设，既是义不容辞的时代使命与责任，也是实现博物馆当代价值的重要途径。不断强化自身建设，提高公共文化服务能力与水平，是博物馆参与中国特色话语体系的前提与基础。增强自身吸引力、提高传播力、扩大影响力，是博物馆参与中国特色话语体系建设应该着重加强的地方。主动、积极参与国际文化交流与合作，在国际博物馆学界发出中国声音、宣传中国经验、提出中国方案，是中国博物馆走向世界的必要路径。

【注释】

[1] 人民论坛"特别筹划组":《中国特色话语体系构建之二 主流话语权旁落之忧——党报传播力解剖》,《人民论坛》2012年第13期。

[2] 周颖:《文化自信语境下博物馆展示展陈话语的建构》,《传播力研究》2019年第12期。

[3] 张宏:《中国出版走出去的话语权和传播力构建》,苏州:苏州大学出版社,2015年,第22页。

博物馆藏品在跨文化交流中的作用

唐军富（八路军桂林办事处纪念馆）

摘要：博物馆是各地地域性代表性文化，即异质代表性文化的汇聚点，而藏品则是地域代表性文化的物化象征。在跨文化交流活动中，博物馆扮演着不可或缺的角色，因此，博物馆藏品在跨文化交流活动中起着非常重要的作用。这些作用表现为：搭建起不同文化、不同文明平等对话的平台；促进不同文化之间的交流和理解，增进世界对中国历史文化的了解；扩大中华文化在国际上的影响力，更好地构建中国的国际话语权等。其最终目的在于讲好中国故事，在国际体系中传播具有中国特色的理念价值。

关键词：博物馆藏品；跨文化交流；作用

当前的中国，正日益走近世界舞台的中央，在经济、信息融入全球的同时，中国与其他国家、社会之间的跨文化交流日趋频繁。在跨文化交流活动中，突破西方发达国家对话语权的主导，构建具有中国特色话语体系，"不断增强意识形态领域主导权和话语权"[1]，是当下中国哲学社会科学界的重要任务。博物馆作为地域性或民族性文化的标杆，毫无疑义在跨文化交流活动中占据特殊的位置。而藏品是博物馆存在的根本前提和物质基础，也是博物馆开展对外文化交流，讲好中国故事的最重要的资源。因而，博物馆藏品在跨文化交流，特别是在努力构建中国特色的博物馆话语体系的过程中，有着无可替代的作用。

一、促进不同文化、不同文明平等对话

世界是由众多的国家，众多的民族组成的。每个国家、每个民族都有自己的独特历史、独特的文化传统和文明。这些文化传统和文明没有高低贵贱之分，而是全人类共同的精神遗产的组成部分。因而，不同文化、不同文明的平等对话，是开展跨文化交流的基本前提。博物馆，作为各个地域和民族的文化传统及文明的传承者、传播者，收藏着众多体现不同民族、不同国家的文化、文明的文物藏品。故此，博物馆在促进不同文化、不同文明间的平等对话的过

程中，有着得天独厚的优势。相应地，博物馆也就肩负起促进不同文化、不同文明间的平等对话的重要使命。

首先，文物藏品能够增强人们的文化自信。在跨文化交流中，平等的对话，需要在文化自信和强大的文化认同的基础上展开。尤其是处于弱势的国家和民族的人们，更需要对本国、本民族优秀的文化和文明的自信、自立，才能与强势的文化，特别是以西方为中心的文化进行平等的交流。如果没有文化自信，更多地会产生文化上的自卑，而怀有文化自卑的人们则是无法与其他文化和文明开展平等的接触、交流和对话。要增强和提升文化自信，就须重建对本民族优秀传统文化的自信。而在体现一个民族优秀传统文化的外在表现物上，文物藏品则当仁不让地处在重要的位置。因为文物藏品是人类从事物质文化和精神文化活动的结晶，反映一个国家或一个民族在传统文化和文明发展方面的历史轨迹。文物藏品所蕴含的价值理念和独特的传统文化魅力，可以通过各种新颖的、符合人们心理倾向的、互动式的传播手段，激发人们对文物藏品的深度了解和融合，将文物藏品所包含的进步的价值观、人生观、世界观内化于心，从而产生历久弥新的文化自信。

其次、文物藏品可以让公众更多地了解不同文化、不同文明的深刻内涵，从而认识到尊重多元文化，保护文明多样性的重要，为不同文化、不同文明之间的平等对话营造一个良好的社会氛围。要促进不同文化、不同文明的平等对话，其中一个最基本的前提就是文化的多元性、文明的多样性的存在。现在，随着全球经济的深度融合，科技的发展，强势文化，主要是西方文化，给弱势文化和世界其他地区的民族文化造成巨大的冲击，出现"文化趋同性"的危机，文化的多元化和文明的多样性面临严峻挑战。国际社会要求保护多元文化的呼声高涨，认为不同文化、不同文明的平等对话是促进发展和维护和平的最佳保障。博物馆是文明多样性的保存者和多元文化交流的重要场所之一，体现多元文化的文物藏品是博物馆与公众沟通的桥梁和媒介。博物馆可以经常性地举办引人入胜的文物藏品展览，以平等、包容、多元为理念，开展文化多元化教育，持续向拥有不同文化或文明背景的人群，传播文化多元化保护与发展的价值，使那些长期受到忽视的传统文化和文明获得应有的尊重。其目的在于唤醒公众致力于弱势传统文化和文明的保护，提升社会大众与不同文化、不同文明平等对话的意愿。

最后、文物藏品所展现的文化及文明之间交流互鉴的特征，是现时开展不同文化、不同文明平等对话的优势所在。在人类历史上，交流互鉴是文化和文明发展的重要推动力。"文明因多样而交流，因交流而互鉴，因互鉴而发展。"[2]文化和文明只有在相互触碰、交流和对话中才能发展起来。而博物馆所收藏的文物藏品中，很多藏品其实就是历史上不同文化、不同文明对话和交流的结晶，展示了各种不同文化、文明之间的相互学习、借鉴及共同发展。例如，2019年4月11日，中国国家博物馆与日本、柬埔寨、俄罗斯等十二个国家的国家级博物馆合作，举办了《殊方共享——丝绸之路国家博物馆文物精品展》，展出精美文物234件，充分显示了这些国家在文化、科技、艺术上的融合互鉴，交汇碰撞。又如阿富汗的蒂拉丘地遗址，出土了众多的金、银、宝石等材质制作的宝藏。这批文物将中国、波斯、西亚等多种文化传统和艺术风格融合在一起，表现出了独特的跨文化交流特征，是迄今为止丝绸之路上最伟大的考古发现之一。因此，博物馆应努力将文物藏品蕴涵的文化多样性的特质传播给公众,让公众认识到不同文化和文明间相互对话、学习、借鉴,在推进共同发展的同时,能够维护和促进文化与文明的多样性。

二、致力中华文化的传播,讲好中国故事

在跨文化交流中,每个国家、每个民族都希望通过交流对话来展示、传播自身的文化,提升和扩大自身文化的影响力。对于现时的中国来说,跨文化交流的努力方向就是推动中华文化走向全球,向世界"展现真实、立体、全面的中国"[3]形象。要做到在跨文化交流中传播中华文化,讲好中国故事,其中的关键是宣传介绍源远流长的中华传统文化。中国博物馆馆藏的文物精品,既具有历史价值和审美价值,又具有思想价值和当代价值,承载着民族文化,体现了中国智慧,是中华优秀传统文化的代表性载体之一。更重要的是,文物藏品具有超越时空,跨越地域国度的特性,因而能够在跨文化交流中起到重要的桥梁作用。从这个角度来说,传播中华文化,讲好中国故事,是以文物藏品为基础的中国博物馆义不容辞的责任。为此,博物馆需要努力做好以下工作。

第一,深入阐释文物藏品的历史文化内涵和现代价值意义。要发挥博物馆文物藏品传播中华文化、讲好中国故事的作用,就需要对文物藏品所蕴藏的丰富的历史文化内涵进行认真研究,挖掘出具有当代价值的文化精神和人文品质,特别是文物藏品背后的正能量故事,提炼出其体现优秀传统文化的精神标识、文化精髓。只有在对文物藏品深入研究、挖掘、提炼的基础上,才能讲好中国故事,推动中华优秀传统文化走出国门,展示中华文化的独特魅力。例如,中国汉字是中华传统文化传承的标志,而刻有甲骨文的甲骨片,就是这种传承的最直观的表现物。又如,一些博物馆收藏的汉代、唐代时期西域文化风格的文物藏品,反映了中华文化的开放性,以及中华文化在宽容的理念下与其他文化不断交流、融合、发展,成为世界上唯一从古到今,没有中断自身历程的文化。而开放、宽容的中华文化精神是新时代开展跨文化交流、传播中华文化的心理基础,也是新时期实现中华民族伟大复兴的理念支撑。在文物藏品的研究、价值挖掘过程中,应当结合文物藏品的经历,结合当今形势,进行多元阐释和深入解读,以此让不同文化背景的人们认知文物藏品、获得理解、引起共鸣,从而最大限度地实现中华文化的传播。

第二,积极举办以文物藏品为主要内容的对外交流展出活动。举办对外交流展览,是中国博物馆走出国门,积极开展国际文化交流,传播中华优秀文化,讲好中国故事的主要方式。因为对外交流展览展示了中华优秀的传统文化,给予外国观众新颖、别开生面的文化体验,促进了中华文化与其他文化的沟通、理解和包容。迄今为止,在中国博物馆举办的对外交流展览中,以文物藏品为主题的展览占据主导地位。这些有着强大视觉冲击力和文化震撼力且精美绝伦的文物藏品,在国外展出时,受到各国观众的喜爱和欢迎,起到了让世界了解中国,弘扬中华民族灿烂文化之作用。如果在交流展出前,能够对展出国家或地区的观众心理有所了解,尽量选择观众最感兴趣的,最能体现中华文化的文物藏品进行展出,并配上很有吸引力的一个故事,那么,就更能引起展出国家或地区观众的兴致和共鸣,更容易传播中华文明。例如,2004年举办的"走向盛唐展",通过300件珍贵的文物藏品,从宗教信仰、社

会生活等角度，反映了三国两晋南北朝时期，中华文化与西亚、欧洲文化以及北方草原游牧文化的碰撞、交流与融合，促使中华文明更加繁荣和多姿多彩，最终走向辉煌的盛唐。该展览先后在美国、日本巡回展出，引起轰动，获得广泛的好评，推广及宣扬了中国悠久和璀璨的文化。

第三，依托丰富的文物藏品资源，研发新颖的、包含传统文化元素、适销对路的文创产品。以文物藏品为元素的文创产品，是中国博物馆开展跨文化交流，传播中华优秀文化，讲好中国故事的新途径。现在，世界各地的人们，尤其是年轻一代，越来越青睐含有地域性文化元素的文创产品，因此，添加有地域性文化元素的文创产品在受到人们喜爱的同时，相应地就将地域传统文化传播到世界各地。而好的文创产品，一定是将本地区传统文化内涵融合到产品的设计理念中，让人们从文创产品中体验到地方文化的独特魅力。中国博物馆所收藏的庞大数量的文物藏品，是中华传统文化的体现，更是文创产品设计理念和灵感的不尽源泉。中国博物馆要做好文创产品，获得国外观众的认可，达到传播中华优秀文化，讲好中国故事之目的，就需要配合对外交流展览，以展出的代表性文物藏品为基础，以人们生活化需求为导向，挖掘其文化资源、文化信息，将其融入文创产品之中。更重要的是，博物馆在设计文创产品时，应努力将文物藏品的故事灌输到产品当中，因为有故事的文创产品才能区别于普通的工艺品、动画等等，才是真正意义上的文创产品。有故事的文创产品才能让异质文化背景的观众感动，有感动才有购买的欲望，有购买，就能更好的理解文创产品本身价值之外的文化内涵，这意味着中华传统文化就会慢慢浸润观众的心，就有可能得到广泛的传播。

三、助力中国国际话语权的提升

跨文化交流的一个公认的基本原则是不同文化、不同文明的平等对话。然而在国际交往中，不同文化的交流并不仅仅是和谐的对话，同样存在着冲突、对立和斗争。美国政治思想家、国际政治理论家亨廷顿提出的"文明冲突"论，可以说是文化交流中存在冲突的最好注脚。改革开放以来，中国一步一步崛起之时，西方国家凭借文化、意识的话语霸权，故意混淆是非，肆意诋毁、质疑中国。例如，2020年，中国抗击新冠肺炎疫情斗争中所展现出的力量、精神和中华文化，令世人赞叹。但以美国为首的西方国家就对中国的抗疫成就进行抹黑、污蔑。甚至连致力于增进世界各国（地区）人民了解中国语言文化的孔子学院，也遭到西方国家的"围剿"。出现这一现象的原因，一是"西方中心主义"语境在世界文化传播中的强大影响力，二是中国的国际话语权处于弱势，无法发出响亮的声音。为突破中国国际话语权所面临的艰难处境，使中国在跨文化交流中拥有平等的地位，中国正努力从多方面入手，提升自身的国际话语权，以维护国家利益、实现中华民族的伟大复兴。收藏在博物馆的文物藏品，是中华传统文化的最直观的载体，能够助力中国国际话语权的提升。

第一，文物藏品是构建当代中国价值观念的源泉之一。在构成国际话语权的各要素中，价值观念是核心。因为价值观念是一种软实力，其影响力大小和吸引力强弱，直接决定了一个国家或地区的国际话语权高低。故此，在国际体系变动和转型时期，每个国家都试图将本国的价值观念注入国际体系的价值观中，以维护、强大自身的国际话语权。对中国而言，开展跨文化交流，传播当代中国价值观念，让世界倾听中国的声音，是塑造国际话语权的重要路径。那么，什么是当代中国价值观念呢？当代中国价值观念就是"中国特色社会主义价值观念，代表了中国先进文化的前进方向，"这一价值观念继承和弘扬了中国优秀传统文化的价值理念，同时吸纳了西方价值观的精华。文物藏品，承载着中华优秀传统文化的精髓，为提炼、阐释当代中国价值观念提供了珍贵的文化资源。例如，向世界展示"一个文明、开放、包容的中国"[4]是当代中国价值观念的重要主张，其中"开放、包容"就植根于中华优秀传统文化。这一点我们可以从文物藏品中找到相应的印记。中国各地博物馆藏有众多陶瓷藏品，体现在陶瓷藏品上的中国陶瓷艺术是中华传统文化的一大瑰宝。在中国的陶瓷艺术发展历程中，世界各国的文化，包括佛教文化、伊斯兰文化、欧美文化等直接或间接地对中国的陶瓷艺术产生影响，举例来说，佛教教义中吉祥物和佛身、佛寺装饰物等组成的纹饰，被大量运用到中国陶瓷造型和装饰之中，这展示了中华传统文化的开放性和包容性。

第二，文物藏品是塑造国家形象的重要资源。国际话语权的一个重要内容就是在跨文化交流中塑造良好的国家形象。国家形象是一个国家对自身的认知以及国际体系中其他行为体和外部公众对它的认识、评价的结合，包含物质要素和精神要素两个方面。精神要素主要是指一个国家的民族精神和传统文化、思维模式等。作为传统文化的直观象征的文物藏品，毫无疑义是精神要素的物化内容之一。国家形象对一个国家的跨文化交往有着极大的影响，良好的国家形象更容易获得国际社会的认同和信任，从而有利于推动本国与国际社会的良性互动。改革开放四十多年来，中国发生了翻天覆地的变化，融入国际社会的深度和广度前所未有。因此，塑造一个文明、民主、开放、进步的国家形象，是提升中国国际话语权的一个重要目标和战略定位。而这一国家形象需要外交工作的持续发力，需要对外传播媒介、博物馆在内的各方机构、团体的努力来积极塑造。中国博物馆可以，也应当充分利用文物藏品这一重要资源，布局跨文化交流的文物藏品展出，实施中华文物藏品走出去的精品工程，向世界推介凸显中国精神、中国智慧、中国特色的文物精品展览。近几年来，为配合建交纪念和中外"友好年"等活动，中国的文物藏品展览作为跨文化交流的使者，频繁走出国门，涉及亚洲、美洲、欧洲、非洲等地，向世界展示了中国悠久、开放、包容的中华传统文化。例如，为纪念中法建交50周年，2014年10月21日，由中国国家文物局举办的"汉风——中国汉代文物展"在法国开幕。展出了来自中国河南、陕西等9省（区）29家文博单位的456件汉代瑰宝，向法国和欧洲民众介绍了中国汉代在跨文化交流的开放、自信和多元文化和谐共存的社会风貌，加深了法国人民对中国优秀传统文化的认知和理解，塑造了中国文明、开放、包容的国家形象。

第三，文物藏品是中华传统文化活起来的重要内容。要提升中国国际话语权，就需要在跨文化交流中展示中华传统文化的独特魅力，而要将中华传统文化的独特魅力展示给世界，就必须让"收藏在博物馆里的文物"和"陈列在广阔大地上的遗产"，以及"书写在古籍里的文字都活起来。[5]"只有让博物馆的文物藏品活起来，亲近民众，亲近国外观众，让文物藏品不再成为高冷、不再沉睡于博物馆的库房，那么，文物藏品就能够成为跨文化交流的信使，国家形象的金字招牌，就能够推动中国国际话语权的提升。对正在走向世界的中国博物馆来说，要让文物藏品活起来，激发其他国家的公众对中国文化的兴趣，帮助他们了解中国的价值主张以及价值原则，了解中国悠久的博大精深的灿烂文明，需要从两个方面进行努力：一是挖掘文物藏品所蕴含的价值、思想、文化内涵，并将这些价值、思想和文化内涵融入现代社会价值理念和现实生活中，赋予文物藏品新的生命、新的象征、新的含义。例如，2020年全球抗击新冠肺炎，中国与国际社会共同作战，分享抗疫经验、提供物质援助、派遣专家，彰显了大国担当，诠释了中国提出的人类命运共同体理念。那么，对文物藏品的价值、文化、思想就要有新的表述，这种新的表述要契合人类命运共同体的理念，契合全球抗疫旗帜下同舟共济、守望相助的价值观。二是创新文物藏品的表达方式，在跨文化交流中用海外民众所熟悉的形式进行沟通，使国际社会和国外受众更多地认同文物藏品所附属的中华文化。文物藏品表达方式的创新关键是对外话语表达方式的变革，对外话语表达既要保持中国的特色，又要符合国外观众的语言习惯，更要贴近国外观众的思维方式。换句话说，就是找到中国与世界其他国家之间话语叙述的共同点，进而引起情感共鸣的恰当表达。唯其如此，才能打破文化交往中因异质文化背景而造成的文化隔阂，促进中国与世界各国之间民心的相知相通，提高中国国际话语权的力量，推进中华传统优秀文化的传播与价值传递。

【注释】

[1]《决胜全面建成小康社会 夺取新时代中国特色社会主义伟大胜利》，《光明日报》，2017年10月19日02版。

[2]《深化文明交流互鉴 共建亚洲命运共同体》，《人民日报》，2019年05月16日02版。

[3]《决胜全面建成小康社会 夺取新时代中国特色社会主义伟大胜利》，《光明日报》，2017年10月19日03版。

[4]《二○二○年新年贺词》，《人民日报》，2020年01月01日01版。

[5]《在联合国教科文组织总部的演讲》，《光明日报》，2014年03月28日02版。

博物馆讲解词翻译与博物馆文化传播

马 楠（平津战役纪念馆）

摘要： 随着中国全球化步伐的加快，旅游在国家经济中的重要性逐渐显著。中国的传统文化吸引着更多世界游客来到这里，而博物馆作为启迪人类智慧的文化殿堂，自然而然地成为游客的首选之地，博物馆作为地区文化指标的象征，包含着艺术、教育、宗教、美学等内涵，它所担负的任务，使得文化传播有了具体实现的机会。想要让文化传播达到最好的效果，选用适合的文化传播方式就显得非常重要，好的传播方式能够让观众更好地接受文化，文化传播的方式是博物馆的重要决定因素，但不论选择了哪种传播方式，博物馆讲解词翻译都不可或缺，讲解词兼具信息传递与文化传播的双重功能，其质量在一定程度上影响着博物馆文化的传播。

关键词： 博物馆、文化传播、讲解词翻译

随着中国全球化步伐的加快和对外开放程度的不断加强，吸引了越来越多的国外友人到中国进行商务考察，旅游观光等。中国博大精深的文化使他们震惊，让他们叹为观止，作为启迪人类智慧的文化殿堂，博物馆自然而然地成为游客的首选之地。博物馆是对外宣传的重要窗口，博物馆解说词作为文化依托，兼具信息传递与文化传播的双重功能，其质量在很大程度上直接影响着博物馆文化的传播。

一、博物馆讲解词翻译

博物馆讲解词是文化传播的重要载体，也是搭建对外文化交流平台的主要手段。语言翻译实质上是文化的翻译，而文化的大结构里是有层次之分的，在不同层面上，有时只需照搬源语的形式及内容，有时则是必须把源语赖以生长的文化传统也带走。翻译过程是十分复杂的，会涉及很多方面，在翻译前要对目标文本进行分析、做好译前准备等工作。

（一）译前准备

在进行翻译之前，要了解博物馆各个展厅的布局和相关展品以及相关展品的详细介绍，同时还要对目标文本进行分析，可以利用互联网查阅一些国外著名博物馆，如梵蒂冈博物馆、纽约大都会博物馆等关于博物馆介绍以及文物描述的常用表达，这些都对翻译有很大的帮助。

博物馆讲解词翻译不是单纯的语言转换，

而是一种文化传递，如果其中涉及大量专有词汇、文言文以及古诗词，那么就需要在翻译前查阅一些专业书籍，弄清楚这些重难点的意思和内涵，以免在翻译的过程中造成错译漏译等问题，同时还要了解中西方的文化差异，做好相关文化知识准备，以免在翻译的时候出现失误，使外国游客难以理解。

（二）翻译讲解词

在翻译过程中，首先要阅读整个文本，了解大致内容，然后要细读原文，对疑难词句进行标记，并查阅相关书籍以及借助互联网或是咨询有关人士，以便理解这些疑难词句。最后是通读全文，做到正确理解原文本，在准确地对原文本进行理解后，认真翻译每一个词句，要准确传达原文的含义，这样才能起到传播文化的作用。

文本翻译完成之后，需要对译文进行多次审校、修改。对于讲解词这类特殊文体，其主要目的是为了给参观者传递信息，使其了解博物馆及其相关知识，为了更好地交流信息，传播知识，无论是词语，还是句式，都应该简单易懂，这样才能够让参观者更加容易接受，达到更好地传播知识以及交流的目的使其成为地道、流畅的讲解词。使参观者在获取正确知识、信息的同时，更能够获得语言交流方面的享受。

（三）案例分析

讲解词的翻译更倾向于口语化，口语化是指讲解词具有通俗易懂，自然亲切的风格。讲解词主要是为了给参观者传递相关信息，并引导参观者完成参观活动。因此讲解词的语言应该简明扼要，通俗易懂。通常情况下，典型的口语能够拉近讲解员与参观者之间的距离，使参观者能够容易接受，并更好地享受参观过程，进而对博物馆起到更好地宣传作用，增加知名度。

除了口语化，翻译时还要注意讲解词的专业性、知识性。知识性是指讲解词中包含与参观地有关的相关专业知识，可能包括文学、艺术、地理、历史、文化等方面。例如伪满皇宫博物院讲解词中就有很多关于满族文化方面的知识，满族是我国少数民族之一，主要分布于中国的东北地区。在悠久的历史岁月中，形成了丰富多彩、特色鲜明的民风民俗和文化传统。长春伪满皇宫博物院是东北地区对外传播满族宫廷文化的重要窗口，外国游客接待量逐年递增，因此，讲解词对满族文化的传承和发扬有着重要影响，在对外交流中起着重要作用。伪满皇宫讲解词是在对翻译理论、语言、文化特征等方面进行研究并做了充分的译前准备工作之后，对博物馆解说词的功能和文本特性进行分析，充分考虑中外差异和参观者的需求，从目的论和跨文化交际的视角分析了满族民俗文化的翻译策略和技巧，运用实证研究、案例分析、归纳演绎等方法，从词汇、句子、篇章以及文化特征层面对博物馆解说词进行系统的研究翻译出来的，保证了译文的忠实连贯并达到交流的目的。

讲解词中含有大量专业知识的例子有很多，例如《天津博物馆耀世奇珍馆藏文物精品陈列讲解词》。此展览中陈列着许多古代瓷器、书画等文物，一些器具的名称就与现代有所不同，例如"洗"，展览中有一件文物叫"官窑龙纹洗"，"洗"是当时的文房用具，用来洗笔所用，所以，这个字是根据它的功能进行翻译的。还有一件文物叫"白釉辟雍砚"，这个"砚"指的是砚台，是书写汉字的工具，也是中国所独有的，与笔、墨、纸被人们称为中国传统的"文房四宝"，为了让外国游客能够理解意思，译文顺应了译入语的语境，选择了西方国家本土的东西进行翻译，以便游客更好地了解文物。

众所周知,博物馆解说词中有大量的人名、地名、朝代、历史事件等词汇。这些对于中国人来说可能了如指掌,但是对于缺乏背景知识的外国人而言,理解起来就非常困难,例如"元代""宋代""南朝""唐宋""五代""河阳三城""东武""汴梁""周天子""永乐""康熙""乾隆"等等这些词汇在翻译时就需要加以处理。人物名字和头衔是文化身份的重要标识,在翻译中常常会导致两种历史语境、两种社会文化之间的隔阂甚至冲突,面对这些冲突,在翻译这些词汇的时候就可以利用增译法来增添相关文化信息,以便更准确地表达出原文所包含的意义。在翻译古代地名时,可在后面加上现在的地名或地理位置,这样更利于外国游客理解,而在翻译朝代的时候,则可在后面加上具体的时间,这样能使外国游客清楚地了解这件文物或历史事件发生的具体时间,并且还能使他们产生联想,与他们国家这个时间段里所发生的事件进行对比。

二、博物馆文化传播

近年来随着社会大众文化水平以及对青少年儿童教育意识的提高,很多家庭在休闲旅游时,更愿意选择到旅游地的博物馆参观游览,所以,很多知名博物馆是需要提前预约才能参观的,像故宫博物院,秦始皇陵兵马俑博物馆等这些建筑类、遗址类博物馆每年观众接待量更是相当庞大,很多对中国历史文化有浓厚兴趣的国外游客也把这类博物馆作为游览首选。观众数量的不断增加,也为博物馆文化传播提供了更多机会。

(一)博物馆文化传播方式

博物馆具有文化教育与文化传播的功能,因此博物馆需要思考如何进行文化教育、文化传播,才能更大范围的发挥博物馆的功能,通过更好地文化传播方式,更加有效的服务社会。想让文化传播达到最好的效果,就需要选取适合的文化传播方式,好的传播方式能够让观众更好地接受文化。

1. **面对面的文化传播**

现在博物馆最普遍和传统的文化传播方式是观众直接到博物馆参观,这样能够直观的看到参观的物品,对于观众来说,这是一种比较真实、能直接感受到文化的方式。这种面对面的文化传播方式,最大的优势就是能够通过细微之处对文化进行体味。到博物馆参观的观众,大都是对这一历史或这一文化,又或是对文物感兴趣的,这些观众能够通过讲解员的讲解,文物的展览,将自己感兴趣的信息进行存储。这样对于讲解水平的要求就更高,讲解能力的高低,直接影响文化信息能否更容易被听众接受。因此,展览讲解也是文化传播方式中最直接的传播手段。目前,在我国的博物馆,讲解员主要是单纯背诵讲解词,这样的文化传播效果并不是很理想,讲解时需要的是观众与讲解员的互动,需要讲解员有广博的知识,在对整个博物馆的展览有深刻认识的基础上进行解说,用通俗易懂的语言表达出来,让观众能够更好地接受博物馆所传播的文化知识。除了人工讲解,国内外更多的博物馆开始重视借助新的信息手段和讲解设备来满足不同的观众需求。例如,故宫博物院就有一种电子讲解器,可通过GPS定位,按照观众游览的位置进行讲解,有故事版、对话版、少年版等多种讲解方式,同时还有闽南话、藏语、维吾尔语等多个语种,可让观众根据自己的兴趣和实际情况进行选择。

2. **通过媒体进行文化传播**

这种传播方式不受空间、时间、地域及其他外在因素的影响,是通过媒体将信息进行加工后，传递给观众。

(1) 平面媒体

历史最悠久的媒体传播方式是平面媒体，也就是书籍，精美的图片配以流畅的文字介绍，大众可以通过阅读这些书籍，了解自己感兴趣的文化，平面媒体是博物馆文化传播的重要手段。

(2) 电视媒体

博物馆可以通过电视这一普及化的媒体，进行文化的传播，这种方式更容易被社会大众接受，有画面感的解说比平面媒体更容易理解。国内很多媒体，包括中央电视台都专门推出了讲述历史文物故事的节目，这样不仅能够让电视媒体充实自己的电视节目，而且还能通过介绍博物馆的知识，把历史、文化传播给观众，增强自身节目的文化内涵。

(3) 网络媒体

随着互联网的发展，手机网络的普及，网络成为了更加方便、快捷，也最具有冲击力的文化传播手段。网络的传播方式不受时间，地点的限制，在网络上信息流量很大，检索也很方便，覆盖面更加广泛。博物馆可通过网络同观众进行互动，实现和观众一对多的无障碍交流。

（二）讲解词翻译对博物馆文化传播的影响

讲解词翻译质量直接影响博物馆文化传播，翻译质量高的讲解词在准确表达原文信息的同时，还会注意句式的变换，让观众有新鲜感，激起观众的兴趣，同时也能让参观者更好地了解相关知识，了解中国文化，这样能对博物馆文化的传播产生积极影响。相反，如果讲解词翻译质量不高或很低，不能激起观众继续参观的兴趣，那么就会阻碍博物馆的文化传播。翻译既是语言之间的转换，更是文化之间的交流。无论博物馆选择哪种方式进行文化传播，高质量的讲解词翻译都不可或缺，通俗易懂的翻译能让大众更好地了解一段历史、一件文物、一个民族的文化，而晦涩难懂的翻译很可能让听众失去了解文物以及文化背后文化的兴趣。因此，在丰富文化传播方式的同时也需要不断提高讲解词翻译的质量。

博物馆的教育价值体现在对传统文化的传播上，文物只是某个时期的器物性象征，而其背后的传统文化才是真正需要关注的，有的博物馆在玉器展览中，不仅会展示精美的玉器，同时也会展示玉器的制作过程，并借助文字导览将玉器从器物层面的展示引导至玉文化、甚至是中国古人对玉的情怀的传播上。不同国界、不同历史背景的观众，阅读和倾听习惯也会有所不同，这就需要博物馆根据观众的习惯和特点翻译不同版本的讲解词，并在传播方式的选择中既保留一定的地方特色，又寻求全球参观者最大的共鸣。博物馆要着力打造融通中外的新概念新范畴新表述，讲好中国故事，传播好中国声音，增强我国博物馆文化传播在国际上的影响力。

博物馆在国家形象建构中的作用
——跨文化传播的视角

盛洁桦（杭州西湖博物馆总馆）

摘要： 当代博物馆作为"文明象征"与"文化使者"，是连接传统、现代与未来的多元文化机构，肩负着对外展示国家形象的重要使命。本文从"软实力"与"国家形象"等相关概念入手，运用跨文化传播的视角探讨中国的博物馆如何在全球化语境下更加积极地承担起融通中外的崇高职责，帮助站在国际舞台中央的祖国构建真实、立体、全面的国家形象。在全球文化的浪潮中，国家形象的建构依赖于我们的跨文化能力。中国的博物馆人需要用一种跨学科的视角和全局化眼光，认真反思博物馆国际交流合作的动力，努力寻找博物馆自身发展与国家文化战略的结合点，通过多样化的传播途径和方法，讲好中国故事、传播中华文明，让中华文化走向世界，让世界了解中国，在国家形象的塑造和文化软实力的提升过程中发挥积极的作用。

关键词： 博物馆；国家形象；中华文化；跨文化传播

一、引言

随着全球化向纵深发展，在国家层面，国际竞争已不再囿于产品制造、技术研发、企业发展，也不再囿于居高临下的文化说教和刻板教条的传统外交定式，而是上升至"国家形象"的高度[1]。各国更加仰仗文化软实力，通过展示文化魅力来构建新的竞争优势。近年来，随着中国经济实力与政治影响力在世界范围的日益提升，中外文化交流日益频繁，但是中华文化在世界舞台上并没有取得相应的地位和影响力。中华文化的核心价值理念还没有准确、有效地在世界范围内得到传播。鉴于社会制度、意识形态、人文氛围等差异，西方社会对中国国家形象的误读与扭曲屡见不鲜[2]。在这种背景下，中国比以往更加需要对外传播自己的声音，讲述自己的故事。

当代博物馆作为"文明象征"与"文化使者"，是连接传统、现代与未来的多元文化机构，肩负着对外展示国家形象的重要使命。本文从"软实力"与"国家形象"等相关概念入手，运用跨文化传播的视角探讨中国的博物馆如何在全球化语境下更加积极地承担起融通中外的崇高职责,帮助站在国际舞台中央的祖国构建真实、立体、全面的国家形象,从而为更好地理解博物馆在国家形象建构中的角色提供一种跨学科的视角。

二、软实力、国家形象与跨文化传播

(一)软实力

"软实力"(soft power)又称"软力量"或"软权力",这一概念首次出现在美国学者约瑟夫·奈(Joseph Nye)1990年出版的《注定领导世界——美国权力性质的变迁》(Bound to Lead: The Changing Nature of American Power)一书中。奈指出,在国际政治中,一个国家利用文化、意识形态、制度等无形资源影响他国的能力被视为"软实力",与之形成鲜明对比的"硬实力"则与军事及经济力量等有形资源联系在一起[3]。在后续研究中,他进一步明确指出,文化、政治价值观以及外交政策是软实力的三大资源[4]。软实力理论强调了文化等因素对国家实力的重要性,对于文化资源深厚的国家具有一定的借鉴意义。近年来,文化吸引力逐渐成为中国在国际舞台上展示"软实力"的核心要素,即"文化软实力"。党的十七大报告中提出"加强对外文化交流,增强中华文化国际影响力";十八大报告中指出"中华文化走出去迈出更大步伐";十九大报告则指出,"推进国际传播能力建设,讲好中国故事,展示真实、立体、全面的中国,提高国家文化软实力"。推动中华文化"走出去"、提升国家文化软实力,已经成为国家的重大文化发展战略。

(二)国家形象

"国家形象"这一概念更多地出现于国际关系与国际传播领域,主要是指"一个国家对自己的认知以及国际体系中其他行为体对它的认知的结合"[5]。国家形象是一个国家在国际社会中呈现或想要呈现的价值观念[6],是一种软实力,一种影响力,会对对外关系产生重要影响[7]。构建国家形象的目的是在高度依存、复杂竞争的当今世界营造出一个积极的国家形象和有吸引力的伙伴形象[8]。换言之,国家形象是一种国格魅力,它不是一种基于物质性实力威压对方屈服的强制力,而是一种诱导性的、向内吸纳式的吸引力[9],是一种"令人心悦诚服"的吸引力及亲和力。同时,由于国家形象受国家间共享文化知识结构的影响,尽管不同国家的文化差异难以彻底消除,但彼此之间可以求同存异、寻求并扩大彼此间的文化共识,最终达到彼此身份与利益的相互认同[10]。党的十九大对中国的未来发展做出了新的历史定位,即中国特色社会主义进入了新时代。这说明,今后相当长时期,中国的第一要务是发展自己,建设全面现代化,建成现代化强国。这也是中国国家形象的一个基本定位。

(三)跨文化传播

跨文化交际学(intercultural communication 或 cross-cultural communication),即跨文化传播学,是指具有不同文化背景的人通过语言、讯号、文字方式进行的思想、信息交流[11]。1959年,美国文化人类学者爱德华·霍尔(Edward T. Hall)的著作《无声的语言》(The Silent Language)面世,该书围绕"文化"层层深入,提出了"文化即传播,传播即文化"[12]这样一种新的研究路径。霍尔以一种跨文化的视角,关注非语言的、隐蔽的文化传播模式,强调文化因素对人际行为的影响,这对于我们今天的文化研究以及理解不同文化的人们之间的交往具有启示意义。跨文化传播是以文化和传播为双焦点,以"文化他者"为研究对象,综合运用文化研究和传播学领域的思想成果,研究文化在人、组织、机构、国家等层面的传播过程和规律，探讨实现不同文化之间的理解、合作、共存、共荣的可能与机制的一门交叉学科[13]。跨文化传播直面全球化文化交流的现实，关注传播对象文化和需求成为实现传播的关键[14]。传播、文化和意识三部分交织在一起，形成了我们在跨文化传播过程中所持有的视角[15]。

三、博物馆在国家形象建构中的作用

国家形象是国家"软实力"的重要组成部分，是国家感性层面上的一种表达方式。历史、政治、经济及在国际社会中的参与度等各项因素都会影响到国家形象[16]。博物馆可以通过多种活动与渠道促成国家形象的建构、推广与传播，从文化角度对国家形象构建产生影响。

（一）文明象征和传播载体

博物馆作为衡量国家文明程度的重要尺度，是国家和地区的象征，代表了地方和族群的认同，最好地诠释和体现了一个国家的历史和文化、个性与特征[17]。在某种程度上，博物馆传递着所在国政府的价值体系。博物馆的地理位置、周边环境、建筑设计、展陈风格与展示内容都会向参观者及来宾传递信号，形成影响。在参观者眼里，英国的大英博物馆、法国的卢浮宫、中国的故宫博物院和秦始皇陵兵马俑博物馆都是所在国国家和民族的标志，代表着浓缩的历史记忆和文化传统。博物馆的符号意义吸引着参观者，起着文化中介的作用。

在全球化语境下，博物馆不仅是兼具地域特色和本土城市文化记录和传播的空间载体，更是实现区域传播的重要形式之一[18]。杭州西湖博物馆位于世界遗产地杭州西湖文化景观核心区域，是典藏与诠释西湖文化的记忆库，也是全面解读西湖文化景观作为世界遗产的突出普遍价值，并全方位展示遗产完整性和真实性的独一无二的平台。博物馆展陈以西湖自然山水、"三面云山一面城"的城湖空间特征、"两堤三岛"景观格局、"西湖十景"题名景观、西湖文化史迹与西湖特色植物等承载遗产价值的六大要素为基本框架，依托大量文献史料和文物藏品资源，充分利用文物展品及相关背景知识来讲述西湖故事、杭州故事、中国故事，以独特的视角向参观者阐释西湖的遗产价值内涵。徜徉在博物馆内，观众不但能够了解西湖文化景观所承载的"天人合一""寄情山水"的中国传统山水美学理念及其对9世纪以来的日本、朝鲜半岛等东亚地区景观设计和造园艺术的深远影响，而且能够从景观在10个世纪的演变过程中感受到佛教文化、道教文化以及忠孝、隐逸、藏书、茶禅与印学等中国古老文化传统的发展与传承，由此加深对中华民族连绵不断的文明史和博大精深的中华文化的印象。

（二）文化传承与创新枢纽

博物馆处于一种"历时"和"共时"的环境中。从纵向看，博物馆传承着历史。从横向看，博物馆传播着文化。[19]博物馆是连接传统、现代与未来的文化枢纽，通过理解传统、重构传统来向公众阐释与表达传统的价值，让观众认识到传统对于现代的意义。博物馆重构传统并不是打破原有的传统，而是重新组合与表述传统，从而增加传统在现代的可理解性[20]。

现代源自传统，现代的多样化发展有赖于对传统的传承与创新。好莱坞的电影不断翻拍，就是因为用新的技术手法能够对老故事进行包装。而中国传统文化的内涵博大精深，有更多的资源可供挖掘，从而使得中国文化、中国故事通过新媒体和新技术获得新活力和新的生命力。全球主义思潮下，代表中国传统文化精髓的故宫博物院，积极发展故宫数字化建设，使传统故宫焕发新生。纪录片《我在故宫修文物》、综艺节目《国家宝藏》《上新了，故宫》等，运用中国视角、中国叙事的传播方式，从不同维度展示美轮美奂的故宫珍品，由此折射出文物背后的人文精神、文化魅力和创新理念，让故宫及其承载的文化实现从过去到未来的过渡。这是故宫顺应现代文化发展趋势，借助创新传播方式，跨越古今鸿沟，让历史"对话"现实，开启文化传播的新纪元。因此，博物馆在讲述中国故事的过程中，应结合时代要求继承创新，让参观者了解中华优秀传统文化蕴含的丰富哲学思想、人文精神、价值理念、道德规范等，从而实现传承和弘扬中华优秀传统文化的目的。

（三）培养与传播文化认同

博物馆是文化多样性的载体和表现，是参观者了解"他者"的地方，在这里可以获得对其他国家、民族和族群的认识，可以培养对"他者"文化的理解和尊重，培养对异文化的适应能力和理性思维，减少价值观、信仰和习俗上的敌对和冲突[21]。中国的博物馆在展示国家悠久历史和深厚文化底蕴的同时，应重视传播传统文化的功能，不仅要尊重博物馆的"文化基因"，更需要以传播文化身份和文化认同为主旨，融入全球化的潮流。近年来，北京故宫博物院的文创产业融古典和时尚于一体，塑造了中国"多元"与"独特"、友好与创新的国际形象。这些文创产品在作为故宫符号传播过程中，集中表达了一种对中国文化的"自豪感"，由此传播的文化自信、创新精神，是一种民族自豪的身份认同感。

此外，博物馆对外展览作为对外展示国家形象的一种重要形式，在我国对外文化交流中也发挥着举足轻重的作用。博物馆输出的国际展览往往被解读为一种国家意志，代表着输出国政府的外交态度和国际立场[22]。2007-2008年在英国大英博物馆举办的《中国秦始皇兵马俑》展览、2013年美国旧金山亚洲艺术博物馆举办的特展《中国兵马俑：秦始皇时代的珍宝展》（China's Terracotta Warriors: The First Emperor's Legacy）、2017年4月3日纽约大都会艺术博物馆推出特展《帝国时代：中国古代秦汉文明》（Age of Empires: Chinese Art of the Qin & Han Dynasties）等对外展览，在展览宣传中把秦始皇兵马俑作为中国的象征符号，使之成为对外传播的重要媒介。由于古代文物与艺术品的跨越文化与民族的审美与价值，古代文物展览更容易成为国家形象的"文化使者"，让国外公众了解、认知、认同当代中国。博物馆对外展览有助于树立国家开放、友好、文明的形象，有利于凝聚文明共识，帮助西方观众更好地理解当今中国社会的政治、经济与文化。

（四）展示旅游目的地形象

旅游作为人类休闲活动之一，对国家形象的传播起着重大的作用。当国家作为一个旅游目的地时，旅游目的地形象就与国家形象有了一定的重合[23]。旅游目的地形象是国家形象的一种反应[24]。国家宏观形象指一般营销领域的国家形象，这部分形象包括了目的地形象中与国家形象重叠的内容（如居民友好、政治稳定等），主要指旅游者对一个目的地国家的政治、经济、技术、环境、国民等旅游环境因素的感知；国家微观形象指目的地形象中涉及旅游吸引物、旅游设施、旅游活动等直接与旅游者需要满足相关的核心旅游产品形象[25]。

全球化时代，文化旅游、遗产旅游迅猛发展，博物馆作为一项具有特色的重要旅游资源，是游客向往的文化地标、旅游景点。当后现代消费中的旅游及旅游景观日益符号化，人们在选择旅游及旅游景观时，不仅仅考虑使用价值，而是更注重社会意义，也就是符号价值。了解中华文化是国际游客来中国旅游的重要目的或主要目的。博物馆为旅游者提供了体验一个国家或城市文化的机会，便于他们很快地理解当地具有历史价值、值得他们游览与领略的文化，起到了旅游指南的作用[26]。在旅游者心目中，博物馆是旅游目的地吸引力的集中表现，经常成为旅游者游览一个城市的主要目标之一，比如巴黎的卢浮宫、墨西哥城的国立人类学博物馆、圣彼得堡的艾尔米塔什博物馆、北京的故宫博物院等。博物馆以旅游传播为载体，通过展示国家或城市的文化魅力来加深观众印象，塑造正面的旅游目的地形象。

四、结语

当代博物馆已经不再局限于固定的建筑空间，而是成为一种载体，一种"符号表达"，同时也具有传播属性和媒介属性[27]。由于博物馆行业在全球的独立口碑等原因，自然而然成为连接、沟通不同文化的桥梁与纽带，凸显其文化"软实力"。在全球文化的浪潮中，国家形象的建构依赖于我们的跨文化能力。平等、自信、互动、对话，这才是博物馆作为传播载体的价值和意义的体现[28]。

在全球化深度发展的今天，不同的文化在交叉和碰撞的同时也在进行相互交流、借鉴与融合。中华文化如何"走出去""走进去"，进而影响世界，即中华文化在国际舞台上拥有话语权的问题，则成为一个更加紧迫的时代课题。中国的博物馆人需要用一种跨学科的视角和全局化眼光，认真反思博物馆国际交流合作的动力，努力寻找博物馆自身发展与国家文化战略的结合点，通过多样化的传播途径和方法，讲好中国故事、传播中华文明，让中华文化走向世界，让世界了解中国，在国家形象的塑造和文化软实力的提升过程中发挥积极的作用。

【注释】

[1] 匡林：《中国国家旅游形象研究》，北京：中国旅游出版社，2013年，第2页。

[2] 匡林：《中国国家旅游形象研究》，第3页。

[3] Joseph S. Nye Jr, *Bound to Lead: The Changing Nature of American Power*. New York: Basic Books, 1990, p.15.

[4] [美]约瑟夫·奈著，吴晓辉、钱程译：《软力量——世界政坛成功之道》，北京：东方出版社，2005年，第11页。

[5] 张蕴岭：《国家形象是一种软实力》，《世界知识》2017年第23期。

[6] 单波、刘欣雅：《国家形象与跨文化传播》，北京：社会科学文献出版社，2017年，第318页。

[7] 张蕴岭：《国家形象是一种软实力》，《世界知识》2017年第23期。

[8] 单波、刘欣雅：《国家形象与跨文化传播》，第318页。

[9] [美]Joseph S.Nye, "Soft power". *Foreign policy*, 80(Fall 1990).

[10] 董青岭：《国家形象与国际交往刍议》，《国际政治研究》2006年第3期。

[11] 程尽能、吕和发：《旅游翻译理论与实务》，北京：清华大学出版社，2008年，第33页。

[12] [美]爱德华·霍尔著，何道宽译：《无声的语言》，北京：北京大学出版社，2010年，第145页。

[13] 姜飞：《从学术前沿回到学理基础——跨文化传播研究对象初探》，《新闻与传播研究》2007年第3期。

[14] 程尽能、吕和发：《旅游翻译理论与实务》，第39页。

[15] [美]艾瑞克·克莱默、刘杨：《全球化语境下的跨文化传播》，北京：清华大学出版社，2015年，第1页。

[16] 单波、刘欣雅：《国家形象与跨文化传播》，第316页。

[17] 张晓萍、李伟：《旅游人类学》，天津：南开大学出版社，2008年，第227页。

[18] 余怡婷：《博物馆文创与国家形象构建的关系——以北京故宫博物馆为例》，《卫星电视与宽带多媒体》2019年第9期。

[19] 张晓萍、李伟：《旅游人类学》，第232页。

[20] 王娟：《"重构"传统——博物馆如文化枢纽》，《中国文物报》2020年2月25日第6版。

[21] 张晓萍、李伟：《旅游人类学》，第232页。

[22] 孔达：《试论博物馆对外展览建构国家形象的价值与路径》，《东南文化》2018年第5期。

[23] 雷宇、张宏梅、徐菲菲、梁浩瀚：《中国国家形象感知的跨文化比较——以中国、英国、美国大学生为例》，《旅游学刊》2015年第3期。

[24] 匡林：《中国国家旅游形象研究》，第47页。

[25] 雷宇、张宏梅、徐菲菲、梁浩瀚：《中国国家形象感知的跨文化比较——以中国、英国、美国大学生为例》，《旅游学刊》2015年第3期。

[26] [美] Nelson Graburn, "A quest for identity" *Museum International*, 50(3).

[27] 余怡婷：《博物馆文创与国家形象构建的关系——以北京故宫博物馆为例》，《卫星电视与宽带多媒体》2019年第9期。

[28] 余怡婷：《博物馆文创与国家形象构建的关系——以北京故宫博物馆为例》，《卫星电视与宽带多媒体》2019年第9期。

从呈现地域文化到融通中外文明
——全球化背景下区域博物馆展览策略探析

张媛媛（首都博物馆）

摘要： 当今全球化快速发展，各国经济文化交流日益密切，博物馆成为向世界展示中国故事、传播中国声音的重要阵地。在新形势下，区域博物馆对于区域文化的表达应更具全球视野，在呈现区域文化特色的同时，应有构建中华文明发展规律、融通中外文明成果的文化自觉。价值建构上，区域博物馆所关注的议题应更具代表性，精确提炼中华优秀传统文化精神标识；认知视野上，区域博物馆阐释的角度应更有整体性，生动展示中华文明"多元一体、兼容并蓄、绵延不断"的特征。区域博物馆应在中华文明的历史长河中寻找地域文化的独特坐标，在世界文明体系中展现中华文明的独特风貌，为国家文化软实力建设做出积极贡献。

关键词： 全球化；区域博物馆；中华文明；区域文化；展览

区域博物馆是一个博物馆群的概念，它的客观历史基础，是在同一个或具有相似或相近的地理环境和人文环境的特定区域中所包含的不同性质、类型的博物馆必定反映出某种在历史文化和艺术方面的特定联系[1]。近年来，区域博物馆在挖掘区域文化内涵、展示区域文明成果方面做出了诸多探索，取得了丰硕成果。但在全球化的背景下，区域博物馆仍有较大的探索空间。

当今全球化快速发展，各国经济文化交流日益密切，对我国的国家文化软实力建设提出了新要求。"软实力"概念最早由美国哈佛大学肯尼迪政府学院院长、全球战略问题研究专家约瑟夫·奈首创，指通过"文化和价值观念、社会制度、发展模式、生活方式和意识形态等的吸引力而体现出来的实力"，这是一种基于感召而非威逼利诱达到目的的能力，与经济、科学、军事实力等体现出来的"硬实力"相对而言[2]。中国加入全球分工体系后，日益增强的经济实力要求增长方式发生相应转变。经济发展的要求、加之在国际竞争中提升影响力的需要，使得软实力问题的讨论逐渐在中国兴起。近年来，软实力作为一种重要的国家力量被提到我国国家战略的高度[3]。我国有学者认为，文化软实力是以文化资源为基础的一种软实力，这种软实力不是强制施加的影响，而是受动者主动接受或者说是主动分享而产生的一种影响力、吸引力[4]。

在全球化的背景下，中国经济社会发展与对外交往中，文化软实力正在发挥日益重要的作用。中华文明历经曲折却仍在顽强发展，最重要的支点就是传统文化中蕴含的智慧和凝聚的精神，这也是我们国家文化软实力最坚实的基础和最直接的体现。博物馆作为收藏、研究、展示和传播文化遗产的机构，拥有丰富的文化资源，在讲清楚优秀传统文化方面具有突出优势和必要责任。不论是有形的物质文化遗产，还是无形的非物质文化遗产，都是国家文化实力的重要载体，博物馆也因此成为向世界讲述中国故事、传播中国声音的重要阵地。

作为中国博物馆体系重要组成部分的区域博物馆，应顺应时代需求，在国家文化软实力建设中发挥积极作用。在全球化的背景下，交通及通讯的便利、传播手段的多样，都使区域博物馆拥有了更为广泛的观众群体，同时也带来了更为多元的观展需求。长期以来，区域博物馆更多聚焦区域文化的挖掘与表达。在新形势下，区域博物馆对于区域文化的表达应更具全球视野，在呈现区域文化特色的同时，应有构建中华文明发展规律、融通中外文明成果的文化自觉，为国家文化软实力建设做出积极贡献。本文就全球化背景下区域博物馆的展览策略进行探讨。

一、关注议题更具代表性，提炼中华优秀传统文化精神标识

中华文明在世界文明史上独具特色，其突出特点是"五千年"而"不断裂"[5]。博大精深的中国传统文化为区域博物馆提供了丰沛的"源头活水"，同时也对博物馆展览的选题思路提出了更高要求。在全球化的背景下，区域博物馆关注的议题应更具代表性，挖掘和阐释最能代表中华传统文化精神的文化现象。正如习近平总书记所指出的，"要把中华优秀传统文化的精神标识提炼出来、展示出来，把优秀传统文化中具有当代价值、世界意义的文化精髓提炼出来、展示出来"。

（一）从经典议题出发，展现中华优秀传统文化的时代价值

长期以来，博物馆在关注传统文化智慧、体现传统文化思想、发扬中华美学精神等方面，积累了宝贵经验。区域博物馆可从经典议题出发，结合馆藏特色资源，着力展现中华优秀传统文化的时代价值，有助于激发观众的文化认同、探索精神，增强传统文化的吸引力、感召力和凝聚力。自2015年起，国家文物局连续六年在全国范围内组织开展核心价值观主题展览征集工作，对于发挥优秀展览项目的示范引领起到了积极作用。

2015年由南京博物院举办的《和·合——中国传统文化中的和谐之道》即展示了中国传统文化中"尚和合"的突出特点和宝贵经验。展览通过三个单元"天人合一""阴阳和合""和和美美"，弘扬传统文化中的和谐融洽关系，倡导人与自然、人与人、人与社会和谐相处，展现我国几千年文明所创造出的与"和"密不可分的道家、儒家以及世俗文化，激发观众从传统文化中认知自我、寻找自我、发展自我。

（二）从区域文化资源入手，发掘地域特色文化现象的丰富内涵

区域博物馆拥有丰富的区域文化相关的物质文化遗产以及非物质文化遗产资源，并积累了诸多地域文化的研究成果。在全球化的背景下，区域博物馆应有计划、有重点地对地域的特色文化现象，特别是对于具有当代价值、世

界意义的文化现象，进行梳理、归纳、总结、升华，在地域特色文化现象中提炼中华优秀传统文化精神标识。

山东博物馆基本陈列《万世师表展》深入挖掘山东省内丰富的儒家文化资源，还原孔子形象，阐释儒家思想。孔子创立的儒家学说以及在此基础上发展起来的儒家思想，代表了中华民族最深层的精神品格和文化核心，并远播海外，构成东亚文明的内核，成为世界文明史中的瑰宝。山东是孔子的故乡，而新时代的"孔子学院"则走向世界，成为中国文化对外交流的重要平台。山东博物馆从区域文化资源入手，充分展示了儒家思想这一中华传统文化精神中的典型代表，对于展示中华文明智慧、增强民族凝聚力和向心力都具有积极的作用。

二、阐释角度更有整体性，展示中华文明"多元一体、兼容并蓄、绵延不断"的特征

经过几代学人的不懈努力，中华文明起源与形成研究取得了丰硕成果。考古发现与研究证实，中华文明具有多元一体、兼容并蓄和延绵不断三大特征[6]。区域博物馆收藏了大量区域性的出土、出水及传世文物，积累了丰富的区域文化及相关文物研究成果，是展示区域文化的主要舞台，更是实证中华文明三大特征的前沿阵地。在全球化的背景下，区域博物馆对于文化、文明的阐释角度应更有整体性，在呈现区域文化特殊现象的同时，着力展示中华文明"多元一体、兼容并蓄、绵延不断"的特征。

（一）从中华文明的视角阐释区域互动

多元一体是中华文明起源的基本特征，纵观中华文明形成的整个过程，各主要文化区整体上呈现出百花齐放、多元并进的局面。距今约3800年，中华文明形成以中原地区为中心的多元一体化格局[7]。各个地区由于不同的自然环境和生业基础，形成了各具特色的文化习俗，其文明起源、形成和发展过程具有自身的特点。各个区域文明之间相互交流、借鉴、融合，形成了中华文化共同体[8]。从春秋战国时期的燕文化、齐文化，到魏晋南北朝时期的东晋文化，再到明清时期的徽文化，异彩纷呈的区域文化正是在中华文明大家庭中不断交流与互动，逐渐形成并发展。对于区域互动的阐释既能展现区域特色，又能在其中探寻中华文明的发展规律。在近年的博物馆实践中，涌现出一批角度新颖而又立意高远的优秀展览。

2018年在山西博物院举办的《争锋——晋楚文明特展》以春秋时期"晋楚争锋"为切入点，展现了晋文化与楚文化的互动，进而阐释了以其分别为代表的黄河文明与长江文明，各自在竞争中发展壮大，客观上促成了先秦时代"多元一体"的文化格局。

2018年在南京博物院举办的《琅琊王——从东晋到北魏》以"琅琊王"为线索，通过对江苏出土的东晋文物、山西出土的北魏平城时代文物的对比展示与阐释，讲述在不同政治制度、经济模式以及艺术风格下，5~7世纪南北民族文化的碰撞、交流、交融与变革。

（二）以线性文化遗产的角度解读区域文化交流

"文化线路 (cultural routes)"作为一种重要的文化遗产类型，正日益得到社会各界的重视。线性文化遗产由文化线路衍生并拓展而来。它是指在拥有特殊文化资源集合的线形或带状区域内的物质和非物质的文化遗产族群，往往出于人类的特定目的而形成一条重要的纽带，将一些原本不关联的城镇或村庄串联起来，构成链状的文化遗存状态，真实再现了历史上人

类活动的移动,物质和非物质文化的交流互动,并赋予作为重要文化遗产载体的人文意义和文化内涵[9]。

线性文化遗产跨越时空,具有强烈的标识属性,对于塑造国家文化形象具有重要作用。长城早已成为中华民族精神的象征,大运河、丝绸之路[10]等也已列入《世界遗产名录》,成为享誉世界的文化线路遗产。此外,蜀道、茶马古道等线性文化遗产也都得到了相当程度的重视。近年来,区域博物馆通过合作办展与巡展的方式,对于线性文化遗产进行了展示和解读,起到了良好的普及与宣传作用。据统计,2013年1月至2016年6月间,中国博物馆举办的与海上丝绸之路主题有关的展览共计有24个[11]。未来,区域博物馆可继续研究区域文化相关的线性文化遗产,在关注线性文化遗产本体的基础上,加强线性文化遗产与地域文化关系的研究,以线性文化遗产的角度解读区域文化交流。

2017年在陕西历史博物馆举办的《长安丝路东西风》聚焦丝绸之路的关键性城市——长安,展现汉唐中国以首都长安——丝路起点为代表的中华文明,通过丝绸之路与世界文明交流、互鉴的生动历程。展览从丝绸之路的角度展示了汉唐长安作为世界东方文明之都,对欧亚大陆发生的深刻影响,使观者可从一座都城的视角管窥中华文明兼容并蓄的特征。

(三)从民族国家的高度关注民族问题、边疆问题

在全球政治、经济形势面临的复杂局面中,民族问题、边疆问题既是历史问题,也是现实问题。当今复杂的国际形势下,我国在祖国统一、民族团结等方面仍然面临着严峻考验,社会各界也有对于民族问题、边疆问题的认知需求。我国的历史研究者、民族问题研究者,责无旁贷地肩负着廓清历史脉络、揭示历史真相的重任。而在展示研究成果方面,博物馆以其独有的实物性具有先天的优势。区域博物馆,特别是边疆地区以及少数民族地区的博物馆,应高度关注民族问题、边疆问题,在促进民族团结、维护领土权益等方面发挥应有作用。

2019年承德博物馆举办的《望长城内外——清盛世民族团结实录》主题展即是此一方面的优秀代表。展览从康乾盛世时的"民族关系"视角出发,讲述清代康、雍、乾三朝帝王以"承德"为舞台,为维护民族团结和国家统一所做出的杰出贡献。展览通过对于承德地域特色文化资源的发掘,以一个历史横断面,讲述了长城内外民族团结的故事。

2015年西藏博物馆举办的《历史的见证——西藏地方与祖国关系史陈列》围绕"西藏自古以来就是中国领土不可分割的一部分"的历史事实,再现了千余年来西藏历史的发展脉络,展现了各个历史时期西藏地方与祖国血浓于水的关系,揭示了历代中央政府对西藏行使主权管辖的史实,是西藏与祖国不可分割关系的真实写照和历史见证。

三、展示特征更有典型性,在中华文明的历史长河中寻找地域文化的独特坐标

在长期的博物馆实践中,区域博物馆在展现地域文化风貌方面做出了诸多有益探索。中华文明历经千年而绵延不绝,在漫长的历史时空中,地域文化在不同时期呈现出不同的面貌,经由不同的视角又展现了不同的特色。全球化的视角为地域文化的认知提供了更为广阔的时空范围,也对区域文化的独特定位提出了更高要求。区域博物馆应将地域文化置于中华文明

的历史长河中，选取符合时代需求与认识规律的视角，在不同历史时期纷繁复杂的地域文化现象中提炼其最为典型的特征，寻找地域文化的独特坐标。

2019年在首都博物馆举办的《山宗·水源·路之冲——一带一路中的青海》以当今"一带一路"建设的时代需求为切入点，生动展示了一幅青海多元文化交融、多民族融合的壮阔画面。主标题"山宗·水源·路之冲"点题，展示了青海群山环绕、江河源头而又扼守冲要的独特自然风貌与地理位置，副标题"一带一路中的青海"提示展览将青海置于连通中华文明与世界文明重要通道的视角，为观者准确寻找到青海在中华文明历史长河中的独特坐标。

2019年在深圳博物馆举办的《大潮起珠江——广东改革开放40周年展览》呈现了广东改革开放事业40年来取得的丰硕成果。改革开放事业是中华民族复兴征程上的伟大"里程碑"，给中国同世界关系带来了巨大变化，而广东作为改革开放的排头兵、先行地、实验区，毫无疑问在改革开放事业中承担了重要使命。展览将广东置于改革开放的时代洪流，展现了广东省勇立潮头、矢志创新的地域文化。

四、叙事方式更具全球视野，在世界文明体系中展现中华文明的独特风貌

中华文明是在自身基础上独立起源、形成和发展起来的原生文明[12]，然而它不是封闭的。通过陆上和海上丝绸之路等通路，中华文明与其他国家和地区文明不断交流、融合。在全球化背景下，中国的区域博物馆更应以开放的姿态参与到世界文明的阐释与国际文化的交流之中，以坚实的学术研究基础，展示中国成果，传播中国声音，呈现出各文明形态"美美与共""和而不同"的文化面貌。在展览实践中，叙事方式应更具全球视野，以"人类命运共同体"的角度认知中华文明，探求地域文化，力求在世界文明体系中展现中华文明的独特风貌。

2016年在南京博物院举办的《法老·王——古埃及文明和中国汉代文明的故事》通过古埃及木乃伊及汉代诸侯王的金缕玉衣，从祈福神明、追求不朽与永生的视角出发，对比展示了埃及文明和汉文明这两大遥相呼应的人类文明。东西方共同主办展览也正是东西文化交流的实践探索。

2018年在湖南省博物馆举办的《在最遥远的地方寻找故乡——13~16世纪中国与意大利的跨文化交流》讲述了13~16世纪中意文化艺术之间的密切交流，以跨文化交流的视角展示了历史上欧亚大陆之间不绝如缕的双向交流，用实物讲述了中西文化交融的精彩故事。

以上对全球化背景下区域博物馆的展览策略做了初步分析。尽管COVID-2019的流行是人类所面临的巨大危机，也必将给全球政治、经济、文化的格局带来深远影响。在复杂的国际关系格局下，全球化的趋势面临了新的挑战，甚至在局部地区出现了"逆全球化"的现象。但在国际交流广泛而深入的当代社会，长远来看全球化的整体趋势仍然不可逆转；疫情之下，"人类命运共同体"的理念对于应对各种全球性风险挑战的意义愈加凸显。全球化背景下，区域博物馆对于区域文化的表达应更具全球视野，在呈现区域文化特色的同时，应有构建中华文明发展规律、融通中外文明成果的文化自觉，为国家文化软实力建设做出积极贡献。

【注释】

[1] 陈卓：《区域博物馆发展刍议》，《中国文物报》2008年5月2日第6版。

[2] [美]约瑟夫·奈（Joseph Nye）：《美国霸权的困惑》，北京：世界知识出版社，2002年，第9页。

[3] 单霁翔：《博物馆的社会责任与城市文化》，《中原文物》2011年第1期。

[4] 胡键：《文化软实力研究：中国的视角》，《社会科学》2011年第5期。

[5] 刘庆柱：《中华文明五千年不断裂特点的考古学阐释》，《中国社会科学》2019年第12期。

[6] 《中华文明具有三大特征》，载中国考古网 http://www.kaogu.cn/cn/gonggongkaogu/2013/1025/31269.html

[7] 《中华文明具有三大特征》，载中国考古网 http://www.kaogu.cn/cn/gonggongkaogu/2013/1025/31269.html

[8] 王巍：《新中国考古学70年发展与成就》，《历史研究》2019年第4期。

[9] 单霁翔：《大型线性文化遗产保护初论：突破与压力》《南方文物》2006年第3期。

[10] 《世界遗产名录》中全称为"丝绸之路：长安－天山廊道的路网"。

[11] 魏峻：《海上丝绸之路：中国博物馆的阐释与展示（2013-2016）》，《中国博物馆通讯》2016年11月总第351期。

[12] 王巍：《追寻中华文明的源头——就"中华文明探源工程"答河北学刊主编提问》，《河北学刊》2008年第5期。

发挥地域文化优势 打造中国文化交流客厅
——浅析湖北省博物馆对外展览打造中国风格名片

黄翀宇（湖北省博物馆）

摘要： 2018年4月27日，中国与印度两国领导人选择在湖北省博物馆进行非正式会晤，此次会晤加强了中印两个文明古国文化交流互鉴、推动了两国文明和谐共处和对话的议程，而会晤的地点选择在博物馆，充分展现了博物馆在中外文化交流过程中，树立民族特色、弘扬中国文化，起着有效交流和传播的重要作用。

博物馆是国家与地域的标志性建筑，具有明显的社会性和时代的烙印，不仅是文化机构更是一种传播历史的媒介，是历史的缩影，是公众二次教育的学校，是洗涤心灵的教堂，是文化与艺术的支撑点与助力器，是文明的象征。

博物馆"特色性"地域文化发展，不仅是提高地域文化和经济实力的有效方法与途径，更是反映民族传统、时代精神思想理论体系的一种外在表达形式。

而作为文化交流客厅的湖北省博物馆，是全国八家中央与地方共建的国家一级博物馆之一，位于长江经济带"黄金水道"上的重镇——武汉。具有丰富的文化历史内涵和鲜明的地域文化特色。无论是在地理位置，还是悠久的历史文化都具有得天独厚的区域优势。湖北省博物馆积极与意大利、美国、俄罗斯、印度等国家级博物馆进行文化交流活动，充分发挥地域文化优势，展现荆楚文化的独特魅力。文物是文明的重要载体，不同地域文明通过文物构建起文明对话的桥梁。博物馆在文化交流与传播过程中，应努力发挥地域文化优势，树立坚定中华民族的文化自信，增强民众自信心与民族荣誉感。让更多的人听到中国的声音，让世界认识一个多彩的中国。

关键词： 文化交流；地域特色

2018年4月27日，中国与印度两国领导人将非正式会晤的场所选择在博物馆进行实属首例，足以见得博物馆不再仅仅只是文化机构，一种传播历史的媒介，已逐渐成为让世界认识、理解与沟通的文化窗口社交空间。

博物馆是国家与地域的标志性建筑，其贡献不只是将这个世界陈列出来，还在于建立一个"就像看展览"般看待和理解世界的现代化方式[1]。博物馆的社会职能更加强大，已远远超越其实体建筑的承载力，具有更为广泛的影响幅面与作用。博物馆"特色性"地域文化发展，不仅是提高地域文化和经济实力的有效方法与途径，更是反映民族传统、时代精神思想理论体系的一种外在表达形式。

一、博物馆在文化全球化传播中发挥重要的作用

博物馆是国家与地域的标志性建筑,同时承继时间(历史)与空间(环境),以及不同种族的文化特质,有不同诠释与应用的机制,但就其目的性仍然有共通普世价值的存在,并有物质(典藏保存、资源)与精神(哲学、美学、价值)的意义存在,并以增加知识,作为人生智慧开发的要素而存在。[2] 从其蕴含的时代性与社会性的机能,充分显示出博物馆不仅是文化机构更是一种传播历史的媒介,是历史的缩影,是公众二次教育的学校,是洗涤心灵的教堂,是文化与艺术的支撑点与助力器,是文明的象征。

随着社会文化全球化发展,博物馆不单是文化传播的媒介,并且已逐渐成为体现国家经济实力的衡量标准。纵观博物馆发展历程,欧洲成为博物馆最早的发源地,伴随着世界的发展逐渐在全球扩张。博物馆在全球化过程中逐渐与世界发展建立起密切的联系。博物馆成为反映有序世界的空间:在这个空间里,通过物质对象,世界可以被认识、理解与调整[3]。博物馆是认识世界的特殊介质,能够更为直观地展现国家的历史人文,成为国家快速发展强大而有力的软实力代表。2020年6月20日中华人民共和国文化和旅游部公布了《中华人民共和国文化和旅游部2019年文化和旅游发展统计公报》[4]其中关于文化和旅游对外及对港澳台交流领域公布在加强海外文化阵营建设中,截至年末,海外中国文化交流中心数量达到40家,驻外旅游办事处20家。组织各类活动379场次,参与公众累计194万余人次,中外媒体广泛报道,有效覆盖超过5000万人次。积极参与"一带一路"建设中推动丝绸之路国际剧院、博物馆、艺术节、图书馆、美术馆等联盟建设,共有来自90个国家和地区的475家国内外文化艺术机构加入。全年经文化系统审批的对外文化交流项目2292项,46060人次参加。不断增长的数据表明,博物馆已成为文化全球化传播过程中不可或缺的一个重要部分。

博物馆全球化扩张的速度和发展辐射面与国家全球化发展程度息息相关。博物馆全球化发展不仅是展现国家历史文化,同时也是对于国家发展过程的一种记载与民族认同,是国家全球化发展程度的衡量标准。正如赫德森与尼克尔斯合著《名录》中所述发展中国家为了拥有博物馆做出巨大的牺牲,这对确认、加强一种民族认同感,以及在这个世界共同体中得到一席之地都是必要的……在当今的环境中,一个国家没有博物馆就相当于承认其文明程度低于现代化国家的最低要求[5]。博物馆逐渐成为国家文化认同全球化发展过程中的"世界名片"。国家形象的树立是认知主体通过各种感官器官在大脑中形成的关于形象主体的整体印象,建立整体印象的过程中包含着认知主体的客观性与主观性的认识性。而在博物馆成为国家形象建立中,区别于其他文化传播媒介的具有显著特色性的传播介质,博物馆能够将多学科知识体系与客观个体经验有机地相结合,并将不同的文化内容相融合,从而达到区别中的统一,从多维度展现国家文化与历史,表达出各国之间差异性,并能够将具有差异性的各国文化融入世界文化发展的洪流之中。增强国家在世界范围内的文化认同,提高人民自我的身份认同与民族自信,博物馆成为当今文化全球化发展过程中的历史使命与责任担当。

二、湖北省博物馆成为对外展览打造中国文化名片过程中的优势力量

1971年7月24日，周恩来总理批准郭沫若《关于到国外举办中国出土文物展览的报告》，并选择中华人民共和国成立以来出土文物精粹2000件左右组成"中华人民共和国出土文物展"，并以法国巴黎为展览第一站，开始了日本、英国、美国等15个国家（地区）巡回展览，此次"中华人民共和国出土文物展"是第一次在国外展出中华人民共和国的出土文物。这个展览对于专家和一般观众说来，都会引起他们极大的兴趣[6]。此次文化赴海外巡回展览，是将文物作为打开了国家与国家之间文化交流的外交媒介，与小球带动大球的"乒乓外交"一样，通过文物外交实现了政治外交的全新领域的突破。

湖北省博物馆作为全国八家中央与地方共建的国家一级博物馆之一，位于长江经济带"黄金水道"上的重镇——武汉。具有丰富的文化历史内涵和鲜明的地域文化特色。无论是在地理位置，还是悠久的历史文化都具有得天独厚的区域优势。湖北省博物馆利用自身优势，积极与意大利、日本、美国、俄罗斯、印度等国家级博物馆进行文化交流活动，充分发挥地域文化优势，展现荆楚文化的独特魅力。

中印两国领导人在湖北省博物馆进行非正式会晤，两国领导人一同欣赏具有悠久历史的中华文明、特别是荆楚文化，并就加强中印两个文明古国交流互鉴、推动不同文明和谐共处和对话交换意见。将外交场所直接选定在博物馆举行，足以见得博物馆不再仅仅只是传播历史展示文物的文化机构，已逐渐成为让世界认识、理解与沟通的文化外交新渠道。湖北省博物馆在大力发展文化推广方面，无论是地理位置还是文化历史内涵和鲜明的地域文化特色，都均有得天独厚的区位优势，在日积月累的探索发展过程之中，逐步摸索经验探索出一条具有特色的发展道路。

（一）发挥自身特色优势，成为区域优质文化资源

湖北省博物馆所属长江流域，"楚文化"为主要的文化特色，在信息化、数字化发展的今天，如何打好"楚文化"的名片，成为湖北省博物馆展览陈列的一个重要课题。首先要充分发挥自身优势运用"楚文化"元素打造博物馆地域性特色，将博物馆有效进行功能化的区分，能够更好地体现博物馆个性化特征，树立博物馆个性魅力，提升博物馆文化竞争实力。

在展览陈列设计过程中，为突出展览个性特色，需要从楚墓出土的大量青铜器、漆木器、乐器、玉器的装饰上，观察楚人通过不同的材质与工艺手段，提炼精化"楚文化"元素。"楚文化"元素在楚人的生产、生活各个方面均有体现，始终贯穿了楚人的历史文化与人文文化各个层面。在设计过程中运用楚人崇尚的黑色、红色、黄色和金色，通过红色与黑色的色彩对比、比例配比，结合色彩心理学相关知识，合理地安排色彩可以提高观众的空间代入感，起到观看展览前的铺垫作用。通过图形的运用，将楚人尚凤的形象图形化、结构化，将图形运用美学设计的方式进行构成设计，赋予古老纹饰新的生命活力，继承楚文化特色的同时，将楚文化特色发挥到现代设计之中。

2016年3月至11月由湖北省博物馆与意大利多家博物馆联合主办，在意大利威尼托大区埃斯特国立考古博物馆、亚德里亚国立考古博物馆和威尼斯东方博物馆同时展出《楚国的辉煌——楚文物特展》。本次展览是湖北省博物馆以介绍楚国历史与文化为目的，专门为意

大利观众策划的楚国文物特展。展览整体围绕"楚"这个主题进行展示,重点突出楚文化的独特文化理念和鲜明的地域性文化特色,具有强有力的时代特征。展品均经过精心挑选,选出具有楚文化地域特色展品,涵盖青铜器、漆木器、兵器、乐器等各种门类,共计71件组。作为一项向世界介绍"楚文化"的赴外展览,在展览设计之初我们首先需要面临的问题是国家与国家之间的文化差异的问题,如何让外籍观众能够通过文物了解"楚文化"是关系到此次展览是否成功的关键。

  展览主题设计时,为了让外籍观众能够在参观展览之前,就能对展览有大致的了解减少陌生感,建立有利于观众认知的文化语境,减少因地域差异产生的文化障碍,首先寻找当地民众熟知的文化内容作为参照物。如:兵马俑、秦始皇、中国历史上第一个统一王朝——秦朝等,由熟知的文化节点发生联系,逐一揭秘引发观众对秦统一天下之前楚国文化的好奇。并在展览设计中意方充分尊重中国的传统特色与文化,经过大量的商榷与研究,展览主题色调上运用楚国崇尚的红色与黑色作为展览色彩视觉设计的主基调。红与黑的色彩搭配,将富有典型的东方韵味的"楚文化"神秘、自由的特征,简洁明了地进行色彩区域的划分,产生色彩映射,突出楚文化的时代特征。在户外宣传部分扩大展品的局部作为展览的视觉主题,凸显"楚文化"特有的色彩与图形样式,扩大了展览"楚文化"特色的信息传递量。展品虽然不多,但也基本反映了楚国文化的主要方面,以具有特色性文物来展现秦朝统一前的楚国文化风貌。在展览举办过程中,大量对中国文化感兴趣和专业研究中国文化的意大利学者,自发地前往博物馆观看展览并与现场的中方学者进行探讨与交流,加深中意双方展览陈列的互动交流,

为意大利观众呈现一个丰富多彩的"中国文化"世界,增进两国友谊(图1~4)。

图1 《楚国的辉煌——楚文物特展》意大利展出户外宣传海报

图2 《楚国的辉煌——楚文物特展》赴意大利展埃斯特国立考古博物馆展览现场效果图

图3 《楚国的辉煌——楚文物特展》赴意大利展埃斯特国立考古博物馆展览现场效果

图4 《楚国的辉煌——楚文物特展》赴意大利展埃斯特国立考古博物馆展览现场效果

（二）利用藏品资源优势，树立和推广博物馆文化产业品牌

湖北省博物馆需要明确的自身文化特色优势，建立品牌意识。品牌是"一种名称、术语、标记、符号或设计，或是他们的组合运用，其目的是借以辨认某个销售者或某群销售者的产品和服务，并使之同竞争对手的产品和服务区别开来"[7]。而湖北省博物馆的品牌形象的建立，需要充分发掘藏品资源优势，与展览策划的特长，充分考虑文化差异、观众感受等因素，打造高品质原创展览，对于树立处在黄金水道要塞的武汉城市形象也同样具有重要的意义。湖北武汉古时代所处楚国疆域核心区域，如今也是长江经济带上"一轴"的重要发展站点，自古以来都是资源优越区域，而湖北省博物馆正是展现优势资源的集中点与传播媒介，应以"楚文化"精髓为依托，大力发挥地域特殊性优势，提炼"楚文化"元素，形成自我品牌LOGO，担负起振兴博物馆文化产业之重任，打造文物藏品标志印记，提高城市文化建设活力与竞争力，将博物馆的公共服务渗入到城市精神文明建设之中，成为全省博物馆文化产业的领头羊。

在打造自我品牌LOGO的同时，应充分利用区域有利资源，全面建立区域品牌战略联盟。所谓的区域品牌是"集群区域品牌"的简称，指以某一地域及其内部的优势产业而合作命名的特定区域[8]。应联合博物馆周围优势资源，充分利用文化产业资源形成区域品牌识别系统，提高整体的经营素质和文化产品服务品质，从而形成效益规模化，整个文化产业集群在日常运作中，能够公共资源共享、知识产权得到保护、共享收益的良好局面。

湖北省博物馆在自身文化产业发展的同时，应该充分考虑自然环境与人文环境所形成的自然人文特性，将人们对于自然人文的认知资源价值转变为文化生产力，产生强有力的区域品牌识别度，将品牌的建立与区域品牌联盟相结合，优势的文化产品、强有力的区域市场、特色性的品牌性能三个维度，进行品牌性扩张，利用品牌的转让、品牌授权等活动，提高观众对于品牌的心理认知，从而追求资源有效配置，满足观众精神文化需求，形成长江经济带文化产业集群中最为强劲的文化产业品牌。

从2016年9月，《长江经济带发展规划纲要》正式印发，到2018年11月，中共中央、国务院明确要求，依托长江黄金水道，推动长江上中下游地区协调发展和沿江地区高质量发展[9]。要求我们不断发展和加强建立长江经济带的重要性。湖北省博物馆作为"湖北客厅",荆楚文明宣传的窗口,无时无刻不彰显区域文化产业的重要地位。

(三)配合外交事务,策划交流展览促进中华文化认同

作为我国对外文化交流的重要形式和载体,对外文物展览在配合我国外交工作、外宣工作和促进中外文化交流中发挥着不可替代的作用[10]。配合国家外交事务进行交流与合作已俨然成为博物馆赴外展览合作交流的重要方式。在庆祝中国共产党成立95周年大会上明确提出:要坚持"四个自信"的原则并强调指出,"文化自信,是更基础、更广泛、更深厚的自信"[11]。充分肯定了文化自信就是对中华优秀传统文化的历史自豪感的价值认同。随着我国的高速发展国际地位不断攀升,国际之间的交流与合作也日渐常态化,对外交流日益频繁,文化合作也日趋密切。而博物馆的任务就是在面对世界范围内文化的快速变迁时,增强本国的文化认同与文化意识[12]。国际文化交流与合作,促进世界各国人民对中华文化的了解与传播,可以增进各国人民通过博物馆当中的"文物"对中华文化认识、理解与认同。

2014年,中俄两国将迎来正式建交65周年庆典。在此契机下,中俄两国举办中俄青年友好交流年活动。为了更好地打造"荆楚文化走世界"的交流品牌,拿出最具荆楚文化特色的文化精品走出去,充分展示中华文化——荆楚文化的深厚底蕴和辉煌成就,由中国文化部、湖北省政府主办,中国驻俄罗斯联邦大使馆、莫斯科中国文化交流中心、湖北省文化厅承办的"荆楚风、中俄情——湖北文化走进俄罗斯"系列活动在俄罗斯进行为期一年的文化交流合作活动。湖北省博物馆积极配合国家外交活动,2014年3月3日在俄罗斯莫斯科国立普希金造型艺术博物馆举办了《礼乐中国——湖北省博物馆馆藏商周青铜器特展》,此次展览是湖北省博物馆与俄罗斯国立普希金造型艺术博物馆跨国度世纪合作意义非凡。

此次展览着重展现中国礼乐制度文化,充分依托馆藏文物特色,精选湖北省博物馆馆藏鹿角立鹤、编磬、建鼓座等116件(组)极具地域特色的精美文物,展现中国青铜时代从商代早期至战国晚期,时间跨度达到1300多年,在反映中国青铜文化发展历程的同时,通过文物体现了中国先秦时期"天命""礼乐制度"的社会状态。中俄两国博物馆同仁通过不断研究、讨论与磨合,将展览设置在俄罗斯国立普希金造型艺术博物馆二楼展厅展出,选定极具带有中华文化风格的深朱红色作为展览的总基调,东方的青铜与西方的罗马柱在矛盾中得到了统一,东西方文化在这个看似矛盾的空间,得到了文化气息的融合,这种奇妙的搭配使展览内容更加灵动,增添了一股神秘的东方气息。展览吸引了大批观众参观,不少观众纷纷咨询湖北省博物馆工作人员,对湖北省、武汉市表现出浓厚兴趣,工作人员以图册、照片等方式介绍了这批珍贵文物的故乡(图5、6)。

图5 《礼乐中国——湖北省博物馆馆藏商周青铜器特展》赴俄罗斯国立普希金造型艺术博物馆展览现场效果

图6 《礼乐中国——湖北省博物馆馆藏商周青铜器特展》赴俄罗斯国立普希金造型艺术博物馆展览现场效果

图7 《礼乐·华章——中国湖北文物特展》赴印度新德里国家博物馆展览开幕式

中国与印度两国领导人在湖北武汉会晤时说两国应开展更广领域、更深层次交流，共同倡导尊重文明多样性，推动不同文明和谐共处。为进一步展现湖北省博物馆作为"湖北客厅"的重要地位，展示大国文明风范的主要窗口的重要作用。2019年4月16日，湖北省博物馆与印度国家博物馆签署2019年度工作备忘录，根据备忘录计划，2019年5月至6月，印度国家博物馆将选派代表团访问湖北省博物馆，并就建立常态化的博物馆人员交流机制、藏品保护与修复、展览策划、考古发掘等交换意见；下半年，湖北省博物馆赴印度国家博物馆举办小型展览[13]。印度新德里当地时间2019年11月13日下午，由中印两国博物馆紧张筹备和精心布置的"礼乐·华章——中国湖北文物特展"在印度国家博物馆隆重开幕，这是中国省级博物馆首次在印度举办专题文物展（图7）。

此次展览秉承展览形式为内容服务，在突出文物展示的前提下，以促进文明交流互鉴为背景，采用多元文明并置、古今文明相通两条主线，展示亚洲历史悠久、多元共生的文明特征。此次赴印展览，在中印两馆专家共同选定100件（组）文物展品，约五分之一是国家一级文物。其中盘龙城出土的提梁卣、汉阳出土的天兽御尊铜器是在湖北省博物馆进行非正式会晤活动时两国领导人共同参观的湖北出土青铜器。参展文物中石家河玉器、叶家山青铜器均是首次走出国门，穆林头遗址玉器更是湖北考古的最新成果，展示出古代中国精湛的琢玉技巧，通过赴境外展出，增加了世界人民对于中国玉文化的认同。为充分展现中印两国历史交往源远流长，充分解读两国文化的关联性，解析文物背后的故事，引起观众的情感共鸣，在赴印展出的展品中特意选择了梁庄王墓出土的"西洋等处买到"金锭、金镶宝石腰带、人骑骆驼灯、象形铜带钩等文物展品，见证了中印两国文明的联系与交流。整体空间布局疏密有致，展览空间整体选择米色、深红色为主色调与青铜器的色泽相得益彰（图8），印度观众能够在轻松富有中国特色的展览氛围中，更为直观近距离地感受3500年长江文明的悠久历史，古代中国辉煌的礼乐文明和古老的中华传统文化源远流长。

图 8 《礼乐·华章——中国湖北文物特展》赴印度新德里国家博物馆展览展厅效果

三、湖北省博物馆对外展览交流工作的再思考

过去十几年来,湖北省博物馆积极促进开展国内外文化交流活动,响应国家制定长江经济带"一芯驱动,两带支撑、三区协同"发展战略,促进"楚山楚水楚文化,大江大河大武汉"的新格局的建立。取得了阶段性的社会效益与国际声誉。但湖北博物馆如何长久持续地在国际舞台上,彰显得天独厚的区域优势打造中国文化名片,成为传播中华文明,树立民族文化自信强有力的助燃器,是值得我们深思与探讨。

湖北武汉地处长江中游,古时代所处楚国疆域核心区域,如今也是长江经济带上"一轴"的重要发展站点,自古以来都是资源优越区域,而湖北省博物馆正是展现优势资源的集中点与传播媒介,我们需要加强馆藏文物的研究及保护,将潜在藏品优势转化为文化传播优势。颠覆传统展览中"精品"的思维模式,积极进行跨区域、跨地域合作办展,深挖隐性展览题材,加强对异国文化的解读,建立有利于观众认知的文化语境,建立良好的文化交流与文化认知平台。积累跨区域、跨地域合作办展经验,树立湖北省博物馆品牌形象,凸显"湖北特色、湖北客厅"荆楚文化特色,在国际舞台上彰显中华文化精神气质,提高中华文化认同,增强民族自信。

湖北省博物馆作为湖北面向世界的"湖北客厅"既是广大公众的需要,也是城市精神文明建设发展的需要,更是建立文化认同与增强民族自信的需要。把湖北省博物馆真正打造成为国际文化交流的中国风格名片。成为征集、典藏、陈列和研究代表自然和人类文化遗产的实物的场所,为公众提供知识、教育和欣赏的文化教育的机构。

【注释】

[1] [英]莎伦·麦克唐纳，[英]戈登·法伊夫著，陆芳芳译：《理论博物馆：变化世界中的一致性与多样性》，浙江：浙江大学出版社，2020年，第6页。

[2] 黄光男：《博物馆企业》，北京：文化艺术出版社，2011年，第77页。

[3] [英]莎伦·麦克唐纳、[英]戈登·法伊夫著，陆芳芳译：《理论博物馆：变化世界中的一致性与多样性》，浙江：浙江大学出版社，2020年，第20页。

[4] 中华人民共和国文化和旅游部：《中华人民共和国文化和旅游部2019年文化和旅游发展统计公报》，载中华人民共和国文化和旅游部官网，https://www.mct.gov.cn/whzx/ggtz/202006/t20200620_872735.htm

[5] [英]莎伦·麦克唐纳，[英]戈登·法伊夫著，陆芳芳译：《理论博物馆：变化世界中的一致性与多样性》，马丁·普洛斯勒：《博物馆与全球化》，浙江：浙江大学出版社，2020年，第21、22页。

[6] 夏鼐：《巴黎、伦敦展出的新中国出土文物展览巡礼》，《考古》1973年第3期。

[7] 傅才武、翁春萌、蒋昕：《文化产业集聚区策划与运营》，武汉：长江出版传媒 湖北人民出版社，2012年，第141页。

[8] 胡大立、湛飞龙、吴群：《企业品牌与区域品牌的互动》，《经济管理》2006年第5期。

[9] 中华人民共和国中央人民政府：关于建立更加有效的区域协调发展新机制的意见（2018年11月18日），载中华人民共和国中央人民政府官网，http://www.gov.cn/zhengce/2018-11/29/content_5344537.htm

[10] 中国文物交流中心：《展示中国古代文明 促进中外文化交流》，http://www.aec1971.org.cn

[11] 冯鹏志：《从"三个自信"到"四个自信"——论习近平总书记对中国特色社会主义的文化建构》，载百度百科，https://baike.baidu.com/reference/22254293/e74eY0d_9HBo7RjOi-i4w5RAXvQoXbr1pLt5vJUKdL_qND_wHLutAUETm9vN3_aXenc-xryHAi4FMI4DiIXefJWD6n9-Xe6Lngx5GH1ioi4iIDMmNmdWVg-

[12] [英]莎伦·麦克唐纳，[英]戈登·法伊夫著，陆芳芳译：《理论博物馆：变化世界中的一致性与多样性》，马丁·普洛斯勒：《博物馆与全球化》。

[13] 《湖北省博物馆与印度国家博物馆 签署2019年度工作备忘录》，载中国社会科学网，http://ex.cssn.cn/bwg/201904/t20190428_4871329.shtml

翻译目的理论指导下的博物馆外宣翻译
——以张氏帅府博物馆为例

李晨希（张氏帅府博物馆）

摘要： 博物馆是保存历史、传承文明最浓缩、最生动、最直观的所在。作为文化传播的重要窗口，博物馆的外宣翻译就显得尤为重要。在我国，外宣翻译的主要任务就是要将中文译成英文和其他外文，向世界传播来自中国的声音。作为东北地区保存最完好的名人故居类博物馆，张氏帅府博物馆每天迎接来自四面八方的游客。为了更好、更专业地服务于海内外游客，帅府曾通过专业的翻译公司对公示语和说明牌进行首轮英文翻译，但囿于对博物馆文化和民国历史的理解和认知，英文翻译中出现了一些失误和不当之处。随后，帅府及时抽派业务人员对馆内的公示语和展厅说明牌中的中英文双语重新进行了调整和修订。笔者有幸参与了其中的英文翻译校对工作，在此尝试以翻译目的理论为指导，以张氏帅府博物馆为例，分析在校对过程中发现的失误、提出改进的策略，以提高博物馆外宣翻译质量，更好地促进国内外文化的交流。

关键词： 博物馆；翻译；说明牌；翻译理论

一、翻译目的理论

自20世纪70年代开始，德国功能翻译学派兴起，摆脱以往对等论为基础的语言学派的束缚，把翻译放在行为理论和跨文化交际理论的框架中。汉斯·弗米尔（Hans J.Vermeer）提出"翻译目的决定翻译方法"，即翻译目的论（Skopos Theory）。该理论将翻译从完全忠实于原文的束缚中走出来，认为译文的好坏不仅取决于译文是否准确地传达了原作者的意图和信息，也取决于译文是否达到了译者本人想达到的交际目的[1]。

到了2001年，功能派另一位著名的代表人克里斯汀娜·诺德（Christina Nord）更加全面地总结和完善了翻译目的理论，将翻译失误（Translation Errors）首次融入翻译理论中，并将其自上而下归纳为四类：语用型翻译失误（Pragmatic Translation Errors），文化型翻译失误（Cultural Translation Errors），语言型翻译失误（Linguistic Translation Errors），特定文本型翻译失误（Text-specific Translation Errors）[2]。语用型翻译失误是最大的失误，因为它违背了翻译目的论的首要原则，即目的原则；文化型翻译失误是指源文化和目标文化背景不相适应、没有增加隐含的文化信息等；语言型翻译失误是指在语际翻译过程中违反了语言规范和句法结构，如拼写错误、用词不当、搭配不当、语法不精、逻辑混乱等；特定文本型翻译失误，则是特定文本翻译过程中的失误，如译文逻辑混乱、上下文衔接不当等。

翻译目的论摆脱了传统等值论的束缚，可以使译者根据译文的预期目的灵活地选择翻译策略，为博物馆的外宣翻译提供指导性的作用，并且可以有效地减少翻译失误，更好地实现信息传递和文化交流。

二、翻译目的理论指导下的外宣翻译失误及对策

博物馆中的公示语和展厅中的说明牌是"传递信息的小使者"，它肩负着把中华五千年光辉灿烂的传统文化传递给外国友人的使命。然而，博物馆外宣翻译中失误、错误的现象却时常发生。

（一）博物馆中公示语翻译的失误及对策

公示语在我们生活中应用广泛，一般指展示在公共场所为公众提供信息的特殊文字，是与公众的经济、文化、生活、教育、环境等方面息息相关的文字、符号或图形，它们几乎随处可见，例如路标、广告牌、商店招牌、公共场所的宣传语、旅游简介等等。公示语翻译在国外有较长的发展历史，且已比较成熟、规范，而我国在公示语翻译方面因为起步较晚，还没有形成规范的系统，以至于有些公示语被翻译成英语后，让很多国外游客很困惑。

公示语翻译中最常见的错误有两种。第一种是语言性翻译错误，即中英文对应的直译翻译，这种方式很不符合英语公示语的表达习惯。英语重形，造句中多用形合法；中文造句多用意合法，不受形式拘束。英语公示语翻译侧重语意与信息的传递，公示语的译文应符合目的语读者的语言规范和使用习惯。然而，日常生活中，此类错误也是很常见的。如长期以来"观众止步"的指示牌，曾被翻译成"Tourist No Visiting"。第二种是语用性翻译失误，即语言使用的可接受性。公示语的英译在于帮助和指导目的语的读者对公示语的理解和反应，以便他们在异国语言的文化中也能很好地生活。因此，作为译者在对公示语的翻译时要充分考虑到目的语读者的感受，理解他们的生活环境、文化背景和语言习惯，避免语气生硬，态度冷漠。汉语中的"禁止……"和"请勿……"经常被翻译成"Don't…"。如"禁止喧哗"常常被翻译成"Don't make noise"。这种命令和训斥口气的翻译，很容易引起游客的反感和抵触情绪。

针对我国公示语翻译令人担忧的现状，国家质量监督检验检疫总局和中国国家标准化管理委员会于2017年11月20日联合发布《公共服务领域英文译写规范》（下文统称为"标准"），它是中国首个关于外语在境内如何规范使用的系列国家标准，并于2017年12月1日起正式实施。该标准明确规定公共服务领域英文译写要遵循合法性、规范性、服务性、文明性四大原则，并且要符合英文使用规范以及英文公示语的文体要求，一般不按原文字面直译。

公示语从内容上大致分成警示警告、限令禁止、指示指令、说明提示抵达类，不同类型公示语应采用不同的翻译方法来传递不同信息，以便最大限度地满足翻译目的论所强调的预期目的或功能这一核心需求：

第一类，警示警告类公示语，其目的是提醒人们注意周围环境，一般可以译作"Mind…"或"Watch…"，如"Mind Your Head"（当心

碰头）；严重警告的公示语一般由警示词和警示内容两部分组成，翻译时分行书写，表达警示语的单词首字母或全部字母大写，警示词的首字母大写，译作"CAUTION//…"或"DANGER//…"，如"CAUTION//Hot Water"。

第二类，限令禁止类公示语，其目的是对公众不安全行为的一种善意提醒、劝阻或禁止，限令类公示语翻译要照顾到游客的阅读感受，因此语气要更加含蓄委婉，一般采用固定的翻译方法"Thank You for Not-ing"或"Please Do Not…"，如"Thank You For Not Smoking"（请勿吸烟）；禁止性公示语翻译应该语气坚定才能达到阻止目的，固定的翻译方法是"No-ing"，如No Smoking（禁止吸烟）、No Parking（禁止停车）、No Entering（禁止入内）等。张氏帅府博物馆对这类公示语的翻译，就很巧妙地避开了这种生硬的语气，采用"No Climbing"（请勿攀爬）、"Quiet Please"（禁止大声喧哗）等形式。

第三类，指示指令性公示语，其目的是表达请求、提醒或强令执行，非强制性的一般采用祈使句或短句，如"Keep off the Grass"（小草依依，踏之可惜）、"Please Save Water"（请节约用水）；而当强制人们必须采取某种防范措施时，一般用 Must 翻译，如"Head Protection Must Be Worn"（必须戴安全帽）。因此，在张氏帅府博物馆内的"请勿攀爬"，既可以用请示公示语翻译："Please Do Not Climb"，也可以按照实际意义用禁止公示语翻译："No Climbing"。

第四类，说明提示类公示语，要求译文简洁准确、提示信息一目了然，如入口（Entrance）、出口（Exit）、厕所（Toilet）等；有时，亦可按照翻译的忠实原则，依据公示语要表达的内容和意图采取意译，如正常开放（Open）、安全线（Yellow Line）。所以，张氏帅府博物馆中的指示性公示语也做出相应调整，如"观众止步"，它的意思其实就是"只有工作人员可以进入"，我们简洁地翻译成"Staff Only"[3]。

（二）博物馆中说明牌翻译失误及对策

目前，我国许多博物馆的文化信息翻译都存在着字母大小写不规范、单词拼写错误、词性使用错误，甚至错译乱译等多种翻译失误的现象。下面笔者以张氏帅府博物馆说明牌修订前的原稿为例，以翻译目的理论为指导，说明这一现象。

1. 语用型翻译失误

如前文所说，任何忽略了翻译目的的译作都会造成语用型翻译失误。笔者发现，在翻译公司原稿中，几乎所有的汉英翻译都是与前文一一对应的，这忽视了博物馆外宣翻译中有效传递文化信息的作用。出于翻译目的以及翻译实践的特殊性考虑，译者不可能跟原文作者一样提供同等数量或种类的信息，译者应该根据目标语的语言、文化、语用方式传递信息，而不是尽量忠实地复制原文的文字。例如，关于赵一荻故居说明牌中有一句话"……善良、贤惠、心胸宽阔的于凤至感念她的一片真情……"，在原稿中给出的翻译为"Kind, virtuous, broad-minded Yu Fengzhi's feelings for her true feelings……"除去其他错误，此句的翻译完全是与中文相对应的。与中文的华丽辞藻不同，英语是平白简洁的，因此，在翻译时应尽量做到与目标语言统一风格；同时，由于说明牌的面积有限，且汉语说明部分已占用很大的空间，译者应尽力控制篇幅并使译文简洁。可以看出有此句中的"善良、贤惠、心胸宽广"都是在夸赞于凤至，在此可以根据译者的翻译习惯，在三个词中选择一个翻译即可。

虽然有的说明牌英文部分占据很少的篇幅，但细细观之，原稿只是将汉语说明词的一部分译成了英语。例如，帅府小青楼关于寿夫人卧室的说明牌，翻译公司原稿只译出了寿夫人的生卒年月与名字，其他的则全部忽略。虽然译者应尽量做到翻译简洁，但原文中对读者有指导性意义的信息却被忽视，这也是忽略了翻译目的而导致的一种语用型翻译失误。

2. 文化型翻译失误

语言是文化的符号，文化是语言的管轨，而翻译作为跨文化交际的一种必然媒介，与语言与文化都有着千丝万缕的联系，翻译是语言间的转换，更是文化间的交流。而中西方两种文化之间存在的空缺，则会影响译文的效果和功能的实现。虽然在帅府的说明牌中还没遇到类似情况，但随着红楼群的回归与逐步对外开放，在翻译上一定会遇到有中国特有的文化现象，译者需要充分考虑翻译的预期功能以及预期读者，并对文化背景做出适当阐释。

3. 语言型翻译失误

语言型翻译失误是违背语言的基本规范所致，这在帅府说明牌汉英翻译的原稿中有出现，主要体现在大小写错误、拼写错误、语法错误、选词不当等方面。

首先，原稿出现了几处大小写错误，当然此类错误可能是在制作的过程中出现的失误，但作为译者也应给予校对与改正。

其次，在拼写错误方面，原稿中也出现了很多。例如在大青楼原始壁画作者简介中有一句"……he ever learned from famoua folk artist……"中的"famoua"根据上下文很明显是拼写错误，应改为"famous"。此类错误在其他的说明牌中也都存在，虽然拼写错误看似并非大过，但倘若博物馆景点介绍的英译出现了过多的拼写错误，将会影响外国游客对景点及城市的认同感。

第三，在语法错误方面，原稿中同样也较为常见，语法错误出现的形式也各有不同，有单复数错误、词性用法混乱错误、结构错误、句子不完整等。例如在老虎厅英译的原稿中，"……it was named for tiger specimen was ever……"此句中出现了两个Be动词"was"，这在英语中是完全错误的，英语中同一个句子里不可以有两个动词，这是一个典型的语法错误，此句应改为"……and got the name from the tiger specimens in this room."语法类的错误，就需要译者扎实地掌握英语语法的相关知识，避免这类错误的发生是完全可以的。

此外，还有词语选择不当的错误。在原稿中大青楼壁画的英译为"fresco"，在《牛津高阶英汉双解词典》中，"fresco"的解释为"湿壁画"，与原意不符，应改为"mural"，英文释义为"a painting done on a wall"，就是壁画的意思。此类错误的出现，除了译者对词汇掌握的程度不够，也带有明显的机翻色彩。另外，很多术语翻译的不统一也是此类失误的可能，例如在中文名字的英译方面，一般采用汉语拼音的方式，但有些仍沿用习惯的拼法，如张作霖译为"Chang Tso-lin"、张学良译为"Chang Hsueh-liang"。

博物馆的外宣翻译有着传递景点相关信息的作用。除此之外，由于涉及特定的时代背景，张氏帅府博物馆的外宣翻译还担负着传播更多民国历史文化的重任。但其外宣翻译中的失误或多或少地影响表达效果，给游客造成对景点信息理解上的困扰。作为帅府一员，笔者也应不断提高自身汉英双语水平，深化翻译的理论和灵活运用翻译技巧，夯实民国历史文化基础，不断提高外宣翻译的质量，以更好地进行文化传播，增强文化感染力。

【注释】

[1] [德]凯瑟琳娜·莱斯:《翻译批评的可能性与限制》,上海:上海外语教育出版社,2004,第26页。

[2] [德]克里斯汀娜·诺德:《目的性行为—析功能翻译理论》,上海:上海外语教育出版社,2001,第75、76页。

[3] 中华人民共和国国家质量监督检验检疫总局、中国国家标准化管理委员会:《公共服务领域英文译写规范 第一部分:通则》,北京:中国标准出版社,2014,第3~8页。

共鸣与障碍
——跨文化传播语境下展览的相关问题及思考

刘晓婷（复旦大学）

摘要： 全球化进程的深入推进使地区间经济、贸易交流日益密切，为我们的生产和生活带来了极大的便利。与此同时，不同地区、不同民族之间因为拥有不同的文化背景而导致隔阂加深。在此前提下，如何推动不同文化之间进行沟通对话成为迫切的需要。展览是博物馆语境中"物"与"人"沟通对话的主要形式，为不同文化交流互鉴提供了一个有利的空间。本文以新西兰推出的一系列毛利文化国际巡展为例，深入探究博物馆展览如何跨越文化壁垒，企及观众共鸣，促进跨文化沟通与理解，从而为国内博物馆利用展览进行文化传播提供经验与借鉴。

关键词： 跨文化传播；国际展览；巡展

文化依托于载体进行传播，国际展览是博物馆参与文化交流、促进不同文明对话的重要手段。据中国文物交流中心数据显示，2015年至2019年间，仅国家层面推出的对外展览就有57个，大量对外展览成为展示中华文明的绝佳平台，如何最大化发挥展览的文化传播作用，拉近海外观众与中国文化的距离，从而推动不同文明间的对话和理解值得我们深入探讨。本文引入跨文化传播学相关概念，以新西兰推出的几个具有代表性的毛利巡展为研究对象，探讨跨文化展览如何跨越文化壁垒，促进跨文化沟通与理解。

一、跨文化传播与国际展览

跨文化传播（intercultural communication）作为传播学的分支，是跨越文化的边界研究实现不同文化之间的理解、合作、共存、共荣的可能与机制的一门交叉学科[1]。其本质是研究不同文化背景下人们的交流和沟通。跨文化传播的内容包括政治制度、价值观、意识形态以及文化，传播渠道有外交、商业往来、旅游、博物、媒体等，传播对象为文化他者，即来自不同于本国/地区文化的受众群体，既包括通过物理边界划分的不同国家和地区的民众，也包括通过精神性区分的不同文化背景的民众[2]。

纽约大学语言学教授玛丽·路易斯·普拉特（Mary Louise Pratt）在其1991年发表的《接触区的艺术》（Arts of the Contact Zone）一文中首次使用"接触区（contact zone）"一词指代"文化相遇、冲突和斗争的社会空间"[3]。1997年，人类学家詹姆斯·克利福德（James Clifford）将博物馆与"接触区"联系起来，提出"博物馆即接触区（museums as contact zones）"的概念，置身于跨文化语境中博物馆，成为不同文化对话的空间，其"跨文化调解者（cross-cultural mediator）"的角色逐渐引起学者重视。展览是博物馆对外职能的主要实现方式，Lee Davidson在其Cosmopolitan Ambassadors一书中详细论述了通过发展跨文化展览（intercultural exhibition）来创造"移动的接触区（mobile contact zone）"。可见跨文化传播语境中的博物馆展览不仅仅是"进行观点和思想、知识和信息、价值和情感传播的直观生动的陈列艺术形象序列"[4]，也是不同文化进行对话的平台和空间。展览让不同观点、思想、价值和情感的交流互动成为可能，是进行跨文化传播的重要途径和有效手段。

充分发挥跨文化展览的文化传播作用，即实现展览的"有效传播"。跨文化传播学中的"有效传播"是指传播互动过程中克服传播障碍而获得最优信息量的过程[5]。对于跨文化展览而言，实现"有效传播"，同样需要分析和克服展览各个环节中所面临的"障碍"，企及异质文化背景下观众的共鸣，从而将展览内容及背后的文化内涵最大限度地传递给观众，促进跨文化沟通与理解。新西兰推出的一系列毛利巡展在世界范围内取得了不错的反响，借毛利巡展可以探讨跨文化展览中存在的障碍问题以及如何跨越障碍企及观众共鸣。

二、毛利人与毛利巡展

新西兰坐落于太平洋西南面，拥有得天独厚的自然资源，素有"长白云之乡"的美誉。尽管争议犹存，毛利民族一直被认为是新西兰最初的原住民，其祖先波利尼西亚人于公元1250至1300年间从太平洋各个群岛利用渡海木舟航行至新西兰。随着工业革命时代到来，西方殖民化进程的推进，大批殖民者来到新西兰并觊觎其丰富的土地资源，由此毛利人开始了与西方殖民者漫长的"土地争夺战"，1840年毛利人与英殖民者签订的《怀唐伊条约(Treaty of Waitangi)》并没有充分保障毛利人的土地权益，大量的土地流失导致毛利人被迫放弃原有的生活方式，转而适应以殖民者为主导的社会运作形式，其传统文化以及理念大受冲击。毛利人被殖民、土地流失以及抗殖战争等一系列事件，也给整个民族的后续发展留下了深远影响，当下社会环境中，毛利民族在新西兰往往与贫穷、暴力犯罪等负面社会印象关联[6]。

深感于自身文化的丧失带来的挫败，毛利人清楚地认识到保护和传承自身文化的重要性。1926年建立的新西兰毛利工艺美术学院（NZMACI），旨在通过传统毛利艺术来延续、保存和促进毛利人文化（Perpetuating, preserving and promoting Māori culture through traditional Māori art）。2011年，为了更好地完成其保护、促进毛利人手工艺品和文化永存的使命，"TUKU IHO"作为NZMACI一个具有开创性的项目应运而生。自2013年来，在中国、马来西亚、智利、阿根廷、美国和日本巡回展出，在加强与不同国家的文化交流的同时，也带动了与之相关一系列旅游项目的发展。2019年11月，"TUKU IHO：生生不息"展览回到上海，在上海当代艺术博物馆（PSA）进行了为期半个月的展出，吸引了一大批国内外观众前来参观，在丰富的展品之外，传统的毛利雕刻、纹身等工艺也借助博物馆提供的平台得以展示给观众。每天两场震撼人心的毛利组舞表演（KAPA HAKA）更是将整个展览的氛围推向高潮。

另一方面，早在二十世纪之交，新西兰精英便通过结合毛利人的传统和从各方面保护毛利人的文物和建筑来寻求独立的民族认同，随着20世纪70年代后殖民主义学术思潮的兴起，对"西方中心论"思想的批判蔚然成风，此时的新西兰人呼吁构建博物馆的本土特性，与毛利文化相关的收藏品被置于博物馆的重心[7]，继而显示毛利文化精神内涵的展览被大量开发，1984年至1986年在美国巡回展出的"Te Māori"展览被看作是毛利文化复兴的里程碑。以保存展示毛利和移民双重文化为己任的新西兰国家博物馆（Museum of New Zealand, TePapa），也推出了一系列毛利展览并在全球进行巡回展出，具有代表性的几个毛利文化巡展分别是"New Zealand, New Thinking（新西兰，新思维）"、"E Tū Ake"以及"Kura Pounamu: Our Treasured Stone（毛利碧玉：新西兰文化艺术珍品展）"（表1）。作为新西兰政府文化外交计划中的重要一环，"新西兰，新思维"展览于2007年3月至5月先后在中国

表1 新西兰国家博物馆毛利巡展一览表

展览名称	展览地点	展期
New Zealand, New Thinking 新西兰，新思维	北京东方广场	2007/3/16-2007/3/25
	上海梅龙镇广场	2007/4/2-2007/4/8
	武汉世茂广场	2007/4/13-2007/4/23
	广州正佳广场	2007/4/27-2007/5/6
Kura Pounamu: Our Treasured Stone 毛利碧玉：新西兰文化艺术珍品	新西兰国家博物馆	2009/9-2011/7
	中国国家博物馆	2012/10/31-2013/2/1
	良渚博物院	2013/4/1-2013/6
	广东省博物馆	2013/7/19-2013/10/20
	重庆中国三峡博物馆	2013/11/8-2014/3/19
	陕西历史博物馆	2014/4/4-2014/7/5
	法国凯布朗利博物馆	2017/5/22-2017/10/1
	新西兰坎特伯雷博物馆	2018/12/15-2019/6/3
	新西兰尼尔森省博物馆	2019/8/24-2019/11/24
E Tū Ake: Standing strong	法国凯布朗利博物馆	2011/10/4-2012/1/22
	墨西哥国家文化博物馆	2012/4/3-2012/7/22
	加拿大文明博物馆	2012/11/21-2013

北京、上海、武汉和广州四个城市的购物中心广场进行展出，展览现场有两个新西兰表演团体，一个高强度打击乐团与一个来自Whitireia表演艺术学校的kapa haka毛利人文化表演团体，每天在固定的时段进行表演。"E Tū Ake"展览由新西兰国家博物馆作为国际展览项目开发，从2011年到2013年，在新西兰短暂展出后，相继在法国巴黎的凯布朗利博物馆、墨西哥国立文化博物馆以及加拿大文明博物馆展出，展览展示了传统的毛利文化珍品（taonga）以及其他具有代表性的当代作品，为观众理解与当今毛利人相关的核心毛利概念、问题和辩论提供了一个背景，展览还涉及了殖民主义和土著文化丧失等强有力的政治主题，同时探讨毛利人争取自决、文化复兴和恢复家园的历史斗争。"Kura Pounamu: Our Treasured Stone"展览是新西兰国家博物馆与纳塔胡毛利部落（Ngāi Tahu）合作推出，以展示毛利"玉石"文化为主题的国际展览，共展出200多件毛利碧玉珍品，2009年9月至2011年7月于新西兰国家博物馆进行展出，此后2012年至2014年间在中国五个博物馆——国家博物馆、良渚博物院、广东省博物馆、重庆中国三峡博物馆以及陕西历史博物馆展出，2017年展览继续巡回，在法国巴黎凯布朗利博物馆进行为期四个多月的展出后回到新西兰，先后在坎特伯雷博物馆以及尼尔森省博物馆展出（参见表1）。

基于传播学中的"5W"传播模式，毛利巡展涵盖了传播过程的所有构成要素：展览本身承担"传播者"的角色，"传播内容"即毛利文化及精神内核，"传播媒介"为展览阐释方式（展品、陈列手段、教育活动等），观众即"传播受众"，所取得的"传播效果"则是观众对毛利文化的理解程度。通过展览，传统的毛利文化以及毛利人的精神内涵得以呈现给世界观众，使得处在不同文化背景下的"他者"观众所接收，为边界之外的观众了解毛利传统精神内涵提供了空间和平台。毛利巡展成为沟通异域观众与毛利文化的桥梁，在展览空间之内，毛利文明与其他文明得以交流、对话，跨文化沟通与理解悄然发生。

三、关于跨文化传播语境中展览的相关思考

（一）展览面临的障碍

跨文化传播的障碍存在于展览的各个环节，阻碍着观众获取展览信息、理解展览所传达的文化内涵。就毛利巡展而言，展览中的"障碍"主要体现在以下几个方面。

语言是文化交流和传承的工具和载体，也是跨文化传播无法避免的一道天然的"文化壁垒"。展览中的"语言"障碍具象地表现在两个方面：一是展览中的解释说明文字，即图文版面；二是导览解说。图文版面是博物馆展览信息传达的主要媒介之一，也是博物馆对展品进行解析型阐释的重要手段。展览在异质文化中进行展示传播时，说明文字是观众贴近展品，解读展品所蕴含的文化内涵的主要途径，在科学性、真实性的基础上，也要重视其文化适用性，即文本的翻译。以在上海当代艺术博物馆展出的"TUKU IHO：生生不息"展览为例，展览中涉及很多复杂且抽象的毛利文化概念，如"魔力（MANA）"等，对中国观众而言极为晦涩，很难通过原有的文化认知去解读它们。展览中的图文版面由三种文字组成——毛利语、英语和中文，毛利文化中一些固有概念（"MANA"-魔力、"TAPU"-禁忌）由毛利语呈现，英语用来阐释展品的文化内涵，而面向中国观众的中文解释说明文字由英文直译而来，未进行语

言上的"二次加工"和阐释（图1），导致习惯于原有语言表达习惯的国内观众更难把精力集中在阅读对展览信息传播极为重要的文字说明上，使文字原有含义的表达效果打了折扣，潜在地阻碍了展览内容的传播。而所谓讲解，是以展陈为基础，运用准确生动的语言和其他辅助表达方式，将信息传递给观众的具有技术性和艺术性的社会活动。讲解同样是辅助观众参观博物馆的重要手段，讲解词的编写在兼顾学术性与通俗性的同时，更要辐射不同类型的观众，如使用不同语言的观众，这一点在很多跨文化展览中都有体现，展方会开发多种语言版本的导览解说词，毛利巡展也不例外，在"新西兰，新思维"展览中，新西兰方专门安排了一群掌握流利普通话的新西兰青年作为讲解员，现场用中文与观众进行互动，借此消弭语言沟通上的障碍，试图"将一个现代的新西兰呈现给大家"。

作为展览的直接体验行为人，观众的个体差异同样影响着跨文化展览的传播效果。个体差异除了观众人口学（年龄、性别、受教育程度）因素之外，观众对展览主题的兴趣、观众的认知和理解能力以及社会经历等同样是观众个体差异的表现。观众兴趣是观众以博物馆（或展览）为对象所产生的积极的和带有倾向性、选择性的态度和情绪。兴趣作为一种无形的动力，影响观众参观路线和参观时长的同时，也影响着观众对展览主题的理解程度。除此之外，个人经历与认知和理解能力同样影响观众对展览的解读。举一个极为简单的例子，有无新西兰旅行经历的人，或者说对毛利文化有一定了解和完全无了解的人对"TUKU IHO：生生不息"展览的理解是不同的，所关注的重点也不尽相同，完全无了解的人在观看毛利组舞表演时，会用诸如"新奇""震撼"等词语来形容这次"初体验"，而拥有相关背景知识或有观看表演经历的人更倾向于用"比之前那次观看的时候更……"来描述自己的内心感受。观众的个体差异客观存在，无形中左右着观众对展览的认知，导致跨文化传播潜在问题的产生，如面对不同于自身固有认知的文化实物时所产生的诸如退缩、焦虑等排斥情绪，更为甚者会催生负面的刻板印象。2007年开始掀起全球热潮的"秦始皇帝：中国兵马俑"展，在收获许多好评的同时，一些批判的声音也相继出现，媒体将展览与中西方意识形态上的区别联系起来，试图通过展览来解释中国的现当代制度，之所以出现这些不和谐的声音，一方面是中方展览话语权的缺失，另一方面也源于西方对中国固有的成见。在"E Tū Ake"展览的策划初期，新西兰国家博物馆的相关工作人员也有过同样的不安，忐忑于国外的观众面对一个"激进主义"的故事时会作何反应，担心展览传达给国外观众更多的是毛利人"好战""暴力"的形象[8]。

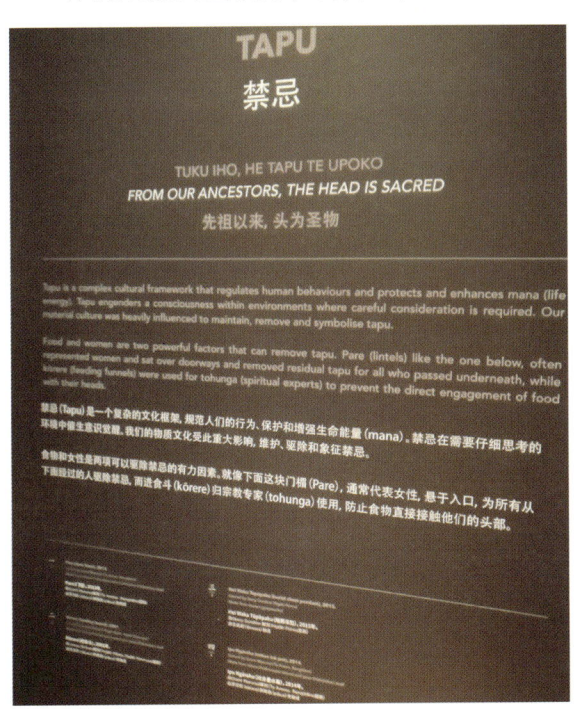

图1 "TUKU IHO"展览说明文字（图片来源：笔者拍摄）

（二）观众共鸣的企及

共鸣是指物体因共振而发声的现象。跨文化展览要想最大限度地实现"有效传播"，同样需要观众与展览产生文化上的"共振"。跨文化展览企及处于异质文化背景中观众重要的一点，就是通过展览引起观众的共鸣，从而拉近观众与展览之间的距离，使观众了解并理解展览所要传达的信息及文化内涵。总结新西兰推出的一系列极有影响力的毛利巡展，展览从以下两方面入手企及观众的共鸣。

1. 展览话语权的把控

跨文化展览尤其是国际巡展，涉及多个文化场域的转换，面向更为复杂且多样化的受众。使文化背景不同、认知特点各异的观众理解展览的前提和基础是展览主题的准确诠释，即观众获取的正是展览想要传达的信息，减少传播中的"误读"情况的发生。这就涉及借展方的展览话语权问题，传播学中的"话语权"是指那些掌握着某种政治、经济或文化等社会资源的社团在传播过程中具有的潜在的现实影响力，而借展方的展览话语权则是其对整个展览流程的把控力，通俗来说就是展览由谁说了算的问题。新西兰在其推出的一系列毛利巡展中牢牢把握住展览的话语权，体现在办展理念、对展览每个环节的跟进以及适当的变通性三个方面。

根据毛利人和毛利巡展的历史，不难理解毛利人对其传统文化的重视以及对自我文化表达的迫切。"E Tū Ake"展览是当代毛利人的自我文化表征，项目负责人Simon Garrett对于展览如何传达出毛利人独有的"taonga"理念时曾表示，"即使文物的所有权归博物馆所有，在讲述毛利人的故事时，仍有责任回到最初的iwi（部落）中，这不仅是他们的物品，还是他们拥有的故事"[9]，展览策划也是由新西兰国家博物馆两位资深毛利策展人完成。"TUKU IHO"展览更是如此，由新西兰毛利工艺美术学院（NZMACI）一手打造，从展品的制作到展览内容的规划全部由学院内部的工作人员（毛利人）负责。可见毛利巡展的理念是强调让土著人民"telling their own stories"，赋予故事所有者、文化拥有者发声的权利。

借展方（新西兰方）对展览每个环节的严格把关同样是其掌握话语权的体现。2014年"Kura Pounamu: Our Treasured Stone"（中文展览名称为"毛利碧玉：新西兰文化艺术珍品"）在陕西历史博物馆进行了为期三个月的展出，据负责人王妮说，新西兰方对展览的要求"极为苛刻"，在以往陕西历史博物馆的引进展览中，借展方只提供文物及辅展资料而不会参与展览的形式设计以及施工阶段，且因为临时展览的准备时间不足，往往都是设计与施工同时进行。而对于"毛利碧玉"展览，新西兰方自始至终都与中方不断地沟通交流，从对外宣传、上展的图片与文字、展览内容的调整、展厅的设计、材料的运用到文物的说明牌等每一处细部的设计图纸都通过网络邮件与电话进行了沟通与确认之后才可以制作[10]。此前的"E Tū Ake"展览也是如此，在墨西哥国立文化博物馆展出时，新西兰国家博物馆提供了所有的展览文本（包括毛利语和英语两个版本），由墨西哥国家人类学与历史研究所（INAH）的专业翻译人员翻译为西班牙语，而翻译后的文本又要经过新西兰国家博物馆一位西班牙裔母语员工检查，确保翻译后的文本能成为毛利人与西班牙观众沟通的桥梁。在确定展览名称之前，INAH向新西兰方发送了多个"替代"方案，最终将"E Tū Ake – Orgullo Māori (Māori Proud)"定为墨西哥场的展览名称。除了对翻译文本以及展览名称的严格把关之外，新西兰方对展览教育活动的设置也传达出自身的想法，除了提供给墨西哥方相应的教育材料之外,展览期间新西兰方也开展了针对展览的活动,包括导览解说、有关新西兰和毛利人电影的放映以及策展人Affaela Cedraschi的演讲[11]。对每个环节的跟进,让展览传播中信息"误读"的可能性降到最低。

最后,话语权还体现为展览根据主办地的不同进行了相应的变通。这一点在展览名称的调整上可见一斑,1986年"Te Māori"展览结束在美国几个博物馆的巡展回到新西兰时,为了突显其独特性,展览更名为"Te Maori: te hokinga mai",意为"返回家园"。"Kura Pounamu"展览在新西兰主场的名称为"Kura Pounamu: Our Treasured Stone",在中国五个博物馆展出时名称为"毛利碧玉:新西兰文化艺术珍品",2017年以"La pierresacréedes Māori"之名在巴黎展出,意为"毛利人的圣石"。而"TUKU IHO"展览在中国展出时将其后缀"living legacy"译为"生生不息"。通过展览名称的调整来适应主办地的语言文化和习惯,借此减少观众面对陌生文化时的"距离感"。展览其他方面也能显示出其变通性,"E Tū Ake"展览在墨西哥国立文化博物馆的展出中,除了展览的名称之外,展览文本也进行了相应的改变,考虑到墨西哥观众对展览说明文字的阅读量,新西兰国家博物馆同意墨西哥方的建议,仅将带有毛利语和西班牙语的重要术语和概念放在文字面板中,其他解释性的文字制作成册子供观众领取。无论是让文化所有者讲述自身故事的办展理念、对展览每个环节的严格把控还是根据办展场地对展览进行适当的调整,新西兰方牢牢把握住展览话语权,力求完整、准确地将展览的信息和内涵传递给异质文化中的观众。

2. 与"他者"观众产生联系

传播学认为,跨文化传播基于人与人之间的文化差异和陌生感,更多表现出人类认识自我的需要、对新奇事物探索的需要、通过对认识"他者"而扩大精神交往领域的需要——这些需要是跨文化传播的内在心理动因,构成了人的跨文化特性的重要组成部分[12]。在国际临时展览中,那些能引起注意的展品一般是"体现中外文化交融或者中外文化相似性的展品;具有中国观众所熟知知识背景的展品;让中国观众对本来所熟悉的事物产生新认识的展品;中国观众不熟悉但个性鲜明的展品"[13]。因此,让观众对"他者"文化产生共鸣,除了展览内容得到准确无误的诠释之外,观众在参观展览时能否与自身的固有认知和社会经历产生联系同样重要,联系产生相似,催生同理心,促使观众更好地理解文物背后的故事和精神内涵。

展览要与观众的固有认知、原有的文化及审美习惯等产生联系。"E Tū Ake"展览在服务于"他者"观众方面有其独特的经验,为了吸引更多墨西哥观众,负责教育项目的团队创办了"gossip magazine",为游客提供毛利文化的一些背景知识并且与观众所熟知的事物建立联系点,如电影《指环王》等,还设计了"museography books",通过毛利人与墨西哥人的神灵族谱图的对比展示,让墨西哥观众发现毛利文化与自身文化的相似之处。此外,"E Tū Ake"展览迎合墨西哥观众的审美习惯,展厅的布置上采用明亮的绿色布景(其他场地均为白色)。在"毛利碧玉:新西兰文化艺术珍品展"中,借展方特别设置了几块玉石供观众直接触摸体验,不仅让观众与来自异国玉石"亲密接触"(图2),其触摸玉石寓意好运也与中国的传统祈福文化不谋而合。而"TUKU IHO"展览在世界各地巡回时,往往试图与展览主办地的土著文化产生联系,2015年在巴西里约热内卢展出时,与亚马逊地区的土著部落紧密合作，共同参与展览的开幕式以及其他的正式活动。2019年5月，"TUKU IHO"展览在日本北海道开展，将其范围再次延伸到博物馆之外，着重与北海道土著阿伊努人（Aniu）建立关系，同期展出了当代阿伊努艺术家的刺绣展，各自的土著文化背景一定程度上加深了观众对双方文化的比较和理解。

"沉浸式"的观展情境也激发了观众与展览之间共鸣。《创设展览》（Creating

图2 观众触摸毛利玉石（图片来源：中新网）

Exhibitions）对博物馆"卓越的学习环境"进行了定义：激励人心、多维度、沉浸式环境，在此观众拥有机会倾听真实的故事，与实物互动并建构自己的知识体系。以"TUKU IHO：生生不息"展览为例，整个展厅以红黑两色为主基调，配合亮度较低的对物照明方式，展览氛围庄严肃穆且充满神秘感，吸引观众不自觉沉浸其中。而展览中的毛利组舞表演，极大程度调动起观众的情感，在短短的三十分钟内观众"浑然忘却其他事，同时该情境充满了'联动性'"。除了传统的歌舞表演，新西兰推出的一系列毛利巡展中还设置了充满宗教意味的祈祷仪式，借此让观众学习毛利人的礼节。此外，互动体验是毛利展览中引起观众共鸣的重要手段，研究表明，观众在博物馆只能够记住他们读到的10%、听到的20%、看到的30%、看到并听到的50%、说过的70%、说过并做过的90%[14]。毛利展览中的互动体验随处可见："TUKU IHO：生生不息"展览中设置了工作坊，毛利艺术家现场近距离演绎传统毛利木雕、玉雕以及纹身等技艺，观众可随时与艺术家们沟通对话，甚至参与其中。沉浸在异域文化空间之内，观众走近展览，走近陌生，走近文化。

四、结语

文明因交流而精彩，文化因互鉴而繁荣。新西兰推出的一系列毛利巡展充分地发挥了展览的跨文化传播作用，为不同文化的交流互鉴提供了有利的空间，成为跨文化交流的基石。通过多种方式寻找不同文化之间的共鸣是国际展览发挥跨文化传播作用的有效途径，在此过程中也要克服多重障碍，语言和受众的个体差异只是展览在跨文化语境下传播所面临的两个具象化的表征。毛利巡展的成功为我们推出对外展览弘扬中国传统文化和民族精神提供了可供学习和借鉴的范本，要牢牢把握住展览话语权，作为文化所有者借展览阐释好自身文化，克服传播中的各种"噪音"，让对外展览成为其他国家了解中国文化的窗口。

【注释】

[1] 姜飞：《从学术前沿回到学理基础——跨文化传播研究对象初探》，《新闻与传播研究》2007年第3期。

[2] 单波、刘欣雅：《国家形象与跨文化传播》，北京：社会科学文献出版社，2017年，第91、92页。

[3] Pratt, Mary Louise, "Arts of the Contact Zone". Profession, New York: MLA, 1991, pp.33-40.

[4] 《博物馆学改论》编写组：《博物馆学概论》，北京：高等教育出版社，2019年，第147页。

[5] 李岗：《跨文化传播引论——语言·符号·文化》，成都：巴蜀书社，2011年，第60页。

[6] 陈立丰、孙碧洋：《新西兰毛利民族殖民时代社会地位的变化及后续发展》，《内蒙古民族大学学报（社会科学版）》2019年第2期。

[7] 洪霞：《文化的植入与再造：坎特伯雷博物馆》，《文汇报》2019年9月6日07版。

[8] [新西兰] Davidson L, [墨西哥] Pérez-Castellanos L. Cosmopolitan Ambassadors:International Exhibitions, Cultural Diplomacy and the Polycentral Museum. Wilmington: Vernon Press, 2019, p.92.

[9] [新西兰] Davidson L, [墨西哥] Pérez-Castellanos L. Cosmopolitan Ambassadors: International Exhibitions, Cultural Diplomacy and the Polycentral Museum. Wilmington: Vernon Press, 2019, p.95.

[10] 王妮：《记"毛利碧玉：新西兰文化艺术珍品展"——陕西历史博物馆陈列的探索与实践》，《文物天地》2016年第6期。

[11] [新西兰] Davidson L, [墨西哥] Pérez-Castellanos L. Cosmopolitan Ambassadors:International Exhibitions, Cultural Diplomacy and the Polycentral Museum. Wilmington: Vernon Press, 2019, p.89.

[12] 单波：《跨文化传播的问题与可能性》，武汉：武汉大学出版社，2010年，第108、109页。

[13] 薄海昆：《试论首都博物馆国际性临时展览内容与形式的跨文化沟通》，《首都博物馆论丛》，北京：燕山出版社，2013年，第162~170页。

[14] 汤善雯：《互动设计在博物馆展示中的应用》，南京艺术学院硕士学位论文，2012年。

基于中外博物馆太空题材展览差异的反思
——以中国国家博物馆与伦敦设计博物馆的特展为例

于奇赫（北京博物馆学会）

摘要：中国与西方国家由于长期存在意识形态领域的差异，对于科技的理解与认识也存在着偏差。这不仅涉及两种文化自身的历史传统与政治体制，还反映出对于"人"作用与价值的不同考量。通过观察中国国家博物馆"筑梦太空"特展与伦敦设计博物馆"移居火星"特展，在视觉效果、空间布局、展品选择与篇章叙事上的差异，可以分别总结出两个展览背后不用的展览理念。中国博物馆在走出去的过程中，应该"以观众为中心"展开展览的叙事、注重展览主题的思辨性与激发公众的主体性，从而建立富有中国特色的话语体系。

关键词：博物馆；展览；太空题材；文化差异；话语建构

自20世纪苏联与美国开展太空军备竞赛之后，进入21世纪，世界上其他国家也纷纷加入了探索太空的行列。而近来以探索宇宙为题材的展览，在国内外博物馆的策展实践中愈发受到关注。2019年，伦敦设计博物馆举办了"移居火星"（Moving to Mars）特展，选择了人类未来将会发生的火星登陆事件作为此次展览的主题，笔者对该展览的展示理念、内容策划、形式设计与教育活动进行了介绍[1]。而在中国博物馆所举办的展览中，可以与伦敦设计博物馆"移居火星"特展相比较的案例仅有一个，是2017年中国国家博物馆举办的"筑梦太空——'掌中苍穹'雕塑入藏暨航天文物展"（以下简称"筑梦太空"特展）。

这两个展览不论是从形式设计上还是内容策划上，都呈现出明显的差异；当然这也是由于两国意识形态的不同，似乎没有什么相同点可以进行比较。但是从博物馆展览策划角度来说，这两个展览都是以太空为主题的展览、都以实物展示为主、都承载着普及航天科学的使命。"移居火星"特展在结束之后即将开启国际巡展计划，第一站位于斯德哥尔摩的瑞典国家科学技术博物馆[2]，足以反映出该展览所具有的魅力。"筑梦太空"特展作为一种政治宣传类展览，中国国家博物馆指出其目的是"宣传我国航天事业,弘扬航天精神,普及航天科技知识,激发全民族的创新热情,并凝聚实现'中国梦'和'航天梦'的强大力量[3]"。中国国家博物馆原副馆长陈履生表示:"在承担国家文化使命方面,中国的博物馆比美国的博物馆积极主动。反映到国家体制方面,中国政府比美国政府对博物馆更有主导权,中国的博物馆比美国的博物馆更能够积极配合政府的需求[4]"。

但是实际上,"移居火星"特展也是一种政治宣传类展览,同样反映了欧美探月事业的成就。英国博物馆与政府同样保持着互动,例如英国首相鲍里斯·约翰逊(Boris Johnson)2020年年初在伦敦科学博物馆(Science Museum)启动"英国气候行动年"(UK Year of Climate Action),计划在2035年前禁售汽油车和柴油车、在2050年实现零碳排放;而博物馆为响应这一计划举办展览"碳收集与储存"(Carbon Capture and Storage),向人们展示降低碳排放的新技术[5]。因此,站在中国文化走出去的角度来看,中国博物馆举办的展览都应该有效促进中华文化、中华智慧的传播,在跨文化交流中发挥自身的优势。还有一个值得注意的地方,在"移居火星"特展中,苏美尔人的楔形碑与意大利天文学家的火星地图都可以纳入设计的范围;但是中国西汉时期、出土于西安交通大学的墓葬壁画中就标注了"大火星"[6],但没有在这次欧美语境的展览中出现;同样,该内容也没有出现在"筑梦太空"特展中。从这一点看出,由西方博物馆策划的太空类展览还是具有"西方意识形态和话语体系的障碍",或许对于中国文化还是存在"西方国家的意识形态偏见"[7]。

因此,对于中国的博物馆来说,构建中国文化高效话语体系十分重要且紧迫。中国博物馆的一些策展实践要从构建"人类命运共同体"的人文视角出发,打破西方博物馆存在的偏见,策划可以让受西方话语体系影响的观众愿意看、看得懂的展览,这样才能有助于帮助中国以一个良好的国家形象迈向世界舞台中心。而回到"移居火星"特展中,该展览从另一个不同于"筑梦太空"特展的思路介绍了欧洲航天事业的发展,需要以"兼收并蓄"的态度予以分析。

一、两国博物馆策划的太空探索主题展览差异

"移居火星"特展与"筑梦太空"特展的差异,能够发现中国博物馆展览策划理念与以英国为代表的西方国家博物馆的差异。而比较这两个展览对于视觉效果、空间布局、展品选择、篇章叙事的分析,则有助于中国博物馆展览更好地走向世界。

(一)展览的视觉效果

"筑梦太空"特展所在的展厅背景墙被饰以砖红色,地面为米黄色,是博物馆展厅地面大理石的颜色;展柜为深灰色铁质外加透明罩,柜内底板为白色(图1)。砖红色与米黄色、深灰色与白色的色彩搭配比较中正、沉稳、优雅,适合于重大场合的视觉呈现。对于像嫦娥三号月面巡视探测器模型、神舟十一号飞船返回舱与神舟五号降落伞等大中型展品的底部,均制作了一个纯灰色的基座。而展览中"掌中苍穹"雕塑被置于一个蓝色绒布覆盖的台面,与展厅的整体氛围相比显得十分突兀,降低了展览本身的审美体验。从展厅的图片也可以看出,"筑梦太空"特展将太空探索与国家意志紧紧地结合在一起,而展览红色的色调就是国家的象征。这种主旋律展览的视觉呈现,目的是唤起观众的爱国主义与集体主义精神。

图 1 "筑梦太空"特展现场

图 2 "移居火星"特展现场

"移居火星"特展展厅颜色较为丰富,以白色为主,黑色、金属色为辅,局部空间为绿色等其他色彩。展览针对不同的展品制作不同的展示环境:如为展示的不同尺寸的探月车与卫星营造了一个类似太空的、四周较暗的纯灰色空间、为两件太空衣营造了一个颇具未来感的纯白色空间、为展柜中的火星建筑模型设置了砖红色的展示底面。"筑梦太空"特展的色调呈现出一种神秘感与科技感,为观众带来了丰富的视觉感官。这种以白色、黑色、由白黑色调合形成的各种深浅不同的灰色与金属色属于无彩色系,并没有强烈的情感暗示,让观者在一种冷静的氛围中观看展览。

(二)展览的空间布局

"筑梦太空"特展在空间设计上基本保存了展厅的原装,并没有进行过多的内部空间分割。这种空间布局与主题色调十分吻合的,有助于展示像神舟十一号飞船返回舱等大型展品,呈现出一种宏大的国家太空探索场景。但是从图3可以看出,由于没有空间的分割,展柜中的小型展品与展厅中的大型展品在体积上的差异性十分明显,这也会影响到观众的观看距离;而由于隔断较少,所以在展览的形式上较为单一,同一展厅中对于展品疏密布置的难度增大。此外,展览中也没有另辟空间进行情景再现。

图 3 "筑梦太空"特展现场

图 4 "移居火星"特展现场

"移居火星"特展对于展厅内部空间进行了较多的分割,避免观众在参观的过程中出现视觉疲劳。例如图4是展览中一个单元的入口,观众可以感受到空间的一种收缩,营造出一种神秘的氛围。展览中还有可以放置火箭模型供儿童娱乐的大型空间，也有让观众休息和放松的小型空间。该展览通过松紧适中的空间布局，既能体现出展览在叙事上的节奏感，又能增强观众体验感。展览还推出了两个多感官装置，让参观者在哈塞尔工作室（Hassell Studio）设计的、包括六个供宇航员居住和工作的大型栖息地空间"火星营地"里体验"火星生活"。这种嵌入式的空间为观众创造更多的个体化的参观体验，激发观众的求知欲并引导他们更加深入地了解展览内容。

（三）展览的展品选择

"筑梦太空"特展展出有1985年"两弹一星"功勋王淦昌获得的国家科学技术进步特等奖章、杨利伟亲笔题字的《飞天梦圆——中国首次载人航天飞行纪实》DVD盘珍藏版、神舟七号飞船搭载的《中华人民共和国地图》、中国航天第二次载人飞行"神箭"发射队队旗、执行神舟七号载人飞船发射任务的长征二号F遥七火箭发射队队员李洪签写的确保成功承诺卡、中国运载火箭技术研究院原党委书记梁小虹的中国首次载人航天飞行工作证、长征二号F运载火箭系统副总设计师宋征宇的《"神箭"第二次载人航天飞行任务工作日志》、11位执行过载人航天任务的航天员在一座星云雕塑上留下自己手掌印的"掌中苍穹"雕塑、神舟号飞船模型、神舟五号降落伞、嫦娥三号玉兔号月球车模型在内的63件（套）国家博物馆馆藏航天文物，与和中国载人航天工程办公室特别提供的习近平总书记与神舟十一号航天乘组天地通话的电话机、神舟十一号飞船返回舱、神舟七号航天员在太空中挥舞的国旗、"飞天"舱外航天服手套、中国自主研制的航天笔、太空授课教具在内的10件珍贵历史见证物。展览选择的物品从时代上来看均为中华人民共和国成立之后，但是古代月球题材的想象类艺术品没有纳入其中。

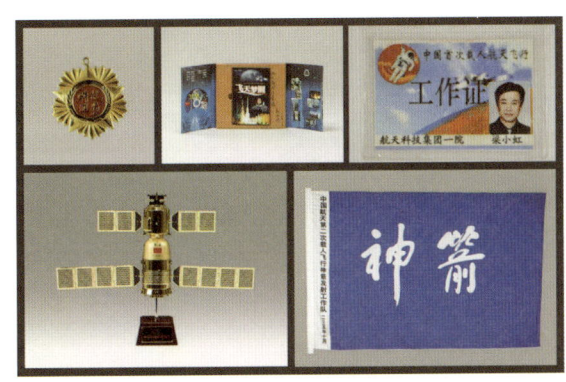

图5 "筑梦太空"特展部分展览

图6 "移居火星"特展现场

而"移居火星"特展选择的展品类型更为多样化，概念设计类展品与艺术作品也占有很大比重，与人们的实际生活联系较多。"移居火星"展览中包含着过去、现在和将来三种时间维度，即叙述过去人们对于火星认识的"想象火星"部分、现在各国航天局为实现人类登陆火星计划所完成的工作的"今日火星""星际航行"部分与未来设计师们围绕衣、食、住、用、行进行的设计作品"火星生存""火星未来"部分。展览首先回顾了不同历史时期人类对于火星的探索，主要是大英博物馆收藏的公元前3000年左右苏美尔人制作的一件提及火星的楔形泥板，以及19世纪意大利天文学家乔瓦尼·夏帕雷利（Giovanni Schiaparelli）描绘的火星地图。展览还展览出了包括美国国家航空航天局（NASA）、欧洲航天局（ESA）和美国太空探索技术公司（SpaceX）所研发的登录车与北达科他大学专门为火星表面设计的NDX-1宇航服，以及第一个火星可持续城市设计方案等展品。展览还展出了美国国家航空航天局3D打印火星栖息地挑战获奖者人工智能空间工厂（AI Space Factory）团队的火星建筑模型、英国福斯特建筑事务所（Foster+Partners）开发的用于从事基础设施建设的机器人、康斯坦丁·格里奇（Konstantin Grcic）设计的空间站桌子，安娜·塔尔维（Anna Talvi）定制的微重力服。此外还展出了电影海报、小说、音像制品与电子游戏等等。

（四）展览的篇章叙事

"筑梦太空"特展分为"飞天梦圆""逐梦苍穹""再启新程"三个部分，在反映中国航天事业的发展上力求增强民族凝聚力与自豪感；展览的另一个主题是向中国伟大的航天事业致敬，目的是让观众接受一次爱国主义教育。但是在对外文化交流中，这种"国家叙事主导"的太空主题展览，很容易引发西方社会的"中国威胁论"，容易造成"中国的发展模式对发展中国家具有吸引力，有可能对世界构成威胁"的误会进而引发"猜忌、怀疑、焦虑乃至恐惧"的心理[8]。因此，"筑梦太空航天文物展"仅适合在国内展出，很难走向世界进行巡回展出。

"移居火星"特展分为"想象火星""现在的火星""星际航行""火星生存""火星未来""脚踏实地"六个部分，从"人类要去火星"这一问题出发，并邀请观众同策展人一同进行思考。展览的前言部分"想象火星"由六个分散的句子组成，第一句话就让观众产生疑问："火星不适合人类，但我们想去那里"。而墙上的其他五句话分别是"如果我们成功了，我们在这颗红色星球上所接触到的每一件东西都将为这次任务而设计""在人造气泡之外没有任何关于火星的经验，无论是在栖息地还是在宇航服中""这是最终的设计过的生活""有人说我们应该先修整好自己的世界""或许学习在火星上生存有助于拯救地球"，这些句子向观众解释了展览的缘起和立足点，帮助观众大致了解这趟旅程中将要发生的问题，以及展览的目的：改变人们对未来的思考方式从而让人们更好地在地球上生活。

（五）展览的感官调动

"移居火星"特展为了增强观众的感官，邀请了法国香水师尼古拉斯·博内维尔（Nicolas Bonneville）、根据美国宇航局对火星表面气味的描述开发了一款名为"乌托邦平原"（Utopia Planitia）的香水，让展厅中展示火星环境的区域弥漫着一股类似火山内部的气味。"移居火星"特展不仅仅是打造了一个具有未来感与时尚感的视觉展览，更是充分调动观众的多元感官来实现更好的展览体验。心理学研究认为，健全人从外界获得的信息83%是由视觉系统获得的，而听觉占11%，嗅觉占3.5%，触觉占1.5%，味觉占1%[9]。现阶段，中国很多博物馆对于听觉的关注有所增加，但是对于嗅觉的关注较少，很多博物馆中设置的餐馆场景复原都没有任何气味。所以说"移居火星"特展对于嗅觉的关注十分难得，值得借鉴并思考如何同专业调香人员合作、丰富展览的参观体验。

二、"移居火星"特展背后的策划理念

伦敦设计博物馆从"为太空所进行的设计"这一与博物馆主题相关的角度出发，借助展览的形式组织了大量的历史证物与设计作品来见

证人类为探索火星所做的努力。了解"移居火星"特展的策划理念，有助于了解展览形成的背景与西方思想文化的内涵。

（一）对于天文学传统及流行文化的回应

火星作为太阳系中距离地球较近的行星之一，当它的轨道与地球的轨道汇合或背离时，其运动轨迹可以被地球人的肉眼看到。因此，从历史上来看，火星这颗红色星球很早就吸引了人们的注意并拓展了人类的想象力。火星在苏美尔、希腊和罗马的神话中都用不同的名称代表战神的意思[10]，但是这些文化之间并没有就这一问题进行交流的明显证据；而火星在中国被观测到的轨迹自汉代以来就被称为"荧惑守心"，在史书中与残贼、疾、丧、饥、兵等思想相关，还常常被捏造与某些社会性事件有着密切的联系[11]。"移居火星"特展中展出了大英博物馆收藏的公元前3000年左右、苏美尔人制作的一件提及火星的楔形泥板，它被视为人类探索火星的一个重要的起点。另一件重要的展品是人类历史上第一次将火星以地图的形式描绘出来，出自19世纪意大利天文学家乔瓦尼·夏帕雷利（Giovanni Schiaparelli）；他对于他看到火星表明"暗线"的描绘，成为日后人们对"运河"存在和火星的人居假设的争论中心[12]。

图8 观众在观看时尚品牌 Raeburn 设计的服装

展览中还以图片的形式展示了一些围绕火星题材的大众文化作品，如电影《火星救援》（BRING HIM HOME）海报、《惊奇故事》（Wonder Stories）系列出版物、乔·米克（Joe Meek）录制的外太空音乐专辑《我听到一个新的世界》（I Hear a New World）（图7），此外还展出了小说、音像制品与电子游戏等等[13]。由此可以看出面对"宇宙"这一题材，伦敦设计博物馆相比科技馆更注重对于文化的梳理与回顾。另外，展览还展出了伦敦时尚品牌 Raeburn 最新推出的春夏"新地平线"（New Horizon）系列服装设计，其面料是对美国宇航局设计用于太空探索的轻质绝缘材料、太阳能隔热毯和降落伞的回收与再利用（图8）；该系列的灵感来源于与火星有关的"修修补补法"（make-do-and-mend），以应对行星上出现的资源短缺问题。

美国学者艾琳·胡珀-格林希尔（Eilean Hooper-Greenhill）认为："只有承认博物馆历史是一系列断裂的组合而非永恒的连贯体，我们

图7 "移居火星"特展中的电影海报与音像制品

才能想象博物馆在当今世界有真正的变革[14]"。所以"移居火星"特展的展品选择关注到了时间的连续性，兼顾过去、现在和未来，构成了展览中一系列问题探讨的时间框架。2019年国际博物馆日的主题"作为文化中枢的博物馆"，意在强调博物馆的社会功能是要重新审视历史，通过展览、对话等方式建立一个开放的平台，帮助人类的传统转换为一种通向未来的资源，让人类文明的未来能够回归文化的本质。

（二）对于话题的制造与前沿研究的关注

伦敦设计博物馆策划"移居火星"特展的意图是为了"引发一场关于人类殖民全新星球的争论"[15]，这也是基于社会科学的价值判断提出的。或许有人认为，"殖民火星"想法是20世纪初科幻小说作家的一隅之见；而随着50年代中期之后人类对火星认识的加深，发现环境严酷的火星并不适合人类居住，因此就不存在"掠夺原住民的利益"的殖民主义倾向了。然而，"殖民火星"这一话题并不是由博物馆引发的，博物馆所做出的工作就是将少部分社会科学研究者的共有知识，通过展览的形式变成一种公共知识引发更广泛的思考。在2005年，玛丽亚·莱恩（K. Maria D. Lane）发表论文认为从地图制作到游记式的写作，天文学家从地理学学科中借用了相关策略使他们对火星的主张合法化[16]；2007年，杰森·迪特默（Jason N. Dittmer）通过对美国主要报纸以及电视和广播新闻节目的内容分析，认为上述媒体对于1997年火星登陆器探路者号在执行任务期间的描述语言存在明显的殖民主义倾向；他认为这种倾向反映出火星是一个适合人类殖民的空间，而漫游者（the Sojourner）技术在火星表面模拟人类活动的行为也导致火星变成一个社会活动的场所[17]。意大利作家卡尔维诺在《看不见的城市》中借爱希莉亚城一针见血地指出了人与其生活的城市的关系；"到了走路都通不过的时候，居民就会离开……他们在另一个地方再建爱希莉亚……后来他们又放弃了，把房子搬到更远的地方[18]"，所以"殖民火星"绝不是一个空谈，只是人类还没有面对必须要舍弃地球的危机。

此外，将"殖民主义"仅仅理解为"掠夺原住民的利益"，这就是一种明显的自然科学式的思维方式，即把火星从物质的角度视为一颗太阳系的行星，或者是一个"客体"；但是，社会科学中的"殖民火星"的说法是将"火星"视为一种"主体"，这明显受到了人类学中"文化的互为主体[19]"思想的影响[20]。"移居火星"特展基于科技伦理的角度探讨人类探索外太空的进程，充分体现"科学选择的意义在于科学要去聆听、反馈和适应社会，或者说要对科技应用、科学研究做出伦理思考和伦理选择，这才符合科学选择的伦理维度，即人类的科学选择必须以人类行为的基本价值判断为基础"[21]。正是博物馆"殖民"概念的提出让展览中的展品散发出人性的光芒，提醒人们要时刻警惕科学技术的异化与过度强调科学理性的话语，不要重蹈广岛原子弹爆炸和切尔诺贝利核电站泄露的悲剧。

（三）对于当下人类探索火星项目的思考

在2013年，位于柏林的世界文化宫联合马克斯·普朗克科学史研究所策划了一系列围绕"人类纪（Anthropocene）"概念的相关活动，让这个来自于地质学和气象学的术语进入了文化、艺术、政治等社会各领域并引发激烈的探讨与争论[22]。持"人类纪"观点的学者认为从1784年瓦特发明蒸汽机开始，人类已经逐渐成为影响全球地形和地球进化的地质力量。而法国哲学家贝尔纳·斯蒂格勒（Bernard Stiegler）认为"当代人类纪通过它控制预存，并似乎正在谴责技术个体化消灭了精神和集体的个体化；因为技术个体化已经屈从于自我毁灭性的经济，摧毁了社会环境，而如果没有社会环境，技术环境将不可避免地变成负向的外在，反过来毁灭生态圈的物理环境"[23]。因此，技术如果跳脱人文关怀，就很可能会引发灾难；而结合"移居火星"特展中的种种场景，可以看到人类目前技术的发展也无法在火星营造出类似地球的生活环境。

杭州工艺美术博物馆策展人许潇笑指出，要让展览中作为历史物证的展览与今天发生关系："这不仅仅指展览的选题需要回应当下的社会问题，还包括展览的叙事文本、空间场景的呈现、展览意义的构建都需要联系当代经验，包括今天的经济经验、技术经验、社会关系经验、伦理经验、文化经验和视觉经验等，从而与观众的认知和情感发生关系"[24]。而"移居火星"特展所展出的物品都在提醒观众去火星不是一个空想，2015年美国太空专家就认为美国航天局可能在2033年把宇航员送入火星轨道，2039年派人登上火星[25]。从博物馆的角度来说，新博物馆学（New Museology）兴起的目的就在于："'老'博物馆学的问题在于过分强调博物馆的方法，而基本上忽视了博物馆的目的"[26]。所以出生在21世纪的儿童可能会目睹人类第一次登上火星的景象，他们需要明白这一历史时刻所具有的特殊意义与指向。博物馆在这个过程中虽然不能成为制造精密航天设备的工厂，但是可以策划类似"移居火星"的展览，让观众从在火星这样不适宜居住的严酷环境中获取新的知识。因而，博物馆作为连接当下与未来的文化枢纽，需要将人类从古至今最具价值的精神内核进行传播。

三、"移居火星"特展对于中国文化展览话语体系建构的启示

尹凯从古代历史、近代革命与民族认同三个维度，阐释了国家层面的博物馆体系是如何表述政治权威与文化逻辑的，而"筑梦太空"特展正是表达了国家架构内的一种文化图景，体现出了一种"保证表征政治的有效性"[27]。"移居火星"特展的展览策划与视觉呈现，反映出一个富有使命感的博物馆应该关注人类的过去、当下和未来。该展览多数展品以其精密、细腻、严谨的共同特点，彰显了人类探索火星的态度与付出的努力。原中国博物馆学会理事长张文彬认为中国博物馆国际化的启示之一，就在于用"世界的眼光看待中国文化"[28]。因此，分析"移居火星"特展背后深层次的思想，对于中国博物馆展览走出去来说具有积极的意义。

（一）注重见"物"见"人"的叙事

通过前文对于"移居火星"特展篇章叙事的讨论，可以看出该展览提出并解决的问题，是每个人基于日常生活经验可以理解的问题。面对一个完全未知也不可能抵达的行星，"移居火星"特展的内容紧密地围绕马斯洛需求层次理论中的"生理需要"和"安全需要"展开，观众很容易通过展览章节的划分了解展览的意图。"移居火星"特展很好地诠释了科技与生活、科技与社会的关系，而不只是让观众感到新奇或产生幻想。因此，从观众出发的展览策划与展示思路，有效地降低了观众对于展览主题的陌生感。这里所说的见"物"见"人"，并不是展览展示人使用的物即可，而是用物串联成一部可以反映的人的思想和行为的社会生活史。否则，对于太空主题的展览，观众只能

停留在对于科学知识的了解与科学现象的惊叹上,展览的内容与自己实际生活相距甚远。

通过前文对于"筑梦太空"特展展品选择的罗列,可以看出展览所展示的物仅仅能表明是航天人员所使用的物,是一种符号性的表达;那么物本身与主题更深层次的联系在哪里?例如展出杨利伟亲笔题字的《飞天梦圆——中国首次载人航天飞行纪实》DVD盘珍藏版,与中国运载火箭技术研究院原党委书记梁小虹的中国首次载人航天飞行工作证,如何引发观众对于"中国航天精神"深层次的思考?因此可以看到,"移居火星"特展是以问题导向的展览,也就是以"人"为中心的展览;而"筑梦太空航天文物展"是以展品为导向的展览,也就是以"物"为中心的展览。实际上,伦敦设计博物馆体现了欧美博物馆从以"藏品"为中心到以"观众"为中心的转变趋势[29],其作为一个科技类的博物馆也将科学教育作为实现博物馆价值的首要目的和首要功能。

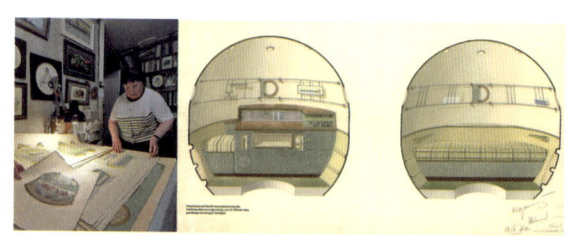

图9 加利娜·巴拉舍娃与她绘制的设计稿

以"移居火星"特展中展出的原苏联太空工程师加利娜·巴拉舍娃(Galina Balashova)的设计稿为例[30],其内容是设计师在20世纪中后期为苏联登月计划设计的LOK轨道舱室内装饰(图9)。她以自己童年记忆中的风景作为设计图案,认为它们会让宇航员感受到地球上"家"的氛围[31]。这些作品反映了人类对于生存的一种需求,即对于幸福感的需求;其装饰细节处可以看出设计师遵循着色彩心理学的规律,这体现了艺术学与心理学交叉学科下的社会科学对于自然科学的人文关怀。展览中其他的展品也向观众表明设计师的工作是以人为中心的,优秀的设计师更倾向于以一种充满人文关怀的视角去看待问题、解决问题。因此,这件展品有一种充满人文关怀的指向,那么展出杨利伟亲笔题字的DVD盘珍藏版的意义在哪里呢,是否由杨利伟签字的航天物品都可以作为展览的组成部分呢?

(二)注重展览主题的思辨性

中国文化在走出去的同时,也要注重思辨性。在中国的电视节目中,有一种被称为"思辨性政论片"的节目类型,其内容与特点是:"创作者对所报道的历史和现实,不满足于客观的叙述和表层的评价,而往往对所提出的问题赋予探索性、启示性、多义性。这类节目常常并不侧重于对问题做出结论,并不强调结果和解答,而在于引导观众去接近客观真理,寻找问题的症结。当然,这并不妨碍它对某些应当和可能做出结论的问题表明态度、提出见解,做出思想的、道德的、政治的、经济的、文化的、哲理的、美学的评判[32]。"而"筑梦太空"的叙事较为单一,其策划理念仅仅是作为中国航天事业发展的一种阶段性的总结与纪念。

而中国博物馆举办的展览也可以参照思辨性政论片的创作观念,制作出具有思辨性的展览。西方文化最典型的代表是哲学,目前世界上大多数的思考工具与思辨体系都是由西方建立的。当然,中国也有自身独特的思想体系,先秦时期思想家对于形而上学的思考直至今日依然发人深省。在"移居火星"特展中,博物馆会让观众思考应不应该去火星,进而让观众思考人类探测外太空的目的。早在1970年,远在赞比亚的玛丽·尤肯达(Mary

Jucunda)修女给美国航空航天局马歇尔太空飞行中心科学部副主管恩斯特·斯图林格（Ernst Stuhlinger）博士写了一封信，询问美国航天局为什么不顾地球上饥肠辘辘的儿童而在火星项目上挥金如土。后来，恩斯特博士在回信提到了研究火星的目的，他还说道："太空探索不仅仅给人类提供一面审视自己的镜子，它还能给我们带来全新的技术、全新的挑战和进取精神，以及面对严峻现实问题时依然乐观自信的心态"[33]。由此看来，如果不能从经济学、政治学、伦理学、心理学、教育学等社会科学的角度去理解自然科学，普通人很难从知识性、技术性的客观理性角度去理解前沿科技的意义。

从东方红一号卫星上天至今，中国的航天科技发展突飞猛进，在国际卫星发射活动中十分活跃。但是每当航天事业取得成果的时候，总会有人发出"中国为什么要发这么多卫星？"的疑问。"筑梦太空"特展没有从人们生活的角度指出，现阶段中国哪些科技技术的进步是来自于航天事业的，而航天事业未来的发展，又会为人类社会的进步做出哪些贡献？因此，从具有思辨性的角度出发，会让人们思考如果不发射卫星，人们生活会造成哪些不便？而在"移居火星"特展中展出了德国工业设计师康士坦丁·葛切奇（Konstantin Grcic）考虑到外太空的"零重力"现象，对于太空用餐的场所、餐具和行为方式进行了整体性的思考与设计，这种"火星能为地球带来什么"的逆向思维值得中国博物馆借鉴。

（三）注重对于观众主体性的塑造

前文提到"筑梦太空"特展的目的是"弘扬航天精神"，而航天精神就是一种科学精神的具体表现。那究竟什么是科学精神？如果仅仅从自然科学的领域出发，人们很可能会将"科学精神"等同于"理性地获取科学知识"，形成一种将科学工具化的思维模式。清华大学科学史系吴国盛教授从科学起源的角度出发，认为"科学精神是一种特别属于希腊文明的思维方式。它不考虑知识的实用性和功利性，只关注知识本身的确定性，关注真理的自主自足和内在推演……科学精神就是理性精神，就是自由的精神"[34]。那么基于这个思路，可以狭义地理解为科学精神是一种可以让人获得自由的途径；而马克思与恩格斯认为人"是由于有表现本身的真正个性的积极力量才得到自由"[35]。即人只有具备主体性的意识才能获得真正的自由，主体性与科学精神是高度统一的。

"移居火星"特展适应了时代变化和科学教育改革的需求，在展览策划上激发观众的"主体性"，而不再使用传统灌输式的说教口吻。展览从始至终都在让观众面对问题、思考问题，例如让孩子通过"火星花园"展览教育活动学习动手解决问题的方式、通过任务卡发现自己与设计师在认识上的差异，其目的都是为了让观众在困境、问题中意识到自己作为主体的存在，从而自我进行"是否应该去火星"的判断。该展览基于环环相扣的问题在展览中置入了启发式学习、体验式学习、探究式学习、情境学习和"基于科学与工程实践的探究式学习"等多种教育理念，也是为了能够运用多种手法、从多种角度激发观众的主体性。

而人只有具备了主体性意识才能具有科学精神，才能让科学精神延续人类的文明而不是促使人类世界迅速走向危险的边缘。贾向桐、李建珊从现代性逻辑的角度出发，指出"科学精神的特质是现代主体理性发展的产物……自然世界只有在主体理性和语言中才能向人敞开"[36]。这一观点强调了主体性中的理性，这也就是主体性与科学精神的交集之处。蕴含科学精神的主体性意识可以避免人类走入"凡是科学的，就是理性的，就是对的"的误区，理性地对人的生命价值进行充分、全面的认识。科学精神还体现为独立思考与批判性思维，这些都是主体性意识的表现，即不能把一切决定都交由政府、机构或他人替"我"做出选择，从而避免了被少数群体利益的诱惑、误导、裹挟，或是与极权主义同流合污成为法国社会心理学家古斯塔夫·勒庞（Gustave Le Bon）口中的"乌合之众"。这样，"伪科学"的特征也就变的显而易见，即否定了个体追求幸福快乐的权力、限制了个人的自由、压制了个人的独特价值、把人当动物或东西对待[37]。如果说科学精神是推动社会进步的力量，那么主体性就是人类进步的关键。许潇笑也谈到"释放观者的主体性"问题，她进一步说道："'是否'给观众提供了充分且足够的进入特定展览语境的'切入点'，尤其是作为一种新的展览方式，需要给到一些可以让人觉得熟悉的、轻松进入话题的'接入口'，沉浸式、情境感、剧场化等都是从视觉感受上、交互体验上为观众提供可以刺激感受、激发主体性的尝试"[38]。

结语

伦敦设计博物馆"移居火星"的展览实践反映出一个富有使命感的博物馆应该关注人类的过去、当下和未来，致力于成为人类发展中的文化枢纽并回应时代中最具挑战性的问题。而在"移居火星"特展开幕后的两天，美国费城艺术博物馆的相似题材展览"为不同未来而设计"（Designs for Different Futures）拉开帷幕。实际上，中国航空探索类展览除"筑梦太空"特展外还有很多，如2018年，由中国航天科技集团公司和中国航天科工集团公司主办的"大国重器·航空航天展"也在以延续"弘扬航天文化、凝聚中国梦想"的主题进行展览。因此，可以说，有什么样的文明、社会，就会有什么样的博物馆形态；有什么样的思想、制度，就会有什么样的原创展览。而在同异质文化交流中，中国博物馆更应该在突出自身优势的基础上探索多元叙事方式与展示手法，或是同欧美博物馆的叙事方式展开对话，遵循我国外交方针中的"求同存异"，这样有利于促进中华文化、中华智慧的高效传播。

【注释】

[1] 于奇赫：《引导观众像科学家探究科学一样学习科学——来自伦敦设计博物馆"移居火星"特展的启示》，《自然科学博物馆研究》2020年第5期。

[2] 瑞典国家科学技术博物馆：《移居火星》，载瑞典国家科学技术博物馆网 https://www.tekniskamuseet.se/upplev/utstallningar/moving-to-mars/

[3] 马腾飞:《"筑梦太空"——航天文物展开幕式暨庆祝"中国航天日"主题活动在我馆举行》，《中国国家博物馆刊》2017年第5期。

[4] 陈履生：《博物馆之美》，广西：广西师范大学出版社，2020年，第224页。

[5] 每日环球展览：《气候行动：未来的地球》，载每日环球展览网，https://art.icity.ly/events/91fgyga

[6] 冯时：《从天文考古学看古人的天文观——颜色标星传统与三家星经》，《文史知识》2017年第10期。

[7] 张宏志：《以中国论述说服世界——关于构建中国国际话语权的思考》，《党的文献》2017年第4期。

[8] 晁星：《中国还是中国，人家看我们的心态变了》，《北京日报》2020年5月27日第3版。

[9] 李森主编：《现代教学论》，北京：人民教育出版社，2011年，第318页。

[10] 江晓原：《火星故事：在幻想与现实之间》，《书城》2015年第7期。

[11] 黄一农：《社会天文学史十讲》，上海：复旦大学出版社，2004年，第24~26页。

[12] [意] Canadelli Elena, "'Some curious drawings'. Mars through Giovanni Schiaparell's eyes: between science and fiction". Nuncius, 2009(2).

[13] [英] Edited by Justin McGuirk, Andrew Nahum and Eleanor Watson. Moving to Mars, Design for the Red Planet. London: Design Museum, 2009, pp41-47.

[14] 李德庚：《流动的博物馆》，北京：文化艺术出版社，2020年，第45页。

[15] 原文为"The growing ambition to reach Mars - explored in the Design Museum's Moving to Mars exhibition - has opened a debate about the human colonisation of untouched planets."这是伦敦设计博物馆在网站诠释2019年驻馆设计师项目展"宇宙"立意时写到的。

[16] [英] K. Maria D. Lane, "Geographers of Mars: Cartographic Inscription and Exploration Narrative in Late Victorian Representations of the Red Planet". Isis, 2005(4).

[17] [英] Jason N. Dittmer, "Colonialism and Place Creation in Mars Pathfinder Media Coverage". Geographical Review, 2007(1).

[18] [意]伊塔洛·卡尔维诺著，张密译：《看不见的城市》，南京：译林出版社，2012年，第76页。

[19] "主体"（Subject）一词源自希腊文"subjectum"，意为在底下的东西。亚里士多德用认为这个词语可以表示一切性质、变化或状况的载体，是一种基础或实体。因此延续古希腊本体论的思路，"主体"并不等同于"人"。随着近代哲学的发展，"主体"这个概念渐渐被厘清，即主体是一个历史的范畴，表现为人的一种活动状态和人对世界的能动关系。而人成为主体是由于人在近代工业文明的发展中发现了自己的力量，于是在哲学上把"主体"和"人"这两个概念进行了统一。人类学的"文化的互为主体"即回到了主体较为原始的概念中，进入了人类认知的火星因为具备了成为"主体"的条件。

[20] 王铭铭：《人类学是什么》，北京：北京大学出版社，2002年，第204~211页。

[21] 郭雯：《科学选择的伦理思考》，华中师范大学博士学位论文，2015年。

[22] [德]安塞姆·弗兰克著、许煜著、卢睿洋译：《人类纪的出口：弗兰克与许煜访谈》，《新美术》2017年第2期。

[23] [法]贝尔纳·斯蒂格勒著、陈淑仪、刘静洋译：《人类纪与负人类纪》广州大学学报（社会科学版）》2019年第2期。

[24] 许潇笑：《让文物"活起来"：策展再塑博物馆的社会表达方式》，《东南文化》2020年第3期。

[25] 张朋辉：《美国可能2039年实现火星登陆》，《人民日报》2015年4月8日第22版。

[26] [法]马蒂厄·维奥-库维尔著，刘光赢译：《没有(学者型)策展人的博物馆：经理人管理时代的展览制作》，《国际博物馆（中文版）》2018年第Z1期。

[27] 尹凯：《历史与民族：中国博物馆的政治表征》，《文博学刊》2021年第2期。

[28] 张书彬：《中国博物馆国际化的进程回顾与展望》，《中国博物馆》2006年第3期。

[29] 于奇赫：《对博物馆中"人"与"物"的新认识与新实践——〈以观众为中心：博物馆的新实践〉带来的启示》，《自然科学博物馆研究》2019年第4期。

[30] 加利娜·巴拉舍娃出生于1931年，曾担任苏联的航天飞机"暴风雪"计划(Buran programme)项目顾问。当苏联航天团队突然意识到科罗廖夫方案中的LOK轨道舱内部墙壁没有装饰物的时候，巴拉舍娃被邀请设计了一系列的内部装饰方案。展出的设计稿得以保存的原因是苏联航天部门没有建筑学和设计部门，因此也没有建立建筑学和设计档案；所以尽管这些设计稿具有机密性质，但他们还是允许巴拉舍娃把设计稿带回家，这充分体现了当时苏联社会对于设计师的轻视。

[31] [德] Philipp Meuser, Galina Balashova, Architect of the Soviet Space Programme.Freiburg:DOM Publishers,2015.pp13-16.

[32] 石长顺：《电视专题与专栏——当代电视实务教程》(第3版)，上海：复旦大学出版社，2019年，第153页。

[33] [美]恩斯特·施图林格：《为什么要花巨资探索宇宙》，《北京科技报》2013年6月17日第34版。

[34] 吴国盛：《什么是科学》，广州：广东人民出版社，2016年，第1页。

[35] [德]卡尔·马克思，弗里德里希·恩格斯：《马克思恩格斯全集》第2卷，北京：人民出版社，1979年，第167页。

[36] 贾向桐、李建珊：《论科学精神特质的现代性维度》，《社会科学》2009年第8期。

[37] 刘军宁：《天堂茶话》，北京：东方出版社，2015年，第87、88页。

[38] 许潇笑：《打开边界的博物馆——以杭州工艺美术博物馆实验性策展实践为例》，《博物院》2020年第4期。

聚焦跨文化交流中的接收者
——博物馆的跨文化交流

李紫真（浙江省博物馆）

摘要：在全球一体化的发展过程中，跨文化交流成为国际互动中很重要的一部分。博物馆是文化的重要载体，在文化交流上有着天然优势。在文化交流中除了对自身文化的了解，研究他国文化能帮助我们进行更有效的跨文化交流。但世界上异质文化众多，很难做到都有涉猎。人作为文化的创造者，推进者和接收者，在跨文化交流中起着至关重要的作用。先抛开各种异彩纷呈的文化，将目光从文化聚焦到文化中共通的、重要的元素"人"的身上。文化不同但人性共通。从心理学角度分析人在接受外界事物的心理变化过程，来引导跨文化交流的过程。通过文化对人层层递进，各有侧重的心理影响，构建角度不同的跨交流语言框架。

关键词：跨文化交流；博物馆；心理学；跨文化敏感

一、跨文化交流中的问题

在研究跨文化交流中实际遇到的问题之前，先抛开所有的桎梏和现实，假设一种理想的跨文化交流模式。第一，了解自己的文化；第二，了解异国文化；第三，有良好的表达能力；第四，掌握各种语言并能准确表达而不失其味。

在研究每一项条件之前，先看一下文化这个词。在讨论跨文化交流时，文化一词的内涵显得极为重要。确定了主体之后，才能更好地继续进一步的研究。文化并不是一个有确切指代的词语，根据不同的观点，可以从不同的角度定义。

有一种说法，说文化是一种环境或情境。就是在不同的文化环境下，相同的事物会有不同的意象。并将其分为客观与主观文化，客观文化指的是文化制度方面，而主观文化是社会制度所形成的社会现实经验。他们主张文化的非物化。文化不是一件东西，而是一个特定群体协调成员行为的过程[1]。

而另一种说法将文化分为三类，广义的说是指一切人所创造的文明成果。中义说文化是人们的生活方式，包括思维取向，行为模式和制度导向，而狭义地说文化主要指基本信念或意识形态[2]。

虽然对于文化的实际意义，从不同的角度有多种不同的分类。但在实际应用的过程中，其实可以根据需求来定义当时的文化内涵，再根据这种定义来寻得有效的指导以及解决问题的方案。

再来看第一段假设的那种相对理想的交流模式。了解本国文化当然是我们进行跨文化交流的先决条件。跨文化交流既然有交流两个字，就说明这是一个相互的过程。无论是输出我国文化还是相互学习。我们都需要先了解对方的文化。一方面有助于我们寻找角度，来有选择地和对方探讨我国文化。而另一方面，通过我们对于对方文化的了解也能让对方感受到我们正面的态度。一味地讲述和给予，会给交流过程带来压力，结合倾听和接受能形成更好的交流氛围。

当有了双方文化的基础之后。语言就显得尤为重要。需要本身就具有良好的表达能力。能够准确地将自己的意思呈现出来。还需要准确地翻译成对方能够理解的语言。

语言其实是一种非常坚固的隔阂。尤其是在语言文字差异非常大的东西方文化中。对于基本实在的事物的描述还是能相互理解的。但是在其他方面，例如思维和感觉等的语言呈现上，就明显体现出高语境文化和低语境文化的差别。我国文化中在表达某种思想或者感觉时会更多地采用一些对于他人来说比较虚无缥缈的词汇和意向。这也造成了其他人对中华文化进一步深入了解的困难。尤其是在不懂中文的情况下。

在中国庞大的人口基数下，寻找到了解双方文化的人才或许并不是那么困难。但是当各个博物馆，进行跨文化交流时，能利用的资源其实是有限的。世界上的国家众多。我们不可能对每一个都有所了解。而也不一定能在每一次的交流中都得到之前提到过的比较理想的条件。

所以我们需要寻找一种更通用的话语体系。可在此基础上进行微调，以便应对众多的异质文化交流。

二、对异质文化的认知和博物馆文化

在与不熟悉的异质文化接触之初，我们不可避免地会产生一些预设。即在交流过程中有可能出现的问题。或者曾经产生过某种程度的接触从而衍生了一些问题。

但其实，这些过程中产生的结果可能是主观的，或者有时效性和地域性问题的。所以在跨文化交流的过程中，要避免经验主义。无论是想象的会出现的问题，还是已经出现的某些现象产生的原因都需要我们去做进一步的调研和探究。在可能的情况下，参考一下第三方的观点来进行问题的分析，或许是一个不错的方法。

在交流过程中，最开始会比较两种文化之间的差异。在我们的文化里某个意象有其独特的含义，而在另一种文化里，它的含义可能有所改变。或者我们的艺术品是这个风格，在那个文化里又是不一样的风格。会有一些很高端的文化研讨。但彼此和对方文化之间似乎还有着一丝距离，我看见你了，在遥远的山峰之上。而且世上文化万千，我们无力一一了解。

但各个文化中有一个极其重要，无法回避，失去则文化无存的重要介质或者说起点。那就是人。文化是由人创造的，文化交流也是人的一种主动行为。对于文化本身而言，它们之间是无法相互交流的。文化生住异灭的流动是由人带来的。人也是交流过程中的唯一接收者。将交流的初始聚焦到"人"上，是否更容易让我们找到某种规律来进行更有效的交流。

在大众传媒极为发达的今天，正负面的信

息都会出现在双方的传播途径中。在这一过程中所带来的碎片化信息会被人的大脑自动整合成一个既定印象。如果不对特定文化进行进一步了解的话，就很容易形成刻板印象。在人与人交流过程中，刻板印象其实是普遍存在的一种现象。而这种刻板印象导致无论是我们对于其他文化的看法，或者其他文化对于我们的看法，还是我们对于已经发生的问题的看法，都会产生一定的主观臆测或者偏颇，所以明确实际上的问题非常重要。

笔者通过亲身经历和对一些当地相关人士的采访得到了一些关于外国博物馆的文化信息和对中华文化的看法。

在美国家庭的日常生活和学校教育中博物馆是一个非常重要的组成部分。学校会和博物馆有很多合作，博物馆也是休闲生活中经常去的地方，在博物馆写生和做调查研究都是常态。有些博物馆还拥有体系成熟的教育学校。而且还有很多带有主题的家庭博物馆。博物馆教育的种类和教育活动的类型都十分丰富。

从博物馆出发的跨文化交流有非常大的发挥空间。博物馆本身就是一个自然而然的文化承载平台，在多国文化汇合之地，中华文化的出现并不突兀，十分自然。博物馆的受众天生带着更多一份对于文化的好奇心，在异质文化探索上也会呈现出更大的兴趣和包容性。博物馆作为家庭活动和少儿学习的重要载体，也能使还未被固有观念影响的孩子能从儿时就接触到更宽广的文化，相对于成人来说接受度也更高。

而他们对于中华文化的态度也比较平和，虽然不一定会特别感兴趣，但也不会有额外的敌对情绪。

在意大利学习的时候，笔者意识到同学和老师对中华文化其实是很有兴趣的。虽然不能说十分了解，但是对带有中华文化色彩的艺术表现形式非常喜爱。中国的电影和电视剧经过重新剪辑所描绘的时光，中国特有的装裱模式配合古典的版画技术，东方面孔在舞台中带来的神秘气息等都会引起他们的好奇和喜爱。

还有一个例子是有一位外国学生初习书法的练笔作品放在一个艺术品售卖网站上进行售卖。有一位英国的艺术爱好者以不低的价格买下了这份练笔之作。他或许不知道这幅作品本身是什么，但这带有一丝中华文化气息的作品引起了他的兴趣。对于异质文化的欣赏在正面的情况下以不同的角度来观察其实也是一种可取的方法。

文化，尤其由历史上各种环境积累而来的文化。其中的内涵身为本国人也未必能全部了解。在某种程度上，文化交流可以使其他国家的人对我们的文化有一个正面的态度，已经是一个不错的结果了。

三、跨文化交流中博物馆能做的

博物馆作为文化的一个重要载体，在跨文化交流上有着先天优势。博物馆的跨文化交流方式基本上是以陈列展览为主。根据前文所说的，先以人为基础，通过对人的心理学分析来构建一个语言框架，再根据交流对象的差异，将框架中填入相应的文化，在博物馆的跨文化交流中可以进行很好的运用。

除了为了适应接收者的文化表达调整，身为文化交流执行人也应该调整好心态，以合适的态度进行文化交流。

（一）如何对待博物馆的跨文化交流

由于博物馆主要跨文化交流方式的特殊性，大部分情况都是抱着文化输出的目的来进行的。而交流是一个双向输入输出的词语。在跨文化交流的过程中我们的态度不应是一味地输出我们的文化。要避免民族中心主义，以一种开放的心态进行交流。也需要对对方文化进行了解，这里的文化不仅仅是文学艺术等，还包括对方在展程中的处事习惯和思维模式等。这一行为也能更好地帮助我们进行文化传播。

（二）博物馆跨文化交流的层次

引导其他国家的人民能够更多地了解和接受我国的文化，是我们进行跨文化交流的目标之一。

而这一目标其实是可以分为不同层级的。我们都知道不同环境中，生长出来的文化之间有着巨大的差异。而每个文化基本上都天然地带有民族中心主义倾向。否认文化差异，将自身文化当成唯一可行的文化，把自身文化的世界观看作所有文化世界中的通行标准。都是民族中心主义的特征。

引导接收者从民族中心主义转向民族相对论，能使接收者对异质文化有更好的接受度。我们需要增强接收者的跨文化适应[3]。在循序渐进的过程中，让中国的文化被更多的人所接受。需要明确每一次交流预计要取得的阶段性成果。有计划地进行交流和对想要取得的结果有准确的定位。

参照跨文化敏感发展模式可以帮助我们带领一开始对中华文化一无所知的接收者逐步了解我国文化。

其实很多偏见产生的根本原因都是因为无知。仅仅通过有限的大众传媒中所展现的某些只言片语来对一些事情做整体的判断不可避免地会以偏概全和一叶障目。这种情况是可以通过我们的主动行为来解决的。

跨文化敏感发展分为很多阶段。

在否认阶段，人对文化差异不感兴趣。所以对于这个阶段的人，我们应该，让他先认识到中华文化的存在。通过最基础、最简单的生活文化。来影响他们。因为这些生活因素相对来说比较平和，可以使他们肯定不同群体的存在，又不至于引起恐吓反应。

最常见的就是衣食住行。尤其是吃。在意大利的中餐馆相当受我意大利的同学和老师的欢迎，无论他们是否了解中华文化。但由于语言的障碍，导致了他们没有办法点我们的隐藏菜单，而这些隐藏菜单正是最吸引他们的元素。所以当他们想要吃到正宗的中餐时往往需要会汉语的人带领。在这种最简单的部分已经体现出了简单却又很好解决的文化障碍，这就是我们能在第一步发挥作用的时候。

而对于防范阶段的人来说，他有可能已经意识到了这种不同文化的存在。但是对于未知的文化会有一定的戒备心理。这一阶段我们应该以强调两种文化中的共性为重。

举个简单的例子。在早期的一些陶器中可以发现，中国和欧洲某些器皿的器型其实十分类似。因为这些器型的创作者都是人，而他们最初制作器物的目的基本上是为了在日常生活中使用。所以说，在这一时期会有一些文化成果上的共通。我们就可以利用这一点与异国人民达成文化上的共情。当意识到其他文化是可理解的，而且和自己的文化是有关联性的时候。人会开始对于这种文化的可知性有一个正面的情绪。早期相似而后期发展不同的差异性也会引发人的好奇心，会让人想要去探寻究竟是什么原因让两种早期有某种相似的文化成果在后期的发展中产生了不一样的结果。而如果在后期又有其他的文化共通或者是联系，也会让人想去探寻在差异如此大的后期文化中又是什么原因使他们产生相似的结果。这些都可以吸引他人对我国文化的兴趣。

有意识地设计一些双文化的展览也可以帮

助共情的产生，而联合策展的过程本身也是一种跨文化交流。

在最小化阶段。人们开始有意识地探索其他的文化。在此过程中，我们要提供他所需要的知识和环境。在这一时期，人们需要意识到。每一种文化的产生都有其特定的环境和经验。所以当我们将这种环境呈现出来的时候，会营造一种有助于文化理解的氛围。

现在提到的这些阶段并不是一定要按顺序和分裂的。它们可以同时存在。但根据当时交流目的的倾向，根据目标人群不同，展示的侧重点也应有所差异。偏重于生活中有趣的部分，还是加强相同的文化，或者营造整体的环境。都要根据目标群众对我国文化的接受程度来进行调整。

（三）其他跨文化交流中的应用

环境。前文中提到过语言其实是一个很坚固的障碍，很多意境在经过不同体系的语言转换时无法很好地表达。在语言有限的情况下，也许并不能有效地传达我们想要表达的信息。此时，环境是一个很好地营造氛围的方法。人在接受信息的时候，感官往往比正式的，书面的语言更直接。我们在前文提到过，文化是我们长久以来经验累积而形成的，靠的是我们周围特殊的环境所产生的不同的经验。所以，当给观众营造一个类似于我们文化产生的环境的时候，会更有助于体会我们的文化。

在笔者到意大利之后的某一天，抬头仰望天空的时候，发现云和自己是如此接近。在那个瞬间，笔者就理解了教堂穹顶上那层层的云朵其实就是现实环境的体现。绘画的风格看起来是有些抽象有些虚无缥缈的信息。但它们其实真实地反映了我们所生活的环境。一如我们江南的烟雨蒙蒙出现在我们的画中，在其他人看来会觉得我们的艺术很特别。而亲身感受之后就会明白这些水墨产生得是如此的自然。

沉浸式体验虽然听起来像是老生常谈，但我们不得不承认它的作用。所以，当我们的陈列以更大的、更戏剧性的，如同舞台剧一般的出现在异国的建筑里，或许能更好地引领异国的人民去体验我们的文化。

正强化[4]。强化是一种能够增加行为发生频率的刺激。所以，当行为结果是令人满意或者令人愉快的时候，相应的行为就会不断地被重复，并最终可能形成一种习惯。所以为了得到我们满意的结果。在相应主体达到我们想要得到的行为结果时应给予正强化。

如应用在一个完整的展览中，这种正强化可以对参观当次展览观众的奖励来呈现。例如，抽取一定比例的观众参加诸如闭幕晚宴或者进一步的文化交流聚会。赠送富含中华文化气息的礼品、图录等。

重复。不断重复的信息是有效的说服材料。所以在一定的时间内，可以确定某一主题的文化。重复地将类似的信息进行输出有助于对于这种信息的习惯和接受。

四、小结

文化交流是博物馆一直以来的事业之一，博物馆在中华文化呈现上也有着先天优势。在异国博物馆文化蓬勃发展的背景下，博物馆当是跨文化交流的先行者。

博物馆本身作为一个多文化承载平台，可相对无障碍地呈现各种文化。再通过有意识的引导将优秀的中华文化带入其他国家人民的生活。这是一个很好的切入点。无论是通过展览还是教育活动，在和异质文化的交流过程中都有必要采取一些主动行为。并对交流状态进行有意识地调整。

跨文化交流中的两个主体都需要注重，即进行交流的人，和当次交流主题。

作为文化的呈现者和信息的输入输出者的人，在文化交流中至关重要。在行为举止上体现出的气质是他国文化接收者对中华文化的第一印象。摆正交流的心态，以平等和谐的态度接触，可带给跨文化交流一个最好的开始。

当次交流主题的呈现可以参考跨文化敏感发展模式来进行设计，以此来辅助文化交流。日常文化引起兴趣，共通的文化带出共鸣，复原的环境引人入胜。根据人接触陌生文化时的心理发展规律来一步步引导他人对中华文化的兴趣，直至了解、接受。

对当次交流的目标有一个实际的预估，不一味追求盛大的效果，而要有一些确切的判断。这样既有助于对此次设计的效果的判断，也避免了对没达成过高的结果的设计的舍弃（这些设计也许会有更长远的影响）。

运用正强化和信息重复等心理学因素来增强文化刺激，会在潜意识中留下文化烙印。被影响的目标的行为有可能并没有发生改变。但是影响的努力却可能成功地改变目标的信念或态度，使其回避的观念而转变为正面的观念[5]。也就是说改变对方对于中华文化的评价倾向。这些内在的变化往往奠定了后来行为改变的基础。

文化交流是一个循序渐进的过程，分对象、分层次、分环境等有针对的文化交流可以帮助提高文化交流的效率。文化依托生命而生，将焦点回归于人，以人性为基点推动文化的流转应是一个很有趣的思路。

【注释】

[1] [美]米尔顿·J·贝内特：《跨文化交流的建构与实践》，北京：北京大学出版社，2012年，第5、6页。

[2] 潘一禾：《超越文化差异：跨文化交流的案例与探讨》，杭州：浙江大学出版社，2011年，第6、7页。

[3] [英]史密斯、[加]彭迈克、[土]库查巴落：《跨文化社会心理学》，北京：人民邮电出版社，2009年，第302页。

[4] 彭聃龄：《普通心理学》，北京：北京师范大学出版社，2001年，第465页。

[5] [美]菲利普·津巴多、迈克尔·利佩：《态度改变与社会影响》，北京：人民邮电出版社，2018年，第28页。

跨界融合 加强展览传播力和影响力
——以湖南省博物馆特展为例谈博物馆展览宣传新实践

黄志华（湖南省博物馆）

摘要： 陈列展览是博物馆一项十分重要的业务活动，展览的普及度和影响力需要博物馆借助各种手段去传播。本文从湖南省博物馆新馆开馆后举办的几个内容丰富、影响巨大的特展出发，对博物馆展览宣传工作进行探讨与研究。

关键词： 跨界；融合；博物馆；展览宣传；新实践

国家文物局于2012年12月13日发出《关于加强博物馆陈列展览工作的意见》，指出"陈列展览是博物馆向社会奉献的最重要的精神文化产品，是博物馆开展社会教育和公共服务、实现社会职能的主要载体和手段。"湖南省博物馆新馆于2017年11月29日正式对外开放至今，立足馆藏，构建了以两大基本陈列为核心，三大专题陈列为补充，两个不断更替的高品质特展为活力的展陈体系，为观众带来多样化的文化选择和文化享受。新馆开馆至今，陆续推出了"东方既白——春秋战国文物大联展""在最遥远的地方寻找故乡——13~16世纪中国与意大利的跨文化交流""法老、诸神、木乃伊——古埃及文物特展""来自阿富汗的国宝""根·魂——中华文明物语"等多个符合本馆定位与发展宗旨的特别展览。这些展览从中国区域文明、国际文化交流、世界历史艺术等多个不同角度，以最广阔的视野进行策展，展陈方式的创新、变革，进一步提升了湖南省博物馆展览品牌形象，带给公众更多更丰富的文化大餐。

为了不断加强展览传播力和影响力，湖南省博物馆尝试与相关媒体展开深度合作，对展览进行一系列宣传推广。本文将以"法老·诸神·木乃伊——古埃及文物特展"（以下简称"埃及展"）和"来自阿富汗的国宝"（以下简称"阿富汗展"）两大特展为例，与大家分享一些关于湖南省博物馆在展览宣传方面的新探索。

一、展览简介

"埃及展"是湖南省博物馆与河南博物院、

山西博物院、辽宁省博物馆、广东省博物馆联袂从意大利都灵埃及博物馆引进的一个古埃及文物大展。本次展览甄选了意大利都灵埃及博物馆馆藏的230余件文物精品，跨越古埃及前王朝时期至罗马帝国时期4000余年，包括狮身人面像、动物及人形木乃伊、陶器、化妆用具、青铜及石雕像、石棺、木棺、石碑、大型石刻神像等难得一见的珍贵文物，力求解读古埃及独特的社会生活、宗教信仰、丧葬文化和辉煌的艺术成就。

"阿富汗展"由湖南省博物馆联合阿富汗国家博物馆、中国人民对外友好协会、中国文物交流中心共同打造。展览以法罗尔丘地、阿伊·哈努姆、蒂拉丘地和贝格拉姆4处考古遗址为线索，共展出阿富汗国家博物馆收藏的珍贵文物231件（套）。这些文物，时间跨度4000余年，融合多个文明的文化元素；它们或熠熠生辉，或精雕细刻，或意蕴深远；它们不仅有令人赞叹的匠心工艺，还能让人领略独特的异域风情，给观众呈现公元前3世纪至公元1世纪阿富汗多彩的文明图景。

二、跨界融合，有效提升展览传播力

湖南省博物馆作为"埃及展"在中国的第四站和"阿富汗展"在中国的第六站，区别于前几站实施了收费政策，票价均定为全价票30元/张，半价票15元/张。为了极大限度地扩大展览影响力，湖南省博物馆与电视湘军湖南广播电视台经视频道（以下简称"湖南经视"）展开合作，并将其作为这两大展览的唯一合作媒体，甚至大胆采用"门票分成"的形式，以期探索出一条极具传播效果的媒体合作模式。这种合作模式最大限度地调动了湖南经视团队的积极性，他们调动一切可以调动的平台资源为博物馆、为展览服务，并以此为契机，与湖南省博物馆共同创立了一个独特的文化品牌——"走，到博物馆去！"，成功将两大展览打造成为当地当时段的文化"爆款"。

"埃及展"在湖南省博物馆的展期为2018年9月28日至12月5日，因每周一闭馆实际展出仅59天，时间虽然有限，但并没有影响它发挥效益。据统计，展览期间共计接待观众22万余人次，门票总收入504万元，创湖南省博物馆收费特展新高；十一黄金周期间，共计接待观众71937人，10月5日接待观众高达13142人次，票房29万余元，刷新了湖南省博物馆特展观众接待量、单日观众接待量以及票房记录。

"阿富汗展"在湖南省博物馆的展期为2018年12月29日至2019年3月29日，实际展出78天。据统计，展览期间共计接待观众15万余人次，门票总收入308万元，虽不及"埃及展"，但仍然创下了湖南省博物馆同时段、同展期的特展观众接待量和票房收入的最高纪录。

三、跨界融合，探索展览宣传新路径

展览宣传中，湖南省博物馆与湖南经视精诚合作，开拓创新，在宣传内容、形式及合作模式等方面实现突破。湖南经视是湖南省内唯一的地面综合频道，拥有一流精湛的活动执行策划团队；同时，作为湖南省委省政府认可的党台，湖南经视始终坚持正确的舆论导向，是20多年来新闻节目内容生产的"巧匠"。湖南经视同时拥有包括电视、新媒体、直播平台、户外广告屏、融媒体1+N系统等多种平台资源。

利用湖南经视在湖南省内媒体的独特优势,对展览进行前期预热、中期推广、后期跟进三个阶段的广泛传播,使得"埃及展"和"阿富汗展"的知晓率大大提高,达到社会效益与经济效益双丰收。

(一)前期预热

首先,拍摄制作展览宣传片,预告展览展期与主题。在确定了两个展览的展期后,馆方联合湖南经视团队对展览内容进行梳理,确定宣传重点,并提前奔赴展览上一站,拍摄展览重点文物展品,制作宣传片。针对"埃及展",策划制作了主宣传片2个、专家推荐宣传片1个;针对"阿富汗展",策划制作了主宣传片3个。分别在两大展览开幕前半个月,湖南经视全天候在每个节目点及各档新闻前后,分层次分重点的编排播放这些宣传片,每日频次达到20次左右,以重复加深观众对展览的印象。此外,还在电视屏幕下方标注展览二维码,观众在观看电视节目的同时即可通过扫描二维码线上购买展览门票。

其次,投放户外广告,扩大展览辐射面积。湖南经视旗下拥有市内公交站牌、楼盘分众电子广告屏等户外广告资源。与湖南经视的合作,恰好免去了湖南省博物馆与其他广告公司洽谈硬广投入的问题。湖南经视直接利用旗下户外300块电子广告屏,力推展览宣传片和海报,有效提高了展览在长沙市内的知晓度。

第三,网络直播,实时预告布展进度。展览文物抵达长沙后,湖南经视在芒果TV开通直播平台,线上直播展览相关情况,让观众提前感知展览。比如"埃及展"开展前,以"235件宝物漂洋过海而来,开启和法老的神秘之旅""走,到省博去!古埃及文物特展经视记者带您抢先看!"为题,开设了两场直播,观看人数累计超过15万人,达到了很好的预热效果。

(二)中期推广

1. 形式新颖的开幕式

展览开幕式是举办展览的一个特定程序,也是一个"信号",它标志着展览正式开幕。开幕式的成功举办,更预示着展览有一个良好的开端。"埃及展"和"阿富汗展"两大特展的开幕式,从舞美设计到启动仪式,均由湖南经视负责提出创意方案并付诸实施,同时,对开幕式进行全程直播,对于宣传展览起到了积极的推动作用。

2. 频繁的新闻宣传

湖南经视有《经视新闻》《经视播报》《经视焦点》《经视观察》四档新闻类栏目。展览开幕后,湖南经视的四档新闻栏目持续对展览进行重点播报,据统计,在"埃及展"和"阿富汗展"期间,分别播报了"埃及展"新闻报道或专题29条、"阿富汗展"新闻报道或专题22条,由点到面、逐步深入地对展览进行多维度诠释。同时,在重要假期、活动节点,整合央视新闻、《湖南日报》、新湖南、红网时刻、网易新闻、今日头条等主流媒体对展览进行新闻报道。

3. 移动互联网持续推广

由于一些硬件条件的限制,博物馆的观展人数始终是有限的,但是在互联网语境下,受众可以通过移动网络平台与博物馆产生互动。展览期间,湖南经视充分利用旗下新媒体端等网络平台为展览进行全方位推介。比如"埃及展"开展后,湖南经视利用《芒果V直播》再次推出了以"法老与辛追 穿越千年来'湘'会"为主题的展览直播节目,观看人数累计超过45万。

互联网语境下,博物馆受众的身份也在发生改变,从被动的"参观者"变为"当事人",他们乐于分享、实时传播,他们也在不经意间成为了展览宣传员和推广员，甚至形成了对展览的"第三方评价"。故此，在展览期间，湖南经视专门设计制作了各类重点文物小视频，其中"埃及展"10个、"阿富汗展"5个，时间控制在10至30秒，用于在微信朋友圈、抖音上传播。受众的参与感得到极大满足，互动的涟漪自然会越来越大，从而也可以得到更多人呼应。据不完全统计，仅"埃及展"在湖南省博物馆和湖南经视官方抖音上播发的短视频，播放量就达到了近200万次。

此外，湖南经视微信公众号推文和官方微博内容也通过不断更新制造话题，以吸引受众的参与。例如在"阿富汗展"期间，湖南经视微信公众号、微博发送相关推文共53条，创建微博话题"来自阿富汗的国宝"，全网点击量超353万，讨论1733条。

（三）后期跟进

后期跟进以各类主题宣传活动为主，从而进行更具针对性的宣传推广。以"阿富汗展"为例，其一，在展览中后期，湖南经视与长沙市内止间书店、新华旗下乐之书店、西西弗书店三大书店合作，特邀专家与湖南经视主持人，共同为书店观众近距离讲述有关"阿富汗的国宝"的故事；并通过摆放广告立牌、易拉宝等形式，对标书店人群，吸引受众观展。

其二，"阿富汗展"的展出时间恰逢2019年春节，为了迎合过年气氛，湖南省博物馆与湖南经视团队合作开发"走到博物馆去"定制款红包，并从大年初九到元宵节，在馆内开展"看阿富汗展送好运红包"活动，活动7天内送出"红包"1000份，有效吸引了很多观众购票观展。

其三，线上举办关于"阿富汗的国宝"的摄影大赛，凡是亲身目睹过"阿富汗国宝"的风采，并用手机、相机留下"阿富汗的国宝"风采的观众，均可上传参与此次摄影大赛。此次大赛共吸引了308位摄影爱好者参加，并有1万多位观众为参赛作品投票，累计共投出10万多票。

四、启示与思考

（一）跨界融合是博物馆创新发展的新引擎

"埃及展""阿富汗展"的宣传推广工作，由湖南省博物馆与湖南经视合作共同推进。一是共同策划、拍摄展览主题宣传片。二是共同策划了各类宣传报道，以专业的水准、通俗的表达，对展览文物所蕴含的各种文明成就进行全方位解读，以达到让观众看懂展览的目的。三是共同策划了极具参与性的主题宣传活动，增强观众参与度，从而创新博物馆的服务模式，增强博物馆的文化供给能力。这种跨界融合应该说为博物馆展览宣传推广工作的创新发展起到了积极的推动作用，产生出呈几何级增长的社会影响力。

（二）全媒体深度参与是提升展览知晓度的关键

展览宣传推广一定要突破传统新闻报道式的传播壁垒，而是应该涵盖电视广播、报纸杂志、网络新媒体等各类媒体资源，实现"一体作战"，构建起全媒体宣传矩阵，分阶段、步骤、分重点、热点、分众、分层级地实施宣传推广，最大限度地扩大展览的社会影响力，使得展览在所在城市家喻户晓。

（三）坚持内容优先，通过创意表达拉进与观众的距离

内容是事物一切内在要素的总和，形式是这些内在要素的结构和组织方式；内容决定形式，形式依赖于内容。因此，博物馆在开展宣传推广工作时，应始终以博物馆展览、活动内容为根本，借助媒体的力量，通过创意的表达，生动的诠释，将博物馆深厚的文化内涵传播给观众，直击观众内心。

在信息爆炸、注意力"稀缺"的年代，展览宣传应该是一种对话式的信息传播，应该充满互动感，建立在观众的所见、所闻、所感之上，让观众产生共鸣，并参与到传播序列中来，从而更有效地吸引观众走进博物馆观看展览。

（四）重塑形象，融入人们日常文化生活

据大数据统计，从年龄分布看，湖南省博物馆的参观人群以40岁以下的年轻人为主，约占总人数的70%，这就要求我们必须注重对年轻人进行传统文化、社会主义价值观的普及。而基于年轻人对新事物超强的关注度和接受度，对新媒体超高的熟悉度和依赖度，我们则应该用更亲密的语言，打造更符合年轻人需求的展览、活动，缩短博物馆与人民群众的距离，真正使博物馆摆脱高冷、严肃的"殿堂"形象，成为更加贴近人民群众生活的文化空间、亲民空间。

高超的宣传手段，可以吸引观众的眼球，能让博物馆获取更大的访问量；观众参观后有良好的体验和感受，自发地通过微博等社交媒体进行二次传播，能让博物馆获得更好的口碑，影响力不断扩大，吸引更多潜在观众，形成良性循环。

（五）重视馆内宣传，合理引导馆内观众

湖南省博物馆从来不缺观众，自新馆开馆以来，平均每天的观众超过1万人次。故展览宣传在稳步推进馆外宣传的同时，也不能忽略对馆内观众的宣传。将宣传重心放在来馆参观基本陈列的免票观众身上，试图通过各种引导式宣传，最大限度实现"免费"观众向"购票"观众的有效转变。

博物馆与媒体的跨界融合，对加强展览的传播力和影响力起到了巨大的作用，应该说在很大程度上做到了"让展览动起来"。以往，博物馆的文化输出是以博物馆为主体，以参观者为主要人群，覆盖面有限、传播较为平面。媒体参与后，开启了电视端、网络端的全方位立体化传播，周期性、连续性的报道，强化了博物馆的受众认知，也让博物馆在受众心目中的形象更加年轻、多元、丰富。这是媒体为博物馆注入的新活力，也是双方携手的双赢之举。在"博物馆+"理念引领下，博物馆与媒体的跨界融合，促使博物馆进一步创新文化普及的方式，增强讲好中国故事的能力。在信息传播飞速发展的时代，我们应该以更前瞻的视野、更敏锐的思维、更创意的角度，继续探索新思路、新模式，打造属于博物馆界的展览文化业态。

浅析国际背景下跨文化交流的博物馆展览策展方法

蔡 杰（河南博物院）

摘要： 随着世界各国经济文化交流的不断加强，全球化不仅为中国发展提供了机遇，也进一步促进了博物馆与世界各国之间的文化交流。因此，在国际背景下跨文化交流的过程中，博物馆如何策划展览就成为各博物馆的研究方向。但是，因为我国各家博物馆的策展能力与水平各不相同，在策划国际展览过程中仍然存在一些问题。本文通过不同的国际展览，结合策展过程中博物馆学术研究及实际情况加以分析，提出一些切实可行的策展策略，从而促进博物馆展览在国际背景下的跨文化交流。

关键词： 国际背景；跨文化交流；策展方法

随着互联网时代的到来，推动了世界各国经济一体化的进程，也为中国发展提供了机遇，进一步促进了博物馆与世界各国之间的文化交流。在全球化的国际背景下，中国与世界各国的跨文化交流的博物馆临时展览逐渐增多，如何策划好一个展览，就成为摆在我们面前亟待解决的问题。目前，跨文化传播交流的临时展览主要分为出境和入境两个方面的展览，由于入境展的策展内容主要是引进和阐释不同文化背景，研究学者相对较多，因此，我们这里所说的国际背景下的跨文化交流的博物馆展览，主要侧重于出境展览的策划，既原创的展览的输出。

我国在"一带一路"倡议的带动下，跨文明交流、对话式文明和人类命运共同体的构建，逐渐得到国际社会的认可和响应。一种相互平等、相互尊重、相互包容的文化交流模式正在全球形成，而国际背景下跨文化交流的博物馆展览，就成为中华优秀传统文化传承和人类文明交流互鉴的桥梁，贡献着中国文化遗产的力量。

一、国际背景下跨文化交流的展览现状

据相关文献资料表明，我国20世纪50年代至90年代期间，出境的文物展览约有120余项，涵盖了亚洲、欧洲、北美洲、南美洲、

大洋洲的32个国家和地区，各国参观的总人数达到4300万人次。进入2000以来，截至2017年，我国先后共举办的出境文物展览累计超过840个，是我国前50年举办出境展览数量的6倍多。展览举办场次、涵盖城市数量、参观观众数量、累计展出时间、场均参观人次等统计指标均大幅度提升。

然而，在出入境展览中，也存在着引进输出展览的结构不平衡。2011年至2017年，全国博物馆举办出入境展览近500个，其中出境展览累计333个，入境展览累计145个，出境展较多。刘万鸣先生曾对博物馆出入境做了一个简单的调查，2018、2019年故宫博物院、国家博物馆和31家省级综合性博物馆官网展览情况，2018年33家博物馆出国展览11个、入境展览61个，2019年33家博物馆出国展览12个、入境展览34个，差距悬殊。从出入境展览巡展情况看，入境展览一般会在国内多地巡展，而出境展览巡展较少。如2017年我国出境展览47个，其中巡展展览仅4个，占比8.5%；同年入境展览29个，其中巡展展览7个，占比24.1%。他认为，目前我国入境展览数量虽少，但巡展率高，出境展中因高质量巡展数及比例较低，未能做到"一展多地""一地多次"，国际知名度和影响力较为有限[1]。如何提高出境展临时展览的质量，增加巡展展数，策划一个好的展览，就成为我们亟待解决的问题。

二、跨文化交流的临时展览的现实需求

在国际化背景下跨文化交流中要准确有效地弘扬中华优秀传统文化，是当前我国"一带一路"建设外交背景下的实际需求，面对新的国际形势和国家需求，博物馆在输出临时展览时的目标应该由只注重弘扬中华优秀传统文化的传播，向国际背景下跨文化交流融合方向倾斜。因此，博物馆的策展人势必需要有一种跨文化交流融合的创新意识。全国各级各类博物馆在策划跨文化博物馆临时展览时，不仅要注重促进策展意识的创新转变，更要注重将中华优秀传统文化与跨国文化相互结合。跨文化交流的博物馆临时展览策划不能局限于我国优秀传统文化的知识层面，更应该运用跨国文化知识搭建一座桥梁，一座文化的桥梁，使策展人以我国文化知识为策展背景、优秀传统文化为内容策划一场跨文化交流的展览。

在现有的博物馆策展条件下，虽然很多博物馆已经意识到开展跨文化交流的临时展览中，策展人能力的重要性，但是一些地方博物馆由于自身所处的区域相对较偏远，缺乏好的优势资源，造成博物馆对外文化交流的机会也相对较少，也没有得到国家政策层面上的大力支持，因此对跨文化交流的临时展览重视不够。此外，有一部分博物馆的策展人自身就欠缺跨文化交流的知识框架和真实的异域文化体验，难以充分在展览中展现跨文化的知识，自然会对临时展览中的跨文化内容造成理解上的难度，难以胜任国际背景下跨文化交流的重任。其次，博物馆陈列展览中往往受到我国优秀文化的限制，将中华文化作为重点展示内容，而展览中的跨文化部分往往没有足够内容进行展示。博物馆策展模式的陈旧及博物馆自身策展团队力量的匮乏，已经无法满足新的国际背景下对跨文化交流的临时展览需求。因此，抓住全球化的机遇，培养综合文化素养高、具有全球视野和开放的文化意识的博物馆策展人才至关重要。

三、跨文化交流的博物馆策展团队的要求

跨文化交流的博物馆策展人主要是指博物馆的展览在国际背景下，面对不同文化背景的国家进行展示时，不仅要具有熟知中华优秀传统文化的能力，还需具备跨文化交流意识和实践能力。其中，策展人能够用一种自己所熟知的语言掌握不同背景的文化，并将其展示出来的能力；另一方面策展也要用中国的语言和文字来展现跨文化交流的特定语言环境，注意到中华文化与其他文化环境相互融合的因素，合理地运用展览来展现我们优秀的文化。跨文化交流的博物馆策展人不单单是普通的外语翻译者，更是能够在特定文化环境中合理运用外语并传播中国文化的复合型人才。因此，跨文化交流的博物馆策展人在掌握传统文化的知识基础上，还需要融汇多学科、多种文化知识。

（一）综合素质高

实用外语语言基础和较强的历史文化知识运用能力，这是跨文化交流策展人必须具备的品质。在全球化的国际背景下，策展人不仅仅要熟悉一门外语，能够撰写展览策划书，而且在参与国际化的跨文化交流中，还需具备处理相关展览事宜的国际事务的专业知识，还需要具备良好的策展团队的合作共赢精神、交际沟通能力，以及跨文化交流时紧急或者突发的状况下，进行应变风险处理的综合能力。这就需要培养一批真正能够胜任在国际背景下，跨文化交流的博物馆策展人，推动我国的博物馆对外交流事业的发展，促进我国国际交往与博物馆之间良好的国际沟通与服务合作。

（二）创新能力强

创新发展是推动国家经济进步和社会发展的不竭动力，能够促进国家的发展与时俱进。策展人在具备良好的专业素养和扎实的学科知识的基础上，还应熟知其他学科的相关知识，培养较强的展览自主创新意识和良好的创新能力。创新型跨文化交流的博物馆策展人才应不断丰富自己的专业知识，拥有国际化视野，以开拓创新的精神和高效的合作能力进行博物馆的跨文化交流。如今，我国跨文化交流的博物馆临时展览，正遇到全球化的发展机会，博物馆更要进一步重视跨文化交流策展人的培养，制定新的目标与规划。然而，世界各国家在历史文化、宗教信仰以及价值观念等多方面存在较大的差异，所以对于各个博物馆来说跨文化交流的策展不是一件简单之事，目前国内各个博物馆在举办跨文化交流的临时展览时虽然已经尽心尽力，但依旧没有取得明显的成效。通过调研，发现跨文化交流的临时展览主要存在策展人在跨文化交流中的意识不强、对于传统文化下的跨文化内容的应用能力比较薄弱和对其他国家的相关文化知识较匮乏等问题。

四、国际背景下跨文化交流博物馆展览策略

跨文化交流的展览，有利于展现中国传统多元文化交流意识，促进策展人对异域文化的感悟和理解。在跨文化交流的博物馆展览中，策展人扮演着非常重要的角色，策展人不仅要具有全球化的文化观，国际化的视野，还要在展览中充分展现在中华优秀文化基础下跨文化的交流内容，跨文化交流的博物馆展览还需要各博物馆策展团队和博物馆同仁们的共同努力。

（一）制定正确的跨文化交流的博物馆策展观念

正确的跨文化交流的博物馆策展观念和策

展人体系，能够为博物馆跨文化交流的展览策划奠定坚实的理论基础。博物馆策展的根本目的就是为了促进文化的传播与交流，同时还要充分考虑每件展品的文化意义、历史价值、艺术价值等诸多方面。策展人的首要任务就是要充分深入了解国际背景下跨文化交流国家的文化需求，从而针对其需求对展品的文化意义等多种元素加以分析与阐释，使策展的内容与文化更贴近展出国家的文化，并根据展出国的实际展览需要研究制定出适合展览出的跨文化交流临时展览的策展计划书与陈展大纲。

（二）建立跨文化交流的博物馆策展理论框架

策展人的观念在跨文化交流的博物馆展览中有着重要的地位和作用。策展人及其团队的整体水平直接影响着跨文化交流展览的水平，因此建立跨文化交流的博物馆策展理论框架就成为展览的主要保障。首先，强大策展人队伍，全方位地优化策展人的跨文化交流意识和能力。博物馆可以在前期投入资金，建立策展人公派的访问学者制度，让其在其他国家与不同文化背景的公众进行跨文化的交流与实践，以获得真实的文化体验。其次，博物馆也可以通过组织策展人学习其他博物馆的优秀跨文化交流的陈列展览，提升自身的跨文化交际水平。最后，各博物馆之间还可以通过各种模式的交流与学习，从策展理念、文化认知、实践行为等各个层面提高策展人对跨文化交流的理论的认知，真正在博物馆的对外交流中确立跨文化交流的理论框架。

（三）明确展览的内容与形式的跨文化沟通

文化之间的差异，最终决定了国际背景下跨文化交流的博物馆展览必然存在相互沟通的问题，这种内容与形式的跨文化沟通，则是整个跨文化交流展览的重心。策展人在整个展览的策划过程中，根本的任务就是把国内的优秀文化通过展览的形式，以国外文化的形式展示出来，即通过策展人的策展理念与理论框架，把中华优秀文化转化成一种外国观众可以接受和理解的内容，这就是我们博物馆出境展览的精髓所在，也是整个跨文化交流策展的关键所在，只有明确了展览的内容与形式的跨文化交流，我们才能在出境展览的过程中，吸引更多的外国观众，从而达到文化传播的目的。

综上所述，国际背景下跨文化交流的博物馆展览的策展方法，我们主要通过对跨文化交流的临时展览的现实需求，以及跨文化交流的博物馆策展团队的要求两个方面的认识和理论分析后，认为博物馆在策展过程中，一定要制定正确的跨文化交流的博物馆策展观念，建立跨文化交流的博物馆策展理论框架，明确展览的内容与形式的跨文化沟通，这样才能满足外国观众的文化需求，使我们的展览成为优秀的展览，从而实现我们跨文化交流的目的，即运用中华文化阐释不同国家的文化，进一步增强国际的文化交流。

【注释】

[1] 宋谊青，刘万鸣：《中华文化就是中国精神的品牌》，《中国品牌》2020第6期。

浅析中国博物馆对外文化交流中话语体系的基础

常嘉意（莱斯特大学）

摘要： 在全球化发展的今天，有关于文化多样性和特殊性的探讨越来越引起人们的关注，文化交流也日趋频繁、复杂。作为文化交流的重要载体之一，博物馆正在逐渐成为来自不同文化背景的观众探索世界的窗口。目前中国博物馆对外文化交流的形式以境外展览为主，在展览价值表达和传播方面存在许多不足，使得中国文化成为脱离原生背景的静止符号。本文通过分析中国的境外展览现状和媒体反馈信息，认为上述不足产生的本质原因是中外文化中的文化观、民族观和历史进程都有差异，使得中华文化受到了以东方主义为主导的西方话语体系的影响。在今后的对外文化交流展览中，我国博物馆应重视中华文明这一基础在构建中国话语体系中的作用，注意表述中华文化中具有普适性的、至今仍然指导着人们行为的民族价值观，同时以寻找异质文化间的联系和共性作为博物馆对外交流工作的基础，建立与努力实现异质文化的平等交流。

关键词： 博物馆；话语体系；去背景化；中华文化

引言

在21世纪，发展中的中国比以往任何时期都更需要在发展成果展示的同时获得国际社会的理解和认同。然而，对于西方社会来说，中国实力的增强不仅带来经济贸易方面的冲击，更在于其软实力对西方价值观造成的潜在挑战[1]。我国目前所处的发展阶段，本就"决定了我们更容易遭遇话语权被挤压、形象被歪曲的情况"[2]。在目前西强我弱的国际话语格局中，西方社会使用西方话语体系对中国模式进行解读时充斥着"震惊、质疑和恐惧情绪"，中国模式内涵中的正确性、正当性和独特性未被清晰明确地表达出来[3]。中国社会的发展步调尚未形成与之相匹配的话语体系。因此，构建中国话语体系，就是通过提升文化软实力为我国在国际社会上争取话语权，为中华民族的伟大复兴创造良好的外部环境。

刚刚结束的2020年国际博物馆日主题是"致力于平等的博物馆：多元和包容"，强调了博物馆在促进文化交流和理解中起到的作用。在过去十多年中，我国博物馆事业在数量和质量上都取得了新的进步，对内促进了国民素质的提高、满足了人民的文化需求，对外有效地进行了一定的文化输出，中国文化正逐渐受到西方博物馆的青睐。通过博物馆这一窗口进行的国际交流与合作已成为展示我国国家形象的重要方式之一。从博物馆的角度向不同文化的受众清楚、全面地展示中国，需要从包括展览主题、选取的文物及其阐释的展览内容出发，摸清当前展示讲述中国故事的过程中有哪些不到位的地方，思索异质文化中存在的文化观、民族观等的差异，进而结合博物馆作为文化载体自身的特性，促进中国智慧的理解。

一、中国文化在境外

当前瞬息万变的国际形势、国内文化发展的需要都赋予了中国博物馆更多元的社会使命[4]。将身处他乡的中国文化置于国家层面，有助于我们客观地从更广阔的视角分析它们在境外展览中的现状和不足。

（一）现象级的国际文化交流使者

博物馆的对外文化交流，是中国文化走出去的过程，是国家与国家之间的交流，反映着国家之间暗含着政治意义的文化外交政策[5]。博物馆对外文化交流依托于国家外交战略以及当时的国际环境。在中国，博物馆始终在配合国家外交外事活动的同时肩负着向外部世界展示国家形象的重要使命[6]。其中，对外文物展览是中华人民共和国成立以来博物馆对外交流合作的开端[7]，也是目前文化交流的主体。一般参展双方都是各国的国家级大型博物馆。展览的重要程度和诚意高低都与展品的数量密切联系，尤其是一级文物所占的比例[8]。为了向接展博物馆所在的国家表示重视和诚意，能够代表我国文化精髓的国之重器、珍贵古玩和出土文物因而成为我国出境展览的主要内容[9]。国宝展、文物精品展这类展览具有较强的观赏性，不要求展品之间需要通过逻辑性串联起文化信息，不要求观众具有背景知识和较高文化素养，制作简单、易于推出[10]。在国宝展中，有许多规模大、影响力大的超级大展（blockbuster exhibitions），以兵马俑、故宫等具有中国文化代表性的文物展示为主，产生多次现象级热潮。然而，文化交流效果如何除了表现在境外展览数量和参观人数上，还涉及展览质量的高低。展览主题和内容如何对中国文化进行解读，是给来自其他文化的观众留下何种印象的关键。

（二）文化误差的潜在制造者

在进一步探索中国文化在境外的展览主题和内容时，笔者以近年来在大英博物馆（British Museum）和美国大都会博物馆（the Metropolitan Museum）举办的几个较有代表性和争议性的大型展览及媒体评价为例，来分析与中国文化有显著差异的西方世界对于我国文化信号的接收情况。

1. 时间上：片面与静止

大英博物馆和大都会博物馆都设有专门负责亚洲文物策展和研究的部门，自身涉及中国的馆藏较为丰富，展览过程由该馆主导，会和中国博物馆进行人员和展品的合作，基于自身的研究和理解对中国文化进行诠释和展出。通常情况下，这些展览都希望用展出文物讲述的故事，让西方观众对中国产生新的认识和了解。但在这种愿望下，反而产生了一种文化误差，即与原本的文化内涵和背景存在差异。

大英博物馆曾举办的两次中国特展就曾产生过这种时间上的文化误差。2007-2008年在大英博物馆举办的"中国秦始皇兵马俑"展览（The First Emperor: China's Terracotta Army），由于在内容上展示的是秦朝时期的文化成果，可能会误导观众产生一个错误的印象——认为中国的文明在秦始皇诞生之前并未产生，而是在秦始皇之后才延续下去[11]。事实上，诸子百家在内的各派学说滥觞于春秋战国时期。七年后在大英博物馆举办的第二次中国主题大展"明代：改变中国的五十年（Ming: 50 years that changed China）"仍然造成了时间上的片面。该展由牛津大学艺术史系教授柯律格（Craig Clunas）与大英博物馆中国瓷器部负责，向中国的多个博物馆（如故宫博物院）借展多件中外文明交流的见证物，希望展现出十五世纪中国的方方面面[12]，但对于不了解明朝历史的西方参观者而言，要想清晰地将这些文物与明代所处的历史背景相联系、将明代置于整个中国历史上来看待都比较困难。另外，中国漫长的历史中的每一部分都是承上启下、不断发展的，没有哪一个朝代可以单独成为一个改变中国的存在，"改变不是衡量发展成果的唯一标准"[13]。

2. 空间上：去背景化

进入其他文化背景内展出的中国文物还会在西方策展人的意志下"被失声"，也就是经历去背景化（decontextualization），文物与其原生文化背景相脱离。同样与中国博物馆有密切合作的大都会博物馆亚洲艺术部（The Department of Asian Art），于2015年举办的"中国：镜花水月（China: Through the Looking Glass）"在当时也获得了极大的关注。该展览呈现了20世纪30年代通过电影呈现出的东方如何成为后来西方时尚设计师的灵感来源，以及掺杂在其中的许多误解和想象。策展人安德鲁·博尔顿（Andrew Bolton）远赴中国向故宫借展末代皇帝溥仪登基时所穿龙袍等文物，用于对比展出灵感来源和受其启发的设计作品，借展的龙袍在展览中变成了单纯形象化、符号化的美学灵感，其文化和历史内涵被策展人和设计师在本意就是展出这种符号化和刻板印象的展览内容下被隐去，使得整个展览以时尚之名喧宾夺主，在展出那些刻板印象的同时再次加强了刻板印象[14]。一方面使用当今中国进行宣传，强调该展览是在展示东西方文化的交流；另一方面却将借展的中国文物完全脱离原生历史背景，将其变成凝固的视觉符号。

选取近年来影响较大的展览进行简要分析之后，可以发现它们都在努力寻找一种古代中国与今天中国的"现代相关性"，让中国的任何事物都可以代表整个中国、每一样事物都与另一件相关联，被认为是"一种旧有的东方主义/汉学陷阱"[15]。在寻找现代相关性时，有的对外展览将古代与现代的联系囿于某段特定历史时期与当今中国的联系，有的脱离原生历史背景，这两种做法都使得展示出来的中国是静止的、片面的。在这个过程中，被凝固为静止的表象符号的是绵延历史中的中华文化，被去背景化的是传递久远时代信息的文化遗产，被模式化的是中国不同历史时期中社会的各个侧面。为解决这一点，柯律格提到，"我们需要让清朝只是清朝，做到这一点的方式之一就是关注文物和图像本身"[16]。对于"让清朝只是清朝"，是指在展示和解读某一朝代的文物时，不把该历史时期与今天中国的关系用于看待清朝的文物和历史，而是要关注它们自身含有的信息，如纹饰、器形、用途。笔者认为，这样的做法并不能解决上述在寻找现代相关性的过程中"淮北为枳"的局面，同样属于去背景化的做法。

总的来说，对于这些展览的追捧一方面确实扩大了中华文化的影响力，加强了"中国"作为一个文化现象在世界其他地方出现的频率；一方面我们也应该从这种热度中冷静下来，意识到在西方社会颇受推崇的这部分文物展览中，中国文化正呈现出"失声"状态。

二、中国文化为何在境外展览中"失声"

在上文对中国文化在境外展览的现状分析中,中国文化在境外展览中成为静止、片面、脱离背景的符号。这一现象的原因主要是中国文化进入西方社会中后,受到西方话语体系的控制,中西方文化差异更加凸显,并被强加以东方主义的理解。

(一)文化、民族与博物馆的关系

为进一步探索博物馆领域中国文化产生误差的原因,有必要从中西方文化的认知差异出发,讨论文化、民族和博物馆这三个元素在异质文化交流中是何关系。

1. 中西方观念中的"文化"与"民族"

首先,在中国,"文化"是指在时间上一种不论民族成员处于何种时间地点和阶层,在其日常生活中都无须通过思索就始终信奉、认同的传统精神[17]。中华文化具有历史延续性,在主体上属于中华民族。而在以欧美国家为代表的西方社会,狭义的文化指艺术和高等教育;广义上的文化包括生活方式(life-ways)、具有一定模式的事件(patterned events)以及不同的宗教信仰系统(belief systems)[18]。可见,西方文化观念与中国语境内的文化观念相比缺少与民族观念的交叉,加大了异质文化交流时的难度。并且,对于不同事物的理解和认知是受文化塑造和制约的[19],在认识"文化"本身时,不同文化主体本就存在差异。

在中国的语境下理解文化时,需要引入一个新的概念——"民族"。中国的民族概念有两层,一层是中华民族,一层是少数民族。中华民族作为一个民族实体,经历了由自在到自觉的转变。两千多年的封建时代中,人们从未经历过除天子以外的统治力量,文化是他们感受自身所在群体、联结不同社会成员的方式。在以文化为民族观出发点的中国,中华民族既是拥有中国国籍的公民共同体(政治层面),也是以中华文化为核心的文化共同体(文化层面)[20]。而西方国家的民族观更强调族群内部拥有的共同语言、宗教信仰、习俗[21],拥有共同的记忆和追求。

2. 博物馆中的民族文化

中国与以欧美国家为代表的西方社会在文化观和历史进程中存在的差异使得二者拥有不同的民族观,进而在博物馆的发展过程中体现出一浓一淡的民族色彩。在中国,中华民族由自在转向自觉的契机是鸦片战争的爆发,博物馆也在此时由传教士引入中国。博物馆在中国的本土化历程与中华民族紧密联系,是推动中华民族建设的重要元素之一:19世纪下半叶,博物馆是向中国大众展示西方社会优越性的场所,属于西方国家进行殖民统治的手段之一[22];维新运动时,康有为梁启超等支持建设本民族自己的博物馆以开启民智;民国政府时期,故宫博物院成立,自此紫禁城及清宫旧藏化私为公,标志着辛亥革命在文化领域的胜利[23];抗日战争时期,故宫文物经历了长达十余年的颠沛流离,而中华民族也在共同抵御外侮的过程中凝聚成形[24]。此时,博物馆的藏品成为民族象征,文物南迁成为文化抗战的重要组成部分[25]。中华人民共和国成立后,政府大力扶持博物馆建设,于20世纪60年代服务于政治斗争,改革开放后回归到文化本质,成为重要的国家文化机构[26]。

在那些进行过殖民活动的西方国家,建立博物馆与进行人口调查、划定地图并行为三种塑造殖民想象的方式[27]。从美国大都会博物馆、大英博物馆等这些博物馆大百科全书式的展厅划分及由世界各地搜刮而来的人类学遗存就体现出了殖民国家的历史，这些属于其他文化的藏品早在殖民时期就经历了去背景化过程。另外，与许多处于后殖民时代的新兴国家的博物馆相比，由于中国博物馆在引入中国之初就在有识之士的推动下用于集体自救，中国的博物馆同样也"较少有西方殖民主义的色彩"，具有强烈的社会意识和本民族特色[28]，现今博物馆内收藏的少有外国文物也是在过去与其他国家在官方和民间层面和平贸易往来的证据。

由此可知，在中国的背景下，文化与民族统一于博物馆中，反映着中华文化的多样性、历史的延续性和中华民族的独特建构过程。由于在西方社会的文化观和博物馆观念中民族观念的缺位，西方博物馆作为中国文物的接展方，没有根据这些文物是中华民族文化载体这一特点有意识地调整认识展品的角度。但是，为避免东方主义陷阱而不让这些文物指代中国的做法，剥离掉了展品的原生背景和文化内涵，未将展览方式中的东方主义色彩抹去。

（二）21世纪的东方主义

除了文化观和民族观的差异以外，造成中国文化在境外展览中经历去背景化和符号化的另一个原因是东方主义话语的引导。由这部分走出中国的展览和文物在域外受到追捧本身就是出于西方人对于遥远东方的想象，是一种异域感（exotic）引发了对它们的好奇心。从这个角度来说，那些超级大展的成功恰恰体现出西方话语体系之下的东方主义。

东方主义（Orientalism），是一种西方对东方进行支配（dominating）、重组（reconstructing）和施加权威（authority）的方式，是现代欧美文化中有意和无意的组成部分[29]，被认为是后殖民主义批判理论的开端。在西方博物馆殖民时代的结果的人类学文化遗存的展示中，那种去背景化并再造背景的展示方式体现出东方主义倾向被广为诟病[30]。后殖民主义批判者认为，将世界分为西方与东方本身就是使得人们对世界的理解二元化、过分简单化[31]。中国文化和文物背后的历史文化信息的缺位、凝滞，以及展览主题本身就属于西方观众了解甚少的古代中国，反映出东方主义的三个特征：本质主义（essentialism，不变的核心）、他者性（otherness，西方社会的反面）和缺失（缺乏秩序、意义等）[32]。藏品本身的属性决定了它的意义都是由附加的阐释（interpretation）决定的，不同的历史时期和不同文化中可能会产生出多种不同的解读角度[33]。由于赋予了其他文化的解读，在其他文化中的文物讲述的中国故事就会有来自另一种文化的解读和表达。因此，在本文所探讨的语境下，中国在时间上体现不出演变发展、空间上距离西方国家非常遥远，体现出东方主义的影响。

实际上，文化远远不是单一的、统一的或自成一体的，它们本身含有的外来成分（foreign elements）、异物（alterities）和差别（differences）等比它们有意识地排斥的要多[34]。从构建中国特色社会主义话语体系的角度出发，我们希望展示的不是那个与西方社会完全相对的、遥远的、想象中的中国，而是一个与西方社会在文化上具有共通之处、与古代中国在文化上一脉相承的中国，这也是将我国的国家形象塑造为文明大国的要求。

三、博物馆文化交流的基础

作为中华民族建设重要场所的博物馆，需要在对外文化交流中发挥传播媒介的作用。为进一步配合中华民族建设，要在以中华文化、中华文明为道义基础的框架下，将异质文化间有共性和联系的部分作为博物馆对外展览工作的基础,并辅以去政治化的方式进行诠释。

(一)中国道路的道义基础存在于中华文化、中华文明之中

博物馆对外交流活动是中华民族建设的一部分,是构建中国话语体系的辅助手段,因此,包含着中国话语体系建设的中华民族建设指导着博物馆对外交流使用何种话语。中华文化、中华文明为中华民族建设提供道义基础。

1. 中华文化、中华文明是中华民族的内在支撑和精神动力

中华民族建设,对内要加强爱国主义教育,对外要加强对中国道路的认同。哈贝马斯认为,现代政治正当性的主要特征是为政治秩序找寻被认可的道德基础[35]。正如中华民族不是中华人民共和国成立后才诞生的一样,辅助民族建设的中国话语体系并不是凭空产生,而是由传承多年的思想理念和文化观念发展而来,存在于中华民族的精神内核——中华文明之中。对于中华民族来说,中华文明、中华文化为中华民族发展提供了内在支撑和精神动力[36]。因此,中华民族建设以中华文化为依托,构建中国话语体系要从绵延至今的中华文化中寻找伦理道德意义进行自我表达,利用中国传统文化中蕴涵的价值观解释中国道路[37]。

2. 中华文化、中华文明指导着当今社会的价值观

中华文化是中国话语体系道义基础,其直接证据在于它们直到今天仍指导着个人、集体和民族的价值观和行为。在中华文化中,占主体地位的是汉文化,汉文化的核心是孔子创立的儒家学说。中国历史上,无论哪个少数民族入主中原,都自觉地推崇大一统,尊崇儒家文化。儒家文化有利于建立一个中央集权的社会,在于其思想中包含有个人道德规范、政治统治思想和哲学观念等多重内涵,具有较高的普适性,易被不同民族、不同文化背景的人所接受[38]。在中华民族伟大复兴的新时期,习近平总书记多次强调中华文化对于中华民族的重要意义:"中华优秀传统文化已经成为中华民族的基因,植根在中国人内心,潜移默化影响着中国人的思想方式和行为方式。"

作为四大古老文明中唯一延续至今的中华文明不是封闭发展的单一文化,而是在几千年间不断吸收其他民族的优秀文化中不断进化。在"有朋自远方来,不亦乐乎"这一儒家思想的启发下,中国不断发出维护世界和平与发展、建立人类命运共同体的明确信号。这些和平、友好、开放、包容的观念在中国文化和历史中都有迹可循。习近平总书记指出:"中国走和平发展道路,不是权宜之计,更不是外交辞令,而是从历史、现实、未来的客观判断中得出的结论,是思想自信和实践自觉的有机统一"。

基于博物馆与中华民族建构过程密切联系这一历史事实,博物馆中保存的中国的文化遗产是中华民族的结晶,是传承民族文化的重要媒介,这种民族特色、历史信息不可与其依托的物质载体分离。目前,在西方话语体系中经历了符号化和去背景化的中国文化,其中蕴涵的道义基础也相应被抹去。在今后的对外展览中,强调中华文化、中华文明的基础地位有助于丰富物质文化遗产的内涵,为它们提供无形的背景。因此,应关注以下几点:挑选彼此之间具有一定联系的文物,而不是"珍宝展""国宝展"中重量级文物的堆砌;减少停留在欣赏静态文物表面美学的展览,转为将展品置于动态的中国历史发展过程中展出和阐释;在提供背景时,注意点明人与社会的关系;注意侧重强调中华民族共享中华文化的特征,塑造中华民族在文化上的形象。在对外展览中要形成对当代中国全面客观的认识,也就是要通过展示

文物的文化背景及其与中华民族的联系挖掘和展示中国道路的正确性、正当性和独特性，并用科学的方式来解读它。

（二）博物馆对外交流的基础是在异质文化间建立联系

在以中华文化、中华文明作为道义基础的指导思想下，博物馆对外展览的基础是平等地寻求异质文化间沟通的桥梁，寻找共性，将中华文化中反映出的中国智慧有机地融入当地文化环境。这种有机的结合需要使用当地文化背景中习惯的语言方式，并在中华文化和当地文化中通过寻找共性的方式建立联系，拉近人们的心理距离。

首先，要注意解读语言的使用。在进行宣传工作时，其中含有的意识形态容易具有政治特点而让另一个文化背景的观众产生抵触和抗拒，有时需要一定的去政治化，因此输出中国古代文物的博物馆对外展览有助于将政治化语言转化为文化语言。在对外文化交流中，博物馆及其藏品要为中国话语体系输出的民族文化和价值观提供直观实物证据和阐释。通过博物馆这一窗口阐述中国道路正确性、正当性和独特性的基础，就是展现中华民族一脉相承的文化价值观以及这种价值观的普适性，以文化的语言、去政治化的方式进行传播。对展览的主题和立意进行深化，不仅展示具有政治意义的君主曾经的作为。例如，在古代思想家经典和文人笔墨中寻找古人寄情于景、寄情于物的痕迹，表达自古以来人们对于美好和平生活的向往；对实物中蕴涵有中华民族价值观的纹饰、器形等进行突出，描绘这种外观造型是受到了何种文化观念影响、在不同历史时期中经历了怎样的发展演进。

其次，要注意建立中国与世界的联系。如果只是展示我方具有民族特色的文化，会由于前文提到的文化观的差异使得其他文化背景的观众难以产生情感上和审美上的共鸣。因此，应该有选择地对文物反映的文化背景进行筛选不仅是一次中华文化的展演，更要让当地观众能够感到与过去的真实联结，这样才有助于形成真正的理解和认同。除原有的包括兵马俑、故宫在内的代表性文化符号以外，一方面可以用实物为依据展示中国与世界的交往，如在造型、内容等受到西洋文化影响的瓷器、钟表等，用于说明中外经贸往来和文化思想交流，体现中华文化对世界文明带来的积极影响及中华文化受到的来自世界的影响；另一方面，还可以选取历史上中外交流的事件，如丝绸之路、郑和下西洋、日本遣唐使等。

当能够以文化的语言深化展览立意、展出走出去的中国展览和中国文物就不再是仅仅具有视觉艺术价值的冷冰冰的器物，而是处在丰富人文环境中能够渲染民族文化特色、与世界文化一直存在互动交流的生命体。赋予他们生命的，是从过去到现在一脉相承、从未断掉的中华民族文明。中华文明从未远去，我们需要做的，是将它们动态地、全面地、多样地传播出去。

结 语

近年来，在全球化进程的影响下，博物馆不仅是全球化带来的文化间良性互动的见证者和参与者，也是交流融合过程中外来文化与本土文化之间张力的发生地。通过上文的分析可知，虽然博物馆在其本土化的历程中已与中华民族建设不可分割，但它才刚刚开始参与进中国话语体系建设当中。本文中分析的"超级大展"中存在的问题是具有一定共性的，也为我们一窥更广泛意义下的对外展览现状提供可能。

中华文化是我们通过对外文化交流话语体系进行宣传工作、自我表达的出发点。中国道路的道义基础，保留在绵延的历史中、在中华民族建构的过程中、在中华文化蕴涵的价值观中，是随着物质文化遗产同样保留下来的文化信息。我们正比历史上任何时期都更接近中华民族伟大复兴的目标，这要求我们以包容开放的心态和自信的脚步，向着这个目标前进。

【注释】

[1] 刘泰来：《习近平构建中国特色对外话语体系的战略思维》，《河海大学学报》2015年第1期。

[2] 陈亦琳、李艳玲：《构建融通中外的新概念、新范畴、新表述：中国政治话语传播研讨会综述》，《红旗文稿》2014年第1期。

[3] 唐海江、陈佳丽：《话语体系：概念解析与中国命题之反思》，《现代传播》2015年第7期。

[4] 安来顺、毛颖：《国际化、高质量、可持续：中国博物馆事业发展的方向与战略——国际博物馆协会（ICOM）副主席安来顺先生专访》，《东南文化》2019年第2期。

[5] Zhu Mohan, International Communication and Collaboration. Master thesis. University of Leicester, 2015.

[6] 孔达：《试论博物馆对外展览建构国家形象的价值与路径》，《东南文化》2018年第5期。

[7] 单霁翔：《博物馆使命与文化交流合作创新》，《四川文物》2014年第3期。

[8] 孔达：《试论博物馆对外展览建构国家形象的价值与路径》，《东南文化》2018年第5期。

[9] 韩翊玲：《提升我国博物馆对外展览对策研究》，复旦大学硕士学位论文，2011年。

[10] 韩翊玲：《提升我国博物馆对外展览对策研究》，复旦大学硕士学位论文，2011年。

[11] [英] Jonathan Jones：《New Model Army》，载The Guardian, https://www.theguardian.com/artanddesign/2007/sep/05/heritage.art

[12] 郭婷、徐立恒：《反思灿烂和多元的时代——回顾大英博物馆明代大展"1400-1450：改变中国的50年"》，《书城》2015年第4期。

[13] [英] Jonathan Jones：《Ming: 50 Years that Changed China review - misleading and unhelpful》，载。artanddesign/jonathanjonesblog/2014/sep/16/ming-50-years-that-changed-china-british-museum-review

[14] [美] Holland Cotter：《Review: In 'China: Through the Looking Glass,' Eastern Culture Meets Western Fashion》，载The New York Times, https://www.nytimes.com/2015/05/08/arts/design/review-in-china-through-the-looking-glass-eastern-culture-meets-western-fashion.html?_ga=2.211627925.1024144164.1592421792-289486115.1592421792

[15] [英] Craig Clunas, "At the Royal Academy: Art of the emperors". London Review of Books, 2005(27).

[16] [英] Craig Clunas, "At the Royal Academy: Art of the emperors". London Review of Books, 2005(27).

[17] 葛兆光：《古代中国文化讲义》，上海：复旦大学出版社，2007年，第178页。

[18] [英] Eilean Hooper-Greenhill, Museums and the Interpretation of Visual Culture. Florence, USA: Taylor & Francis Group, 2000, p. 10.

[19] [美] Jonathan Mercer, "Feeling like a state: Social emotion and identity". International Theory, Vol 6.

[20] 沈桂萍：《培育中华民族共同体意识构建国家认同的文化纽带》，《西北民族大学学报》2015年第3期。

[21] [美] John D. Kelly, "Time and the Global: Against the Homogeneous, Empty Communities in Contemporary Social Theory". Development and Change, 1998(29).

[22] 王宣懿：《传承中的裂变——中国近代博物馆与民族主义相关问题研究（1840-1925）》，中央美术学院硕士学位论文，2016年。

[23] 李文儒：《从皇宫到故宫到博物院——纪念辛亥革命100年》，《故宫博物院院刊》2011年第6期。

[24] 周平：《再论中华民族建设》，《思想战线》2016年第1期。

[25] 李文儒：《从皇宫到故宫到博物院——纪念辛亥革命100年》，《故宫博物院院刊》2011年第6期。

[26] 苏东海：《中国博物馆的哲学》，《中国博物馆》1994年第4期。

[27] [美] Benedict Anderson, Imagined Communities: Reflections on the origin and spread of nationalism. London: Verso, 2016, p. 163.

[28] 安来顺、毛颖：《国际化、高质量、可持续：中国博物馆事业发展的方向与战略——国际博物馆协会（ICOM）副主席安来顺先生专访》，《东南文化》2019年第2期。

[29] [美] Edward William Said, Orientalism. London: Penguin, 1978, p. 13.

[30] [美] George Ward Stocking Jr, Objects and others: essays on museums and material culture. Madison: University of Wisconsin Press, 1988, pp. 3-14.

[31] [英] Cheryl McEwan, Postcolonialism and development. London: Routledge, 2008, p. 15.

[32] [英] Timothy Mitchell, "Orientalism and the Exhibitionary Order", in Nicolas B. Dirks, Colonialism and Culture. Michigan: University of Michigan Press, 1992, pp. 289-318.

[33] [英] Eilean Hooper-Greenhill, Museums and the Interpretation of Visual Culture, p. 10.

[34] [美] Edward William Said, Culture and Imperialism. London: Vintage, 1994, p. 15.

[35] 唐海江、陈佳丽：《话语体系：概念解析与中国命题之反思》，《现代传播》2015年第7期。

[36] 严庆：《承转与开合中的中华民族内涵分析——兼论十八大以来习近平关于中华民族的表述》，《湖北民族学院学报（哲学社会科学版）》2018年第3期。

[37] 唐海江、陈佳丽：《话语体系：概念解析与中国命题之反思》，《现代传播》2015年第7期。

[38] 于风政：《论中华民族建设的主线与方向——对"中华民族多元一体格局"的再思考》，《湖北民族学院学报(哲学社会科学版)》，2018年第3期。

探析异质文化背景下博物馆的跨文化交流
——以大同市博物馆文本英文翻译为例

张晶晶（大同市博物馆）

摘要：博物馆作为文化的重要载体，是让世界了解中国的重要窗口，也是实现文化分享的重要途径。当代视域下，博物馆应该与时俱进，积极探索，寻找以历史文化与文物为载体的文化传播之路，建立有利于中国文化高效传播的中国话语体系，增强国人的文化自信。本文结合博物馆工作中的文本翻译实践，从"文化分析缺失"与"文化认同意识缺失"两个方面深入分析造成跨文化交际隔阂深层次的原因及具体工作中的处理方法，以期与同行进行交流探讨。提出只有通过从译者（充分了解语言差异，增强文化感应力）到馆方（重视翻译团队的建设、系统翻译工作流程，创新文明对话机制）的通力合作，才能助力中国文化走出去，树立民族文化自信。

关键词：博物馆文本翻译；异质文化；文化分析；文化认同；文化差异

当今时代，随着经济的全球化的深入发展，国家之间各个领域之间的来往不断加强，跨文化交流成为不可避免的趋势。十九大报告指出，"要尊重世界文明多样性，以文明交流超越文明隔阂、文明互鉴超越文明冲突、文明共存超越文明优越"，强调要"推动不同文明交流对话"，让优秀文化"走出去"，从而逐步扭转国际社会尤其是西方国家对我国的误解与偏见。博物馆作为文化的重要载体，是让世界了解中国的重要窗口，也是实现文化分享的重要途径。当代视域下，博物馆应该与时俱进，积极探索，寻找以历史文化与文物为载体的文化传播之路，建立有利于中国文化高效传播的中国话语体系，增强国人的文化自信。

一、博物馆文本英文翻译的问题及原因

我国对文化翻译的研究较之西方国家起步较晚，加之不同国家民族间的历史文化和社会风俗存在差异，异质文化之间有着天然的思维隔膜与知识壁垒，从而造成国际文化交流中存在某种程度上"中国文化失语"现象，文化的输出较为困难，表现为无法用目的语准确地表达中国文化。当代博物馆承担着以文物整合和策划展览为手段，通过文本翻译把中国传统优秀文化介绍出去的社会责任。但是，由于译者翻译实践规模有限、范围较窄，经验水平不足

等原因,当前博物馆文本翻译中普遍存在诸如拼写、语法失误、错译、误译、漏译、专业名词前后不一致、同一文本内各部分译文风格不统一等问题。本文中,笔者将结合工作中对博物馆文本的英文翻译实践,进一步从以下两个主要方面分析造成跨文化交际隔阂产生的较深层次原因及工作中具体应对方法,以期与同行进行交流探讨:

(一)文化分析的缺失造成错译、误译

奈达(Nida)曾指出"跨文化交际中的一个主要难题是:在很多情况下共享信息的数量和性质存在巨大差异"[1]。翻译的过程分为理解和表达两个层面,如果在理解源语言过程中忽略对文化的分析,缺乏对两种文化中异质信息的敏感度,极易导致错译及文化信息的丢失,造成读者对源语言文化现象感到迷惑或无法理解,从而造成跨文化交际的隔阂。

例1. 镂雕秋山玉件

原译:Engraved Mountain-in-autumn Jade Item

此处原译存在两处错误:(1)误译:engraved 英文释意为 carve, cut, or etch into a material or surface;意为在材料或表面雕刻,没有体现玉的镂雕工艺特点,"镂雕"是在浮雕的基础上,将其背景部分镂空,也称为镂空、透雕,因此此处应译为 Hollow Engraved;(2)由于缺乏文化分析,在对文化的处理过程中也没有注意深究"秋山玉"文字背后的历史背景信息,直接将其译为"秋天的山的玉雕件",从而使读者产生有悖于原意的联想。辽代盛行"捺钵"制度,"秋山玉"是一种描述北方游牧民族春秋"捺钵"制度活动内容的玉器,此镂雕玉件写意所表现的是辽金元时期贵族于秋日在山林狩猎的画面,山、林、虎、鹿等均为镂雕雕琢,场景形象生动,风格鲜明,体现了草原民族独特的审美视角和情趣。可见由于文化分析缺失,背景知识不足,导致英文译文词不达意。

改译:Hollow Engraved Qiushan Jade Depicting Autumn Hunting Scene of the Nobility

为了保证观众有限的注意力不被过多文字信息分散,加之博物馆中对文物的翻译往往受到标牌中文字说明空间的限制,文物名称翻译通常注重简洁性,着重翻译重要的信息。但是此处出于对不同文化背景受众的考虑,应该在空间允许的情况下适当补充对背景知识的简要英文解释,置于文物翻译下方,实现与主要信息的区分。

Qiushan Jades originated from Nabo Culture of the Liao Dynasty. Nabo, Khitan Words, ie. fishing and hunting activities of emperor and the nobility in four seasons. The Qiushan Jades were the privilege of the imperial family and the noble class, denoting owner's social status.

例2. 北魏漆屏风画

原译:Painted Lacquer Wood Screen The Northern Wei Dynasty

北魏漆屏风画出土于司马金龙墓,是大同市博物馆的镇馆之宝,为屏风两面绘制,分为上下4层。正面有"娥皇、女英""周太姜、周太任、周太似""班婕妤",均采自汉代刘向所作《烈女传》,而背面绘画多取材于刘向《孝子传》,内容主要体现"贞"与"孝",反映当时封建社会统治阶级通过宣扬自身所需道德观念以期教化风气,从而实现为封建政治服务的目的[2]。原译本遵循国内博物馆对文物翻译的传统的要求,根据中文进行翻译,明确体现材质和用途,但是却对精美的图饰只字未提,而外国游客由于缺乏对中国古代封建社会时代大背景的了解,不禁产生疑问:是什么原因让这件精美的漆屏风画成为极具文化与艺术价值的镇馆之宝?所以在用英文介绍时,需要对其中涉及的人物、故事等要素做简单的引申解释。同时，要注意在朝代后面采用中西通用的历史纪年法，达到理想的文化传播效果。

改译：Painted Lacquer Wood Screen Depicting Story of Filial Sons and Virtuous Women in Chinese History

Northern Wei Dynasty (AD 368–534)[3]

例3．"传祚无穷"瓦当

原译：Tile-end with Chinese characters "Chuan Zuo Wu Qiong"

改译：Tile-end with Chinese characters "传祚无穷"（Chuan Zuo Wu Qiong, meaning endless continuation of throne）

上述两个例子中，相对于原译，改译后的文物英文名称信息完整清晰，且有文化负载量。

跨文化交际必须以信息准确为前提，以传播中国文化为目的。文化分析缺失的产生，一方面与译者自身翻译水平和文化储备有关，另一方面也体现出译者在翻译的过程中未能进行"文化语言信息扫描"（cultural information scanning），筛选过滤源语言存在的文化信息以做翻译处理[4]。博物馆馆藏文物是历史文化的缩影，是文化跨时代的再现，只有将中国文化内核与流光溢彩的文物高度结合，才能在为受众惊异于文物精美的同时了解中国传统文化的内在领悟，让文物背后的故事，通过博物馆这一平台，深入人们的内心。

（二）"文化认同"意识的缺失造成翻译失误

诺德（Nord）认为："如果翻译的目的是实现某种服务于译文预期读者的功能，那么任何妨碍实现该目的的翻译方法（或结果）就是翻译失误"[5]。笔者认为，判定翻译失误的标准不仅包括语言层面的准确与否，对原文的忠实程度，还要看它是否符合翻译目的，是否将"译文预期读者"期望与习惯考虑在内。而目前国内博物馆英文文本翻译还没有完全做到以"预期读者"为跨文化交际中心，具体体现为：忽略受众表达习惯，对汉语文本机械逐字翻译；忽略预期读者知识背景，翻译过程中对自己习以为常的文化内容直接一笔带过；太过注重语句的词汇、句法层面而忽视了语篇的整体结构逻辑；未将译文整体放入异质文化的文化矩阵中加以重新审视。此类失误，根本原因在于在跨文化交际中"文化认同"意识的缺失，自然也较难被受众所接纳。

中国古代哲学家韩非子在《说难》中说"凡说之难，在知所说之心，可以吾说当之"[6]。一种文化在输出过程中要想被异质文化所欣赏、了解和接受，必须充分考虑中外思维方式、联想方式以及文化观念的不同。跨文化交际中，说服（文化输出）的成功与否很大程度上取决于受众对说服者（文化输出方）言谈方式是否认同。提醒我们：

1. 发挥译者主导性，在展览阐释中为目的语受众建立一个完整语境。

英译时，适当通过归化处理对内隐的寓意进行外显的说明，降低双方因不同文化背景造成交流或理解障碍。此处通过对我馆展览文本标题翻译体现归化处理：

例4．标题翻译

燕闲清赏
Artworks to Enjoy

石蕴佛光
Buddhist Stone Carving

冠袍风姿
Hair Decoration and Gown

金银幻彩
Glittering Gold and Silver Wares

珠玉流光

Brilliant Jade Wares

不同于汉语注重对仗与辞藻华丽,通过语言文字的美感去吸引眼球。英文更侧重通过较为平实的语言,客观简洁地表达主要内容与思想。以上英文并未逐字翻译,而是对汉语中重复多余的信息进行处理,表达方式则从国外观众角度出发,提纲挈领地说明本章节主要内容,平白直接,符合西方受众的语言习惯。

博物馆文本翻译最终要想实现文化认同,还往往需对中文的文本内容进行重新整合、调整、编译,用符合目的语受众的行文习惯重新表达。

例5. 段落翻译

大同铜器在继承传统工艺优秀成分的同时,又将外来文化因素融会贯通,铜器的制作融合了当地的生活情趣、民俗民风,各种象生造型精妙雅致,文房用具构思巧妙,形制多样。其中不仅有取用古器样式赋予新意之器,也有不少独出心裁的动物造型,衍生出不少佳铸之器,精美的陈设用品及文房用具将造型艺术、生活实用、时代理念融于一体,陈设堂室,典雅时尚。

原译:

Based on the good composition of the traditional technology, Datong Bronzeware also integrated cultural factors from outside, and then the bronze production reflected the life of local people and their folk customs. All kinds of elegant bronze artifacts were created with vivid animal design in shape, and many writing accessories were conceived ingeniously. Not only the use of the antique style with new ideas but also a lot of unique artifacts were designed, deriving from animals. These exquisite artifacts and writing accessories perfectly present the integration of plastic arts, practical life, and spirit of times when displayed in the room.

由于思维与表达习惯深受母语影响,原译文很大程度上是对原汉语文本的逐字翻译。语篇中过于频繁地使用"and"造成句子冗长,译文形式上不分主次,缺乏明显的逻辑,语法、修辞、语句表达的不准确干扰了受众对信息的理解。作为文化传播的中间者,我们需要根据语意对汉语意思进行合理断句,通过非谓语动词使行文表达流畅,丰富篇章句法结构。

改译:

Besides inheriting the excellent component of traditional craft, Datong Bronze Ware also fuses cultural element from outside, as well as local people's interest and folk custom, displaying various delicate styles, ingenious ideas and diversified forms, among which contains not just the old types endowed with new ideas, but also many ingenious animal designs in shape. Consequently, many prominent artworks are derived. Whether as an exquisite ornament or writing accessory, formative arts, practicality together with concept of the era are combined to present elegance and lifestyle.

2. 建立认同,也需要把握"迎合"与"影响"之间的平衡。

为了让目的语的受众认同、理解和接受我国文化,译者需要不断通过增译、省/减译和改译实现英文文本的交际意图。但是,文化认同并不意味着一方文化为了实现交流的目的而一味妥协顺从另一方的文化。刘宓庆在《文化翻译论纲》一书提到文化翻译中的"歌德模式"即:C1→(通过)C2→(到达)C3,并指出每种语言都存在自身的异质性,我们无法一味通过对原语文化(C2)"削足适履"地去适应目的语文化(C1),试图消除文本的不可译性。而应借助文化翻译的手段,使得目的语通过吸收异质文化的滋养,产生更具有生命力的新文化（C3）[7]。笔者认为，翻译中"异化"策略的采用，是源语言文化一定程度上"原汁原味"地融入目的语，并期望在文化的包容中，逐渐融入异质文化。

例6. 银铛

Silver Cheng (cooking vessel)

本例在采用异化策略的同时，用增译的手段补充说明铛在古代的真实用途，降低读者的理解难度，引导受众对中西方炊具做简单类比，调动其社会文化知识，建立对中国文化的接受环境，使他们在参观和文本阅读中获得与国内游客相似的体验。

为贴近受众，博物馆文本英文翻译可以通过研究"平行文本"，借鉴欧美国家博物馆对文物、展览内容解读的结构布局及表达方式，减少传统博物馆文本翻译中因为文字堆砌造成的视觉压迫和理解困难。平行文本一般包括国外博物馆官方网站、图册、宣传页，以及关于博物馆、考古方面的外文文献等。相关词汇与表达的选择可查询 Linggle 等外文语料库，甚至通过 Ebay（易趣）、Amazon（亚马逊）等渠道去了解西方国家对相关词汇的选取倾向，借鉴学习地道自然的表达，贴近目标受众的语言习惯和规范，增强认同感，更好地实现译文的预期功能。

二、博物馆文本英译问题的解决策略与建议

（一）译者：了解语言差异 增强文化感应力

英汉两种语言分别属于印欧语系和汉藏语系，本身存在着各自的异质性差异，常雁在《英汉文化的异质性及其在外语教学中的应用》一文中从文化渊源、语言结构、思维模式和价值观念四个方面全面剖析了英汉文化异质性根源[8]。

林同济认为"汉语在组织句子结构时，往往从动词入手，按照动作的承接或语义的关联性排列动词"，所以汉语属于动态语言。王晓娜分析"英语的优势在于名词和介词，这些都决定了英语是静态语言"[9]。因而，汉英翻译的过程是将动态的汉语转化为静态的英语的过程。在此过程中，需要我们首先要明确汉语动词的主次关系，只有主要的动词才能被当作是英文句中的谓语，其余动作则通过非谓语动词、介词短语以及从句实现。

陈小慰在《外宣翻译中认同的建立》则从修辞传统的角度提出汉语"讲究词句整齐对仗""喜欢辞藻华丽，渲染烘托"，西方话语则重客观事实，不喜用词强烈，色彩外漏[10]。

通过对语言的全面对比，将有助于我们树立文化差异意识，并尝试进入信息接受者的文化语境，从而寻求更为有效的跨文化交流方法。

（二）馆方：让博物馆成为多元对话的平台

1. 重视翻译团队的建设 系统翻译工作流程

由于翻译不仅仅是对语言之间的转换，更多是对基本信息的二次创作，对译者自身素质、工作时间与精力都提出较高要求。博物馆应避免翻译人员的边缘化与角色定位的模糊化，为其提供较为充分的时间保证、辅助资料与人员支持，从而使馆内翻译工作者更好地履行自己的义务和责任。同时，随着馆校合作不断推进，我们应该利用好现在的机遇，引用"外脑"，适当外聘高校专业翻译学者、外籍人士、英文专业学生加入翻译团队，积极寻求更高水平的专业指导，保证翻译的质量。

为了保证翻译工作的高效与准确性，译者应尽早加入策展团队，与策展人一起边写边译，这将是中文文本和英文文本互相规范的过程，

中文团队为译者提供准确的信息解读和实物参照，而译者在对文本翻译的同时，以"促进文化认同，实现有效跨文化交际"原则为指导，提醒、建议团队增加可能专门针对外国受众解释说明的信息背景知识，团队的合作最大限度地提高了效率，实现双方的有效沟通与规范化作业。

2. 创新文明对话机制

博物馆要勇于担当起传播地域文化和中华民族优秀传统文化的使命。在国际化交流日益频繁的今天，抓住机遇，探索适合自己的发展道路，市级博物馆的发展眼光不能仅仅囿于国内，而应该具备更为广阔的国际视野，通过引进、推出国际性临展，构建与不同文明的往来互动、对话交流，进一步促成国际社会文化层面平等、尊重、包容的文化交流模式，为中国优秀文化争取在世界文明中的"话语权"。

结语

中国文化走出去是一项长期、艰巨且富有挑战的工作，博物馆作为中国优秀文化的重要载体和宣传组织，承担着"讲好中国故事、传播好中国声音、阐发中国精神、展现中国风貌"的历史使命。做好跨文化交流的工作，让文化依托文物走向世界，对于增强不同文化观众对中国文化的认知和学习具有良好的导向性作用，甚至在某种程度上将改变其对我国文物展品、文化现象以及社会问题的理解和看法，从而对实现文化的互鉴和对话具有积极的推动作用。

【注释】

[1] [America] Eugene A.Nida, Language and Culture: Contexts in Translating. Shanghai: Shanghai Foreign Language Education Press, 2001, p.47.

[2] 大同市考古研究所：《大同考古资料汇编（二）》，北京：文物出版社，2018年，第637页。

[3] 此为我馆馆方网站现行译本，某种程度与最近较为盛行的为贴近西方受众而重点参考欧美博物馆通过数据罗列的信息呈现方式相悖，因此，在未来需要进一步商讨完善。

[4] 刘宓庆：《文化翻译论纲》，武汉：湖北教育出版社，1999年，第11页。

[5] [Germany] Christiane Nord, Translating as a Purposeful Activity. Shanghai: Shanghai Foreign Language Education Press, 2001, p.74.

[6] 龚文庠：《说服学——攻心的学问》，北京：人民出版社，1994年，第10页。

[7] 刘宓庆：《文化翻译论纲》，武汉：湖北教育出版社，1999年，第261页。

[8] 常雁：《英汉文化的异质性及其在外语教学中的应用》，《教育探索》2010年第1期。

[9] 王晓娜：《论动词优先说——兼论汉语与英语的类型问题》，《外语与外语教学》2011年第4期。

[10] 陈小慰：《外宣翻译中"认同"的建立》，《中国翻译》2007年第1期。

体育博物馆的跨文化交流
——以临淄足球博物馆为例

侯 霞（齐文化博物院）

摘要： 体育文化交流日益成为国际文化交流的重要内容，体育交流有助于弱化甚至消弭各种族、阶层、性别、宗教和文化传统的差异和分歧，并改善彼此关系。博物馆也是增进不同文化相互交流和理解的重要桥梁和有效载体。以体育文化为主体的体育博物馆在跨文化交流方面本该具备的先天优势并没有完全发挥。通过综合博物馆及体育文化跨文化交流的前言理论，结合临淄足球博物馆的具体实践，对体育博物馆在跨文化交流中充分发挥自身中介作用进行论证，提出可行性实践策略，主要为发挥政府的引领和带动作用、深化馆际合作促进资源共享、举办高层论坛加强学术交流、与体育明星合作获得双赢引起更多关注、增加民间互动、沟通增强相互理解等方面。

关键词： 跨文化交流；体育博物馆；传统体育文化；体育强国

所谓跨文化交流（cross-cultural communication, or inter-cultural communication），也称跨文化沟通，最早由美国人类学家爱德华·霍尔（Edward Hal）提出，用来指不同文化背景的人们之间的沟通交流行为。跨文化的交流是推动社会文明进步发展的重要力量，体育作为世界通用的语言，在跨文化交流中具有先天性的优势，体育博物馆能否最大限度把这种优势发挥出来，化解异质文化交流时的理解障碍，高效率的传播中国体育文化、体育精神，形成中国体育文化话语体系，是中国体育类博物馆在对外文化交流中努力的方向。

一、体育博物馆的跨文化交流

（一）我国的体育博物馆

博物馆事业的发展，形成了一个门类众多，管理体制多样的庞杂群体。发展各种类型的博物馆，是我国博物馆事业建设的一项重要任务。研究各种类型博物馆的特点和条件，也有助于更科学地制定发展规划，指导博物馆事业的建设[1]。各种类型的博物馆均衡发展，我国博物馆事业才能良性可持续的发展，在博物馆类型中，以体育为专题的体育博物馆通过支撑体育遗产保护与体育文化传承，助力体育文化普及与体育文史研究，增强体育文化自信与体育文化交流的角色担当，为体育文化传承与发展提供贮藏宝库、源头活水与联系纽带[2]。相较于国际上体育博物馆的建设，我国体育博物馆起步较晚，1990年，我国首座国家级体育类博物馆——中国体育博物馆开始运营，揭开了我国体育类博物馆建设的序幕，体育文化事业的发展逐步正规化，伴随着我国经济的飞速发展，体育文化事业不断发展壮大，以2001年北京申奥成功为契机，我国体育类博物馆如雨后春笋般成长起来，截至2017年全国共有各类体育博物馆107家[3]，体育博物馆在跨文化交流中发挥的作用日益重要。

（二）体育博物馆与跨文化交流

博物馆的跨文化交流，不仅在以藏品展示为主的展览中，同样存在于业务合作、学术研究等方面。我国博物馆走出国门始于建国初期，1950年10月，"中国艺术展"在原苏联进行；1971年，成立的中国文物对外交流中心，主要负责博物馆的国际合作和交流；1983年，我国恢复与国际博物馆协会的联系，国内越来越多的博物馆加入到与世界各国博物馆之间的文化交流与合作行列中；进入21世纪，文物对外交流与合作形成体系，有序开展。博物馆国际交流与合作的发展为中国文物事业争取到更多话语权[4]。博物馆对外交流扩大了我国在国际社会中的影响力，在政治上产生了巨大的作用和深远的影响，有助于扩大中华文化的影响力，从而为我国赢得了国际上的尊重；有助于西方社会正确地了解中国人的文化价值观念和意识形态，从而确立我国作为一个负责任的大国国际形象；有助于扩大与各国人民之间的相互认识和交流[5]。

目前，我国博物馆跨文化交流的国际化程度偏低，以故宫博物院等有国际影响力的大馆为主要参与对象，很多行业类博物馆几乎没有对外交流。体育作为全世界的"通用语言"，体育文化的交流相较于其他类型文化的交流来说有先天的优势，体育曾借助这种世界通用的语言，为我国的外交打开新局面，体育博物馆的跨文化交流与我国的体育外交息息相关，1990年中国成功举办第11届亚运会，开启了中国体育大国新形象的体育外交新政策，中国体育博物馆的跨文化交流进入新时期。

体育类博物馆是传播体育文化的重要媒介，随着近年来体育文化重要性日益显现，我国体育类博物馆在跨文化交流中肩负着传播中国体育文化，宣传体育精神的使命，助力体育强国的建设，提升我国体育文化的话语权和影响力。1983年国务院下发的《批转国家体委关于进一步开创体育新局面的请示的通知》中首次提到要使中国"成为世界体育强国之一"，"体育强国"的概念第一次出现在国家的文件中，党和政府十分重视体育强国的建设，提出"由体育大国向体育强国的迈进"的号召，体育强国建设成为国家战略，"中国体育事业不断发展，中国政府高度重视体育事业，我们的目标是建设体育强国。"此后并多次在公开场合表达对体育强国建设的决心和信心。大力发展中国特色社会主义体育文化，提升体育文化自觉，坚定体育文化自信，是推进体育强国建设的有力支撑[6]。我国的体育博物馆积极响应国家政策，努力让更多优秀的中国体育文化呈现在中外游客面前，传播中国体育声音。

二、临淄足球博物馆跨文化交流的实践

临淄足球博物馆是中国体育博物馆分馆，是世界首家专业足球博物馆，在体育文化的跨

文化交流中进行了一系列尝试,主要表现在:

(一)创新传统体育文化传播、交流方式,发挥好体育博物馆的文化传播、交流的载体作用。

体育博物馆是我国传统体育文化的重要展示平台,体育博物馆的展览是实现体育文化传播的重要途径,体育博物馆文物作为凭证和信物,是人类体育活动的记录者和承载体,它记录了人类体育文化的优秀成果,是贮存、传播、弘扬体育文化的重要形式[7]。蹴鞠作为传统体育运动,2008年被确认为第一批国家级非物质文化遗产代表项目,临淄足球博物馆是依托蹴鞠文化成立的体育类博物馆,展览有古代蹴鞠、世界近现代足球、中国近现代足球三个大的部分,展厅一楼古代蹴鞠部分通过原创性的展览将蹴鞠的起源、发展、繁荣、暗弱、传播用历史叙事的方式呈现在观众面前,创造性的在一楼的中心区域开设了专门的户外蹴鞠场,将有古代齐地特色的文化遗产——蹴鞠,用"动态"、"活态"的形式进行呈现,为中外游客打开了认识和参与古代体育运动的第二课堂。展厅二楼是对中外近现代足球的展示,以楼层对古代和近现代进行分割,参观中会有古代蹴鞠和近现代足球的时空飞跃感,展览层次分明,用时空隧道的独特方式将古代蹴鞠和世界足球进行关联,将中国优秀的传统体育运动与现在世界流行的体育运动的关系清晰地呈现在游客面前。

自2004年国际足联主席布拉特宣布临淄为世界足球起源地以来,国内外的足球爱好者纷纷前来学习参观,为更好地讲好古代蹴鞠文化,馆内专门聘请了外文讲解员,利用周一闭馆进行外文口语的练习,无论是国际学校交换生,国际青少年足球锦标赛的参赛队员,中西文化高峰论坛的与会专家,还是慕名而来的国际游客都从我们的展览及优秀的外文讲解员口中感受到了中国古人的智慧和传统体育文化的魅力。

"流动的体育博物馆",在2008年北京奥运会、2010年上海世界博览会、"起源地"杯青少年国际足球友谊赛、国际青少年足球冬令营等重要的国际活动中进行蹴鞠文物的展示,将蹴鞠文化用"活态"的形式进行展演和现场互动,让越来越多的中外游客不用走进博物馆,就能感知古代中国体育文化的魅力。

全球化时代是文化的时代,在世界体育文化飞速发展的今天,独具特色的民族传统体育文化日具吸引力和影响力,其更具大众性、更益于融入大众生活的特点,可以与风靡世界的当代奥林匹克竞技体育相得益彰[8]。中华传统体育文化是中华民族在长期的体育实践活动中创造并传承至今的共享成果,是中华民族在数千年拼搏、成长中积累、形成的宝贵精神财富,它负载着我国的哲学精神、生命理念、价值标准、审美特点以及情感方式等,无异于一张张色彩鲜明的"文化名片",生动形象地展现出本民族的历史底蕴、文化气质和精神风貌。体育博物馆是传统体育文化展示的一种重要载体,是奥林匹克文化对接中国传统体育文化的重要桥梁,通过合适的陈列艺术和手段,将中国传统体育文化的独特文化特征用全世界都能看懂的方式呈现出来,讲好中国体育故事,积极投身于中华传统体育文化复兴的大业中。

(二)深化馆际合作,举办定期的国际学术会议,促进中西体育文化交流,让优秀的传统体育文化走出去。

国际学术会议是将世界范围内某个领域的专家学者聚集起来,共同谈论最新研究进展、探讨未来发展方向的会议[9]。国际会议上国内外与会专家各抒己见,更能了解到本行业学术发展的前沿思想,与国际学者面对面的谈论和思想的交流更能产生优秀的学术成果。

临淄足球博物馆举办的国际学术会议是我国体育外交政策的产物，党和政府"十分认同体育外交的先驱作用，发挥足球外交在国家交往中的特殊意义和突破窗口[10]。2015年临淄足球博物馆与英格兰国家足球博物馆正式建立战略合作伙伴关系，进行藏品互展，确定双方定期轮流举办制度化国际学术会议——中西世界足球文化高峰论坛，传承蹴鞠薪火，推动足球发展，深化文化交流，历届论坛的主题都是围绕蹴鞠和足球文化展开。同年，第二十二届世界历史科学大会卫星会议在淄博进行，淄博分会场的主题"蹴鞠与齐文化"。世界各国学者广泛参与的高规格学术会议日益发展成为中国古代体育文化跨文化传播的公共论坛，蹴鞠文化也得以走进世界各国。

不同国家、民族的文化的平等交流需要搭建全方位、多层次、立体交叉、不断变化的互动平台，促进不同文化之间的交流、沟通和对话，在相互尊重、相互理解、相互包容的基础上，求同存异，取长补短，进行有成效的合作[11]。以体育博物馆为平台的国际学术会议，是跨文化交流的重要平台，不同质的文化在这个平台上交流与碰撞，促进世界文化多样性的发展，同时将我国的优秀的传统文化展现出来，消除世界对中国传统文化的误解，增进对中国文化的理解和认同，提升中国的国际话语权。以本土化努力提升中国学术的自主性，把握国际话语生产、控制的特征及规律，引领中国知识界对国际话语权议题的关注，参与调整、解释、建构和传播中国的国际话语，在国际话语权博弈的全球场域中，努力寻求长期的、有效的结构性影响，为中国的和平发展道路争取更为广阔的空间。[12]

（三）利用体育这一世界通用语言，与国际体育明星合作。

在各种类型的博物馆中，体育博物馆有与体育明星合作的先天优势，主动与有国际影响力体育明星开展合作，这是政府层面文化交流的一种补充，这种形式的合作能实现双方的共赢。历史上不乏这样的例子，意大利传教士利玛窦在传播西方文化和学习中国文化中促进了中西文化的交流，临淄足球博物馆积极谋求与国际知名足球明星的合作，聘请贝隆为蹴鞠文化传播交流大使，特聘入选英国足球名人堂的孙继海为蹴鞠文化传播大使，临淄足球博物馆蹴鞠队曾与梅西、卡卡等国际足球明星同场蹴鞠，借助体育明星国际影响力，让古代蹴鞠走向国际。

体育明星作为拥有体育专业背景、显著的社会辨识度和巨大影响力的公众人物，利用社交媒体能够传播一手、独家的体育赛事信息、体育文化内容，拓展体育信息传播的渠道，创新体育传播方式。[13]在互联网时代的今天，像孙继海这样拥有200多万微博粉丝的国际足球明星，对于我国体育运动的发展及国家形象的提升都会产生积极的影响。

三、结语

体育博物馆积极发挥自己在跨文化交流中的媒介作用，利用体育这一世界通用语言，创新传统体育文化传播、交流方式，深化馆际合作；举办定期的国际学术会议；与国际明星开展合作等方式，展现中华文化的魅力和中国人民的思维方式，增进国际社会对中国的理解，积极提升我国体育文化国际影响力和话语权。

体育博物馆在跨文化交流中存在的问题也应该正视，如对外的文物展览少，从中国文物交流中心网站公布的数据看，专门的体育文物专题出境展览仅有"竞技·生活——中国古代体育文物展"；国内体育明星的国际影响力仍待提高，在发挥自身的名人效应，积极推广我国的优秀文化中仍需努力；体育博物馆跨文化交流中未能发挥文化对经济政治的带动作用，仅仅局限在文化的交流层面，文化搭台，经济唱戏的效果未发挥出来等等，这些都是未来需要努力的方向。

【注释】

[1] 王宏钧：《中国博物馆学基础》，上海：上海古籍出版社，2001年，第52页。

[2] 杨竟：《人类命运共同体视域下体育博物馆传承发展体育文化的实践与展望》，《体育科学》2019年第4期。

[3] 国家体育总局宣传司：《新中国体育文化宣传工作发展研究》，《体育文化导刊》2019年第10期。

[4] 陆建松、韩翊玲：《我国博物馆国际交流与合作的现状、问题及其政策思考》，《四川文物》2011年第3期。

[5] 陆建松、郑奕：《全国博物馆事业发展面临的主要问题》，《中国博物馆协会博物馆学专业委员会论文集粹》，北京：中国书店，2013年，第311页。

[6] 田野：《改革开放以来中国体育文化成就与发展战略》，《体育文化导刊》2019年第3期。

[7] 雷敏等：《体育博物馆在体育文化传播与传承中的正能量探析》，《福建体育科技》2013年第6期。

[8] 崔乐泉、林春：《基于"文化自信"论中华传统体育文化的传承与发展》，《北京体育大学学报》2018年第8期。

[9] 张永民等：《本科生参加国际会议的作用和经验谈》，《计算机教育》2012年第2期。

[10] 黄冶、陶锦：《我国体育外交70年：回顾、特征和推进路径》，《沈阳体育学院学报》2019年第5期。

[11] 孙伟平：《论文化多样性与跨文化交流》，《山东社会科学》2011年第11期。

[12] 孙英春：《跨文化传播研究与中国的国际话语权》，《攀登》2010年第2期。

[13] 李进等：《我国体育明星的社交媒体传播研究》，《体育文化导刊》2017年第9期。

文化逆差下的跨文化传播
——中国博物馆如何建立高效传播体系

王　放（北京艺术博物馆）

摘要："全球化"一词的使用迅速扩展不仅仅涉及经济现象，更兼有思维、文化和行为方式的融合和重建。全球化为传统的文化领域带来了前所未有的发展方向，同时也带来了文化同质性和史无前例的权利和财富的集中。站在中国文化的本位立场来看，全球化意味着外部世界对中国当前文化产生影响，还意味着中国文化如何走向世界，加入世界的大合唱。要加快构建中国话语和中国叙事体系，打造融通中外的新概念、新范畴、新表述，更好推动中华文化走出去。坚持不懈讲好中国故事，形成同我国综合国力相适应的国际话语权，而博物馆作为多元文化的展示窗口，更应该发挥自身优势。在跨文化传播中，不仅要展示好中国优秀传统文化，更应该提高文化传播效率。本文尝试探讨在跨文化交流中面对现存的文化逆差，中国博物馆应该如何建立有利于中国文化高效传播的话语体系。

关键词：全球化；跨文化传播；文化逆差；大众文化；移情

一、全球化与文化交流

（一）全球化带来文化交流

当今世界逐渐步入全球化，各个国家及民族的政治、经济和文化互相影响，其程度比历史上任何时代都要明显和深刻。"全球化"一词的使用迅速扩展，不仅仅指经济现象，更指思维、文化和行为方式的融合和重建。

全球化为所有的文化领域带来了新的素材。它可以为饮食、着装提供不同的方式，提供更为丰富的日常消费品，以更亲近的方式与外国人交流，使我们读到并看到更多样的东西，形成对世界更全面的看法。在有着深远历史的文化中，这种多样性应该是积极地，可以繁衍出新的语言文化。例如，一场中国舞蹈的演出可以将传统动作、古老文化题材与当代西方音乐家谱写的乐曲结合在一起，创造出一种超越民族界限的新风格。它不会否定文化自身的特质，而是令其向前所未有的方向发展[1]。

（二）全球化的新挑战

全球化在加速各国信息和财富的流动，从

而带来经济发展的同时，也日益加剧了财富和传播资源的拥有者与非拥有者之间的差距，这在很大程度上是因为世界上不同国家和地区之间的发展速度相去甚远，这种情况出现在国际传播中的诸多方面。例如，在全球金融交易中，很多第三世界国家被排除在全球金融体系之外；不单在经济领域，当它触及一种脆弱的文化时表现得更为明显，它可以导致某个少数民族地区自我文化的丧失和自卑；再如，对于那些占有较少传播资源的国家而言，在国际传播中没有话语权，但是依然直接或间接地受到很多全球对话的影响。科技创新在解决人们彼此分离的同时，也在造就这种分离，而这种分离带来了很多后果，包括文化同质性和史无前例的权利及财富的集中。

（三）面对全球化新挑战，中国在文化传播中的自我困境

全球化对于中国意味着一种双重互动的过程：一方面是外部世界对中国当前文化的影响和作用，这个问题在一定范围内，往往转化成西方对中国文化的影响，因为其他非西方文化对中国的影响相对说来要小得多；另一方面，全球化同时还意味着中国文化加入世界的大合唱，即通常说的中国文化走向世界。于是，我们认为，中国文化已经不再是封闭的自足文化，而是处于全球化网络之中的民族文化。

自近代中国向世界开放一个半世纪以来，一直存在着非常复杂的矛盾和困境。总的来说，就是近代中国文化与西方文化之间的矛盾与困境，原因有以下几点：第一，对传统文化的情感依赖与对西方文化的某种钦慕；第二，对西方技术层面的事物乐于接受与精神层面的抵制；第三，作为第三世界国家的中国文化，在面对西方发达国家文化的优势地位和文化霸权，会产生一种复杂的暧昧态度。

随着中国近几十年来对外开放，全球化的趋势越来越强劲，在新的历史条件下中国文化应该如何发展，选择什么样的文化发展战略和策略的关键时刻，党中央提出："要加快构建中国话语和中国叙事体系，打造融通中外的新概念、新范畴、新表述，更好推动中华文化走出去。""坚持不懈讲好中国故事，形成同我国综合国力相适应的国际话语权。"

博物馆作为集中展现中国优秀传统文化、革命文化和社会主义先进文化的历史文化艺术殿堂，更应该推动和创新中国话语体系建构，为增强中华民族及其优秀文化的全球影响力发挥独特作用。本文即探讨在跨文化传播中处于文化（主要指中西文化）逆差下的中国博物馆应如何发挥自身优势，有效促进中华文化、中华智慧的传播，提高跨文化传播效率。

二、文化逆差下的中国博物馆

不可否认，经过长达30年的高速经济增长之后，中国在经济、政治、科技、军事等方面均有长足发展，但是，强国崛起的大文化没有跟进，尤其是在中西交流中的文化落差不容小视，在文化交流中中国文化长期处于逆差和落差，与之相匹配的文化魅力和影响力亟待拓展[2]，这在博物馆跨文化交流中表现得尤为显著。

（一）跨文化传播、文化逆差

"跨文化传播"一词是20世纪50年代，由美国著名人类学家爱德华·霍尔第一次提出来的。所谓的"跨文化传播"，可理解为处于不同文化圈中，拥有不同文化背景的个人、组织甚至国家之间意识形态、制度、文化方面的沟通与交流。跨文化传播的重点落在"跨文化"上，它所预设的传播环境是一种平等的群体心理环境和社会环境。但是，平等的跨文化传播

还只是一种理想状态,从目前的实际情况来看,跨文化传播的状态并不是平等的,双方总是处于一种互相博弈和互相排斥的状态。加强跨文化传播的研究,提升跨文化传播的传播质量显得尤为重要[3]。

所谓文化逆差,即一国的文化输入大于文化输出,出现"文化赤字"[4]。文化交流中的逆差要比经济上的逆差更为复杂。因为在经济的交流或贸易中,可以用品类、质量、数字来权衡和说明逆差的问题,甚至可以用具体的数字来说明,一目了然;而文化上的逆差则全然不同,关系到的问题有历史和当下,更有文化的内涵和品质。而形成逆差则有不同的时间长度和过程,更有复杂的内在原因和社会问题。形成逆差的过程,经济上可能就是十年八年,而文化上可能是百年,或者是更长。

(二)"文化逆差"下的中国博物馆

博物馆对外展览是我国对外文化交流的重要形式和传统手段之一。过去十多年间,国家大力提倡文化软实力,积极推动文化"走出去",越来越多的中国展览走出国门,在海外引起巨大反响。然而,在国家文化软实力战略全面深化、博物馆国际交流水平日渐成熟的背景下,我们不仅仅满足于海外展览的数量增长,更要从根本上认清对外展览之于博物馆自身发展和国家文化战略的价值,进而更全面、更有效地提升我国博物馆的国际交流水平和对外展览的传播效果[5]。

1. 中法文化年中的文化逆差

2014年,为纪念中法建交50周年,中法两国在对等原则的基础上,在对方的首都举办了特展。法方组织了卢浮宫、凡尔赛宫、奥赛、蓬皮杜、毕加索5家著名博物馆的8位艺术大师的10幅传世名作,构成了一个可以浓缩成法国艺术史的特展,在北京的中国国家博物馆举办;中方则通过国家文物局组织了一个由27家文博机构提供重要文物所构成的"汉风——中国汉代文物展",在巴黎的吉美博物馆举办。可是,法国的展览虽然在中国引起巨大轰动,甚至需要通过开夜场来满足观众的愿望;但中国的展览在巴黎却并没有像法国展览在中国那样的摩肩接踵。

对于这样一个双方较为平等的互派展览,两国观众的喜好和接受程度所产生的巨大反响意为意料之中。这之中,法国展览只是呈现了500年的法国艺术史,然而,对于法国的观众来说,这500年的法国艺术史是他们的骄傲,即使这个展览回到巴黎去展出,同样会引起轰动。而中国的展览则是2000年前伟大的汉代文明,如果这个展览回到中国来展出,中国的公众必然会表现出超一般的热情,但是,尽管如此,也无法和那来自法国的10张名画的特展相提并论。尽管两国的展览文明高度并不在一条水平线上,但由于法国人缺少对于中国文化的基本认识,故那2000年的文明对于法国人来说是陌生的,很难激发参观兴趣。

由此可见,在博物馆交流展览中文化上形成逆差的过程,实际上反映的是在文化交往中的一种供求关系。显然,在中法两国之间的文化交流中,我们对于像法国这样的西方国家的热情,可能要高于法国对于中国文化的热情。热情决定态度,态度决定行为,行为造成逆差。当然,这是就宏观而论的整体状况,对于极个别的情况则另当别论。法国文化和艺术对于中国的吸引力是超乎寻常的。因为在教育的影响下,中国从20世纪初期以来,对于法国文化和法国艺术就充满着热情,所表现出的是敬仰和崇拜。那时候的年轻人竞相到法国留学,中国现代艺术的开拓者,如果不能去法国,那就转道就近到日本去学习二手的法国艺术。他们在

20世纪初学成归国，不仅是人回到了自己的祖国，更是把法国的文化带到了中国，并通过教育的手段来引进法国艺术，画模特儿、写生等等，以拓荒之举开启了20世纪中国社会发展的进程。所以，中国的公众拥有法国文化和艺术的知识，其认知度普遍高于法国人对于中国文化和艺术的认知程度。从这个最本质的、最基础的问题上来看，已经显现出了这样一种形成逆差的核心问题。

2. 中美《中国的第一位皇帝以及他的兵马俑》专题展

在博物馆的对外交流展中，这种文化逆差除了文化需求供应关系的不平等以外，还表现在展览宣传以及学术话语权的不平等。2016年3月至2017年1月，菲尔德博物馆携手陕西文物局举办了《中国的第一位皇帝以及他的兵马俑》专题展。在对方博物馆整个网页页面中对展览内容的历史评价全部来自美国文化单位，没有出现任何中国学者的痕迹。在宣传报道上，美方菲尔德博物馆是主办方，陕西省文物局为代表的中方文化单位为承办方。然而，在中国各大网站报道中称展览是"由中国陕西省文物局和美国芝加哥菲尔德博物馆共同举办"。从网页话语参与三方的力量互动结果来看，表面上中国和美国文化单位之间是友好合作关系，但是通过网页分析，不难发现许多细微的话语差别，这实际上反映了展览中不平等的文化关系和不同的文化诉求。在西方主导的学术话语环境中，文化输出国的话语和力量被完全淹没在展品中，取而代之的是西方的视角和学术声音，中方承担了仅仅是提供文物及相关原始文化资料的工作[6]。这种文化逆差的现象在博物馆对外展览中比比皆是，当然最为集中表现在中西文化的博弈和冲突。

三、博物馆在跨文化传播中如何建立高效的传播体系

利用博物馆自身丰富的馆藏，组织对外文物展览是中国博物馆走向世界的重要方式。然而，在对外文化交流中，由于文化存在异质性，拥有不同文化背景的人们在交流与沟通过程中会产生交流的困惑与障碍甚至是冲突。博物馆原原本本、原汁原味地输出特定历史时期或特定地域的中国文化，不仅存在文化理解上的隔膜，还会形成文化价值的模糊，甚至沦为异质文化主体的猎奇。因此，博物馆在中外文化交流过程中要总结中外文化的各自规律和特点，针对不同的文化价值体系，选择和采用易于为外域接受的概念、术语，建立有利于中国文化高效传播的中国话语体系。

（一）大众文化与移情在跨文化传播中的表现

前段时间，中国网络红人、美食视频博主李子柒在YouTube上迅速走红，拥有几百万来自不同国家和地区的粉丝，传播度最广的视频能收获两千多万的点击率，其影响力毋庸置疑。在她的视频中，用最传统的中国农家田园手艺酿酒、腌肉、砍竹子做秋千、手工造纸、制墨……李子柒在国外社交媒体上的成名引发了国内对其是否属于文化输出（传播）的大讨论，在不考虑其背后制作团队的经济利益的情况下，我们都不得不承认李子柒的视频的确让外界看到了中国年轻人生活方式中别有意趣的一面，增进了世界对中国的理解，是成功的文化输出案例，其文化传播内容、传播方式以及路径值得博物馆在跨文化交流中汲取。

首先，李子柒的视频是借助网络平台进行传播的，这克服了人们时间、地域之间的差异，只要有网络就可以随时随地进行观看并与

之交流互动。其次，李子柒的视频是大众文化的一部分，它把高雅的晦涩难懂的中国文化通过直观生动的方式变成"流行化"或"通俗化"，更容易让一般人所理解，其亲和力与生动性足以让外界看到了一个有趣可爱的"活的中国"。由此可见，把高雅文化转变成大众文化更能够进一步降低文化折扣，达到事半功倍的效果。再次，李子柒视频深受国外（不同文化）大众喜爱也得益于移情在跨文化传播中的有效利用。我们常说，最适于多元现实和差异性假定的沟通技巧是移情。当我们的想象已被引入他人之中时，就好像自己化身成那个人，开始有那个人的体验。虽然这个体验是想象的，但它的强度和真实度不亚于作为我们自己的正常体验。而李子柒通过生动丰富、具有现场感的介绍，让外界对中国人的生活和文化有了具体可感、生动鲜活的认知，自然而然地跨越文化障碍，让观者感觉既熟悉又陌生，难怪有很多国外网友留言："我希望我可以至少在你那里待上一周……""她生活的地方真是地球上的天堂……。"

（二）不同的价值观，不同的规则

跨文化传播首先以承认文化差异的存在为前提，尊重这些差异的存在，才有可能据此调整传播方式和传播策略，使得所要传达的信息可以为处于另一个文化圈中的人们所理解与接收，即利用另一文化圈中人们能够接受的方式来编辑自己想要传达的信息。

2019年，作为中国文化的典型符号之一兵马俑再次出征来到澳大利亚维多利亚国家美术馆进行展览，而此次展览转变了过去常用简单陈列文物的展览形式，展览的策展人希望通过古代文物展品和中国当代艺术间的一种传承与对话来向观众呈现中国文化和历史风貌。此次展览题目为《秦始皇兵马俑：永恒的守卫》，与兵马俑一同展出的还有众多当代艺术家蔡国强的火药绘画，《蔡国强：瞬间山水》，包括一件悬挂了1万只瓷鸟的大型装置。这些鸟儿盘旋在观众的头顶上方，创造出一幅描绘秦始皇陵所在的骊山的三维水墨景象，让观众从视觉上产生穿越时空之感。这些展览将中国的历史与当代、传统与时尚、永恒与瞬间等巧妙地联系在一起，为澳大利亚观众再现了一个多纬度的中国历史文化场景，为他们了解中国古代文明和当代艺术提供了良机。可见，在博物馆对外交流展览中引入西方所熟悉的现当代艺术形式来阐述中国传统文化的方式，更容易引起西方受众的兴趣并帮助他们理解和接收中国文化。

在对外交流展览前期的宣传中，对展览相关知识进行详尽的图文报道和解说，对吸引大众观展同样有较好的帮助，人们往往更容易对与自己常识相左的文化印象较为深刻。2016年3月至2017年1月，菲尔德博物馆携手陕西文物局举办《中国的第一位皇帝以及他的兵马俑》专题展，中方与芝加哥多方主流媒体进行详尽的专题报道。在展览报道上主要选择与西方文化差异较大的主题展，包括古埃及的木乃伊展览和成吉思汗展。话语参与者中陕西省文物局为代表的中方文化单位是文化原来的提供者，观众是文化的消费者和再生产者，而菲尔德博物馆是两方间的桥梁和过渡，对文化原料进行生产和加工，借以扩大自身的学术权威，提升展览高度和水平。在网页内容中，菲尔德博物馆超越了墓葬文化的限制，整体展示了秦始皇统一中国的大历史背景即中国的第一次历史统一以及文物发掘的前世今生。其中一个显著特点是，四次提及统一中国度量单位的成就，对它的贡献进行了高度评价。文字部分强化了秦始皇本人的性格特点，非凡、有远见、有争议和神秘的皇帝。网页布局文图交错，有动、静两种图片类型。静图多为展示文物的细节特写，展现秦始皇前半生的戎马生涯，战国时代官民的动荡岁月，以及宏伟的战争场面，让观众看得深入细致。另外，把容貌、形态、手部有着更多细节的兵马俑，安排在网页显眼的位置。网页底部，采用了动图效果，模拟昏暗墓道中站立的兵马俑，在忽闪的火光中若隐若现，增添了神秘的气氛。总之，博物馆网页信息不论从内容、措辞、图片还是布局，都为观众树立了独特、神秘、意义重大的文化定位和期待，有利于调动观众的情趣。而从中西方对兵马俑展的话语理解来看，网页内容转换了叙述焦点，秦始皇取代了本应作为主角的参展文物——兵马俑，成为叙述核心，使此展产生的巨大吸引力，博物馆2016年全年参观人数达到150万次，创历史新高。

（三）不同文化交流过程实现文化传播

有些学者认为成功的跨文化传播是一种价值观对另外一种价值观的取代，实则并非如此，文化交流的过程有时远比结果更有意义。不同文化在交流过程中就已经实现了文化的互动和传播。

被誉为中国第一部深入探索东西方文化的大型纪录片《当卢浮宫遇见紫禁城》，或许从影像传播方式的角度能够给博物馆在跨文化传播中如何提高传播效率一些启示。《当卢浮宫遇见紫禁城》共12集，每集45分钟。每一集都在展现西方艺术的同时向观众呈现不同时代中国的艺术，并选取这一时期的典型代表人物及作品，进行两国之间的比较，寻找共同与不同之处。与此同时，每一集都有一位知名的中国当代艺术家或艺术史研究者与西方同行进行相互探讨，达到不同文明之间的对话。从而体现当代社会对于古代文化的不同认识与研究，进行现代社会的跨文化传播交流。该片成功之处在于善于寻找挖掘东西方都能理解的，既有共性，又有"陌生感"的文化资源，找到民族化与国际化两者之间的"契合点"。艺术可以说是国际共通的，卢浮宫和故宫里艺术作品都是各自文化的符号代表，通过这些符号之间的对比探求东西方文化的相同与不同之处，在交流过程中认识自我，认识他者，从而达到人们顺利相互沟通交流的目的[7]。

当今世界，经济全球化、政治多极化、文化多元化已经成为发展的大趋势。随着新世纪帷幕的拉开，文化越来越成为一个国家综合国力的重要组成部分，文化的交往和传播越来越成为各国相互关系的重要内容。作为展示国家文化的重要枢纽博物馆，在面向未来不仅要致力于搭建不同地域、不同文明、不同民族之间沟通的桥梁，更要从国家需求层面进一步发挥中国博物馆增强中华文化的国际影响力的作用。这种影响力不仅仅体现在跨文化交流数量的增多，更要体现在传播质量和效率的提升。本文针对如何提高跨文化传播效率提出的若干思考方向仅为抛砖引玉，而在实际的博物馆跨文化交流过程中远比理论来的复杂和多样化，但我仍坚信中国博物馆定会在全球化浪潮中在坚守本土文化的同时也会探寻到与国际文化交流新的出口和机遇。

【注释】

[1] 魏明德：《全球化与中国——一位法国学者谈当代文化交流》，北京：商务印书馆，2002年，第11页。

[2] 王岳川：《强国崛起急需大文化战略跟进》，《中国投资》2012年第4期。

[3] 王蓉：《新时期跨文化传播的困境与突破》，《西部广播电视》2013年第9期。

[4] 康兆春：《文化逆差的跨文化探析》，《广东工业大学学报（社会科学版）》2009年第9卷第6期。

[5] 孔达：《试论博物馆对外展览建构国家形象的价值与路径》，《东南文化》2018年第5期。

[6] 何煜婷：《批判性话语分析视角论中国文化软实力的输出》，《北华航天工业学院学报》2018年第28卷第5期。

[7] 姜宝娜：《解析〈当卢浮宫遇见紫禁城〉的跨文化传播》，《中国电视记录》2011年第5期。

文物外展中如何克服中华中心主义与东方主义的悖论
——文化外交视野下的博物馆与中国特色社会话语体系

陈锦航　姚皓杰　董文明（法门寺博物馆）

摘要： 本文从文化外交视野下审视了中国博物馆通过海外文物外展的渠道弘扬中国特色社会话语体系时容易进入的两个陷阱——中华中心主义与东方主义，进而提出需要在海外文物外展中注重平等的话语文化交流、选择人类文明中的共同议题作为共同展陈主题、在跨国专题展中无须刻意强调中华文明的伟大这三个手段来避免落入中华中心主义与东方主义的陷阱。

关键词： 中国特色话语体系；文化外交；文物外展；中华中心主义；东方主义

　　《求是》杂志明确指出，中国特色话语体系包括如下四点：展现中国格局：阐释好新思想洞察历史大势的时代自觉；揭示中国价值：阐释好新思想引领现代文明的发展理念；宣介中国主张：阐释好新思想昭示世界未来的人类关怀；体现中国智慧：阐释好新思想遵从科学理性的实践精神[1]。可见中国话语体系主要是对外的，对于中国博物馆而言，主要是通过海外文物外展的方式来弘扬中国特色话语体系，海外文物外展直观体现了"为人类文明作贡献的中国"是树立中国文化自信的重要途径。近年来，我国海外文物外展不论是数量上与质量上都有了明显的进步，但是还是存在一些问题[2]，除展陈手段和技术方面有待进一步提升外，中国博物馆界还需要在博物馆与全球文化外交密切相关的视野下，思考博物馆与中国特色社会话语体系的关系。

　　从全球范围而言，各国已经认识到了博物馆在国际关系中能够发挥作用，促进文化交流，维护民族身份并增进相互了解，是国家间文化外交的重要组成部分[3]，这是基于博物馆机构在交流、教育和政治方面的转变而建立的[4]。跨文化博物馆交流作为一种"软实力"和文化外交的手段在一些国家受到重视[5]，如美国佐治亚州肯尼索州立大学历史与大屠杀教育博物馆（MHHE）与摩洛哥卡萨布兰卡哈桑二世大学 Ben M'sik 社区博物馆之间的合作，它们均是美国通过博物馆实现其外交政策目标的手段[6]。

　　所以中国博物馆界需要把通过海外文物外

展弘扬中国特色话语体系放在文化外交视野下去反思一些可能存在的问题,在笔者看来最为核心和紧迫的问题是中华中心主义与东方主义的陷阱。

一、海外文物外展的两个陷阱:中华中心主义与东方主义

(一)中华中心主义

在我国博物馆对于古代文物的展陈中,其亮点和凸出的重点在于凸显我国优秀的传统文化,体现中华民族历史的源远流长,以及中国古代文明在世界上的非凡成就,进而激起国内参观者对于中国历史与文化的归属与认同。博物馆对于群体记忆的塑造和国家认同的建构作用世人皆知,各国博物馆均在实践中采用这一策略,但是否完全由国家垄断博物馆叙事尚存争议[7]。以法门寺博物馆展陈为例,大唐珍宝凸显了唐王朝的辉煌和强盛、中国在丝绸之路上的重要地位、并且凭借《万国冠冕》,以图文并茂的展现形式来说明唐朝的政治影响力。

与此类似的国内古代文物展所凸显的价值理念不宜直接拿到境外展出,很容易被指责为中华中心主义。诸如万国来朝、古代中国曾在世界文明中占据的主导地位,与今日国际关系中强调文化的多元和平等的观点不符,也有违习近平总书记提出的建立人类命运共同体的宗旨。从文化人类学角度而言,不同地区的文化和人类文明没有先进优劣之分,只要能够帮助人类生存、适应环境,满足人类生存发展的需要,其文化就是"好"的[8]。

所以当下国内古代文物展的内涵并不适宜直接拿到国外去,可以想象这种展陈直接搬到以采集、游牧文化为主的国家,很容易让参观者产生文明歧视、小文明边缘化、附属于大文明的依附感。从博物馆与文化外交的角度而言,任何外展都具有政治性[9],都容易让参观者产生直接或间接的联想,没有无涉政治、纯粹客观的文化展,这是我国博物馆人在举办境外文物展时需要牢记的。

(二)东方主义

中华中心主义的反面则是西方中心主义,具体而言就是东方主义。萨义德在其名著《东方学》中明确指出,东方学是以西方的眼光来阐释东方的一种学问,这种阐述是完全脱离东方实际的,是西方的自我意识及自我经验。而东方主义作为东方学的一个层面,是一切话语霸权符号形式的代名词,是一种类型化、固化的西方色彩的认识[10]。境外文物外展也容易陷入东方主义,成为西方人满足东方想象猎奇的审美,这点在二战前的西方博物馆中体现得非常明显,今天还能见到残存,当代一位中国观众参观大英博物馆的东方展厅写下如下评论:

> 对东方的好奇和贪婪深深地植根在欧洲人的心中,在大英博物馆中可以看到许多来自中国、印度、日本、朝鲜(韩国)的珍宝。东方展廊中多是大路货色。一半是中国、一半是印度,夹杂着一些东南亚。作为中国人,我认为中国展品布置得有些零散,虽展示了中国文化的各个侧面,却缺少历史的线索。贵妇的凤冠和西藏的佛冠离得不远,陶瓷的罗汉、象牙的八仙与双修的金刚济济一堂,总觉得很奇怪[11]。

欧美的主要大博物馆多沿着古埃及、两河流域、古希腊、古罗马这条西方文明的主线进行布展,其他非西方文明的展览虽然有不少精品文物,但是缺少叙事主线,还是以满足西方对东方的猎奇心态为主要目的。就算是建国不过200年的美国也是这个布展思路,这一布展的核心还是西方文明中心主义的残存。

所以如果我国文物在境外与国外合作联合

展出，也很容易陷入东方主义的陷阱，西方观众虽然能够看到中华古代文明的辉煌成就，但也不过是西方文明中心视角下对东方的好奇，是以西方文明为基础，单一现代性发展道路下的一个脚注而已。

二、如何克服文物外展中的中华中心主义与东方主义

如何解决上述看似悖论的困局呢？2019年中国希腊文化交流年系列活动中，由中国科技馆和希腊赫拉克莱冬博物馆共同举办的"古希腊科技与艺术展"给出了很好的解决方案。该展览围绕建筑与公共建设工程、时间与空间的测量、机械工程等九个主题，复原了柏拉图闹钟、希罗的自动神殿门等53件模型，展示了古希腊在科学、技术与艺术方面的成就。

图1 古希腊科技与艺术展

在古代，希腊人是如何思考的？如何发现问题，并解决问题？希腊赫拉克莱冬博物馆创始人Pavlos Firos希望，通过展品能够帮助中国观众找到答案。中国和希腊在科学技术方面的应用有很多相似之处，"希罗的里程计"是根据公元一世纪希罗的描述而制造的用于测量距离的工具。而在中国，汉代的"记里鼓车"与"希罗的里程计"类似，主要用于计算道路里程。与此同时，中国科技馆"中国古代科技展"从9月21日起在希腊雅典展出[12]。

图2 中国古代科技展（图片来源新华网）

这个案例帮助我们打破文物外展中中华民族中心主义与东方主义的悖论，可得到以下启示：

（一）文物外展不是单向的文化展示，而是平等的跨文化交流

交换展览，或者同一主题下，将本国文物与外国文物一起展出的，互相给予同等的话语交流权。中国特色话语体系也是世界话语体系的一部分，本来就是平等包容的，它既不是中华中心主义，也不是东方主义。

倡导文明对话，推动不同文明和国家包容互鉴、和谐共处，让古老文明的智慧照鉴未来，这也是文物跨国交流展需要在实践中体现的精神。

（二）选择人类文明中的共同议题作为共同展陈主题

中希两国科技展就是一个非常好的例子，人类文明在发展过程中由于发展需要，会对同一个问题得出不同的技术解决方案，科技虽有相对进步与落后之分，但是这些科技都是为人类生活所服务。所以选择一个具有普世价值的

议题，使不同文明在展览中均有同样展示话语权的展陈是我国博物馆在推进中国特色话语体系的重要操作指导方向。

（三）跨国专题展就是专题展

2018年，"重文德之光华：重华宫原状文物展"故宫文物展在雅典开幕，与此同时"爱琴遗珍——希腊安提凯希拉岛水下考古文物展"也在故宫博物院开幕。这两个展陈均为专题展，也是中希文明的交流展。专题展有其具体的历史背景与语境，如"爱琴遗珍——希腊安提凯希拉岛水下考古文物展"展示的主要是安提凯希拉沉船上的货物，它们本来是要运抵意大利的，大概是罗马贵族们订购的生活必需品和奢侈品。在公元前一世纪，罗马共和国已经成了掌控地中海大部分地区的霸权国家，即将摇身变成罗马帝国。它与古老的希腊文明在碰撞中融合，通过类似的海上贸易从希腊文明区源源不断引进物质与文化，逐渐促成了罗马文明的繁盛。"重文德之光华：重华宫原状文物展"展示的是154件乾隆时期的私人用品、艺术品和家具[13]。

在境外举办我国文物专题展时，无须在宣传和讲解上放大专题展的引申意义。我国外展最多的明星文物首推"兵马俑"，早已成为世界品牌，蜚声海外。自1976年开始，秦兵马俑独立或参与展览，已在美国、法国、英国等41个国家和地区的150多个城市展出。兵马俑确实是中国的国宝，其文物价值、历史价值、美学价值都是无法估量的。但是它的产生有具体的历史与时代背景，具有陪葬性质，与古代中国的丧葬观念有直接联系。在展览时无须刻意强调中华文明的伟大，也不用像国内借兵马俑外展谈改革开放的伟大、中国人的文化自信[14]。文物本身就是无声的见证，刻意宣传意义反而容易沦为说教，参观者并不一定买账，还可能会陷入中华中心主义的陷阱，适得其反。专题展就是专题展，展品有具体的时空历史情境，意义的深远还是留给外人来评述。40年前，希拉克在参观兵马俑后说："世界上有七大奇迹，兵马俑可以说是第八大奇迹了。"这位当时的巴黎市长、后来的法国总统不会想到，"世界第八大奇迹"现在已成为兵马俑的代名词。

图3 爱琴遗珍——希腊安提凯希拉岛水下考古文物展

图4 重文德之光华：重华宫原状文物展

三、结论和讨论

海外文物外展不仅是弘扬中国特色社会话语体系的重要渠道，除了需要进一步提升我国海外文物展览的展陈水平外，还要认识到我国海外文物外展容易进入的两个陷阱——中华中心主义与东方主义，前者在国内古代文物展凸显明显，但是这一价值理念直接拿到境外展出是不合适的，后者则是西方人满足东方想象猎奇的审美。这就需要在海外文物外展中注重平等的话语文化交流、选择人类文明中的共同议题作为展陈主题、在跨国专题展中无须刻意强调中华文明的伟大这三个手段来避免落入中华中心主义与东方主义的陷阱。

海外文物外展具有外交属性与政治属性，是今天全球文化外交的重要渠道，文物外展并非单纯的文物展览，中国博物馆人需要在文化外交层面上提升对文物外展的认识，特别是在当下严峻复杂的国内外形势下，提高政治觉悟。进而在文化外交大局观认识下做好通过海外文物外展弘扬中国特色社会话语的实践工作。

【注释】

[1]《以深入阐释新思想构建中国特色话语体系》，载求是网，http://www.qstheory.cn/dukan/qs/2019-11/01/c_1125178861.htm。

[2]《外国人听中国文物讲故事》，载央广网，https://baijiahao.baidu.com/s?id=1595707150925331763&wfr=spider&for=pc。

[3] [美] Melissa Nisbett, "New perspectives on instrumentalism: an empirical study of cultural diplomacy".International Journal of Cultural Policy, 2013(5):127-144.

[4] [美] Natalia Grincheva, "Cultural Diptlomacy 2.0: Challenges and Opportunities in Museum International Practices".Museum and Society, 2013(1):18-29.

[5] [中] Yunci Cai, "The Art of Museum Diplomacy: The Singapore-France Cultural Collaboration in PerspectiveInternational".Journal of Politics, Culture, and Society, 2013(26):127-144.

[6] [美] Natalia Grincheva, "Democracy for Export: Museums Connect Program as a Vehicle of American Cultural Diplomacy". The Museum Journal, 2015(2): 137-149.

[7] [美] Tracey L-D LU., Museums in China: Power, Politics and Identities.New York : Routledge, 2013, p.18.

[8] [美] 爱德华·W·萨义德：《东方学》，上海：生活·读书·新知三联书店，2007年，第17页。

[9] [中] Yunci Cai, "The Art of Museum Diplomacy: The Singapore-France Cultural Collaboration in Perspective International" .Journal of Politic, Culture, and Society, 2013(26):127-144.

[10] [美] 威廉·A·哈维兰：《文化人类学》，上海：上海社会科学出版社，2006年，第272页。

[11] 《[British Museum]大英博物馆之东方文明与伊斯兰 | 英国邦利》，载品略网，https://www.pinlue.com/article/2018/12/3106/317977320648.html

[12] 《古希腊科技与艺术展开幕 促进中希两国科普资源共建共享》，载新华网，http://www.xinhuanet.com/2017-11/03/c_136725918.htm。

[13] 《雅典卫城博物馆馆长期待与中国博物馆深化合作》，载新华网，http://news.lvyou168.cn/20181226/50185.html。

[14] 《兵马俑，让世界瞩目陕西》，载群众新闻，https://baijiahao.baidu.com/s?id=1607371037783420162&wfr=spider&for=pc。

我国博物馆"中国表达"意识形态话语体系构建

张雨辰（平津战役纪念馆）

摘要：进入近代社会以来，博物馆作为一种文化现象，具有鲜明的意识形态属性，这种属性在博物馆定义的文本中有明显体现，不同政治、经济、文化体系的国家、民族对博物馆的定义是不同的。从历史维度考察，博物馆重视国家、民族、社会话语的时间与空间建构，是一个国家政治、经济领域在文化层面的具体表现。展览是博物馆开展的主要业务，是博物馆特有的语言。博物馆意识形态话语权由其展览语言呈现，通过展览语言实现其传播功能。我国的国家性质和博物馆事业管理体制决定了博物馆事业具有极强的政治性，反映我国古代悠久历史、灿烂文化、对世界文明做出的伟大贡献和近代以来中国人民在中国共产党的领导下取得民族独立、各项事业取得的伟大成就是我国博物馆展览的主线。当前，我国博物馆的主要任务是为实现中华民族伟大复兴中国梦提供思想支撑和智力支持。博物馆用展览的形式实现与社会对话，实现"中国表达"，达到传播中国声音、扩大中国文化影响力的目的。

关键词：博物馆；中国表达；话语体系；展览；意识形态；传播

博物馆不仅是知识的海洋、文化的圣殿，还是一个重要的意识形态阵地。自近代民族国家形成以来，博物馆的政治功能日益突出，在推动国家认同、传承历史文明、推动国家话语体系构建等方面都发挥了巨大作用。在全球化的大背景下，民族国家是国际交往的主体，任何国家、政党都不会放弃对本国主流意识形态的控制和引导，以便在国际交往中取得主动权。博物馆在某种程度上就是一个教化民众、引领意识形态的场所，具有很强的政治指向性。博物馆的展示功能决定了其具有天然的传播功能属性，是一个国家政治、经济、文化的具象化表达。本文试图从博物馆的定义文本、历史发展和当代实践的角度，结合传播学相关理论，来阐述我国博物馆的意识形态特征和其在实现"中国表达"方面发挥的不可替代的作用。

一、博物馆意识形态特征

无论是从定义文本，还是从历史实践来看，博物馆都具有鲜明的意识形态特征。对博物馆进行定义是政治、经济、文化权力话语在博物馆领域的具体体现。博物馆历史实践深刻表明博物馆被紧紧缠卷在政治机器的齿轮之上，通过具象化的展览被不断表达出来。

（一）博物馆定义文本中的意识形态表达

自1946年国际博物馆协会[1]成立以来，先后对博物馆进行了8次定义。原定于2019年京都大会对博物馆进行第9次定义，因与会各方分歧被迫推迟。从历次定义的文本来看，更多是倾向于对博物馆存在诸要素的解读。每一次定义的修订都是博物馆从业者对博物馆本身认识的调整，是世界政治、经济、文化格局变动的背景下对博物馆这种文化存在的回应。不同历史文化背景的国家、不同类型的博物馆从业者，对博物馆的理解千差万别，博物馆的定义被植入了深厚的历史文化和意识形态印记。

博物馆属于文化范畴，本身就是一种意识形态领域在文化方面的反映，不同社会制度、文化背景的国家，对博物馆的定义和解释是完全不同的。博物馆的定义始终是博物馆学界的一个争论焦点。根据国际博协2007年给出的定义，博物馆是"一个为社会及其发展服务的、向公众开放的非营利性常设机构，为教育、研究、欣赏的目的征集、保护、研究、传播并展出人类及人类环境的物质及非物质遗产"。从该文本来看，"为社会及其发展服务"叙述得非常笼统，因为人类社会形态非常复杂，发展方向千差万别。国际博协作出如此定义，是不同国家、民族、文化背景及话语体系之间互相妥协的产物。我国于2015年由国务院颁布的《博物馆条例》，其中第2、3条明确了博物馆概念和服务目标，同国际博协2007年博物馆定义形成对应关系。国际博协对博物馆存在目标的文本是"为社会及其发展服务"，没有提出具体目标；而我国《博物馆条例》中的文本则提出了明确服务范围，是"开展社会服务应当坚持为人民服务、为社会主义服务"，具有鲜明的社会主义国家的性质。美国博物馆协会对博物馆存在目标的文本表述是"为社会利益"，比较概括和笼统，是一种多元民族、种族、文化背景下相互融合妥协的折中表述。

意识形态话语是政治话语中的一种基本表现形式。从NLPIR大数据搜索与挖掘平台对博物馆定义文本进行分析，博物馆"文本分类"显示为"政治"[2]。这种结果虽然在一定程度上超出了人们的认知，即"增长知识、接受教育的第二课堂"，却也显示出博物馆的存在是同政治话语权紧密结合的。一些针对博物馆的"规约性定义"，即对博物馆的研究与认识则明确表达出其意识形态属性，如"博物馆是社会史的存在"[3]"博物馆是一个国家的履历"[4]等。

博物馆由于类别繁多、形态多样，展示手段和内容与其他学科存在明显交叉，因此对其进行一个统一严密的定义的确非常困难。物理边界的模糊和职能作用的千差万别，使博物馆定义的屡次修改在所难免。博物馆的定义说到底是一种政治、经济、文化话语权的博弈。

（二）历史视角下博物馆意识形态特征

18世纪末，博物馆在欧洲开始具有现代意义。法国大革命爆发后，出于构建近代国家的目的，博物馆开始承担起国家历史记忆建构的职责。革命者将王权、贵族和教士的收藏品变成全体公民财产，割断这些藏品的王权或封建主的属性，以防它们威胁到共和制度。革命者以启蒙运动理性主义为指导来展示这些藏品，将博物馆由展示绝对主义王权变成一种教化公民的工具[5]。如卢浮宫原系1204年法国国王腓力二世建立的行宫，法国大革命期间雅各宾派统治时期，革命者对其进行改造。通过整饬后的卢浮宫博物馆，第一次对外开放是在1793年8月10日，正好是吉伦特派推翻法国君主专制制度一周年纪念日。直到目前，卢浮宫内路易十四建造的阿波罗画廊里仍有"君主专制倒台一周年"字样[6]。因此卢浮宫博物馆的建立展现出其极强的政治意义，革命者把象征旧制度绝对王权的宫殿改造为共和的象征。革命者号召民众废除封建制度，保卫共和。卢浮宫被看作是"加强新构建的国家特征的工具，宣传这个国家的内在'天赋'神话和伟大历史使命形象。……它成为汇集民众和呼吁认同的形象。"[7]进入19世纪，卢浮宫开始征收不同历史时期历史藏品并进行展示，主要目的是塑造公民身份认同、公民信仰和公民意识，推动资产阶级民主政治建设[8]。

原苏联的博物馆体系自从建立以来就被用于意识形态教育，即国家建构和政治教育。第二次世界大战前，苏联为发展博物馆事业制定了一系列准则，主要有以下5点：（1）建立博物馆是为了保护和利用历史文化珍品。（2）优先在文化落后地区和民族地区建立博物馆。（3）建立博物馆一定要考虑社会需要，要反映民族革命运动历史。（4）要广泛利用人民群众的积极性和创造性。（5）博物馆必须开展群众的民间教育和政治教育[9]。除了前面两条和意识形态联系比较疏远外，其他三条都和意识形态密切相关，反映出苏联社会主义的国家性质。20世纪60年代，苏联博物馆进入了新阶段，苏共全面加强了对博物馆事业的领导，苏共中央委员会《关于当前条件下党的宣传任务》中，提出博物馆应该成为"宣传鼓动工作重心"，要"善于运用自己的专业手段宣传共产主义意识形态和帮助教育新的一代人"[10]。这种博物馆的意识形态教育一直维持到苏联解体。

1905年创办南通博物苑的张謇被认为是中国近代博物馆事业的先行者。他曾说过中国人自己办博物馆之目的："今则绀发碧瞳之客，蜻洲虾岛之儒，环我国门，搜求古物。……设不及时保存，护兹国粹，恐北而热河，东而辽沈，昔日分藏之物，皆将不翼而飞。得弓既非楚人，归璧更无赵士。"[11]张謇试图用建立博物馆的办法抵抗西方列强对中国文物的掠夺，保全中国的自然遗产和历史文化。由于中国具有近现代意义的博物馆诞生在半殖民地半封建社会中，从而决定了其从产生的一开始就以救亡图存这一重大的政治任务为主要目的。这种办馆宗旨深深影响到后来中国博物馆发展的观念取向和道路选择[12]。

中国共产党在革命战争时期就非常重视博物馆的建设。抗日战争时期，中国共产党在抗日根据地建立了一些教育馆、展览馆，举办陈列展览，对广大民众进行爱国主义和科学文化教育，如1940年八路军野战政治部129师举办了军民死难烈士遗物展览。解放战争时期，1946年中国共产党曾提出建立革命烈士纪念堂、革命史迹博物馆的提案，此后许多解放区都建立了民众教育馆、生产馆、翻身馆、民兵馆和时事馆等，为解放战争服务。如1949年1月天津解放后，天津市军管会接收了国民政府主办的文化部门，5月14日至18日天津博物馆与天津第九民教馆联合举办解放照片巡回展览，3700人参观；20日至22日天津博物馆与天津第八民教馆联合在天津博物馆举办展览，展出解放天津、北平等大城市照片[13]。中华人民共和国成立初期，展示中国革命史和体现当时"一边倒"外交政策的展览在我国博物馆展览中占据绝对主导，如1951年为庆祝中苏新约签订一周年，2月18日至25日在天津第二博物馆举办照片展览，内容为中苏友好、保卫世界和平、斯大林照片集及苏联集体农场介绍等，共140多幅照片[14]；1952年2月起，抗美援朝前线实物图片展览在沈阳、天津、南京、广州等地多个博物馆巡回举行。

1951年10月27日文化部发布《对地方博物馆的方针、任务、性质和发展方向的意见》，指出"博物馆事业的总任务是进行革命的爱国主义教育，通过博物馆使人民大众正确认识历史、认识自然、热爱祖国，提高政治觉悟与生产热情"[15]。1956年全国博物馆工作会议上，就博物馆的性质和任务这一核心问题，当时的文化部副部长郑振铎提出了著名的博物馆"三性二务"论，指出博物馆基本任务是"为科学研究服务，为广大人民服务"[16]，这也成为中华人民共和国博物馆事业发展的基本指南。根据"三性二务"论，我国博物馆建立起了"三部制"管理体制，即陈列部、保管部和群工部（宣教部）三个部门。改革开放以前，博物馆宣教部门的主要任务是联系群众，宣传党的方针政策，是一种意识形态领域的直接体现。

改革开放后，我国博物馆事业迎来了大发展时期，博物馆门类增加，展陈内容范围扩大，并且出现了大量非国有博物馆。但是，我国博物馆的管理体制并没有发生明显变化。目前我国国有博物馆主要归各级党委宣传部门和地方文化部门直接领导，属于事业单位。而事业单位是由国家机关举办，受国家机关领导，由公共财政供养，实行社会公共服务的法人实体；它体现国家意志，为国家政权服务，其业务、人事等方面都由各级党委或政府机关决定。因此国有博物馆所提供的公共服务体现出极强的政治性，始终为社会主义先进文化建设服务。行业类博物馆主要由国有企业兴办，其业务、人事、财政由母体企业掌握，他们一样要遵循政府的意志。部分非国有博物馆在业务方面也受当地政府文化部门领导，从而使其也呈现出部分意识形态属性。

从历史角度可以得出，博物馆始终是和国家主流意识形态密切相关的，反映主流权力的意志。我国是单一制国家，各类博物馆的建设方针要符合党和国家的大政方针。自中华人民共和国成立后，人们对博物馆的认知虽然在不断深化，但是其存在和发展的任务没有发生变化，始终保持着社会主义性质，为社会主义文化建设服务。

综上，无论是从定义文本还是历史视角都可以看出，博物馆从来都不能单独地看成一种文化现象，是和政治表达、国家意识、民族建构紧密相关的。自博物馆拥有近现代意义以来，各个国家的博物馆尤其是国家性的、公立的博物馆，都会呈现出明显的意识形态色彩，为实现某种政治目标服务。

二、博物馆展览中的中国话语体系构建

博物馆在18世纪就已经发育成为一种公共领域[17]。福柯（Michel Foucault）在他的《规训与惩罚》中认为"权力制造知识，权力和知识是相互连带的"[18]。博物馆正是这样一种权力制造知识，并通过其语言来构建权力的公共领域。在我国，意识形态表达是我国博物馆中国话语体系构建的主要内容。不同类别、不同性质的博物馆虽然在其意识形态语言构建方面存在差异，但是它们所反映的主旨追本溯源都是为"中国梦"思想体系构建服务。

（一）陈列展览是博物馆基本语言

1989年国际博协对博物馆定义做出修订："博物馆是一个以研究、教育、欣赏为目的而征集、保护、研究、传播和展出人类及人类环境的物证的、为社会及其发展服务的、向大众

开放的、非营利的永久机构。"这次定义明确提到了"传播"的概念。传播包括的基本要素有：传播者、受众、信息、媒介和反馈。以目前的博物馆的理论与实践来看，博物馆和传播学紧密相连。博物馆的价值在于向社会传播"物"的信息，没有信息的传播，博物馆就失去了其存在的社会价值，会和普通收藏场所没有任何区别。

传播的功能有"信息的共享""有意图地施加影响""信息交流的互动过程"三种[19]。博物馆的传播可以被看作"利用博物馆对人类和人类环境见证物进行信息共享、交流和施加影响。"博物馆的传播行为是一种综合性的传播行为，涵盖以上全部三种功能，其中"有意图地施加影响"可以被看作是意识形态话语权表现，这种表现在博物馆常设展览和一些大型主题展览中有比较明显体现。

陈列是博物馆特有的语言，是与社会对话的基础。博物馆陈列是在一定空间内，以文物标本为基础，配合适当辅助展品，按照一定的主题、序列和艺术形式组合成的，进行直观教育、传播文化科学信息和提供审美的展品群体。[20]陈列展览是博物馆开展的主要业务，是其传播行为的主要途径和实现自身意志的载体。博物馆通过实物、文字、科学技术手段将信息传达给受众，实现其意识形态功能。

权力是在具体运行过程中体现出来的关系总体，它是一套在具体环境下使用符号，将它们变更、拼接、转换、散播的方式方法[21]。具体到博物馆领域，博物馆通过具体的文物、图片、影像资料和文字等符号来表达出展览主旨和策展人思维，实现其意识形态表达。博物馆展览首先要确定主题，然后根据主题有目标地选择展品，编写主题所需要的文字，制作和展览主题密切相关的景观，因此博物馆展览通常都有极强的指向性。如大英博物馆的大部分藏品是通过殖民掠夺获得的，该馆的展览有意或无意地表现出曾经的大英帝国全球权势的证明，同时在展品选择方面含蓄地贬低非西方文化[22]。如果不把大英博物馆展览主旨放在工业革命史和殖民掠夺史的角度去考察，就无法理解该馆常设展览的实质。在我国，所有的展览主旨都必须服从于社会主义核心价值体系建设。

除了展陈之外，一些博物馆的选址也凸显其意识形态属性，如中国国家博物馆建在天安门广场东侧，显示出其崇高的政治地位；上海市历史博物馆、上海博物馆和上海市委、市政府同处在上海人民广场；一些地级市本地最大的综合性博物馆与当地市委、市政府仅有一街之隔[23]。

（二）不同类型博物馆意识形态表达

所谓"中国表达"到目前还没有一个完整确定的概念。笔者认为，从宏观层面来讲，"中国表达"是以中国政治、经济、历史、文化为基础，以图文、声音、影像等具有中国特色元素的载体为媒介，来实现中国政治、经济、文化本质的传播，其目的在于表达中国核心诉求，扩展中国政治、经济、文化诸领域影响力；从微观角度来讲，任何一种具有中国元素的表现形式都可以称为"中国表达"。"中国表达"是中国国家硬实力在思想文化领域的延伸，其核心目的是为实现中华民族伟大复兴"中国梦"提供思想保证。中国的博物馆作为一种集体记忆储存者和传播者，在"中国表达"实现过程中发挥着不可替代的作用。

常设展览[24]是博物馆存在意义的最根本体现，体现出博物馆最基本价值取向，是一个博物馆有别于其他博物馆的最显著标志。下面以在我国博物馆体系中占比例较高的综合性博物馆、革命类纪念馆和行业类博物馆常设展览为例，说明博物馆在意识形态领域的引导作用。

我国综合性博物馆主要由各地的历史博物馆演化而来，主要展示当地历史文化与艺术。无论是中国国家博物馆还是地方性综合性博物馆，其常设展览都具有明显的意识形态属性。在综合性博物馆内，古代历史陈列和近现代历史陈列通常被分别设置在不同板块，古代历史陈列主要讲述我国悠久的历史和对世界文明做出的伟大贡献，近现代历史陈列则主要讲述为什么中国革命、建设和改革选择了中国共产党、选择社会主义道路。中国国家博物馆常设展览分为"古代中国""复兴之路"两部分，其中《古代中国》部分前言为："突出展现了中华文明绵延不绝的发展特点和各族人民共同缔造多民族国家的历史进程，展现了中华民族所取得的辉煌成就和对人类文明所做出的伟大贡献。"[25]《复兴之路》部分前言为："鸦片战争以来，陷入半殖民地半封建社会深渊的中国各阶层人民在屈辱苦难中奋起抗争，为实现民族复兴进行的种种探索，特别是中国共产党领导全国各族人民争取民族独立人民解放、国家富强人民幸福的光辉历程，充分展示历史和人民怎样选择了马克思主义、选择了中国共产党、选择了社会主义道路、选择了改革开放，充分展示了历史和人民为什么必须始终坚持高举中国特色社会主义伟大旗帜不动摇，坚持中国特色社会主义不动摇，坚持中国特色社会主义理论体系不动摇。"[26]2019年7月，中国国家博物馆在"复兴之路"部分又添加了"新时代部分：不忘初心砥砺奋进，不断开创新时代中国特色社会主义事业新局面"板块并对外开放，凸显出国家博物馆在全国意识形态工作中的引领作用。位于杭州西湖文化广场的浙江省博物馆武林馆区共有3层，有6个常设展览，其中《钱江潮——浙江现代革命历史陈列》部分被单独设置在馆区2层，全面展示了浙江波澜壮阔的革命历史。

在我国博物馆系统中，革命类纪念馆[27]是一类庞大的群体，从中国博物馆协会发布的中国博物馆名录来看，革命类纪念馆约占到博物馆总数的约1/4，与此相对应，国家一级博物馆中革命类纪念馆也占到了1/4左右，显示出该类博物馆在中国博物馆系统中的突出地位。文化部1985年颁布的《革命纪念馆工作试行条例》指出革命纪念馆是"为纪念近、现代革命史上重大事件或杰出人物并依托于有关的革命遗址、纪念建筑和文物资料的保护和收藏机构、宣传教育机构和科学研究机构，是我国博物馆事业的重要组成部分"[28]。定义文本中将"宣传教育"放到了突出位置。革命类纪念馆同意识形态领域直接相关，反映了近代中国救亡图存，中国共产党领导中国新民主主义革命和社会主义建设的历史。革命类纪念馆中，反映中国共产党和人民解放军历史的纪念馆占据绝对主导，它们记载了中国共产党的丰功伟绩，铭记着中国共产党为民族谋独立、为国家图解放、为实现国家富强和人民幸福的崇高理想。每年的中国博物馆协会纪念馆专业委员会也基本围绕意识形态领域来确定主题，如2019年是中华人民共和国成立70周年，该专业委员会年会的主题是"革命类纪念馆与中国共产党的建国思想"。

随着经济的发展、思想的解放，博物馆展陈形式、内容、主题的日益多元化，博物馆办馆也从改革开放之前政府为唯一主导办馆模式向多元化发展。其中由大型国有企业主导建设的行业类博物馆[29]数量增加迅速。从中国近现代工业、科技的发展历史看，涵盖了外国资本掠夺中国财富、旧中国工人阶级的反抗、中国人民自力更生；中国共产党领导工人阶级争取民族独立、建立并发展自己独立的工业和科技体系的历史。如中国铁道博物馆分为正阳门馆、东郊馆、詹天佑纪念馆三部分。正阳门馆全面展示了中国铁路的发展轨迹；东郊馆机车车辆陈列厅展出的文物展品，是中国铁路从落后到现代化的历史见证；詹天佑纪念馆翔实生动地展现了詹天佑爱国、创新、奋斗、自强的光辉一生。东郊馆内展出的"毛泽东号"蒸汽机车既是中国铁路技术发展的见证者，又是极其珍贵的革命文物。工业、科技文化和红色文化结合在我国具备深厚的历史文化条件，相应地这些博物馆的意识形态色彩增强。一些行业类博物馆由于其较强的社会公益性和教育意义，会成为政府文化部门直属的事业单位。如柳州工业博物馆是全面反映柳州工业发展历史的行业类博物馆，其常设展览反映了该市现代工业从无到有、从弱到强的辉煌历程，其中反映中国共产党领导该市工业建设的内容约占整个展览的80%。该馆展出的工业文物从不同侧面记录了广西及中华民族复兴的历史。该馆是柳州市文化广电和旅游局直属事业单位，2019年3月18日，"广西关心下一代党史国史教育示范基地"落户该馆。

近些年来，国家对文物博物馆工作日益重视，投入资金增加，博物馆专题展览数量相应地也在不断增加，这种现象在国有大中型博物馆表现得比较明显。行业类博物馆为扩大自身影响力（有时也需要配合国家大政方针政策），也会适时推出或引进专题展览。博物馆举办专题展览需要进行立项，展览立项书一般需要填报举办展览的目的、大体内容和预期效果。待立项完成后上报上级主管部门[30]报批并获得通过。上级主管部门审核，主要进行意识形态的把关，展览主题要符合党和国家的大政方针政策。因此博物馆专题展览也带有鲜明的意识形态属性。如2019年安徽博物院举办的专题展览《烽火江淮：安徽革命史陈列》旨在反映近代安徽社会在中国共产党领导下发生的巨大变化，表现安徽人民不怕牺牲、百折不挠、无私奉献的革命精神以及为民族独立、国家富强所作出的重要贡献，向中华人民共和国成立70周年献礼。自然类、科技类博物馆虽然在展览内容上和意识形态主题方面有一些距离，但是也会推出一些密切契合时政的展览，如浙江自然博物院在2019年和浙江省安吉县人民政府联合推出《绿水青山就是金山银山——从余村出发的生态文明践行》专题展览，"绿水青山就是金山银山"目前该理念已上升为国家战略，该展览的推出切合了建设生态文明的时政主题。

综上，博物馆传播的特点、我国的国家性质、博物馆事业的管理体制决定了我国的博物馆展览具有鲜明的意识形态属性。无论是常设展览还是专题展览，其出发点都是推动社会主义核心价值体系建设。

三、余论：博物馆是实现"中国梦"的话语阵地

1974年，国际博协在对博物馆的第4次定义中，首次提出了社会服务和向大众开放的概念。标志着博物馆开始从单一的研究、教育机构开始向社会服务职能转变，开始强调博物馆与观众的互动。2007年国际博协对博物馆的第8次定义将教育职能置于首要位置，凸显出新博物馆运营理念下博物馆所承担的社会功能的转变，研究功能相对下降、社会教育功能上升。

教育是传播的一种形式，它本身就是一种意识形态，博物馆是教育的第二课堂，通过教育来实现其意识形态的表达。目前，我国国有博物馆已基本实现了免费开放，博物馆同旅游相结合，成为社会公众接受课外教育的主要场所。机关、企事业单位到博物馆参观学习成为

一种潮流。其中，革命类纪念馆还承担着入少先队、入团、入党宣誓和国防教育的职能。中小学生博物馆研学旅行规模不断扩大，这对于增强祖国下一代国家民族文化认同、树立中华民族共同体意识方面发挥了不可替代的作用。

中共十八大以来，党中央多次强调博物馆在中国特色社会主义先进文化建设中的引领作用。2012年11月29日，习近平总书记率领新一届中央领导集体在国家博物馆参观其常设展览《复兴之路》时，首次提出了中华民族伟大复兴"中国梦"的概念。这个概念在国家博物馆提出，本身就说明博物馆在实现"中国梦"，做好"中国表达"，推动国家民族认同方面所发挥的不可替代的作用。2015年2月15日，习近平总书记考察西安博物院时强调："一个博物院就是一所大学校。要把凝结着中华民族传统文化的文物保护好、管理好，同时加强研究和利用，让历史说话，让文物说话，在传承祖先的成就和光荣、增强民族自尊和自信的同时，谨记历史的挫折和教训，以少走弯路、更好前进。"2016年11月10日，习近平总书记在"国际博物馆高级别论坛"的贺信中指出："中国各类博物馆不仅是中国历史的保存者和记录者，也是当代中国人民为实现中华民族伟大复兴的中国梦而奋斗的见证者和参与者。"这些重要讲话鲜明指出了我国博物馆存在的根本目的和价值取向，博物馆的作用不言自明。

中国的博物馆本身就藏有大量表述中国优秀历史文化的相关资源，它们为实现"中国梦"提供了强有力的历史和文化支撑。我国古代悠久的文明史、近现代曲折的革命史和中华人民共和国发展成就史在我国各类博物馆中都有明显体现。在陈列展览过程中，要深度挖掘展品、文物的历史、文化、科技价值，真正做到让展品、文物说话，通过展览语言实现人与历史、文化、科技的对话，让静态的展品活起来，讲好文物和藏品故事，让民众真正做到文化自信，推动社会主义核心价值体系建设。

【注释】

[1] 以下简称"国际博协"。

[2] 刘迪：《国际博协博物馆定义文本探析：基于逻辑、实体与语境三重维度》，《中国博物馆》2018年第4期。

[3] [日]伊藤寿朗、森田恒之著，吉林省博物馆学会译：《博物馆概论》，长春：吉林教育出版社，1986年，第3页。

[4] 冯骥才：《冯骥才思想卷》，青岛：青岛出版社，2016年，第43页。

[5] [英] Tony Bennett, The Birth of the Museum: History, Theory, Politics. London and New York: Routledge, 1995, p.89.

[6] [美] Ivan Karp and Steven D. Lavine, Exhibiting Cultures: The Poetics and Politics of Museum Display. Washington and London: Smithsonian Institution Press, 1991, p.93.

[7] [法] Didier Maleuvre, Museum Memories: History, Technology, Art. Stanford, California: Stanford University Press, 1999, p.10.

[8] [英] Tony Bennett, Museums, Power, Knowledge. London and New York: Routledge, 2018, p.182.

[9] 吕济民：《苏联博物馆事业发展史略》，《中国博物馆》1991年7月。

[10] 吕济民：《苏联博物馆事业发展史略》，《中国博物馆》1991年7月。

[11] 李明勋、尤世玮：《张謇全集（第四卷）》，上海：上海辞书出版社，2012年，第278页。

[12] 《博物馆学概论》编写组：《博物馆学概论》，北京：高等教育出版社，2019年1月，第63页。

[13] 《解放平津照片今起在博物馆展览》，《天津日报》1949年5月20日第2版。

[14] 《第二博物馆举办中苏友好照片展览》，《天津日报》1951年2月17日第2版。

[15] 沈雁冰：《中央人民政府文化部指示——对地方博物馆的方针、任务、性质及发展方向的意见》，《文物参考资料》1951年第12期。

[16] 郑振铎：《全国博物馆工作会议总结报告》，《文物参考资料》1956年第6期。

[17] [德]于尔根·哈贝马斯著，曹卫东、王晓珏、刘北成、宋伟杰译：《公共领域的结构转型》，上海：学林出版社，1999年，第34页。

[18] [法]米歇尔·福柯著，刘北成、杨远婴译：《规训与惩罚》，北京：生活·读书·新知三联书店，1999年，第29页。

[19] 李文昌：《博物馆的传播学解读初探——传播学读书笔记》，《中国博物馆协会博物馆学专业委员会论文集萃》，北京：中国书店，2013年，第384页。

[20] 王宏钧：《中国博物馆学基础》（修订本），上海：上海古籍出版社，2001年，第246页。

[21] 陈卫星：《传播的观念》，北京：人民出版社，2004年，第165页。

[22] [美] Kirk A.Denton, Exhibiting the Past: Historical Memory and the Politics of Museums in Postsocialist China. Honolulu: University of Hawaii Press, 2014, p.12.

[23] 为了有效扩大城市规模，开发区建设成为各城市的普遍现象。目前我国地级市的综合性博物馆，特别是新馆建设通常都选址在该市开发区的文化中心或市民中心，而市级党委和政府也会将办公地点选在文化（市民）中心内，或者将其选址在和这些文化（市民）中心仅隔一条街的地方并且正门正对文化（市民）中心，典型的城市有常州、德州、蚌埠、安阳等。

[24] 狭义的常设展览仅仅指博物馆展厅内的基本陈列，广义上的常设展览还包括和博物馆密切相关的馆内及周边附属物，它们是一种景观式语言，应该被认为是常设展览的一部分：如平津战役纪念馆的军威园、胜利纪念塔、平津道兵器一条街和展厅基本陈列共同构成了平津战役纪念馆常设展览。部分遗址类博物馆中的遗址遗迹也应该被认为是常设展览的一部分，这些博物馆通常以主题公园的形式存在：如开滦国家矿山公

园内开滦唐山矿早期工业遗存，和展厅基本陈列共同展示出唐山作为中国近代工业摇篮对中国工业发展做出的巨大贡献。本文讲述的常设展览是广义上的常设展览。

[25] 中国国家博物馆：载中国国家博物馆官方网站，http://www.chnmuseum.cn/portals/0/web/zt/gudai/default.html#1。

[26] 中国国家博物馆：载中国国家博物馆官方网站，http://www.chnmuseum.cn/portals/0/web/zt/fuxing/intro.html。

[27] 由于展陈内容、形式的差异，革命类纪念馆在我国有"博物馆""纪念馆""陈列馆"三种说法，如"井冈山革命博物馆""平津战役纪念馆""中国人民抗日军政大学陈列馆"，它们均属于"革命类纪念馆"范畴，为叙述方便起见，本文中统称其为"革命类纪念馆"。

[28] 文化部：《革命纪念馆工作试行条例》，1985年1月9日。

[29] 如铁道博物馆、航天博物馆、纺织博物馆等近现代科技、工业类博物馆都属于行业类博物馆范畴。

[30] 综合性博物馆、革命类纪念馆（包括一些非国有博物馆）上级主管部门通常是各地文化旅游局或各级党委宣传部；行业类博物馆展览审批需要上报该企业主管部门，通常是科技局、工业局等。

异质与本融：博物馆异文化话语体系的困境、消阂及构建

赵 好 项 琐（青岛市博物馆）

摘要：博物馆交流展览是传递异文化的首选途径，通过主题灵活的交流展，博物馆引入多元的文化因素，有助于区域文化的互鉴，并吸纳异文化的差异性，构建较为完整的展览话语体系。本文分析了引入异文化展览时普遍存在的文化背景知识构建的不完善、观众对异文化语境的认知困境，结合博物馆展览、教育、文创等实例分析，诠释用展览语境的共域性、对话方式的同步化、价值认知的多维性、阐释系统的多融化，以期构建出可以适用于区域博物馆"因地制宜"并可以通用的异文化话语体系。

关键词：区域文化；对话；异质

博物馆，方寸间一览千年，它是人们通过文物与历史的隔空对话、感受历史的源远流长、追寻文化根基、引发深入思考和想象的精神空间。博物馆在引入异文化展览时，如何与本区域文化进行交融，首先在第一层面让博物馆人阐释好展览，让观众能看懂展览，在进一步的层面，在文明交流互鉴中知来处、明去处，建立本文化的自信。据新华网报道，习近平向国际博物馆高级别论坛致贺信中指出，博物馆是保护和传承人类文明的重要殿堂，是连接过去、现在、未来的桥梁，在促进世界文明交流互鉴方面具有特殊作用。中国要在国际舞台发挥大国风范，拥有强有力的话语权，而博物馆正是展示城市与区域文化的重要平台。博物馆在呈现区域文化特殊现象的同时，要抓住区域文化的本质特征，梳理区域文化与中华文化的内在关系，把区域叙事置身于中华五千年文明，激发民族自豪感和文化自信心。

一、博物馆异文化、区域文化的特征及概念

区域文化是指由于地理环境和自然条件不同，导致历史文化背景差异，从而形成了明显与地理位置有关的文化特征；异文化指区别于本区域文化之外的文化。本文主要指引进不同于博物馆所在区域的本土文化的展览，包含国内与国外展览。另外本文扩大异质的范畴，将不

同于本时代的文化，也归为此类研究对象范围。

二、异文化展览引入存在的困境

（一）异文化背景知识构建的不完善

文化价值观是跨文化传播中至关重要的因素。文化差异可能使跨文化传播变得困难，在某些情况下甚至无法进行。因此，要想成功地进行跨文化交流，既要了解自己所属的文化，又要了解不同的和互补的文化。但是由于展览蕴含的原生文化不同，在目标博物馆中易出现展览背景知识构建不完善的问题。博物馆语境中，表明观众在参观文物的同时联系自身的社会经历和生活体验，深入文物内在的意味，对文物及其背后的故事进行感悟、融入，进而阐发精神体悟。这需要策展人为观众和展品搭建有关联的桥梁，使两种文化之间产生共鸣。

李林等对国内众多博物馆的引进展览"梵天东土·并蒂莲华：公元400~700年印度与中国雕塑艺术大展"做的观众调查中显示，大部分观众在展览主题和内容理解方面存在不同程度的障碍，过半的观众表示因为缺乏历史、艺术领域的背景知识而无法很好地理解展览内容[1]。山东省博物馆引进的《永恒之城——古罗马的辉煌》展，集中展示古罗马帝国精品文物。还原了古罗马500年历史长河中的诸多生活场景：从古罗马帝王，到学者，再到繁华大街的普通寻常人家。展览在艺术形式上，展现了罗马艺术个性和宏伟壮丽的风格。在参观时发现，与罗马历史和政治相关文物占有很大比例，观众需具备基本的古罗马文化、元首会制度、诸多神话故事等知识储备，才能较为清晰理解展览的内涵，赏析藏品、融会贯通。青岛市博物馆《从清爱堂走来——刘墉和他的书法艺术展》用家风、官风、书风对接当下良好家风、清廉官风、书法传统艺术的推崇；但是面临的困境是受众的异文化背景知识构建不完善，以及博物馆难以构建有利于观众认知的文化语境。如何在个人背景、环境场景、社会文化语境中，找到不同层次观者间平衡，是观赏展览异文化主题的突破。

（二）展览难以构建有利于观众认知的文化语境

大部分博物馆在引进国际性临时展览时，依赖于"翻译"直接诠释展品，难以让公众跨越文化差异，理解这种异质文化的内涵，使观众对"物"的层面的理解，产生障碍。例如，现代艺术展中出现的"现实主义""印象主义""新印象主义""象征主义"等西方艺术流派；历史展中出现的"新王朝""城邦""涅伽达文化时期""法罗尔丘地"等历史地理名词；佛教艺术展中出现的"耆那教""笈多艺术""涅槃""跏趺"等专业词汇[2]均让普通观众望而却步。又比如近几年的国内流动展览"妙境梵音——青海藏传佛教艺术展"，从书刻经典、铜铸雕塑、织锦绣艺、彩绘佛画以及乐舞法供五大部分，从各个方面展现出藏传佛教文化艺术的博大与精妙。展出的清代刺绣唐卡和彩绘唐卡以及现代工艺制作的剪贴唐卡，众多铸造精美的铜鎏金造像、面目狰狞的护法神面具、由人骨制成的镶银边头骨碗等展品，均彰显宗教艺术的技艺性与审美性，然而这些宗教类遗产，在脱离了其依附的原生庙宇类生长环境，由集体情感产生的崇敬及神圣，转化为了在异文化系统博物馆中的仪式感，宗教的信仰价值，难以在博物馆中构建。所以，要重视展览中语言语境、情景语境、文化语境的组合，消除文化差异，构建对话体系。

三、异文化对话体系消阁与构建

(一)展览语境的共域性 叙事方式的同步化

在国际性临时展览中,那些能引起注意的展品一般是"体现中外文化交融或者中外文化相似性的展品;具有中国观众所熟知知识背景的展品;让中国观众对本来所熟悉的事物产生新认识的展品;中国观众不熟悉但个性鲜明的展品"[3]。异文化因为差异性,具有一定吸引力,若要挖掘其中的内涵、呈现差异性的诠释,需要先对藏品展开进一步的研究,为展示呈现储备更多的资料。在展览内容的叙述角度方面,针对同一个事件,不同身份和立场的人可能会有不同的诠释面向,在展览主题定位时可以寻找本文化与异文化的衔接点。

构建两个文化的对话体系:观众解读其中的关联性,《永恒之城——古罗马的辉煌》和《山东地区两汉文明展》在山东博物馆同期展出。两个展览,一个来自遥远的亚平宁半岛,举世闻名的丝绸之路的终点,展现了古罗马的鼎盛文明;一个蕴涵了丰富多彩的齐鲁文化,是丝绸之路的重要源头之一,是另一种意义的丝绸之路的起点。通过展示山东与古罗马这丝绸之路两端的文化瑰宝,观众在对比中感受到各自不同的文化特质和彼此的交流融汇,体现出两大文明对人类的杰出贡献和对东西方文明的深远影响。在2012年南京博物院推出的"法老·王"展览,将来自加拿大皇家安大略博物馆的110件(套)古埃及精品文物与南京、徐州、扬州三地博物馆藏的140件(套)汉代文物共同展出,不同的文明系统下的埃及与中国,法老与诸侯王的厚葬观念的出现、对事死如事生的理念等,两个国家有极为相似的体现。策展人用"永生""生活""权力""生灵"展览链条,串联起两个国度的展览。展览语言尽可能生动的讲述某一展品形成的时代、运用的背景、制作的原理、原料的产地、原料的运输、加工的流程等,用这些展览语言,代替单调的描述器物外形特征。该展览立意与展示方式,更适宜观众解读其中的关联性。

就国内异文化的引进展览青岛市博物馆在这方面,进行了一些尝试,比如《长路·远帆——甘青两地丝路文化联展》引进甘肃馆丝路文明展时,同时策划了青岛海上丝绸之路历史文化展,展览介绍甘肃境内丝绸之路上的东西方交流,与青岛东线海上丝绸之路中突出的几大港口情况。在海陆对比中利于观者,在整体观下同步理解两地丝路文明。另外释展与本土文化相呼应:引进展览《冀地汉风·河北博物院藏汉代文物展》,在微信公众号发布"2000年前神秘嘉宾采访全记录"展览延伸阅读,对青岛本土考古新发现土山屯汉墓进行介绍,根据土山屯汉墓的最新考古成果与展览的主题结合。引进展《牵星过洋:万历时代的海贸传奇展》以这两艘沉船的发现及研究为基础,探索这一时期中西方海洋贸易的发展、内涵与变迁,在拓展阐释时介绍水下考古知识和青岛的水下考古工作,用共同的背景叙事,构建起利于观众理解的认知,拉近异地展览在本土观众文化传播距离。

(二)价值认知的多维性 阐释系统的多融化

博物馆藏品基本属性是"人类和人类环境的物证",博物馆对藏品的认识逐渐由注重实物转化为对文化的认识,在进行藏品研究的时候,不再局限于对藏品的客观描述,而注重解释藏品所表现、传达的人文科学内涵[4]。对藏品的价值分类与认知,也逐步发生了变化。根据博物馆藏品所具有物质属性与社会属性,采用"物—人—人"链条的价值认知体系。

1. 普遍价值：本体价值，是对藏品价值评估的基本内容，具有以物质实在存在的基本特征，以及作为物质载体蕴含的艺术、科学、历史、艺术价值。本体的价值研究包括并不局限于质地、原料、形状、纹饰、铭文、制作工艺、使用价值以及与同时出土器物的不同组群关系等。

2. 动态价值：是基于普遍价值研究，在历史进程中不同时期的普遍价值的延伸与演化，并且在流传经历中与人为环境有关的信息。它除了包含制造者、使用者之外，还有发现者、保护者、研究者、收藏者、鉴赏者等。该价值对于藏品本体信息的有益补充，是强化藏品社会属性的重要方面。

3. 现世价值：是在现当代社会背景下，以及区域文化价值认识背景上，对藏品价值的多维度的再认识，它主要有本土文化视角下的价值再识别、藏品在现当代社会对人类文明的指导与借鉴价值等。在互联网媒体背景下，现世价值愈发明显，媒体与博物馆的融合后，众人眼中冰冷的馆舍，逐渐被推向了电视、广播、微博、微信、小程序客户端等。比如电视节目《国家宝藏》，将普遍价值、动态价值和现实价值此三类价值巧妙的融合，从讲述国之重器背后的故事，衍射到关注社会各行业的发展；并且将强大的中华文明，升华到中国在国际地位话语权的重塑，也为我们进行展览对话，重构价值认知，提供了参考范式。

融合本地文化，构建数字人文。展览"差异性"包括展品价值的多重性、呈现内容的不同、对话视角以及观众认知偏好和能力的区别[5]。缩小其中差距可将观众熟悉的背景作为突破点，把地域文化作为可串联的信息元，打破展览的局限，数字化再现博物馆及文化现象的认知。例如近些年众多博物馆将"二十四节气"作为展览选题，以青岛市博物馆"岁时佳兴：中国古典季节美学展"为例，在展览策划上，从古代农业文明的表现出发，立足于农业历史文化的研究价值，其中既包括相关的谚语、歌谣、传说等，又有传统生产工具、生活器具、工艺品、书画等艺术作品，还包括与节令关系密切的节日文化、生产仪式和民间风俗。展示"天人合一"的中国传统哲学、美学思想，从自然和人文的角度解读古人的生活态度。展览结束后，线上连续推出手机壁纸、节气文物赏析，并与"时尚青岛"栏目联合制作系列节目解读节气与地方民俗活动，使其余热不断。同时，数字人文和知识图谱理念影响下，信息数据库内容不断扩大，博物馆探索出"线下展厅→微展览→云展览"的立体展示路径。例如上海博物馆董其昌数字人文项目，它以明代著名书画家董其昌藏品高清图像数据及其相关数字资源为基点，梳理鉴藏、交友、纪游、传承等多个人文脉络，以可视化的形态为董其昌的研究设计了一个"主体—表达—时代"的综合维度[6]。以明代著名书画家董其昌为基点，同时以西方艺术的发展作为参照物，围绕着文人活动这一中心，在数字人文方法上以社会网络关系和历史地理信息作为两个主要立足点，辅之以人工智能技术的应用，从相关的收藏、艺术流变、人际关系等多个层面来做探究和展示[7]。

"大英博物馆100件文物中的世界史"，大英百物展是一个比较特殊的案例，到任何馆展出都严格原策展方案不能随意调整，但对第101件展品的当地化选择，也是异文化本融、全球史"去中心化"的一种阐释方式，展览传递世界共同体的观点。湖南省博物馆"在那遥远的地方寻找故乡——13~16世纪中国与意大利的跨文化交流"欧亚大陆背景下，带领观众体验相互交流的动态过程。应该是近年多文化交融展做得好的范例。不仅是单纯的异文化展，而是上升到文明交流互鉴，用展览语言传递研究成果，但也包容其学术上的争论性。

（三）"泛城市"文化圈地域性 文旅呈现的多元化

地方博物馆具有区域地方性，是行政地理和文化地理概念的集合，它是本区域地域文化集中的展示场所，是展示地方文化特色的窗口。近些年有相似文化元素并且在地理位置有关联的博物馆联盟，逐渐出现。黄河流域博物馆联盟、京津冀博物馆联盟、大运河博物馆联盟、中原五省博物馆联盟、长三角珠三角博物馆联盟以及国际丝绸之路博物馆联盟等，他们传播区域文化以及致力于地区、省、国家开展文化遗产领域的主题展览、信息共享、联合研究、专业人员交流和人才培养，博物馆开展国际合作、地区合作，并加强与各博物馆的联系与合作，同时提高社会对跨文化、跨地区交流合作的关注度和参与度，保护弘扬所属的区域文化。只有实现了馆际的资源共享，才能打破藏品资源的地区壁垒，打破公众欣赏非本地区文物的障碍，发挥藏品的价值与作用。比如在制度与执行方面，可以逐渐消除博物馆展览交流隔阂，以联盟的名义，制定协同发展目标与措施，实现展览相关人员交流、信息互通。为多种展览的引入，提供支持。

四、结论与畅想

世界本身的纷繁性，不会以展示的精简而被蒙蔽，过于强调共性而无视差异性的展览不利于观众理解这个丰富多彩世界，也易使得观众的思维固化。博物馆构建异文化话语体系，一是转变僵化观念，要做到兼收并蓄，做到多元和本土化的"和而不同"。二是将异文化，放之中国博大精深文化语境中，从大文化的视角，构建"异文化"展示的背景。三是在展览传播时，把握观众的观展心理，借助区域文化与异文化的跨时空比较，激发观众的联想式思考，多个成功案例可成为以后博物馆展览的重要参考。如何基于观众认知的差异性，在异文化展览中提炼共性主题，探寻适宜的阐发模式，引导其理解异文化，互鉴本文化，建立起基于认知的文化自信，博物馆可以做的工作还很多。

【注释】

[1] 李林、陈钰彬：《国际性临时展览的跨文化阐释方法初探》，《东南文化》2019年第1期。

[2] 宋向光：《物与识——当代中国博物馆理论与实践辨析》，北京：科学出版社，2009年，第311页。

[3] 薄海昆：《试论首都博物馆国际性临时展览内容与形式的跨文化沟通》，《首都博物馆论丛》，北京：北京燕山出版社，2013年，第87页。

[4] 宋向光：《物与识——当代中国博物馆理论与实践辨析》，北京：科学出版社，2009年，第311页。

[5] 胡凯云：《对话在博物馆展览中的意义及运用研究》，浙江大学博士学位论文，2017年。

[6] 胡凯云：《对话在博物馆展览中的意义及运用研究》，博士学位论文，2017年。

[7] 童茜、张彬：《董其昌数字人文项目的探索与实践》，《中国博物馆》2018年第4期。

中国特色话语体系重构下行业博物馆发展方向研究

严方圆（中国证券博物馆）

摘要： 中国特色话语体系随时代和国家的发展不断演进，力求在全球化语境下构建多元而系统的标杆型文化自信，而构建博物馆无疑是中国特色话语体系重构中至关重要的环节。与此同时，跻身于博物馆骨干行列的行业博物馆，以其行业性、通识性和当代性正逐步紧密连接传统与现代、行业与文化、博物馆与大众，并藉国际行业文化交流反推新时代中国形象的重绘和中国特色话语体系的重构。

在此背景下，博物馆与博物馆之间，行业博物馆应积极响应中国特色话语体系"平衡与共构"的需求，利用自身优势讲述现当代"中国故事"、贡献现当代"中国智慧"和提供现当代"中国方案"，平衡博物馆文化生态圈中社会主义先进文化与中华优秀传统文化之间的比例关系，增加对社会主义先进文化的解读与认识，共同涵养博物馆文化生态圈。博物馆与大众之间，行业博物馆应适时顺应国际博物馆事业"多元与包容"的趋势，以较为现代化、国际化和生活化的多元行业故事为切入点，横向比较国内外发展脉络，更易于以建设性和包容性的姿态参与并输出现代社会政治、经济、社会和文化议题，消弭国际上对中国传统的猎奇心理和对中国人文的刻板印象，重构国际视阈下的中国特色话语体系。

关键词： 中国特色话语体系；博物馆文化生态圈；行业博物馆

法国哲学家米歇尔·福柯认为"我们应该承认，权力制造知识，权力和知识是直接相互连带的；不相应地建构一种知识领域就不可能有权力关系，不同时预设和建构权力关系就不会有任何知识"[1]。话语的力量，不仅在于表达与沟通，更在于感染与改变。一定时代阶段下，通过核心价值、意识形态和逻辑规范一以贯之地表达经济社会的发展方式、时代精神和文化传统而形成的话语体系，则是随时代不断变化、不断重构与迭代的有机体。

话语体系提高文化软实力，增强国际话语权，构建具有自身特质的话语权体系，是回应国际社会对中国发展道路的关切期待和在全球治理中发挥更大作用的迫切要求。如今全球治理已不再是为了谋求一国利益独大和多国利益平衡而做出内部交换与分割，而是为了维护人类共同安全，促进人类共同发展，构建人类命运共同体一致向前的共享与普惠。

如何在全球化新秩序语境下，提供可借鉴、可推广的中国智慧与中国经验，将是构建多元而系统的标杆型文化自信最重要的部分。具有中国特色的话语体系，将是引领时代变革发展的重要力量，也代表着一个国家发展道路、文化传统和价值观念对世界的影响力。人类的文化自信，就是在一步步解决"从何而来，今在何处，去向何方"三大终极问题后的坦然与坚定中逐渐构筑而成。

一、中国特色话语体系与行业博物馆

博物馆是呈现"从何而来，今在何处，去向何方"的重要载体，作为葆藏国家记忆、承载人民情感，连接传统与未来的文化中枢，它们也是文化自信与文化认同最为集中和直观的"生产机器"。

据国家文物局最新数据统计，截至2019年年底，全国博物馆达5535家[2]，其中行业博物馆数量明显增加。在我国广义上的行业博物馆序列中，有与文艺娱乐相关的电影、扇、伞博物馆，与生产制造相关的汽车、玻璃、丝绸博物馆，与经济金融相关的财税、银行、证券博物馆，与日用生活相关的自来水、电信、邮政博物馆，还有与交通运输相关的铁道、海关、航海、地铁博物馆（图1）等等，涉及面广而全，为中国博物馆文化生态圈增加诸多新鲜多元的血液。通过讲述特定行业故事的角度，串联起传统与现代、行业与文化、博物馆与大众特定的情感和共鸣。

对于国家而言，艺术性博物馆延续着"民族美学"，历史性博物馆承载着"民族记忆"，已涓涓涵养数代华夏子女。尤其在21世纪博物馆井喷之际，呈现出前所未有的强大能量，惠泽四海，远播八方。而近年来，在博物馆圈中异军突起，跻身于骨干行列的行业博物馆，则彰显着"民族力量"。面向世界、面向未来、面向各行业和全社群，讲述中国故事、贡献中国智慧、提供中国方案。

对于人民而言，这是每一个生产者的历史记忆，也是每一个劳动者的智慧结晶，更是中

①

②

③

⑥

⑦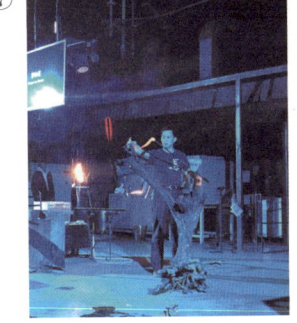

图 1　中国行业博物馆内景（部分）
依次为中国丝绸博物馆、中国财税博物馆、中国证券博物馆、上海地区的银行博物馆、汽车博物馆、电影博物馆、玻璃博物馆、地铁博物馆（排名不分先后　笔者摄）

华民族新画像最为具体和清晰的自我表达。随着行业博物馆的百花齐放，普罗大众都将在这个集群中找到群体的归属感和文化的认同感，找到自我的社会价值和创造意义，从而获得文化自信和方向启迪，继而付诸更长远有效的实际行动，反哺"中国智慧"和"中国创造"。

二、行业博物馆特性对重构中国特色话语体系的作用

与传统博物馆相比，行业博物馆在重构中国特色话语体系中具有其不可替代的特殊性，主要表现在行业性、通识性和当代性三大方面。这三大特性恰好是目前博物馆文化生态圈所亟须丰富的短板，它们正逐步紧密连接传统与现代、行业与文化、博物馆与大众，并藉国际行业文化交流反推新时代中国形象的重绘和中国特色话语体系的重构。

（一）行业博物馆行业性有助于话语与形象全面鲜活

行业博物馆的行业属性决定了其收藏、研究、展示和教育的基础方向和个性风貌。从纵向角度来看，所有的行业都具备一定的历史渊源，可以说一段行业史就是一段通史的别样映射和侧面解读。行业博物馆所讲述的行业史，几乎可以嵌置穿插于通史的每一个剖面，或绵延不绝，或几经起伏，皆是对历史性博物馆的阐述所作出的延伸、补充与呼应。每一次行业内在进步和技术革新，基本上都离不开各历史阶段的外力因素。

举例说明，中国证券博物馆通过展示晚清民国至改革开放后的股票、债券和其他历史物证，讲述中国资本市场故事，无不是对中国近现代史和中国工商业发展史的延伸、补充与呼应。中国资本市场早期萌芽自晚清时期，鸦片战争后，中国遭遇"数千年来未有之变局"，"求富、求强"成为社会共识。在此历史背景下，洋务派积极主张并设立中国第一家面向社会发行股票、通过"招商集股"的方式筹集资金兴办的股份制公司，从此拉开成百上千个民族资本家兴办股份制企业的高潮和中国新式工商业发展的时代序幕。时势造就历史，不同历史阶段的外力因素引发行业变革顺势而为，以更广的维度诠释通史、深耕通史。与此相应，只有

具备一定通史知识储备的普通观众，方能更好理解各个时代行业发展情况的因果关系，也更易融入行业文化的时代语境。因此，从纵向时间单向度表达的行业史往往自成一体，看似讲述行业故事、展示行业记忆，实则又与中国通史遥相呼应、互为依托。

一个国家的通史，不应只是单一的、线性的朝代更替和年号更迭，更不能只表现少数的、片面的皇宫贵族和王侯将相。有云"历史是由胜利者书写的，但事实真相只有亲历者才知道"，对此不置可否，笔者认为，真正的历史应由真正创造历史的广大人民共同书写。而行业博物馆的行业特性，决定了其所收藏、研究和展示的正是各行各业人民所亲身经历和亲手创造的历史。

当我们探讨区域博物馆如何参与中国特色话语体系构建，以及全球化语境下区域文化的博物馆表达时，也应探讨行业博物馆此类非地理空间层面的"区域"，而是精神文化层面的"区域"文化特殊现象与本质特征。如何把握行业文化与中华文化的内在关系，将行业叙事逻辑和语言汇入中国话语体系。博物馆文化生态圈的文化生产与创作，需延伸至各行各业中去，下沉到人民生活中去。弱化阶级和权力的意识，强化生产和创造的价值。越多元和鲜活的行业性视角解读历史、诠释历史，则越有助于大众更为真实而具象、全面而多维、深刻而辩证地认识历史和认同历史。

（二）行业博物馆通识性有助于交流与传播互联互通

从横向角度来看，行业博物馆涉及各行各业，大有覆盖民众生活全领域的趋势。因展示内容与普通观众日常生活和情感经验息息相关，观众们曾经亲身经历过的事件、从事着的职业、拥有过的物件和所了解的知识，都有可能在行业博物馆的展厅中得到真实的共鸣。所以，在行业博物馆中，少有却步于深奥难懂，或仅止步于惊叹绝美的情况。同时，行业博物馆展览不同于艺术性展陈体系，需要一定美学基础，而是往往采用讲故事的叙述性展陈体系，其深入浅出的通识性使观众在既有认知的基础上，探索更多未知的行业故事与行业文化。

作为生产生活用品的刀、剪、伞的制造行业，它们的产品是人尽皆知的，但个中传统工艺与文化历史，以及当今社会意义与行业价值，却是罕有知晓。中国刀剪剑博物馆和中国伞博物馆展览，分别以两个孩童玩"石头剪刀布"游戏和一个孩子举把荷叶避雨的艺术雕塑（图2）为开篇，颇具纯真天然的童趣，使人一目了然：这是从自然万物和生活经验中汲取灵感而生产

图2 中国刀剪剑博物馆和中国伞博物馆展览序厅
（笔者摄）

制造的中国智慧。而展览内部又以大众耳熟能详的传说和故事，代入展览主题、阐释行业发展。

如中国刀剪剑博物馆通过家喻户晓的"卧薪尝胆"故事，展示中国古代名剑越王勾践剑（复制品）。观众在感受由剑传达忍辱负重、韬光养晦的民族精神与国家信仰的同时，进一步获知春秋时期即领先西方上千年的高精尖的剑身复合金属、剑首同心圆和菱格形纹饰三大青铜冶铸技术，是为中国经验之于国际领域的杰出代表。为了拓展雨伞的实用功能和现实意义，中国伞博物馆通过白娘子与许仙在西湖相遇借伞的传奇故事、戴望舒《雨巷》诗中"撑着油纸伞""丁香一样的"姑娘的经典形象（图3），赋予伞更多浪漫的寓意和诗意的形象。这些具有良好群众基础，且喜闻乐见的通识性表达，使得普通生活用品制造行业在本国本土范围内，更简便高效地达成交流与传播的目的。

行业博物馆的通识性也意味着提高了不同国家、不同语种之间交流互鉴的效率。2020年5月18日，由中国文物交流中心指导、文物交流智库编制的《全国博物馆（展览）2019年度海外影响力评估报告》（以下简称《报告》）[3]于"5·18国际博物馆日"当天正式发布。《报告》"专题类博物馆综合影响力"排名前十名中，行业博物馆占据半壁江山，并稳居一二。

其中拔得头筹的中国丝绸博物馆，打破传统工艺发展局限，打通服装时尚行业命门，积极将国际服装时尚行业优秀经验与成果"引进来"，交流互鉴。中国丝绸博物馆于2019年9月20日举办《迪奥的迪奥Dior by Dior（1947—1957）》展览（图4），吸引大量国内非专业的普通观众蜂拥而至，欣赏国际优秀服装的设计艺术与制作工艺。并通过"走进东方：迪奥时装艺术和当代中国设计的对话"学术会议，邀请业界专家从历史、文化、设计、工艺、审

图3 中国伞博物馆《许仙借伞》和《雨巷》场景（笔者摄）

美等内容展开针对迪奥时装艺术设计的专题演讲与主题对话，以期对中国服装产业和服装教育有所启发和推动。常言道，艺术无国界，其实随着生产、贸易、投资和金融四大方面的经济全球化的定型，大多行业亦无国界。在国际政治博弈的大背景下，各国自觉自发的行业文化输出输入行为不仅是对话语体系的构建，也是对世界命运共同体的构建。

表1 专题类博物馆综合影响力TOP10（表格出处:《报告》）

排名	博物馆名称	综合影响力指数
1	中国丝绸博物馆	50.00
2	青岛啤酒博物馆	40.96
3	广东海上丝绸之路博物馆	32.41
4	杭州西湖博物馆	31.97
5	中国航空博物馆	30.05
6	泉州海外交通史博物馆	28.23
7	中国茶叶博物馆	23.25
8	长沙简牍博物馆	13.36
9	徐州汉画像石艺术馆	11.76
10	宁波帮博物馆	10.21

图4 《迪奥的迪奥 Dior by Dior（1947—1957）》展览海报（中国丝绸博物馆官网）

(三)行业博物馆当代性有助于传统与未来存续互鉴

正因大部分行业博物馆在梳理和展示自身原本较为零碎和薄弱的行业史时,面临着既鲜少考古遗址资源,又缺乏系统史学支撑的痛点,所以更能深刻体会到为行业未来记录当下的必要性和重要性。以往世界通行的博物馆和美术馆分工大致为:博物馆负责收藏展示古代和近代文物,美术馆负责收藏展示近代和现代艺术品。那么界于中间地带,虽具有一定研究价值和情感记忆,但又相对缺少历史分量和审美价值的近现代见证物面临无所归处的局面。久而久之,这些能够见证和说明特定历史情况的物品,因未能得到妥善保存而逐渐湮灭,将无法满足未来对该阶段历史解读、研究和展示的需求。这也是我国乃至全球,对古代历史和行业历史无法完全深入解读的主要原因之一。

自1992年国际博物馆协会发布"5·18国际博物馆日"主题以来,已多次在全球范围探讨博物馆与公众记忆的问题。1996年"收集今天,为了明天"、2011年"博物馆与记忆"(图5)和2013年"博物馆(记忆+创造力)=社会变革"等,有关记忆的议题,涉及"博物馆存在的理由,以及它与时间性概念的本质联系"[4]。随着生产力和信息技术质变性的提高,以及由各行业重点扶持的行业博物馆群体大量出现,逐渐拥有更多人力、物力和财力,将历史文化的触角伸向更广泛的领域和更宽泛的时域,对当今发展情况做出更及时的反应和反馈。一馆之兴必有一业之兴,唯有各行各业发展态势良好,方能涵养行业文化,孕育行业精神,收录与行业相关的"遗珠",记录和沉淀行业发展的当代信息。

目前这些现存珍贵的历史见证物正源源不断地入藏行业博物馆"记忆存储与展示库",

图5 2013年"博物馆(记忆+创造力)=社会变革"
(图片来源:海报国际博物馆协会官网)

成为行业故事中重要的亲历者和讲述者,也将成为未来回看和研究"当下"的宝贵资料。新时代的行业博物馆还肩负着借由研究行业规律、展示行业脉络、启迪行业发展方向和普及大众行业认知的使命。如同中国证券博物馆展示少为人知的"红色证券",既是对红色文化的特殊解读,又是对证券行业历史的全新启迪和重新认知。1927年至1949年新民主主义时期,根据地、解放区出于革命战争和经济建设的需要,尝试发行证券。其中发行股票和公债,曾是筹措革命战争经费和经济建设资金的重要渠道。一张张看似简陋普通的壹圆、伍角的股票,不仅承载着当年苏维埃政权发展苏区经济、支援前线抗战,顽强不屈的红色文化,还有力回应了之后改革开放初期关于"证券是姓社还是姓资"的问题。抚今思古,倘若20世纪80年代我国已拥有较好的行业展藏资源和行业认知基础，大众完全了解数十年前就已发行过"红色股票"和"红色债券"，证券只是发展经济的一种资本手段。那么在90年代初期资本市场恢复初始，或许可以直接指明行业发展方向，从而少走一些弯路。

因此，行业博物馆注重梳理与表达当代性，同时具有为大历史查漏补缺、锦上添花和为小历史化零为整、固本培元的双重益处。当今大环境下博物馆的定义正不断外延，博物馆已不再是单纯收藏和展示"古董"的保险箱。对于葆藏国家记忆、承载人民情感、连接传统与未来，行业博物馆具有强烈的现实意义，关注当下、紧跟时代。

让收藏在博物馆里的文物、陈列在广阔大地上的遗产、书写在古籍里的文字都活起来，同时让散佚在各行各业的故事也都活起来。用行业博物馆的行业性、通识性和当代性，逐步紧密连接传统与现代、行业与文化、博物馆与大众，并藉国际行业文化交流反推新时代中国形象的重绘和中国特色话语体系的重构。

三、中国特色话语体系重构下行业博物馆发展方向

（一）响应平衡与共构需求

以中华传统文化提升中国国际话语权，深受内外复杂因素的制约和牵绊而面临困境，其中包括国际话语的西方霸权挤压，中国传统文化的转化创新不足、实践载体缺失、传播渠道受限和国际认同薄弱，都在一定程度上约束了当今中国国际话语权的塑造[5]。行业博物馆的特性能够有效平衡和调和中国话语体系中传统文化、红色文化和社会主义先进文化的比重关系，使其真正成为更贴近生活、贴近人民和贴近当代的特色话语体系和国际话语权。

当大量向国外输出展示优秀的中国历代传统艺术品时，如中国茶叶博物馆这类的行业博物馆也在"走出去"方面已有探索和尝试，延续了1867年巴黎世博会首次向世界展示中国茶文化和扩大华茶销路的文化输出传统。中国茶叶博物馆1990年10月开放后，曾赴美国、英国、俄罗斯、芬兰、摩洛哥等多个国家举办展览和茶事活动，极大推进国际社会对茶叶价值的认可与重视，从而振兴茶产业、弘扬茶文化。2019年12月，联合国大会宣布将每年5月21日确定为"国际茶日"，以赞美茶叶的经济、社会和文化价值，促进全球农业的可持续发展。茶起源于中国，盛行于世界，作为茶叶生产和消费大国，通过国际交流展览和活动深化茶文化交融互鉴，推动全球茶产业持续健康发展。

藉国际行业精神文化与发展经验交流之际，把国外先进优秀的行业创新成果引进来，同时让中国经验、中国智慧和中国力量走出去，以行业文化互助合作的视角，助力行业博物馆更好地传承中国优秀文化，发扬社会主义先进文化。特色话语体系不仅是一个国家的发展道路、文化传统和价值观念，还可以渗入各行各业更专业、更细分的垂直领域，在各行各业实现国际话语权的互联互通。将受众的范围从少量专业技术人员，扩大到社会爱好人士乃至国内外人民，促进世界文明交流互鉴，传播全球智慧共享共进的观念，深化构建人类命运共同体的意识。

于国内，行业博物馆应积极响应中国特色话语体系"平衡与共构"的需求，丰富以行业文化为延伸的先进文化内涵，提高以行业文化为增补的先进文化比例，利用自身优势讲述现当代"中国故事"、贡献现当代"中国智慧"和提供现当代"中国方案"。与此同时，于国际，

借现代行业科技与行业国际交流的东风，对外输出和传播数千年至今中国制造的传统智慧和创新精神。打破以往文化输出过程中"爱看什么就得给看什么"的不对等和被动关系，消弭以往国际对中国传统文化的猎奇心理和对中华民族人文的刻板印象，助力重新定义和构建国际视阈下的中国特色话语体系。

（二）顺应多元与包容趋势

2020年博物馆日的主题为："致力于平等的博物馆：多元和包容"（Museums for equality: Diversity and Inclusion）[6]，意在全球范围探讨博物馆如何利用展览和讲故事的方式克服偏见，如何消弭博物馆与观众中的不平等现象，鼓励社区和博物馆从业者拥有多样化的观点。博物馆与公众的关系，从观众解读博物馆转变为博物馆解读观众，以及观众和博物馆互相解读与被解读。博物馆已走下"神坛"，走向"公园"，作为公共开放文化空间，呈现开放性话题与答案，博物馆展览不单展示既定学术成果和器物本身，也可以是提供思辨、对话与创造的文化空间，消弭偏见和不平等。

随着当今博物馆由"出世"到"入世"的姿态转变，更多以建设性的积极姿态参与现代社会、政治、经济和文化议题，以此展示其与社会的紧密联系。同时作为变革的推动者和被信赖的机构，博物馆所拥有的话语权和影响力不容小觑，其中行业博物馆更因直接参与现代社会而显得尤为重要。2020年新型冠状病毒带给文博界两大显性影响，一是加速博物馆网上展览和线上直播发展进程，二是拓宽博物馆对当代社会议题进行收藏与展示的阈值，更具多元与包容。安来顺呼吁"留下抗疫的历史记忆"，他指出"COVID-19注定成为包括中华民族在内的世界各国人民不可磨灭的社会集体记忆，一段关于灾难与痛苦、英勇与坚韧、反思与变革的全景式的记忆。"[7]2020年3月19日，中国海关博物馆举办《国门"疫"线》H5线上展览（图6），成为全国首个"抗击疫情展"。新冠肺炎疫情暴发以来，中国海关迅速采取防控措施，加强口岸疫情防控，保障疫情防控物资通关，助力打赢疫情防控阻击战。为此，中国海关博物馆撷取全国各地等以海关为代表的全国海关警员奋战在抗疫一线的点滴故事、精彩瞬间，呈现此次抗疫主题展览，发挥与之直接相关的行业博物馆对当代突发性和热门性社会议题反应迅速、形式灵活的特殊优势。行业博物馆在此趋势下，更为关注不同群体和当代议题，为我国多元和包容的文化能量场赋能。

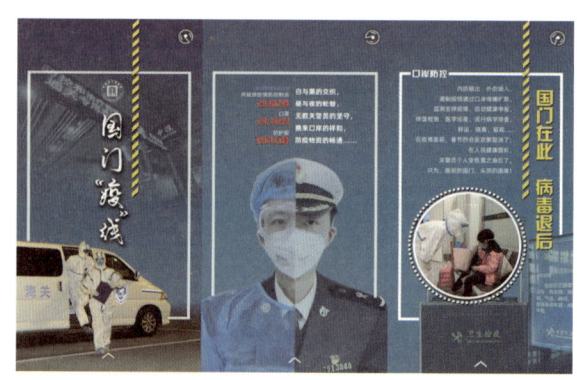

图6 《国门"疫"线》H5线上展览（图片来源：中国海关博物馆微信公众号）

在为不同身世和背景的群体创造有意义的体验方面，行业博物馆具有强劲的潜力，这也是行业博物馆依托社会群体特色，发挥社会价值的中心思想。以较为多样化的行业故事和先进观点为切入点，改变不同群体之间的行业偏见和既定印象，这也是国际博物馆界所关注的焦点之一。满足不同身世、不同背景和不同需求的群体文化之间互动认同与理解，将有助于促进和谐平等关系和特色话语体系构建。

毋庸置疑，不论是中国特色话语体系重构，

还是行业博物馆发展，都是时代助推的产物和时代需求的呼声。作为博物馆文化生态圈中新生力量的行业博物馆，其所积聚的价值与能量远超常规认知中的行业圈层。重新认识并发挥自身优势和独特作用，响应平衡与共构需求，顺应多元与包容趋势，使之成为中国文化更具现代和立体的新代言，民族画像更为真实和清晰的新面貌，人民记忆更加自信和自豪的新宝藏。传统智慧与创新精神的行业文化双管齐下，融入中国特色文化整体语汇，补齐国际社会对中国现当代认知匮乏与偏见态度的短板，提供全球可借鉴的中国智慧与中国经验，深化构建人类命运共同体的意识，重新定义和构建国际视阈下的中国特色话语体系。

【注释】

[1] [法]米歇尔·福柯著，刘北成、杨远缨译：《规训与惩罚》，北京：三联书店，2007年，第29页。

[2] 博物馆与社会文物司：《国家文物局关于公布2019年度全国博物馆名录的通知》，载国家文物局网，http://www.ncha.gov.cn/art/2020/5/18/art_2318_43812.html。

[3] 文物交流智库：《2019年度全国博物馆（展览）海外影响力评估报告》，载中国文物交流中心网，http://www.aec1971.org.cn/art/2020/5/18/art_430_36263.html。

[4] The theme: Collecting today for tomorrow, http://archives.icom.museum/imd_rep96.html.

[5] 赵庆寺：《中华传统文化与中国国际话语权的建构路径》，《探索》2017年第6期。

[6] The theme: Museums for Equality: Diversity and Inclusion, http://imd.icom.museum/international-museum-day-2019/museums-ascultural-hubs-the-future-of-tradition.

[7] 安来顺：《博物馆集体记忆功能语境下的COVID-19》，《博物院》2020年第2期。

博物馆与地域文化

"地域博物馆论"视阈下我国县级博物馆发展模式探究

于 晖（中国妇女儿童博物馆）

摘要： "地域博物馆论"是20世纪下半叶日本学者以博物馆与地区发展为角度提出的新博物馆建设的理念，其核心思想在于构建博物馆与公众的双向交流关系，即公众不再是单纯的受众群体，而需要主动与博物馆合作，共同参与地区文化建设。本文通过阐释"地域博物馆论"的内涵，分析其对于我国县级博物馆发展建设的借鉴意义——实现地域文化的普及、促进知识共享与文化创新，并探讨我国博物馆制度下县级博物馆的发展可能。

关键词： 地域博物馆；伊藤寿朗；县级博物馆；博物馆与公众

观察一个国家的博物馆不能光看几个知名的大馆。知名的大馆可以提高一个国家博物馆声誉，但一个国家的博物馆声誉光凭大馆是支撑不起来的[1]。苏东海先生的一番论断指出中小型博物馆之于博物馆的重要意义。然而，作为我国博物馆体系的主要构成，县级博物馆却长期面临着发展的困境。

近日，随着国家发改委发布了《关于加快开展县城城镇化补短板强弱项工作的通知》，县级博物馆的发展又一次成为行业关注的焦点。《通知》重点指出要提升县城公共设施和服务能力，因地制宜发展新型文旅商业消费聚集区；根据需要改扩建或新建县级公共图书馆、文化馆、博物馆；在重要旅游景区所在县和有条件发展全域旅游的县，完善游客服务中心、旅游道路和旅游厕所等配套设施，建设城市公园等等。

那么，县级博物馆应当如何发展？其公共性如何体现？如何处理与当地居民的关系？日本学者提出的"地域博物馆论"或许可以为我们提供一种新的思路。

一、我国县级博物馆研究现状

1949年，中华人民共和国建立之后，县级行政区域的政府开始主办博物馆。1951年，四川省巴中县成立了中华人民共和国第一个县级博物馆"巴中县人民文化博物馆"[2]。改革开放后，我国博物馆事业迎来了新的发展高峰，各地的博物馆建设呈现出百花齐放的发展态势。特别是以县级博物馆为代表的基层博物馆的建设发展速度不断加快，使得博物馆的社会功能显著拓展，同时也象征着我国博物馆体系结构日趋完善。

要树立具有中国特色的博物馆整体形象，必须重视中小博物馆数量与质量的同步发展[3]。学界对县级博物馆建设的关注由来已久，中国知网收录以"县级博物馆"为关键词的文献自1983年始，至今共有273篇，特别是2008年博物馆免费开放之后，相关研究成果大幅增多，其中2018年共计发表27篇，为历年之最。这些研究成果从多个角度对县级博物馆建设提出了合理化建议。

针对县级博物馆应当如何实现高质量发展，博物馆界前辈给出了自己的看法。杨凤光（1990年）[4]、侯良（1990年）[5]、理智（1994年）[6]、张家淦（1996年）[7]等学者结合20世纪90年代中国博物馆事业发展的实际情况，对县级博物馆建设中所反映出的各类问题进行了分类整理，为未来县级博物馆的良性发展指引了方向。

21世纪以来，伴随着城镇化进程的加速，县级博物馆的建设也步入全新的发展阶段。《中共中央关于深化文化体制改革的决定》提出，"推动文化事业全面繁荣，必须按照公益性、基本性、均等性、便利性的要求，发挥政府的主导作用，加强文化基础设施建设，完善公共文化服务网络"。作为社会主义文化事业的重要组成部分，博物馆在新时代背景下承担了更多的职责与使命。此时，如何更好地发挥基层博物馆的优势，成为学界关注的重点。其中，唐红炬（2007年）[8]认为，没有县级博物馆的现代化，就没有文博事业的现代化，更不能满足最广大的人民群众日益增长的文化生活需求，同时他还指出县级博物馆要面向现代化，人才是根本，拓展是关键，经营管理、新技术运用同样不可或缺。王晓洁（2012年）[9]受"信息定位性展览"论的启发，从县馆一线工作人员的视角，探讨"信息定位"与"器物定位"之辩对基层馆生存发展的现实意义。杜冠博（2019年）[10]认为县级博物馆的专业化发展必须依靠从业者锲而不舍的精神——以专业的方法完成普通的日常工作，不懈怠服务社会的责任。

随着对县级博物馆研究的不断深入，学者的视角也从宏观转入微观，针对县级博物馆的各项业务工作展开了众多卓有成效的实践研究。其中，戴丽娟（2012年）[11]、徐伟（2017年）[12]、孙良凤（2018年）[13]从藏品征集和保护的角度探讨县级博物馆之于传承中华优秀传统文化的重要价值；赵莉（2012年）[14]、王晓青（2014年）[15]、李天铭（2014年）[16]分别从内容和形式两个方面深入剖析县级博物馆的陈列展览现状，并提出具有针对性的展陈优化建议；冯岁平（1997年）[17]、曹正茂（2012年）[18]则探讨了如何更加合理的建设县级博物馆，进一步发挥县级博物馆在公共教育领域的优势。

可以看到，县级博物馆是博物馆体系建设的重要内容，是保障人民基本文化权益的重要阵地。上述研究成果立足于县级博物馆的整体发展，结合博物馆学理论与实践经验，深入阐述了新思想下县级博物馆深化改革的目标和方向，明确指出了新要求下县级博物馆高质量发展的遵循要义。然而，在认识到县级博物馆发展潜力的同时，我们也要正视当前实际工作中存在的压力与困难。

首先，藏品管理中存在的问题未得到从业者的重视。目前，各地县级博物馆均存在藏品来源枯竭的问题，以鲁西南地区县级博物馆为例[19]：2012年菏泽市下属的8座县级博物馆，全年没有新收录一件藏品。2013~2014年，此情况虽有缓解，但也仅限于巨野县博物馆和鲁西南战役指挥部旧址纪念馆分别征集到的17

件/套和28件/套藏品，而其他6座博物馆仍未有新入藏品。同时，一些县级博物馆的藏品还存在管理混乱的问题，主要表现为库房面积狭小、藏品保管设施短缺、安防设施不完善、藏品管理制度欠规范等等[20]，这也是博物馆发展建设中的薄弱环节。

其次，县级博物馆的陈列展览内容枯燥、相似度高，展示手段单调、陈旧。不少县级博物馆存在观念落后，对博物馆展陈策划的认识不够、动力不足等主观因素[21]。同时，受限于硬件设施、资金预算等客观条件，一些县级博物馆的基本陈列多年未变，临时展览寥寥，且大多敷衍了事，有的博物馆没有合理的展览计划，甚至长年不举办展览，难以吸引社会公众关注。

人才匮乏也是制约县级博物馆发展的一个重要问题——人才留不住、留不好已成为县级博物馆人事管理中所存在的普遍现象。韦雯彦认为，这是由于博物馆用人机制不完善所造成的结果：县级博物馆级别低，没有人事自主权，难以根据实际需要引进合适的专业人员[22]。此外，还有一点值得思考的是县级博物馆的编制较少，且人员分工不明确，部分职工既要负责业务工作又要处理行政事务，再加上博物馆行业的薪酬低于社会平均水平，导致馆内工作人员积极性较低，直接影响了工作效率，长此以往形成了恶性循环。

二、"地域博物馆论"概述

受欧美各国的近代化政策及欧洲万国博览会影响，真正意义上的日本博物馆，诞生于19世纪60年代末。明治政府认识到博物馆的教育效果，开始关注并发展作为社会教育设施的博物馆[23]。然而很长一段时期以来，博物馆在日本国内都只是作为一个保存实物的场所，未能充分发挥其社会教育作用，而地方性博物馆，则被看作是与"中央"对立的、负责搜集保管乡土资料的一类"乡土资料馆"。二战以后，随着各种教育体制的不断革新，人们逐渐意识到博物馆之于社会的重要价值，特别是1951年日本颁布的博物馆法，其中明确了博物馆作为社会教育机构的职责与使命。此时，学界重新评估地方性博物馆的作用，主张博物馆应当重视地方文物的征集、保护与研究，确保在地居民能够普遍享有终身学习的权利。

在此背景下，日本博物馆学者以博物馆与地区发展为角度提出的新博物馆建设理念提出了"地域博物馆论"，该理论指出，从作为社会教育机构的立场出发，博物馆的存在价值（公共意义）在于以彻底的地方研究为基础，确保居民学习的权利，并与在地居民建立伙伴关系，协助居民面对地方课题[24]。"地域博物馆论"对于日后地方博物馆的发展建设具有深远影响，千地万造（1946年）、浜口哲一（1977年）、加藤有次（1977年）、仓田公裕（1979年）等众多学者均对此发表个人认识和见解，可谓见仁见智，其中以伊藤寿朗（1947~1991年）的论述最具代表。

作为推动日本地方博物馆转型的先驱，伊藤寿朗终身致力于博物馆社会教育改革，通过对日本博物馆史的深入研究，倡导"第三世代博物馆论"及"地域博物馆论"。早在1969年，当时还是学生身份的伊藤寿朗即在《社会教育月刊》上发表文章探讨当时社会教育文献中未提及的涉及博物馆教育属性的问题——"博物馆是什么""博物馆为谁服务"等。在此之后，伊藤寿朗又概述了二战前后日本博物馆的发展情况，并对当时的博物馆教育理念提出批判。在他看来，19世纪60年代学界将"研究"和"教育"视为两个略有对立概念的理念导致当时的博物馆极度缺乏以社会教育为目的开展的业务研究工作,但实际上博物馆的研究是与保障公民的学习权利密不可分的。因此,伊藤寿朗从历史发展和社会需求的角度出发,试图重新审视博物馆的主体性,进而探讨博物馆的社会定位与功能转变。

伊藤寿朗以博物馆的核心职能将博物馆的发展分为三期:以收集保存稀有物为目的的第一世代博物馆,以公开展示为重点的第二世代博物馆以及以参与体验为使命的第三世代博物馆。三种世代的博物馆以时间序列先后出现,并在当今对应各类型博物馆。伊藤寿朗认为,以地域志向型博物馆(地域博物馆)为代表的第三世代博物馆所面对的不是一般的且没有个性的观众,而是在地方生活、具有高度自主意识,与博物馆有共同连带关系的市民[25]。在他看来,地域博物馆必须具备三点要素:辐射更多市民的广泛性、对地方文物研究的深入性以及促进市民相互交流的关联性[26],市民的身份不再单纯作为博物馆的启蒙对象,而应当成为认识地方文化、解决地方课题的主体,地域博物馆则需要运用其各种功能来培育这样的能力。由此可见,伊藤寿朗的"地域博物馆论"回避了博物馆是"研究机构"还是"教育机构"的争论,强调地域博物馆要以激发和培养市民的自主学习能力为目标,通过对本地区物质资料的收藏、研究、展示等活动,引领市民深入了解本地文化,保障他们终身学习的权利,并与之携手共同参与地方建设。

对于伊藤寿朗的这一论述,诸多日本学者也基于自身实践对此论述发表自己的观点。金山喜昭[27]将"第三世代博物馆"评价为"培养公众独立人格的博物馆",并结合其管理野田市乡土资料馆的经历以及地域博物馆发展建设的实际状况,认为地域博物馆的价值在于"通过博物馆领域内的各项业务的开展,提高当地居民的自我教育能力,并且为培养居民的乡土意识提供了契机,有助于公民意识的形成"。

布谷知夫[28]指出"第三世代博物馆"是一个难以用语言描述其内涵的抽象的博物馆形象,他提倡一种"参与式博物馆"的观点,并以滋贺县立琵琶湖博物馆的实践为例做具体说明。布谷知夫还总结梳理了学界对于"地域博物馆论"的诸多探讨,将地域博物馆定位于"帮助地区居民产生对本地的自然文化和人文文化的兴趣",他强调为了促使博物馆更广泛地参与地方建设,有必要进一步拓展博物馆的职能。

在社会教育领域,加藤由以[29]结合20世纪50年代至70年代的博物馆教育理论,探讨了博物馆教育的核心内涵。他批评了那些博物馆教育顾问往往孤立地讨论博物馆"教育"功能的行为,并借鉴伊藤寿朗对地域博物馆使命与职责的论述,指出必须从整体性上看待博物馆的教育职能。

生岛美和[30]通过对伊藤寿朗"地域博物馆论"的实证考察,主张重新审视博物馆学艺员的价值。生岛美和从对日本国内的市町村博物馆进行问卷调查结果中发现,学艺员在开展业务过程中会"经常性的与地区居民就地域文化以及活动项目进行交流与沟通",这正是伊藤寿朗所倡导的博物馆"重视培育市民自我意识"的观点在实践中得到应用的体现。

由此可见,伊藤寿朗的"地域博物馆论"可以被视为地方性博物馆教育的方法论,包括市民作为学习者的性格、教育活动的规划方针以及地方社会资源的运用方针[31]。其对于地方性博物馆如何更好地发展与建设具有重要的指导意义,对我国博物馆特别是县市级博物馆的建设也具有积极的借鉴意义。

三、促进我国县级博物馆发展的有力举措

近年来,我国虽然加强了对地方博物馆建设的扶持力度,出台了一系列的管理制度,但仍然无法满足人民群众日益增长的多元需求,地方博物馆的建设与博物馆行业的发展趋势严重脱节。

通过上文的论述,我们可以看到,伊藤寿朗的"地域博物馆论"有三点核心思想:首先,地方博物馆应该参与地方社会文化建构工作。地方博物馆不是自成体系、自我完结的知识库,博物馆不是目的本身,而是发现问题与对应问题的手段;其次,博物馆与地方居民不但关系密切,更应该发展出对等的伙伴关系;再次,博物馆应该透过其独特的专业功能(收藏、研究、展示、教育)之运用,来实践上述两个目标[32]。这就为我们如何建设好县级博物馆提供了重要的理论依据和指导方法。

(一)重构与在地居民的相互关系

日本有关博物馆与地域社会课题的思维和欧美不同:欧美博物馆强调如何对应多民族和多元文化的地域社会中不同个人的需求,而日本的地方博物馆则面对地方的所有居民,强调如何培育具有地方意识与地方关怀的居民,并关注如何通过博物馆活动使得居民有所改变[33]。从伊藤寿朗的论述中,我们也可以看到,市民与博物馆关系的建构是地域博物馆发展的关键点。市民不仅要借助博物馆这一平台进行持续性的自我教育,也要与博物馆联结合作,共同面对地方性课题。日本在此方面有许多有益的尝试,其中卓有成效的是"市民学艺员"项目。日本博物馆界中所称"学艺员"是指在博物馆、美术馆等机构中负责"资料的收集、保管、展示及调查研究的专业职员",市民学艺员即指那些完成博物馆相关的培训课程后,参与协助博物馆开展各项业务工作的普通市民。市民学艺员项目的实施可以从一定程度上解决县级博物馆的藏品征集和展览策划等问题。

我国县级博物馆目前面临着藏品征集来源枯竭、展览内容枯燥等严重制约着当地博物馆发展的重要问题。"市民学艺员"项目为我们提供了可供模仿的经验——非专业者的参与,有助于提升博物馆的公共意义,充分调动在地居民的参与积极性,不但为博物馆征集藏品提供更为丰富的渠道和来源,还可以利用在地居民的主观能动性策划颇接地气的地域文化展览。这个项目的实施还为在地居民提供了接触当地自然景观与人文历史的机会,是博物馆开展终身教育的一种形式,并为市民搭建了一个互相交流的平台,通过人与人的密切接触,促进当地居民的社群构建,进一步增强市民对地域文化的认同感。

同时,对于我国县级博物馆的发展来说,强调当地居民在文化记忆守护与传承方面的主体作用,还有助于博物馆更好地履行社会职责。对于当地居民来说,通过博物馆组织的各类活动,充分学习和感受地域文化,激发他们参与地方建设与文化传承的积极性。如此一来,当地居民也会因彼此认同而产生更强的凝聚力,对地区发展大有裨益,博物馆也会受到更多市民的喜爱和尊重。

(二)创新人才培养机制

正如前文所述,博物馆应当成为引领地方居民发现地域特色、认识地方文化,甚至解决地方课题的场所,这实际上也凸显出博物馆对研究人员的旺盛需求。然而,人才的缺失却是当今我国博物馆行业存在的最为普遍的问题。而相较于责任明确、分工细化的大型综合型博

物馆,县级博物馆人员编制稀少,专业人才匮乏、研究力量薄弱的现象则更加突出。

伊藤寿朗指出,地域博物馆若要成为扎根地方的"社区博物馆",就必须积极应对地方所面临的各类课题。在这一过程中,不能仅依靠博物馆研究员的个人能力,在地居民的共同参与也是对研究员的必要辅助。如此说来,地域博物馆只有通过博物馆研究员的组织与引导,才能真正成为地方性的、属于在地居民的博物馆。因此,县级博物馆的专业人才队伍培养不应脱离地方性而孤立进行,而是要围绕如何更好地促进地方建设这一根本目的,与其所在区域的综合性博物馆(省市馆)合作,制定"请进来"与"送出去"并重的人才联合培养计划。

一方面,县级博物馆要聘请大型综合型博物馆中对地域文化有深入研究的专家学者,为县级博物馆开展相关课题研究提供指导,以弥补其科研能力不足的缺陷。特别是在实践过程中,要突出体现聘请专家的引领地位,培养研究人员发现问题、解决问题的能力,坚持"在做中学、在学中做"的学用结合原则,促使他们在不断的实践中快速成长。另一方面,县级博物馆也应当将本馆研究人员派往综合性博物馆进行中长期的实践性学习。相较于以往的组织学习、行业培训等提升手段,这种近距离的学习更能加深研究人员对于博物馆工作的整体理解,培养他们专业的思维方式以及对博物馆事业的热情。尤其是在社会教育领域,综合性博物馆拥有更广的视角以及丰富的经验,参与此类项目可以帮助县级博物馆研究人员拓宽视野、增长见识、提高水平,并重构他们对社会教育工作的认知,这对于日后他们回归本馆独立开展社教活动具有重要意义,对县级博物馆的未来发展也将产生深远影响。

四、余论

县级博物馆存在的意义不能只局限在增加全国人均博物馆占有率的数值上,更应该成为基层人民接触博物馆、与地域文化乃至民族文化产生共鸣的第一站。"地域博物馆论"的核心思想——构建博物馆与公众的双向交流关系,促使公众在不断地参与过程中,将对博物馆的情感渐渐转化为对地域乃至国家的情感和对民族文化的使命感。在如此前提之下,可以说与公众建立独特的交流关系,是县级博物馆在整个博物馆体系中不可替代的独特地位。当然,在实际工作中,要结合不同地域公众的不同特点和生产生活习惯,有针对性地构建交流关系,每一种尝试无论成败,都是具有现实意义的,这些经验也应该得到更广泛的交流和讨论,从而形成可以指导实践的县级博物馆工作的方法论。可以预见的是,这是一个需要长期努力的过程,期间必定任重道远、困难重重,但当县级博物馆真正摸索到适合自身发展的道路时,中国博物馆事业也将迎来巨大飞跃。

【注释】

[1] 苏东海:《加强县级博物馆的发展研究》,《中国博物馆》1993年第1期。

[2] 理智:《论"县县办博物馆"》,《中国博物馆》1994年第2期。

[3] 苏东海:《加强县级博物馆的发展研究》,《中国博物馆》1993年第1期。

[4] 杨凤光:《论县级博物馆的建设》,《江西文物》1990年第4期。

[5] 侯良:《地志性博物馆与乡土教育》,《中国博物馆》1990年第1期。

[6] 理智:《论"县县办博物馆"》,《中国博物馆》1994年第2期。

[7] 张家淦:《制定〈县博物馆工作条例〉刍议》,《中国博物馆》1996年第2期。

[8] 唐红炬:《县级博物馆如何面向现代化》,《中国文物科学研究》2007年第1期。

[9] 王晓洁:《"信息定位"与"器物定位"之辩对县级博物馆发展的意义》,《中国博物馆》2012年第4期。

[10] 杜冠博:《浅谈县级博物馆的专业化发展》,《中国文物报》2019年12月24日第6版。

[11] 戴丽娟:《对地县级博物馆文物保护工作的认识》,《吉林省博物院.吉林省博物馆协会第一届学术评奖文集》,长春:吉林人民出版社,2012年,第118~121页。

[12] 徐伟、杨千民、左彩龙,《浅谈县级博物馆的藏品征集与保护》,《中国博物馆》2017年第4期。

[13] 孙良凤:《初探县级博物馆文物保管中的问题与思考——以含山县博物馆为例》,《文物鉴定与鉴赏》2018年第16期。

[14] 赵莉:《县级博物馆地方历史陈列展览初探》,吉林大学学位论文,2012年。

[15] 王晓青:《陕西省县级博物馆陈列展览现状研究》,西北大学学位论文,2014年。

[16] 李天铭:《市县级博物馆陈列内容设计撰写的程序和基本规范——以甘肃省市县级博物馆历史类陈列为例》,《博物馆研究》2014年第4期。

[17] 冯岁平:《由抽样调查看县级博物馆教育的现状与对策》,《中国博物馆》1997年第2期。

[18] 曹正茂:《探讨如何提升县级博物馆的社会教育功能》,《大众文艺》2012年第20期。

[19] 汤铭明:《鲁西南县级博物馆现状调查与初步分析》,山东大学学位论文,2017年。

[20] 王晓妮:《新形势下山东地区文物系统中小型博物馆现状及发展研究》,山东大学学位论文,2010年。

[21] 陈尚荣:《论免费开放后基层博物馆的展陈策划——以江苏省县级博物馆考察调研为例》,《南京理工大学学报(社会科学版)》2011年第6期。

[22] 韦雯彦:《也谈县级博物馆的发展困境》,《中国文物报》2012年4月18日第7版。

[23] 半田昌之,邵晨卉:《日本博物馆的现状与课题》,《东南文化》2017年第3期。

[24] 黄贞燕:《博物馆、知识生产与市民参加——日本地域博物馆论与市民参加型调查》,《贵州社会科学》2014年第6期。

[25] 黄贞燕:《博物馆、知识生产与市民参加——日本地域博物馆论与市民参加型调查》,《贵州社会科学》2014年第6期。

[26] [日]伊藤寿朗:《市民のなかの博物馆》,东京:吉川弘文馆,1993年,第157、158页。

[27] [日]金山喜昭:《日本の博物馆史》,國學院大學学位论文,2001年。

[28] [日]布谷知夫:《博物馆の理念と運営:利用者主体の博物馆学》,东京:雄山阁,2005年,第61页。

[29] [日]加藤由以:《博物馆における「教育」の位置づけ:「博物馆教育」の担い手に注目して》,《生涯学習・社会教育研究ジャーナル》2011年第5期。

[30] [日]生島美和:《博物館活動における学芸員の教育実践の再考——伊藤寿朗「地域博物館論」の実証的検討を通じて》,《教育学論集》2010年第6期。

[31] 黄贞燕:《博物馆、知识生产与市民参加——日本地域博物馆论与市民参加型调查》,《贵州社会科学》2014年第6期。

[32] 黄贞燕:《博物馆、知识生产与市民参加——日本地域博物馆论与市民参加型调查》,《贵州社会科学》2014年第6期。

[33] [日]布谷知夫:《博物館の理念と運営:利用者主体の博物館学》,东京:雄山閣,2005年,第26~29页。

"京味文化"与博物馆展示方式
——以万寿寺—北京艺术博物馆为例

李 蓓（北京艺术博物馆）

摘要： 依托于文物建筑建立的博物馆，应当将地域文化融入该馆的展览展示乃至博物馆主题当中。"京味文化"是北京地区居民在长期生产生活中形成的风俗习惯、礼仪礼节、道德规范，作为北京地区特色的区域文化，具有历史悠久、复杂多变、多元共存等特点，其核心在于发展与包容。博物馆中展示的京味文化，并非简单复原传统社会生活的场景，而是基于北京的历史遗存之上对于地方文化的重新发现和建构。本文以建立在万寿寺建筑群中的北京艺术博物馆为例，通过分析万寿寺中蕴含的"京味文化"特色，尝试探讨将北京文物建筑中蕴含的"京味文化"与博物馆文化内涵结合，发挥博物馆展览展示与教育职能，实现文化价值的输出，推动"京味文化"走出去的方法。

关键词： 京味文化；博物馆重构；万寿寺

拥有三千余年建城史、八百余年建都史的古都北京，历史悠久，古迹众多。遍布京城的文物建筑作为文化传承的物质实体，是文化传承中的"参与者"与"见证者"。作为文物建筑利用的重要形式，依托于文物建筑建立的博物馆，天然地担负起传承和弘扬优秀传统文化的责任，应当充分了解所在地区的地域文化，并将其融入本馆的展览展示乃至博物馆主题当中。

一、北京地区文化研究的发展

1986 年，北京历史学会和北京史研究会的专家举行了首次北京文化史研究学术讨论会，探讨北京地区文化研究方法和思路。作为千年古都、政治中心和文化中心，北京是全国各民族各地区文化的交流荟萃之处，北京文化集中代表了中国文化[1]；北京历史文化既有宫廷文化史的内容，也有民间文化史的内容，两者共同构成北京历史文化的整体系统[2]；北京文化包括宫廷文化、缙绅文化、市井文化、民俗文化[3]，具有悠久性、包容性、综合性、厚朴性、保守性等特征[4]；北京地区的文化形态，不仅反映在哲学、思想、学术、文学艺术、科学、教育等各个领域，也反映在人们的衣、食、住、行，婚丧嫁娶、风俗习惯等各方面[5]；研究北京文化，要将北京文化发展战略和北京文化史有机结合。

本次会议主要关注北京文化史的学科建设，其中许多研究思路被此后的研究者所遵循。

同样在20世纪80年代，"京味"小说在文学领域引起关注。1989年，《京味小说八家》出版，将"京味小说"作为一个文学流派加以研究，提出"京味小说"必须具备三个条件：用北京语写北京人、北京事；写出浓郁、具体的北京的风土习俗、人情世态；写出民族、历史、文化传统的积淀在北京人精神、气质、性格上所形成的内在特征。此后，众多研究者从京味文学角度，探讨京味作品产生的时代环境、作家作品的语言特色，揭示京味文化的基本内涵与构成要素。从一定程度上，这些研究将"京味"从北京文化形态研究中提取出来，成为北京文化的标志性符号。此后的众多研究将"京味文化"与北京文化相等同。

2003年，北京大学和哥伦比亚大学联合举办了"北京：都市想象与文化记忆"国际学术讨论会。讨论对象包括北京的文学、艺术、教育、传媒、宗教、建筑、生活环境以及民族意识等，穿越诸多学科领域。对此，陈平原教授指出，"城市研究天生就是跨学科的，单说文史兼通还不够，还必须有更为开阔的视野。""某种意义上，城市是建起来的，也是说出来的——尤其是城市的历史意蕴与文化内涵，即内在的力度与美感，需要人文学者帮助发掘，才能被公众所接纳。"[6]"京味文化"研究从具体的史学、文学等文化形态研究，逐步发展为打破学科界限、跨越多学科领域的研究范式，为文化研究在城市空间、历史、建筑方面的辐射和应用提供了思路和方向。

二、"京味文化"的内涵

21世纪以来，许多学者围绕"京味文化"的特征表现和传承发展进行了研究。1998年至2000年，首都师范大学历史系李淑兰教授连续发表了三篇文章，对京味文化的构成、特征、起源和流变，进行了系统的研究。通过梳理京味文化发生、发展的源流，作者认为"京味文化有着深厚的历史沉淀，是在小农社会的生产与生活模式的基础上产生的。它从北京成为封建皇都时开始酝酿，历经明清两代，到清末民初最终形成。当西方列强入侵以后，京味文化虽遭外界强力的破坏，仍保持其基本内容。在各种社会原因的推动下，京味文化也吸收了一些资本主义的文化因素"。京味文化的构成因素包括宫廷文化、缙绅文化、庶民文化，表现为庄重和谐、雅俗共赏、悠闲自在三大特征[7-9]。赵大年《"京味"漫谈》中指出：京味文化由宫廷文化、士大夫文化、宗教文化和民俗文化四大板块组成，表现于语言、教育、文艺、建筑、饮食、人文环境等各个方面[10]。陈小野、黄毅《北京文化的核心是中国传统文化》将北京文化整体特点和文化属性的论述整理为：乡村味、纯朴、贵族的、高雅的、典雅、庄重、大气、生命力、自然、闲适格调、重礼节、士大夫的[11]。

近年来，对于京味文化的研究在特征表现的基础上，强调文化形态之间的整体性，关注传统文化的传承和发展。如李淑兰《京味文化史论》中从"传统城市向现代化城市的转变""现代化城市建设与古都历史风貌""当代思想文化建设与传统美德教育""建设新时代的京味文化"等角度，为传统的京味文化与当代城市建设主题结合进行探讨。董晓莉《推进京味文化走出去的思考》中指出：京味文化是晚清至民国时期在北京形成的一种文化，是宫廷文化、缙绅文化和庶民文化相结合的产物。在民间音乐、文学、舞蹈、美术、传统戏剧、曲艺、民间杂技与竞技、传统手工技艺、传统医药、民俗中都有所体现。

它融合了满、汉、蒙、藏等多民族文化精粹，体现了多元、包容、发展的文化特性，是中华民族智慧的结晶，具有重大的历史传承价值[12]。赵雅丽在《京味文化的内涵特点及传承发展》中指出，京味文化是代表北京地域特征的文化符号，具有独特的人文社会文化价值。京味文化主要体现在古都北京的外在风貌与内在品格上，具体包括皇家文化、寺庙文化、士大夫文化、市井文化等。要实现京味文化的传承与发扬，需要保护与创新并重，实施走出去战略，借助新时代的文化发展契机[13]。

综合这些研究成果，"京味文化"作为北京地区特色的区域文化，具有历史悠久、复杂多变、多元共存等特点，其文化核心在于发展与包容。作为存在了八百余年的城市和古都，庄重大气的禁苑与乡土气息的胡同、森严的等级制度与淳朴的市井民俗、社会变革的核心与闲适安逸的生活，在北京地区文化中和谐共存，通过文物建筑等各类文化遗存体现出来。

三、博物馆对京味文化的重构与展示思路

早期的博物馆使用文物建筑作为馆址，通常仅为了利用建筑空间价值，对其文化内涵不够关注。随着时代的发展，社会对于博物馆的了解日益增加，对于文化消费的需求也逐渐增大。越来越多博物馆致力于阐释文物建筑中蕴含的文化价值，进而将文物建筑的历史文化资源进行博物馆化，以丰富和促进博物馆自身的研究和发展。

在全球文化一体化的大潮中，传统文化和地域文化需要调动内在的活力、建立明确的发展方向和自强意识，才能提升创造力与竞争力。2019年12月5日，国家文物局在第七次全国文物保护工程会上首次对外发布了《文物建筑开放利用案例指南》，提出加大文物建筑开放力度，尊重文物建筑历史和艺术特征。文物建筑被再利用为博物馆，不仅是建筑本身的功能转换，更需要在文化展示方面实现历史文化价值的重构。文物建筑中的博物馆应当体现出其建筑所蕴含的文化特色，展示和推动地区文化走出去。

京味文化的研究强调文化的差异性和独特性。"京味文化"概念的产生和发展是伴随着近代西方生活方式的输入，在传统和现代的对照之下，传统地方文化与近代工业文化相碰撞所引发的对于本土文化的思考与追溯。博物馆中展示的京味文化，并非简单复原传统社会生活的场景，而是基于北京的历史遗存之上对于地方文化的重新发现和现代理解下的全新建构。

四、"京味文化"的分析——以北京万寿寺为例

北京万寿寺始建于明代，是京西著名的皇家寺院，寺院宏丽，是目前长河沿岸规模较大、保存较完整的古建筑群之一。万寿寺门首的长河两岸风景秀丽，是明清以来皇亲贵胄、文人士子、京郊市民休闲踏青的名胜，具有丰富的历史文化价值。民国以来，万寿寺先后被用作戒毒所、战俘营、档案馆等。1987年8月起作为北京艺术博物馆馆址正式对外开放。通过对万寿寺相关的谕旨奏折、碑记、方志文集、诗词、日记、档案等文献资料进行研究整理，在与上述"京味文化"内涵进行比较之后，将万寿寺文物建筑群中蕴含的"京味文化"归纳为以下几个方面：

（一）皇室祝寿文化

明清时期长河沿岸寺庙林立，创造出独特的河道寺庙景观。明万历五年（1577年）三月，明神宗万历皇帝朱翊钧之母——慈圣皇太后出

资，命司礼监太监于京城之西督造寺院，以贮汉经。次年六月寺院落成，赐名万寿寺。当时万寿寺主要用于存放汉经厂迁出的经书。清代，万寿寺因其吉祥福瑞的嘉名而备受皇室青睐。顺治、康熙、乾隆、光绪几位皇帝对万寿寺进行了重修扩建。乾隆十六年和二十六年，为恭贺皇太后万寿庆典，长河沿岸包括万寿寺内的多处寺院举办道场，声势浩大。为崇庆皇太后六十寿诞绘制的长卷《万寿图》中，第二卷"川至迎长"以万寿寺为首，象征对皇家天下永昌和皇家帝后福寿的祈祷。描绘崇庆皇太后七旬庆典的《胪欢荟景图册》中《香林千衲》一页记述了当时万寿寺前的场景。光绪十九年（1893年），为庆祝慈禧皇太后六十寿辰，万寿寺再次得到重修。经过历代皇帝的重修和扩建，万寿寺成为远近闻名的皇家重寺，吸引着士人的游览和香客的朝拜，也衍生出大量的人文活动，为周边地段注入了活力，带动了人文景观的发展。

（二）寺院园林文化

长河沿岸自明代起便是京郊民众的游览胜地。万寿寺作为皇家寺院，其园林建筑别具特色。万寿寺西路行宫为乾隆年间增建，光绪时重修，是慈禧太后往返颐和园途中祝跸休息的地方，有"小宁寿宫"之称。整体建筑布局沿袭了寺庙建筑和园林建筑相结合的特点，屋宇错落，回廊曲折，园中各景相映成趣，富丽堂皇的殿宇，畅达豁朗的院落，显示着皇家气派，成为中国皇家寺院园囿的典范。清末北京竹枝词中有："欲游西顶顺长河，一路楼台点缀多。万寿寺前需驻马，此中山子甚嵯峨"。相传万寿寺内假山为明末清初造园家张南垣所堆，游人沿长河至西顶娘娘庙进香，经过万寿寺时常入内游览。

（三）郊游唱和文化

万寿寺以其独特的园林景观，引得京中文人雅士每每为其吟诵诗篇。有吟诵万寿寺大钟"深院鼓传雷洊至，隔林钟报海潮来"（张燮）；有咏万寿寺古楸树"枝条团成翠羽盖，藤蔓绕做青罗帔"（陈梦雷）；有感怀史事"巍巍万寿寺，建自万历中。慈宁事母后，九莲铸真容"（陶季）；有携伴同游"坐中佳士不期会，物外闲情无尽观"（沈初）。乾隆年间，方丈明鼎调梅以古殿蟠松、高阁凌云、峰峦幻出、石洞清幽、双桥夕照、疏柳晓烟、玉泉涟漪、阆苑疏钟为"万寿寺八景"，并作颂景唱和诗百余首。清高宗弘历也留下吟咏长河及万寿寺诗作四十余首，如《舟过万寿寺》诗中描绘广源闸与万寿寺："石闸广源过，水高因易航。须臾经梵宇，潇落霭秋光。"《日下旧闻考》收录了他《题万寿寺方丈》中的诗句，称这里"地偏白足静，松老绿荫稠"，表达对万寿寺的喜爱之情。

（四）民俗庙会文化

明清时期，万寿寺作为皇家寺院，平日并不对百姓开放。对于皇室生活的好奇和对福寿吉祥的向往，使万寿寺蒙上一层神秘的面纱。民间流传着"人间富贵千条路，若求福寿此庙行"的说法。《燕京岁时记》记载："万寿寺在西直门外五六里，门临长河，乃皇太后寿觞之所。每至四月，自初一日起，开庙半月。游人甚多，绿女红男，联翩道路。柳风麦浪，荡涤襟怀，殊有天朗气清、惠风和畅之致。诚郊西之胜境也。"民国成立后，万寿寺作为曾经的皇家寺院，吸引了京城百姓来往游玩，各种摊贩汇集于此，一度形成大规模的集市。民国时期流传的单弦曲子《累大奶奶穷逛万寿寺》展现了当时万寿寺庙会的情景。

五、"京味文化"的博物馆展示——以北京艺术博物馆为例

随着时代的变迁，祝寿盛景和庙会风俗已

经不再。作为博物馆的万寿寺在京味文化展示中，需要根据博物馆的职能，将文化资源转化为可以实现的展示手段。考虑到文物建筑作为展厅的特殊环境，上述四种文化形态可以分解为两种展示形式：皇室祝寿文化与寺院园林文化有具象的不可移动文物保存下来，可以通过将文物建筑改造为展厅、组织原状陈列或展览的方式进行展示；郊游唱和与民俗庙会作为文化活动，则需要组织博物馆观众参观或互动活动进行展示。

（一）原状陈列

万寿寺建筑群原有的建筑布局和风貌基本保存完好，本身就是明清皇家寺院和园林艺术的杰作。寺中七进院落格局有序。殿宇、佛像、假山、古树以原状陈列的形式进行展示。大延寿殿的原状陈列展示了保存完好的清中期佛祖、观音、罗汉造像以及精美的天花、彩画，乾隆御碑亭、光绪御碑亭展示两代皇帝御碑，记录了万寿寺以往的兴衰经历。基于博物馆对文物建筑的利用，将皇家寺院转化为公共空间，展示了充满北京特色的四合院建筑群，同时为博物馆营造了"京味"文化氛围。

（二）展览陈列

北京艺术博物馆收藏各类艺术品近十万件，以明清时期传世品为主。门类涉及书画、碑帖、织绣、陶瓷器、玉石器、青铜器、竹木牙角漆器、钱币、印章、家具等各传统艺术领域。2003年以来举办的《北京文物精华展》《明清工艺品展》《明清佛教展》《明清家具展》《万寿寺历史沿革展》《清代帝王生活侧影展》《中国明清女性生活展》等，立足本馆藏品特色，突出北京地方文化，与文物建筑中蕴含的"京味"文化互为补充，相得益彰。

（三）文化活动和互动产品

围绕京味文化，北京艺术博物馆策划组织"明清古建筑欣赏""博物馆中话吉祥""文化遗产在我身边""博物馆寻宝过大年""艺术假日系列""神奇的植物"等活动，主题涵盖古建园林、吉祥文化、艺术鉴赏、古树名木等方面，引导和带领观众感受故都北京的文化遗产和传统民俗；同时以万寿寺山门"洪福齐天"图及乾隆咏万寿寺诗词为主题，开发文创产品，设计制作了"洪福齐天"系列祥云伞和洪福印章、乾隆咏万寿寺诗文图轴及书签等。这些文化活动和文创产品，立足北京地区传统文化，丰富京味文化展示方式，助力京味文化的传承与发扬。

早在2001年，严建强老师就提出："博物馆的藏品不像图书馆的图书或档案馆的档案那样单纯，它可能是历史文物，自然标本，也可能是某一座遗址，或者是依然活着的动物和植物；同样，博物馆的建筑也是形形色色的，可能是我们通常看到的标准形态，也可能是一座古墓，甚至是一片大山。"[14]文物建筑作为城市的历史文化遗存，在所在城市、社区的社会文化生活中具有独特的意义，本身就代表了对历史文化信息的传承。文物建筑中的博物馆要更加关注地域文化的传承，不仅利用好文物建筑的空间价值，也要将其文化价值进行融汇、传播和发展。

"京味文化"是北京地区居民在长期生产生活中形成的风俗习惯、礼仪礼节、道德规范。作为北京地区文物建筑中的博物馆，有责任担负起"京味文化"传承和普及的责任，将北京文物建筑中蕴含的"京味文化"和地域风俗与博物馆文化内涵结合，发挥博物馆展览展示与教育职能，丰富城市记忆的表达，实现文化价值的输出。

【注释】

[1] 戴逸:《研究北京文化史的重要意义》,《北京社会科学》1986年第3期。

[2] 张紫晨:《对北京文化史研究的理解与设想》,《北京社会科学》1986年第3期。

[3] 刘志琴:《文化史热的时代精神与学科建设》,《北京社会科学》1986年第3期。

[4] 张立文:《谈谈北京文化的特点》,《北京社会科学》1986年第3期。

[5] 李侃:《有关北京文化史的三个想法》,《北京社会科学》1986年第3期。

[6] 陈平原:《"北京研究"的可能性》,《北京社会科学》2015年第12期。

[7] 李淑兰:《试析构成京味文化的三种因素》,《首都师范大学学报(社会科学版)》1998年第6期。

[8] 李淑兰:《京味文化的特征》,《首都师范大学学报(社会科学版)》1999年第3期。

[9] 李淑兰:《京味文化的形成和演变》,《首都师范大学学报(社会科学版)》2000年第1期。

[10] 赵大年:《"京味"漫谈》,《前线》2008年第10期。

[11] 陈小野、黄毅:《北京文化的核心是中国传统文化(上)》,《北京中医药》2009年第8期。

[12] 董晓莉:《推进京味文化走出去的思考》,《前线》2013年第4期。

[13] 赵雅丽:《京味文化的内涵特点及传承发展》,《前线》2018年第3期。

[14] 严建强、梁晓艳:《博物馆(MUSEUM)的定义及其理解》,《中国博物馆》2001年第1期。

博物馆教育读物创作中地域文化的挖掘与表现
——以《舟山博物馆文物故事读本》为例

李飞群（舟山博物馆）

摘要： 博物馆教育读物是依托博物馆藏品和展览等凝练形成的一种教育产品，是博物馆研究成果的创造性转化和创新性发展。在传统文化持续升温的大背景下，博物馆教育读物发展势头迅猛，出现了一大批优秀作品，但从整个教育读物市场看，已出版的教育读物的数量和影响力，博物馆资源的开发和利用还远远不够。博物馆如何从馆藏资源中获取灵感、以创意互动的理念，借助教育读物的形式更好地实现中华文化的有效表达？本文通过对博物馆新时代教育使命的阐述，从地域文化影响力的视角出发，以舟山博物馆海洋文化特色背景下文物故事读本的开发研究为例，为博物馆重新审视文化资源、提炼本土概念、讲好中国故事、构建兼具创新性内核的文化话语权体系提供有益的启发和借鉴。

关键词： 教育使命；教育读物；地域文化

一、重新思考和定位博物馆的教育使命和责任担当

（一）新时代下，博物馆的教育使命是什么？

教育，是新时代赋予博物馆的使命。2015年2月15日，习近平总书记考察调研西安博物院时强调指出："一个博物院就是一所大学校。要把凝结着中华民族传统文化的文物保护好、管理好，同时加强研究和利用，让历史说话，让文物说话。"2017年1月，中共中央办公厅、国务院办公厅印发了《中共中央办公厅、国务院关于实施中华优秀传统文化传承发展工程的实施意见》[1]，要求博物馆"把中华优秀传统文化全方位融入思想道德教育、文化知识教育、艺术体育教育、社会实践教育各环节，贯穿于启蒙教育、基础教育、职业教育、高等教育、继续教育各领域。"2019年12月，在国家文物局制定的《博物馆定级评估办法》中教育相关的权重明显提升，且更加强调弘扬中华优秀传统文化、公民道德建设实施……以上内容对于博物馆教育使命的论述和定位有着异曲同工之妙，那就是博物馆承载着中华民族悠久的历史、博大精深的文化、源远流长的文明，是传承中华民族优秀传统文化的主阵营，而传承中

华优秀传统文化是博物馆教育的新使命[2]。

一个博物馆就是一所大学校,这是对博物馆教育功能科学而准确的定位,也是对博物馆教育使命的新要求。新时代下,博物馆教育使命要求比以往任何时代都要强调和凸显,顶层设计和时代的倡导再一次为博物馆教育使命指明了方向,博物馆教育应肩负起新的历史责任与使命。

(二)新使命下,博物馆教育可以做些什么?

当前,博物馆教育正处在功能提升、结构调整和资源重组的关键发展期和剧烈转型期。观众数量的递增、观众素质的提升、市场需求旺盛、自身产能不足,数字化、网络化、新媒体等高速发展……面对新使命新形势,博物馆首先应当解放思想,更新观念,从传统的以保护馆藏文物作为中心的"文物库房中心论",向承载更多传播教育功能的"历史文化大学校"转变;从强调博物馆为主体的教育,向以公众为中心的学习转变;从博物馆提供服务,向观众使用博物馆转变;同时博物馆应与时俱进,融入新科技,寻求科技支撑,努力成为"互联网+中华文明"的实践者。

为了更好地实现博物馆的教育使命,在国家和政府的大力推动和引导下,全国各地博物馆对公众教育进行了有益的探索和实践。越来越多的博物馆推出了自己的教育品牌、研学课程、文创+,创建了艺术沙龙、非遗演出、教育联盟等,博物馆全面教育的模式已初见雏形。同时,博物馆教育发展速度也十分迅速,博物馆奇妙夜不再是新鲜名词,国家博物馆、首都博物馆、宁波博物馆等夜场活动早已试水夜经济,夜场的常态化将成为可能。教育已逐渐成为博物馆弘扬中华优秀传统文化及提升地域文化影响力的重要抓手,成为博物馆的硬核工作。但是在不断创新的教育形式中,纵观博物馆图书出版物,依然以专业类型图书为主,博物馆元素的读本绘本、教材书籍类型的教育读物比较少,与大火的文创产品比,博物馆教育读物远没有形成气候,有着很大的提升和改善空间等待挖掘。

二、博物馆教育读物开发现状及存在问题

关于博物馆教育读物,目前没有规范的定义,一般指的是区别于博物馆专业类型图书之外的书籍,也有称之为博物馆衍生读物,是依托博物馆藏品和展览等凝练形成的一种新型教育产品,主要指科普读物、历史人文、文物故事、校本教材等类型的出版物,其形式有读本、绘本、手册、剧本、漫画等,旨在通俗易懂地介绍古代经济、文化、思想、艺术、手工业等多方面的内容,增进对中国历史及中华优秀传统文化的认知和热爱,注重培养思考、探索、动手能力;或用以更好地辅助教育活动开展,帮助参与者更迅速、更有针对性地实现趣味体验与知识学习的双重获取。近几年,国内一些博物馆开始涉足博物馆教育读本领域,借助文物、建筑、遗址等物证以图文并茂的形式将文物、古人的生活和历史事件等鲜活生动地展示在观众面前,让文物真正开口说话,也出现了一批优秀作品(表1)。比如故宫读物,市场口碑极佳,互动解谜游戏书《谜宫·如意琳琅图籍》众筹期间反响火爆,仅预售就超12万册;故宫二十四节气的本土绘本高踞畅销书排行榜,吸引一批小读者带书"进宫"打卡[3];上海博物馆推出的《乐游陶瓷国》原创文物游戏绘本,不仅包含了故事和知识点,更有全套陶瓷海运棋,让人看了大呼过瘾……

表1 博物馆教育读物一览表

书名	出版时间	编著单位/个人	主要内容及特点
《谜宫·如意琳琅图籍》	2018年11月	故宫	首款互动解谜游戏书。近30多个环环相扣的谜题任务，100多个知识点，每一处都附加着故宫历史文化的点点滴滴，讲述故宫的历史知识故事。
《哇，故宫的二十四节气》	2019年3月	故宫	用手绘方式将二十四节气为线索串起国内古建筑、文物和历史的各个知识，是普及古代书画器物的现象级日历书。
《绕着地球跑一圈——博物馆之旅》	2019年4月	王军	将艺术博物馆、军事博物馆、自然博物馆、历史博物馆、科技博物馆、趣味博物馆整合为一本精美的图书。用孩子容易理解的语言、直观的图片描述博物馆的建筑特色，内部结构以及建造历史和藏品。
《博物馆里的中国》	2015年9月	卢永琇	以生动有趣的语言，介绍了博物馆的丰富藏品，呈现了一个多样而立体的"中国"。
《乐游陶瓷国》	2017年8月	上海博物馆	根据馆藏陶瓷珍品，为儿童精心打造的原创文物游戏绘本，不仅拥有配套APP应用，还配有贴纸、陶瓷海运棋等游戏，在边学边玩中了解陶瓷小知识，感受陶瓷的艺术魅力和中华文化，同时培养孩子手脑协调能力和创新思维。
《如果文物会说话》	2018年1月	陕西历史博物馆	用第一人称的方式讲述来自陕西历史博物馆珍藏的101件国宝文物背后的故事。
《国家博物馆儿童历史百科绘本》（全5期）	2018年4月	中国国家博物馆	这套书通过食物、交通、家的演变等五个与儿童日常生活密切联系的主题入手，让抽象的历史对照现在的生活。

实际上，博物馆教育读物开发存在着发展不平衡和不充分的问题，国家级的博物馆和一些优秀的省级博物馆拥有强大的创作开发能力，而一些中小型博物馆能力较弱，出现了强者愈强，弱者愈弱的局面[4]。另外，站在教育读物的视角看，读物的质量及文化影响力与博物馆在文化领域的重要地位无法匹配，有些教育读物题材挖掘仅仅流于对博物馆元素的简单拼贴，或是一股脑把历史知识"大杂烩"，教育读物的创作开发面临着一系列难题。具体表现在以下三方面：

1. 文化需求未被充分满足，供给不到位。

了解一个博物馆，不仅仅通过亲临博物馆，还可以通过博物馆教育读物去了解它的存在价值。如今，越来越多的年轻人，更满足于那些具有美好情怀、亲切感的博物馆教育读物带来的沉浸式体验。博物馆读物作为最正宗浓厚的"中国风"代表，具有可长久保存、反复阅读、受众影响深远的特点，关乎着博物馆教育、传播功能的实现，也关乎着公众对博物馆公共文化服务功能的体会认识，是博物馆实现其教育使命的重要平台和手段。但是，很多中小型博物馆，由于各种主客观条件的限制，能力较国家级的博物馆和一些优秀的省级博物馆相比明显存在差距，因此读物产量稀少，市场占比非常小，远远满足不了市场的庞大需求。另一方面，博物馆读物受通用性的影响，往往轻适用性和针对性，相关公众的社会阅读被忽略，差异化和高匹配的博物馆读物更是少之又少，未能有效覆盖服务全年龄段，不同群体和不同层次的阅读需求未能供给到位。

2. 地域文化彰显不足，博物馆元素单一。

地域文化，简言之，就是在一定地理区域内，人们在长期历史过程中所感知并认同、独具特色、至今仍然发挥重要作用的各种文化现象。我国幅员辽阔，历史悠久，各个地域形成了不同特色的地域文化。博物馆作为地域文化的载体，所创作的教育读本应充分凸显地域特色，梳理地域形象，打造地域文化品牌[5]。然而很多博物馆跟风推出了教育读物，同质化现象严重和品质堪忧，或是博物馆元素的简单复制，或是传统故事的改编和对传统文化符号的堆砌使用，亦或是把文物和历史故事简单嫁接，没有从古人的生活剪影中筛选民众熟悉的话题，没有从地域文化中提炼出本土概念，没有讲好本土故事，当然也难以在出版市场拥有一席之地。

3. 叙事结构陈旧化，说教意味浓厚。

当前博物馆出版图书多聚焦于成人群体，对儿童群体则欠缺关注，或者书籍内容与儿童匹配度不佳，显得比较生硬。比如读本绘本类的使用者中儿童居多，他们在认知上具有直观、具体和形象的特征，而很多读物在叙事逻辑上采用了历史年代发展顺序，这种成人化的视角，以知识作为起点的叙事方式给人以干巴巴的概念，看似在讲故事，但其中掺杂着艰深的历史概念，复杂的文物信息等，很难建立知识和生活的链接，抽象难懂。有的读物未对传统文化进行现代化的提炼和改造，缺少时代内涵和现代的有效表达，厚古薄今；有的读物没有尊重儿童的兴趣与诉求，忽略儿童理解世界的差异与特点，无法引起儿童共鸣。

三、《舟山博物馆文物故事读本》的开发与实践

在国家大力倡导弘扬优秀传统文化的背景和"让文物活起来"热潮的激励下，舟山博物馆深度挖掘馆藏资源的内涵和文化底蕴，全新打造"纸上博物馆"，精心设计和开发故事读

本，把舟山的历史、舟山人的精神、舟山人的风俗……这些舟山"基因"以一种自然无痕的方式融入其中，实践"无边界博物馆教育体系"的多元尝试。

1. 深挖海洋文化内涵，构建整体框架脉络。

舟山群岛虽长期孤悬海外，其文化和中国海洋文化既有同又有异。依海为生、依海而兴、靠海生存的舟山海洋文化在中国海洋文化中独具特色，正因如此，舟山海洋文化成为中国海洋文化中不可缺少的一抹异色。深挖海洋文化内涵，讲好舟山海洋文化故事，可以说是舟山博物馆教育的正确"打开方式""纸上博物馆"系列成长记，是舟山博物馆构建地域性文化的脉络轨迹。

"纸上博物馆"的新生。为了吸引新的观众、建立并加强与新观众的联系，博物馆必须找到诠释和呈现自己的馆藏资源的新途径。2018年1月，舟山博物馆和舟山晚报联合打造了"纸上博物馆"栏目。目的就是借助舟山博物馆丰富的藏品、具有特色的陈列展览，以及舟山晚报强大的发行量和影响力，来进一步传播舟山的海洋文化。由于这一栏目的受众主要是普通市民，所以"纸上博物馆"栏目的文章注重通俗性和普及性，努力做到在保证学术严谨性的前提下，将原本需要一定知识门槛的文物知识，转换为轻松可读的小文章，配上一幅幅精美的文物图片，打破了一般市民与文物之间的隔膜。"纸上博物馆"栏目设立以来，已讲述文物故事八十余篇，借助舟山晚报强大的纸质发行量和广泛的网络影响力，博物馆里的文物故事走进千家万户，在读者中建立了良好的口碑，很多读者定期阅读甚至收藏"纸上博物馆"的文章；许多文章被舟山网、大海网、中国海洋文化在线等相关媒体转载。

从"纸上博物馆"栏目到《文物故事读本》。

2019年12月，在"纸上博物馆"基础上，精选了20余件最具有代表性的舟山博物馆馆藏珍品，编撰完成《博物东海——舟山博物馆文物故事读本》，这是一本写给小朋友的图文并茂的读物，以故事的形式展示海岛先民、海丝遗踪、海疆烽火、海错趣闻、海上藏珍五个单元，不同内容描绘出一副东海博物画卷。针对小朋友的知识层次和理解能力，对书中的文字和图片进行了精心设计和巧妙构思，通过碎片化、多点链接等手法简化和分解，结合深入浅出的演绎和叙述，力求文字和插图"活"起来，让文物如一个个精灵般站在小朋友面前，告诉小朋友博物馆里有知识、有文化、有过去、现在和未来……由此展开一次快乐的"文博之旅"。

从"文物故事读本"到"文物阅读课"。这个转化还有什么新奇有趣的打开方式？舟山博物馆又主动完成了一次空间上的"跨越"与"融合"。在《博物东海——舟山博物馆文物故事读本》的基础上，同期开设"文物阅读课"，打造"实物＋探索"博物馆教育机制，让博物馆教育更有趣更好玩。"文物阅读课"借鉴了加拿大科技博物馆的理念，把博物馆中最重要的"物"提供给课程参与者，引导他们对藏品（复制品）进行亲密接触，上手观察、仔细研究，此处的"阅读"，并非读书，而是对文物从各方面进行一系列由浅入深的提问并理解其意义。比如，结合《博物东海——舟山博物馆文物故事读本》中"远航日本的唐船与舟山"，开设"从这里出发——海上丝绸之路的文化延伸"阅读课，提供日本江户时期绘画《唐船之图》、馆藏唐船模型、海捞瓷等藏品，在与文物零距离接触中，读懂文物最真实的过去，倾听他们背后的精彩故事。

2. 凝练地域文化特征，讲好海洋文化故事。

如何体现博物馆的地域文化？故宫前掌门

人单霁翔指出:"博物馆应将传统文化、民族文化、地域文化融入博物馆文化之中,教育于观众,使观众产生积极的影响,尤其是对青少年观众。"大同市博物馆长王利民指出:"博物馆依托地域文化完善教育功能,地域文化依赖博物馆得以广泛传播。"《博物东海——舟山博物馆文物故事读本》从博物馆承载的海洋文化出发,进一步审视馆藏资源,依托遗址器物、渔业工具、渔风民俗等文化元素,提炼本土概念,凝聚文化情感,打造地域文化的精神家园,充分塑造了舟山人的"文化自信"。

比如,在舟山本岛,在岱山,乃至嵊泗这些相对遥远的小岛上都已经发现了距今5000余年前的新石器时代的原始聚落遗址。这些舟山先民从何而来?《舟山先民是渡海而来吗》一文中,作者结合馆藏的"有段石锛"以及其他考古资料给出了合理的推测。又如,舟山在三国两晋南北朝时期的史籍中鲜少出现,似乎是被遗忘的角落,而《海东偏州也有鐎斗煮茗茶从一件小小铜鐎斗窥见舟山文明史》一文通过舟山博物馆里展出的一件南朝时期的铜鐎斗(从出土器物组合及铜鐎斗的分布演变来看,铜鐎斗很可能是古人用来煮茶所用)等器物证明当时的舟山人也有煮茶品茗的风雅爱好,作者认为由此可见微知著:"大海并没有隔绝大陆和舟山的各种交流,作为海东偏州的舟山也并不是文明的荒漠,而是和大陆地区一样在历史的潮流中齐头并进。"再如,近代舟山由于其特殊的地理位置,饱经战火和硝烟,《一尊铁铸火炮牵扯出一艘沉舰》《画上是当年定海港湾的中国船》《100多年前那场水师与海军的对决》等文通过铁炮、油画、船模等多方面展示了舟山在第一次鸦片战争中的地位。

此外,舟山群岛被大海包围,曾经的舟山人靠海吃饭,因而形成了一些特别的风俗。《博物东海——舟山博物馆文物故事读本》希望借助馆藏文物,向民众介绍这些风俗,唤起舟山人民的历史记忆。如《船神,渔民们心中的神灵》一文,就是借助馆藏的木雕妈祖像,向人们介绍了舟山的"船官老爷"信仰:木帆船时代,渔民们在海上的劳作想要获得回报几乎全凭天气及老大的经验,具有很大的偶然性。海上的情况又变幻莫测,渔民们在海上的生活因此危机四伏。为了祈求风调雨顺、获得大丰收,渔民们请来了各路神灵,安设在船上祭拜,这些上船的神灵就被称为"船神",或者"船菩萨",又因为这些神灵专管船上平安,也被渔民尊称为"船官老爷"。小小的文物凝聚着舟山人民的历史记忆,传递着舟山人民与海洋共融发展的传奇故事。

3. 多元协同趣味创意,让传统的教育读本鲜活起来。

博物馆教育读物的特点是用图画和文字共同叙述故事,语言文字推动故事发展,图画用美感来补充叙事,两个层面交织互动、和谐共融实现了读本的艺术吸引力。如何让读本将文物的欣赏、对历史知识和传统文化的普及,这些专业的知识降低难度,或是简单化?重要的一点就是创作时坚持"读者本位",贴近读者生活主题,用通俗生动的语言讲述专业的知识,以多元的趣味创意赋予读物新内容,制造更多的流行触点,充分利用图文合奏展现文物跨越时空的魅力[6]。

《博物东海——舟山博物馆文物故事读本》的读者定位是儿童阅读、亲子阅读,因此创作时主动降低知识难度,用通俗生动的语言讲述专业的知识,把复杂的内容通过画面还原,营造出一个真实的情景,更好地架构起历史和现实的关系,同时采用短句,达到简洁明快、节奏感强的阅读感受。例如,《海丝遗瓷》文章中,撰写海上贸易的场景时，勾勒了一个有时间、地点、人物、事件的故事场景，"宋时，舟山海域，一条商船正在航行，这是一艘来自福建的商船，在普陀山停泊了数日，祭拜观音祈求航行安全，同时补充淡水和食物。之后它又继续扬帆出发前往目的地——日本。突然，在船头瞭望的水手，发现前方有好多黑影在海中浮浮沉沉，'是人！快，快救人！……'"配上日本《华严缘起绘卷》中描绘的风浪中航行的海船，画面清晰，配色鲜明，展现了故事的本真。

同时，为增加阅读的神秘感和互动感，采用了丰富多彩的形式贴近儿童阅读的特性。在读本导览部分，设计了一个海岛小姑娘的卡通形象为文博小使者，以童心与童趣开启文博故事之旅；文章的标题大多采用问句形式引发孩子天生的好奇心和阅读兴趣，"舟山先民是从隔海相望的大陆渡海而来吗？""走进考卷的扇面书画究竟有多美？""琥珀：神的眼泪？老虎的魂魄？"；在每一篇小故事后面，加入"极简文博课"等互动环节，通过博物馆小小的物件衍生"古物与古人""古物与时代""古物与今物""古物与我"等之间的对话。作为亲子读物，也希望把故事读本的作用运用到家庭教育中，让家长陪孩子一起阅读，获得更多的情感共鸣，给孩子的童年留下美好的瞬间。

4. 加强合作联动，助力海洋文化走出去战略。

近两年博物馆作为"超级IP"的商业价值不断被挖掘，博物馆也跳出"文博圈"积极寻求与其他行业机构的合作，如高校、专业研究机构、出版社等，通过合作不断提高自身的研究水平与创作出版能力，让博物馆的资源焕发强大的生命力，激发社会人群向先人学习、向历史借鉴的兴趣与好奇心。当前，舟山博物馆已经有了一些跨界合作的尝试和创新，比如，以"海洋文化+"的形式，深化和整合研究力量，结合市场机制，以合作联动形式做好博物馆优质出版物的输出。同时，在"文化走出去"和"一带一路"倡议的双重助推下，采用"博物馆+新媒体"的形式，将博物馆的区域文化故事汇入中国话语体系，以多元而系统的海洋文化与世界文化相融合，进一步向世界展示舟山海洋文化的醇厚魅力。另外，积极探索"博物馆合纵与连横"创新文旅融合组织模式，协商创建"舟甬互助共享机制"，加强"长三角协作"等地域联动，探讨更深层次的融合发展。

博物馆作为一所大学校，作为中华民族优秀传统文化的主阵营，在喧嚣的时代重新把目光投入到最简单也最丰富、最质朴也最深刻的文字世界，就是要扛起这样的一面文化大旗。传承和创新舟山海洋文化，将这些隐藏在舟山文物中的"舟山海洋文化"发掘出来并广泛传播，这不仅仅是"海洋文化"建设的需要，同时也是新时代的舟山博物馆人为实现中华民族伟大复兴的中国梦所必须付出的努力。

四、结语

博物馆教育读物拥有得天独厚的优势，具有强大的社会公信力与权威性，还有着广泛的读者基础。只要博物馆凝心聚力，深入挖掘各种馆藏资源，顺应新时代人们对美好生活的需求，就一定能够源源不断地创作出版优秀的博物馆教育读物，为我国文化建设做出积极贡献。

【注释】

[1] 中共中央办公厅、国务院办公厅：《关于实施中华优秀传统文化传承发展工程的意见》，《中国博物馆通讯》2017年总第354期。

[2] 许辉：《再论博物馆的教育使命》，《丝绸之路》2017年第14期。

[3] 许旸：《出一本活一本？博物馆衍生读物凭什么爆款》，《文汇报》2019年3月21日。

[4] 牛泽坤、王壮：《博物馆图书出版的现状及发展策略探析——以中国国家博物馆为例》，《出版广角》2018年第6期。

[5] 陈理娟、何川：《浅谈博物馆教育活动的地域文化彰显——以秦始皇帝陵博物院为例》，《文博》2018年第4期。

[6] 赵菁：《博物馆元素融入儿童绘本创作方法研究》，《中国博物馆》2019年第4期。

从三种关系、三个历史阶段看博物馆与地域文化

安俊维（甘肃省秦安县博物馆）

摘要： 中国是拥有五千年文明史的泱泱大国，虽然地域辽阔，民族众多，但终能百川归海，百乐合奏。在当代，各地区的经济水平、民族情况、文化发展等，充分反映出历史继承性和区域不均衡性的特征。在新时代，发展博物馆事业要重视三种关系：一是地方性与普遍性，二是文化遗产所处的环节与链条，三是地方博物馆与其他文化机构的关系；把握好三个历史阶段：中国的古代、近现代和当代。每一个历史阶段的整体历史、文化风貌和美学追求不同，留下了数量众多的文物、文化遗产。博物馆人应利用互联网、新媒体讲好中国文物故事，讲好文化遗产的历史继承性、变更性，将区域叙事很好地汇入中国话语体系，促进宏观的国家记忆和微观的社会记忆相补充、相融合。地方博物馆既要接续本地文脉、突出地域文化的鲜明特色，又要有宏观视野，贯通相关文化遗产的线（如丝绸之路）和面（如大故宫），克服地方本位、夜郎自大的心理。以敦煌为例，它既是甘肃河西地区的，也是中国的，更是世界的，其地域文化包含了地域性、中国风和世界文化大汇聚三个特点。

关键词： 博物馆；地域文化；历史阶段；文化遗产；爱国主义

一、三种关系

（一）地方性与普遍性

地方性与普遍性，从哲学上来说是特殊性与普遍性。不同地域的气候、植被、生物种类是不同的，自然景观也是不同的。方言、地名、文物、非物质文化遗产都是地方色彩非常鲜明的。在文化的传播与扩散、继承和变异中，地方性体现出文化的差异化，普遍性体现出文化的趋同化。如彩陶文物的流行式样和地方性式样。各个地方往往不是同频共振，有的地方早一些，有的地方晚一些，故而产生了不同风格的作品。

文化的传播与人员的迁徙有很大关系，人走到哪儿便将他掌握的那部分文化带到哪儿。古代统一王朝，如秦、汉等地戍边，战乱时期如永嘉之乱、安史之乱、靖康之变三次大的迁徙。近现代，有闯关东、走西口、下南洋[1]。如果人口增加，人均耕地减少，人们会去人烟稀少的地方寻找新的家园。中华人民共和国成

立以后，生产建设兵团建设边疆省区、三线建设工业迁徙、农民工进城、城市化等人口迁徙，改变了很多地方原有的社会文化风貌。

欧美的大博物馆会收藏遥远的东方某个小山乡的藏品（也许属于海外流失文物）。这是因为这些藏品的价值很大，是属于全人类的。

（二）环节与链条

环节与链条，从哲学上来说是整体与部分。某些点串联起来就是一条文化遗产线路或文化遗产带，如丝绸之路、长城、长征线路、京杭大运河。

在敦煌的发展历史上，地方性政权和家族发挥了很大的作用，如张氏归义军、曹氏归义军等。他们是沟通国家（皇权政治）与民间（地方自治）的不可缺少的势力，在乱世，维护了敦煌地方的繁荣稳定。同时，敦煌是佛教由印度经中亚，东传进入中原的重要节点城市。莫高窟石窟的开凿体现了佛教信仰与家族观念的奇妙融合、和谐共存。佛教中国化的显著特征是将孝道融进了佛教的思想。这使得佛教在中国有了更多的信众。敦煌既是甘肃河西地区的，也是中国的，更是世界的，其地域文化包含了地域性、中国风和世界文化大汇聚三个特点。

清史专家阎崇年提出了"大故宫"的概念，将北京、沈阳、木兰围场等都囊括了进去。这个提法拓宽了研究思路，例如明清为宫廷服务的各类御窑，散布在各地，也属于故宫研究应该纳入的范畴。目前，北京市在推动"三山五园"整体研究，推进"北京中轴线"申报世界文化遗产。

（三）地方博物馆与其他文化机构的关系

地方博物馆的科普教育（普遍性）与地情教育、地方文化（地方性）宣传可以并行不悖。地方博物馆特别应该重视对本地区优势文化资源的挖掘，并做好历史文化内涵的研究与诠释[2]。

公共文化机构分工各不同，图书馆的中心工作都是围绕图书，档案馆围绕档案，方志馆围绕方志，非遗馆围绕非遗，博物馆围着文物和藏品设计展开活动。尽管如此，一个地方的文化机构各自代表了这个地方文化或材料的某一方面。只有综合起来统观，才能看到"全豹"和"全象"。各馆之间的资源可以共享，互联互通。在统筹协调的基础上，可以在某个专题下联合举办活动，例如博物馆可与文化馆、非遗馆联合举办文化遗产日活动。博物馆的彩陶属于文物，彩陶制作技艺属于非遗，二者同时展示，可以让彩陶文化更加立体而直观。

二、三个历史阶段

主要分为古代、近现代和当代这三个历史阶段。中国古代（先秦至清）奠定了中国的地域文化和地域意识。近代，在反侵略、反封建、现代化的过程中，地域文化和地域意识呈现出了新的演变。从国家观念来看，在古代表现为大一统的理念，在近现代体现出对建立中华人民共和国的愿景和努力，在当代则是中华民族伟大复兴中国梦的共同理想。

（一）中国的古代

我国古代的发展脉络、地方风貌与国家整体特点非常清晰。这是区域文化初步定型和成熟的时期。博物馆的基本陈展主要是这一块。

这一阶段主要的关键人物有老子、孔子、秦始皇、李斯、汉武帝、董仲舒、鸠摩罗什、玄奘、朱熹等。关键的制度有分封制、礼乐制度、郡县制、秦汉军功爵制、编户齐民、监察制度、科举制度、三省六部制、行省制、朝贡体系等等。重大的历史事件有秦统一六国、筑长城、开通大运河、陆上及海上丝绸之路贸易，等等。

以语言文字为例，汉语是中国的主要语言，

汉字是主要文字。汉语言背后的哲学思想和价值观念塑造了今天的国人。同时还有各少数民族语言文字，则处于次要位置，但仍然属于华夏文明的一部分。

（二）中国的近现代

近代中国时期，中国与广大的亚非拉国家有着相同的命运。近现代各地方所遭遇到的外国侵略不尽相同，官僚资本主义和民族资本主义的发展也有所不同，所以这是区域文化再次发展的时期。例如，晚清时清政府的控制力削弱，地方实力派力量增强，发生过"东南互保"事件。民国时期，北洋军阀和新军阀混战不休，国民政府没有完成统一。一方面是各自为政，另一方面，文化上有各自独特的发展。还有很多文化遗产体现出中西合璧的特点，是东西方文明交流、碰撞、融合的产物。

第二阶段是以别的先进国家为老师、为榜样重塑中国的阶段。梁启超率先提出了"新中国"的概念，晚年的孙中山，和以毛泽东为代表的共产党人选择了"以俄为师"。我们的固有文化接受了工业化的洗礼，也接受了许许多多的思潮。当然，历史和人民最终选择了马克思列宁主义，选择了中国共产党。

第二阶段中，有各个时期的革命事件和英雄人物，值得重视的是红色遗迹。共产党凝聚起了人心，建立了新文化，留下了许许多多的革命文物和颇具历史意义的纪念物品。有关土地革命、长征、抗日战争、解放战争等时期的遗迹遍布南北东西。

（三）中国的当代

在20世纪20~50年代，苏联是革命样板，建立起了自己的革命话语体系。但是之后很多社会主义国家开始探索自己的发展之路，因为历史文化不同，国情不同，发展的起始点不同。在艰辛的探索下，我们对"苏联模式"有所纠正和扬弃，最终探索出有中国特色的社会主义道路。

中华人民共和国成立以来，各个区域的战略地位不同，有一二三线三个地区的划分，有邓小平"两个大局"的估计。例如，东北地区是共和国的长子，而东南沿海地区属于改革开放后率先富起来的地区。中华人民共和国成立以后，我国发展的不平衡，带来了社会风貌和地域文化的非同步性，带来了新的文化差异化。党的十九大重新定位我国社会的主要矛盾，由此开启了缩减地区差距、解决好发展不平衡不充分的问题的新征程。

第三阶段中，中国抵制住了冷战，也抵挡住了欧美文化的冲击，本国的传统文化得以重新重视并弘扬，博物馆中的民俗文物、新型展品越来越多。同时，地方博物馆也是展示发展成就、增强文化自信的主要场所。从2008年起，国有博物馆实施免费开放，公民得到了文化福利和实惠。

每一个历史阶段的整体历史、文化风貌和美学追求不同。旧上海曾经引领都市生活风潮，为香港所不及。后来香港反超，从文化沙漠变成了国际金融中心、粤语圈文化的中心城市，在电影、流行音乐等方面表现不俗。后来，随着浦东的开发，上海的龙头作用又开始显现，海派文化复兴。澳门则既有中华传统文化、粤文化，也有葡萄牙带来的欧洲风情。

三、新时代如何把握这三种关系、三个阶段

在新时代，整个文化旅游业迎来了新的发展机遇。博物馆事业是我国增强文化软实力的重要方面。随着我国综合国力的提高，我们会更加理性地总结中国的前天和昨天，迈好今天

的步伐，对明天的展望也会更加富有前瞻性。

（一）文化遗产研究

全国性文化好比是五光十色，地域文化好比是某一种颜色。一地的文化遗产体现一地丰富的人文地理和历史内容[3]。用国家话语讲好国家宝藏，彰显的是国家典范。各个地方也是这个国家的一部分，其文物是国家宝藏的一部分，其文物故事是国家话语的一部分，彰显的是地方典范，放之于四海，也是中国作风、中国气派。

例如，2018年9月，天水市博物馆立足于馆藏文物，举办了西戎文化的发现与研究研讨会，对天水市及周边的西戎文化与秦文化做了梳理和研究，取得了阶段性成果。2019年又举办了西戎文化考古成果展。金戈铁马，赫赫秦风，体现出了春秋战国时期秦人与西戎在陇右的交往和相互影响。

（二）藏品研究与讲解

博物馆是集中展现中华优秀传统文化、革命文化和社会主义先进文化的历史文化艺术殿堂。一个地方的文物是这个地方最独特的，所以博物馆馆员写研究论文具备一定的优势，因为可以反复地观察藏品，持续研究藏品。同时，展品仅仅是藏品的一部分，是冰山之一角。讲解员在为游客观众介绍时，不必一次讲完，可以留下悬念，吸引大家再来欣赏；也可以与其他博物馆的藏品进行比较，讲清楚特征和差别，例如西魏与东魏、北周与北齐的佛教造像即可做一比较。

又如，将甘肃古代佛教艺术放置在整个中国古代史中来考量，甘肃省在佛教东传与发展演变中具有重要的地位。甘肃在五胡十六国时期政权多、民族多、佛教兴盛，所以留下的佛教文物多，有些具有标本式的价值，是佛教文物谱系中不可缺少的一环。

（三）博物馆展览和宣传

文化遗产与藏品研究做扎实了，就可以从特色藏品、地域文化中提炼出一些主题展览，如甘肃省博物馆"庄严妙相——甘肃佛教艺术"展览，立足于甘肃特有的石窟和佛教造像艺术，及佛教在甘肃的传播与发展历史，为观众呈现了独一无二的佛教艺术盛宴。

历史有宏观的国家记忆，也有微观的社会记忆。博物馆人应利用展览、流动展览、互联网、新媒体讲好中国文物故事，讲好文化遗产的历史继承性、变更性，将区域叙事很好地汇入中国话语体系，促进宏观的国家记忆和微观的社会记忆相补充、相融合，将常识、通识和共识与地方特色文化交融、相汇。

在找准地方特色、理清地方文脉的过程中，也存在着夸大地域重要性的现象。过分突出地方性，就会走向文化保守主义，尊我而卑他，甚至夜郎自大，蒙蔽耳目，走向了一条狭窄的死胡同。对此，矫正的方法就是跳出庐山看庐山，主动与其他地区同行交流，增强本地博物馆宣传的科学性。很多一二线城市已经突破了仅仅展示与本地文化相近的展品，而是引入外省、其他地域文化的藏品，如苏州博物馆举办古中山国文物精品展。

总之，在新时代，博物馆人既要把握好党的路线方针政策和国家发展大势，还须具备宽宏的视野，要有"通识教育"的意识。博物馆人要做文化使者，做好对外人文交流和民间外交工作，讲好中国故事，讲清楚中国历史的特点、中国文化的独特性、中国地域文化的丰富性。

【注释】

[1] 安介生，葛剑雄：《四海同根：移民与中国传统文化》，太原：山西人民出版社，2004年，第50页。

[2] 陆建松：《论地方博物馆展览学术支撑体系建设》，《东南文化》2011年第04期。

[3] 《鲜虞风云——古中山国文物精品展（苏州博物馆）》，载考古中国网，http://www.kgzg.cn/a/1352.html

地域文化视角下的博物馆研学
——以杭州市区博物馆为例

胡慧媚（浙江省博物馆）

摘要： 杭州作为历史文化名城，拥有丰富的地域文化内涵。在文旅融合的背景下，博物馆研学被寄予了很高的期待。杭州深厚的历史积淀为杭州的博物馆开展研学实践、设计研学路线，提供了多个角度的启发与资源。本文基于对杭州地域文化资源的梳理，和杭州市博物馆开展研学现状的分析，探索博物馆研学与地域文化的融合之道。

关键词： 博物馆；地域文化；研学；融合

博物馆是一个地区文明的窗口，是保护与传承地域文化的重要场所，也是文化和旅游产业相融合的前沿阵地。2016年教育部、国家发改委等11部门印发《关于推进中小学生研学旅行的意见》，正式拉开了中小学生研学旅行的大幕，博物馆因其资源禀赋和独特魅力，成为各类研学旅行的重要目的地之一。经过几年的发展，博物馆研学经历了火爆热潮，也面临着许多冷思考。有不少博物馆研学只是打着"研学"的名义只游不学，或是停留在浅表的参观体验。在文旅融合的背景下，如何提升博物馆研学的深度，让研学具有逻辑性与系统性，而不仅局限于碎片化的参观或单项活动体验？本文将从地域文化的视角出发，以杭州市区博物馆为例，探讨博物馆研学与地域文化的融合之道。

一、杭州的地域文化内涵

（一）何为地域文化

地域是人群繁衍生息的地方，由于历史发展和文化传承等种种因素的影响，形成了不同的地域文化。地域文化是人群在生活过程中，共同创造的，具有地域特点的文化模式，包括生活环境、生活方式和生活习俗等[1]。每一聚居地在其悠久的发展史中，都将形成独特的文化特质，由这些特质所共同培育出来的文化就是该地域的文化内涵。

地域文化是经过时间的优胜劣汰之后保存下来的有价值的文化，是本地区的人对于本民族、本地域、本地域的历史、宗教信仰、传统习俗以及它们载体的一种成熟的认同和行为表现，是地域延续发展的重要因素。简言之，地域的延续就是地域成熟文化的延续，成熟的地域文化包括过去和现在的一切文化，其长期积淀下来的文化，会使地域的知名度、凝聚力以及辐射力大大增强。

（二）杭州的地域文化资源

杭州是中国著名的风景旅游和历史文化名城，中国七大古都之一，曾用名"余杭""钱塘""临安"等，历史上是吴越国和南宋的都城。其文化渊源可以追溯到距今五千多年的新石器时代，自此迄今，一条地域文化的发展脉络绵延不断[2]。因风景秀丽，杭州素有"人间天堂"的美誉。基于悠久的历史与厚重的文化积淀，杭州的地域文化不仅具有丰富的内涵，也具有鲜明的特色。本文将从历史发展和文化遗产两个角度梳理杭州地域文化中可与博物馆研学相融合的主要内容。

1. 从历史的角度看杭州地域文化

杭州历经良渚文化、吴越文化、南宋文化和明清文化，至今，形成了完整的杭州文化系列。

（1）良渚文化

良渚文化被誉为"文明的曙光"，是一支分布在中国东南地区太湖流域的新石器时代晚期文化类型。作为良渚文化的中心，杭州城市的最早构架，无论是物质面还是精神面，都成形于良渚文化时期。

良渚古城遗址位于浙江省杭州市余杭区，2019年被列入《世界遗产名录》，成为实证中华五千年文明史的圣地。良渚文化中的玉器，因其数量之众多、品种之丰富、雕琢之精湛，达到了中国史前玉文化的高峰。

（2）吴越文化

杭州自古地属吴越。唐朝灭亡之后，吴越大地又建立起了中原之外的独立政权。吴越国位于今天的浙江及苏南一带，定都临安，即今天的杭州，钱氏家族在这一地区保持了近百年的统治。钱氏父子鼓励农耕、修筑水坝、兴佛重教。在当时东亚各国中，吴越国是国运最长久，人民最安宁，经济最繁荣的国家。而杭州作为吴越国的都城，也在这短短几十年间一跃成为十余万人家的大都会，被称为"东南第一州"。

今天杭州城的整体格局，便是在吴越国时期奠定的。西湖边的保俶塔、净慈寺、雷峰塔、六和塔等等，都是在吴越国时期兴建，至今已经成为西湖景致中不可或缺的一部分。在吴越民间还建有许多钱王庙、海神庙，直到今天仍是香火不断，钱王被作为神灵供奉于庙堂。

（3）南宋文化

公元1138年，南宋（1127~1279年）迁都临安（今杭州），中原文化与吴越文化碰撞融合，从而形成了精致而开放的南宋文化。杭州成为当时世界最繁荣的城市，13世纪中叶，人口超过150万。从此，杭州的经济、社会、文化、艺术、生活、城市建设等都烙上了南宋文化的印记。

作为南宋都城，杭州至今留存着许多与南宋有关的历史人文景观。如位于玉皇山南麓的八卦田遗址，曾是南宋皇家籍田的遗址。中山路为南宋时期的御街，是临安都城南北走向的主轴线，周边保存着大量"活化的历史基因"。凤山门为南宋御街南端，旁有六部桥，为南宋三省六部诸官署所在地。还有坐落于吴山广场西北侧的劳动路的南宋孔庙，位于西湖风景区内的岳王庙等等。

（4）明清文化

明清时期，杭州仍然是江南名城，"东南财赋地，江浙人文薮"就是当时杭州的写照。康熙年间，朝廷曾在西湖孤山修建行宫，作为帝王出行西湖时的居住之地。行宫位于孤山南麓中部，南临西湖，整体院落坐北朝南，南部为建筑院落，北部为因借孤山地形建造的后苑。

它见证了18世纪上半叶清代康熙、乾隆南巡杭州，并对"西湖十景"进行"康熙钦定、乾隆题词"的史实。如今行宫仍存有建筑、园林遗址遗迹。

与行宫遗址毗邻的文澜阁，是乾隆皇帝为珍藏《四库全书》修建的七大藏书阁之一，也是江南三阁中唯一幸存的一阁，如今是浙江省博物馆的一部分。除清代皇家遗存外，位于河坊街的胡雪岩故居也是清代留存的古迹，从建筑到室内家具陈设，用料之考究，堪称清末中国巨商第一宅。

2. 从文化遗产的角度看杭州地域文化

地域文化在一定的地域范围内与长期以来的文化积淀相融合，带上了地域的烙印。杭州的地域文化多元且深厚，从文化遗产的角度以下几类均可与博物馆研学相结合。

（1）丝茶文化

杭州的丝绸文化，是杭州的特色之一，杭州丝绸历史悠久，早在战国时期，就出现了种桑养蚕的行为，随着京杭大运河的开通，杭州逐渐成为繁华的都市，到了元代还远销海外。如今，在国家的外交活动中，杭州丝绸也担负着重要的使命，是中华文化与其他文化交流传播的载体。

杭州的茶文化历史由来已久，有关茶的传说更是层出不穷。杭州的龙井和虎跑泉是有关杭州茶文化最为世人所津津乐道的，有"龙井茶叶虎跑水"的民谚，而"十八棵御茶"和"胡公庙"则已经发展为游客观光的著名景点。

（2）陶瓷文化

一部中国陶瓷史，半部在浙江。浙江是中国青瓷发源地，杭州作为五代吴越和南宋的国都，是在中国陶瓷文化史上具有举足轻重地位的"秘色瓷"和"官窑"瓷的集中使用地区和生产、集散中心。"秘色瓷"是五代吴越国时期由官方垄断烧制的高档瓷器，在民间几乎没有流传。"官窑"瓷器，位居两宋时期"官、哥、汝、定、钧"五大名窑之首。

（3）饮食文化

杭帮菜源远流长，兼收山水之灵秀，博采各大菜系之所长，是中国八大菜系之一浙菜的江南一帜。杭州作为文化之邦，人杰地灵，每一名菜背后又必有动人的历史传说。在饮食文化上，杭州本地特色的"杭帮菜"面对来自五湖四海的游客，形成了独具特色的饮食文化。

（4）西湖文化

西湖自古以来就名扬天下，并为众多文学艺术作品所称颂。众多古寺宝塔、亭台楼阁、桥涵堤岸等人工景观，与自然景观浑然天成，使西湖变得更加美丽。自南宋起，西湖十景被认为是"天人合一"最理想、最经典的景观体现。西湖这一文化景观将中国景观美学的理念表现无遗，对中国的园林设计有着深远的影响。西湖文化的关键点在于仍然能够激发人们"寄情山水"的情怀。2011年杭州西湖文化景观被列入《世界遗产名录》。

（5）运河文化

大运河在杭州市拱墅区纵贯南北长达12公里。大运河拱墅段是大运河杭州段运河古迹保存最完整的一段，文化底蕴深厚、旅游资源丰富。杭州市政府先后修复了小河直街、拱宸桥西和大兜路三片历史街区；将历史遗址串珠成链，围绕运河文化打造博物馆群落，京杭大运河博物馆、杭州工艺美术等博物馆相继建成并免费开放。

二、杭州市区博物馆开展研学现状

（一）何为研学

教育部等十一个部门在《关于推进中小学生研学旅行的发展意见》中定义：研学旅行特指在"教育部门和学校有计划地组织安排下，

通过集体旅行、集中食宿方式开展的研究性学习和旅行体验相结合的校外教育活动，是学校教育和校外教育衔接的创新形式，是教育教学的重要内容，是综合实践育人的有效途径"[3]。

所谓研学，实质上是一种研究性学习，国际统称探究式学习。将旅游体验和研究性学习有机结合起来的校外教育活动就是研学旅行，这种活动有效融合了学生的所需所学、所思以及所游，故研学之旅又被称为"行走的课堂"，是校外教育和学校教育衔接的一种创新形式[4]。

博物馆研学是以博物馆为主线，通过博物馆的资源将教育内容以真实、立体的方式呈现给学生，让学生更好地在实践或是体验中了解掌握相关知识。博物馆研学是课堂的载体或是延伸，它的互动性、博物性、学术性以及真实性等特征使其成了当前青少年研学的重要方式。

（二）杭州市区的博物馆特点

杭州的博物馆数量众多，据国家文物局公布的《2019年度全国博物馆名录》显示，目前杭州地区的博物馆数量有74家，涵盖了各种博物馆类型[5]。有大型的综合性博物馆，如浙江省博物馆、杭州博物馆等；也有知名度较高的专题性博物馆，如中国丝绸博物馆、良渚博物院等。此外，还有一些独具特色的中小型博物馆，如杭州工艺美术馆、南宋官窑博物馆等。杭州的博物馆形式多样，设计独特，是杭城一道充满文化韵味的风景线。

对比前文对杭州地域文化的梳理，许多博物馆本身与某一类地域文化就存在着指向性的联系。如与良渚文化对应的良渚博物院，南宋文化对应的南宋遗址陈列馆、南宋钱币博物馆，丝茶文化对应的中国丝绸博物馆、中国茶叶博物馆，陶瓷文化对应的南宋官窑博物馆，饮食文化对应的杭帮菜博物馆，西湖文化对应的西湖博物馆，大运河文化对应的大运河博物馆等。

（三）杭州的博物馆开展研学现状

2018~2019年，浙江省先后公布了两批中小学生研学实践教育基地名单，其中，2018年进入名单的杭州市区博物馆有浙江省博物馆、浙江自然博物院、中国丝绸博物馆、中国水利博物馆。2019年进入名单的杭州市区博物馆有中国茶叶博物馆、杭州博物馆、杭州工艺美术博物馆、杭州市临安区博物馆、杭州市萧山区博物馆、浙江现代陶瓷艺术博物馆。其中，浙江省博物馆与中国水利博物馆同时还是全国中小学生研学实践教育基地。对比综合性博物馆，专题类的博物馆研学主题更为鲜明，如中国水利博物馆的"中小学生水文化研学基地"，中国茶叶博物馆的"茶文化的研学之旅"等。

目前，不论是否入选研学实践教育基地，杭州的博物馆都在积极地开展博物馆研学的实践探索。如中国丝绸博物馆2019年为了配合"丝路岁月：大时代下的小故事"展览组织了"新疆丝路之旅研学行""江南丝旅：中国蚕桑丝织技艺非遗研学行"等系列研学行。2019年5月，南宋官窑博物馆特别推出青少年AR陶瓷研学游线路。中国水利博物馆组织的"大运河文化研学之旅""水之梦"等研学活动等。

从收集到的数据材料看，目前杭州市内的博物馆自己主导开展的研学活动仍具有一定的随机性，有的结合暑期活动策划，有的结合临时特展策划，并没有形成长期固定的项目。同时，博物馆研学与日常开展的未成年人社教活动并没有特别明显的区分，许多活动原本就在开展，只是顺着研学热挂上研学之名而已。

而相比之下，一些其他机构借助博物馆平台开展的研学活动则更成规模。如杭州少年儿童公园组织的"西湖文化"研学项目，围绕西湖这一主题选取知识点，由专业老师带队走进相对应的博物馆或名胜古迹学习。再如《钱江晚报》组织的"打卡杭州"研学项目,以打卡的形式组织青少年到博物馆与文化景观参观学习,同样形成了系列规模。然而此类项目也仅仅是在场次数量上形成了规模,更多的是"打一枪换一炮",仍缺乏系统性。

三、将地域文化融入博物馆研学的建议

作为历史文化名城,杭州地域文化深厚且鲜明,数量众多的博物馆与名胜古迹为开展研学活动提供了肥沃的土壤。将地域文化融入博物馆研学,不仅可以丰富博物馆研学的内涵与外延,还可以培养参与者的地域文化情结。前文提到的中国水利博物馆组织的"大运河文化研学之旅"以及杭州少年儿童公园组织的"西湖文化"研学项目,已经颇具将地域文化融入博物馆研学的雏形。

结合对杭州地域文化资源的梳理与对杭州市区博物馆的分析,可以通过以下途径让地域文化为博物馆研学赋能添彩。

(一)结合地域文化设计研学路线

在外旅行时,旅行社会规划旅行线路,同样,研学也需要提前设计好线路。大多数涉及线路的研学活动都会串联起不同的城市,如前文举例的"江南丝旅:中国蚕桑丝织技艺非遗研学行"就先后游走到杭州、嘉兴、苏州、南京等城市。

在杭州,已经有足够多的资源可以不出杭州就设计出内容丰富的研学线路。以南宋文化为例,八卦田遗址、南宋御街、南宋孔庙、南宋遗址陈列馆、南宋钱币博物馆等内容涵盖了南宋政治、经济、文化、农业的方方面面。必要时还可以加入浙江省博物馆内的历史陈列和宋城的观光项目。此外,南宋文士的风雅生活作为一种活态体验在西湖博物馆、浙江省博物馆内都曾有开展,是研学实践中,从学到实践的升华环节。利用以上资源,可以根据地图上的地理位置进行规划,设计一日研学套餐、两日研学套餐等供选择。

(二)围绕地域文化加强博物馆间合作联动

杭州有七十多家博物馆,各自开展研学活动各有各的局限,合作联动则可以通过地域文化的纽带,让各个博物馆成为各条研学线路上串起的整体。

比如围绕"良渚文化"设计研学路线时,一般考虑良渚遗址公园和良渚博物院的结合,而良渚遗址出土的最好的玉琮、玉璧、玉钺均收藏在浙江省博物馆。若舍弃了良渚玉文化中最精华的部分,这条研学线路是有缺憾的。因此,需要馆与馆之间合作来共同完善。

(三)为社会提供地域文化研学菜单

博物馆作为研学线路中的重要一环,未必要主导整个研学活动。研学活动的主导者,可以是学校、旅行机构,可以是媒体也可以是家长。前提是博物馆设计好地域文化研学线路,并提供相应的博物馆资源。

比如浙江省博物馆曾在2019年寒假为青少年设计了"佛塔寻踪""陶瓷溯源""文澜梦寻""寻找画之大者"四条结合地域文化的一日研学线路。研学内容中有自主安排的内容,也有博物馆安排的研学内容,参与者可以向博物馆提前预约。以"佛塔寻踪"线路为例,参与者可自行游览雷峰塔景点,再到西湖对岸的浙江省博物馆孤山馆区在讲解员的带领下参观"瑞象重明——雷峰塔地宫出土文物陈列",最后在博物馆里体验"佛塔印踪"教育项目。线路中有名胜景点,有文物历史知识,也有相应的动手体验,有游、有学、有实践。

四、总结

博物馆与地域文化之间有着天然的联系，博物馆研学是将二者有机结合的载体，同时也是文化和旅游结合的典范。将地域文化融入博物馆研学，可以促进文旅融合从"形合"到"神合"，实现一加一大于二的效果。博物馆可深入挖掘所在地区的地域文化内涵，与博物馆陈列展览、馆藏资源进行整合，加强馆际间的交流与合作，通过有效的资源整合与内容设计让博物馆研学成为真正的"行走的课堂"。

【注释】

[1] 迟娜：《浙江省会展与地域文化形象的融合》，中国美术学院硕士论文，2014年。

[2] 黄山松：《杭州地域文化的形成及其特征》，《杭州师范学院学报》2005年第1期。

[3] 教育部：《关于推进中小学生研学旅行的意见》，载中华人民共和国教育部官网，http://www.moe.gov.cn/jyb_xwfb/gzdt_gzdt/s5987/201612/t20161219_292360.html。

[4] 陈理娟、董倩茹：《博物馆研学的内涵是什么？怎么"学"怎么"游"？》，《文博中国》2019年第10期。

[5] 国家文物局：《2019年度全国博物馆名录》，载国家文物局官网，http://www.ncha.gov.cn/art/2020/5/18/art_2318_43812.html。

地域文化视野下博物馆临时展览的思考
——以西安博物院为例

朱歌敏（西安博物院）

摘要：随着社会的发展，人们在物质生活水平不断提高的同时，对精神文化的追求也愈加强烈，越来越多的人走进博物馆。面对多层次及日渐扩大的观众群体，如何利用地域文化资源，办出有特色的文化展览，已成为当今各地方博物馆面临的重要课题。本文拟以西安博物院近年来所举办的"巧工大美最长安""喜乐长安中国年""乐居长安"三个临时展览为例，从立足地域文化、充分发挥藏品资源优势、打造区域特色文化品牌等方面加以分析研讨，以期为地方博物馆策划举办富有地域特色的文化展览提供参考和借鉴。

关键词：地域文化；临时展览；藏品资源；文旅融合

一、地域文化的概念阐释

（一）何为地域文化

中国地大物博，幅员辽阔，民族众多。自古以来，人类在这片富饶的土地上繁衍生息，各地区人群长久积淀的风俗习惯、价值观念造就了地域文化的差异性。这些具有不同个性特质、各具鲜明特色的地域文化，不仅是源远流长的中华文化的有机组成部分，更是中华民族的宝贵财富。

关于"地域文化"的准确定义，学术界争论甚多，学者从不同角度对"地域文化"概念提出了极具价值的界定和解释。葛剑雄先生将地域文化定义为"一个空间范围内特有的文化类型"，这种文化类型和其他周围区域有明显的差异，主要体现在语言、饮食、住所、婚丧习俗、民族信仰等各个方面，其形成受到地理条件、移民、政治权利以及行政区划、民族宗教及外来文化等因素的影响[1]。在文化学理论中，地域文化属于文化学的一个分支，指那些因自然地理阻隔而逐渐形成的相对独立、语言相似、习俗相近、生活方式相同的人类区域生活共同体及其所表现出的群体生活文化形态[2]。

地域文化的差异性是由于不同地域内人们的行为模式和思维模式的不同所导致的，因此地域文化也可看作是一定空间范围内特定人群的行为模式和思维模式的总和[3]。陈建远在《社会科学方法词典》中从文化人类学的角度进行了描述："文化的地域性或地域文化的形成，是由构成文化区的最小单位'文化特色'到文化丛再到文化区域或文化圈而产生的。"即在一定时间和空间，与某一种生产行为和生活习俗相联系而产生的文化现象，就成为该地区的文化特色；众多相互关联的文化特色集合为文化丛；人们对文化特色的选择与结合显示出不同地区的特征，从而形成特定的文化类型和文化区域或文化圈，这个文化区域或文化圈，就是我们所说的地域文化，也称为区域文化[4]。还有学者将地域文化定义为中华大地范围内的人民群众在特定历史阶段、特定地点创造的具有鲜明特征的考古学文化[5]。这是将地域文化视为地域环境所呈现的文化形态。

综合上述对"地域文化"的解释，我们可以认为地域文化是一种漫长时期的文化积累，其形成不仅受自然环境条件影响，也与人文环境和社会环境息息相关。作为特定地理空间内群体的人文精神、民众价值观等精神层面的突出表现，地域文化在当今社会发挥着重要的作用。

（二）地域文化的特征

地域文化具备地域性、持续性、包容性等特征。

首先，地域文化具有明显的地域性。鉴于地域文化是在某一个地理区域范围内形成的，因此，地域性也成为地域文化在空间上所呈现出的最基本的特征[6]。一个地区与另一个地区的文化形态迥异，与历史上的自然区域与行政区域的划分必然存在密不可分的关联。比如以地理方位区分的江南文化和西域文化，无论是物质层面的起居饮食、制度层面的风俗民情，还是哲学层面的价值取向，都存在巨大的差别。这其中人的因素始终是第一位的，但是自然条件也从客观上制约了各地域文化的差异。这种文化形态上的差别，正是促使中华民族的文化呈现多样化的关键因素。

其次，地域文化的形成是一个长期的历史过程。各地的文化形态在不断的演化中逐渐形成了各自的特点。一定地域的文化特质是历史发展和持续演变的结果，是由当地一代一代民众不断积累、传递、承袭、发展和既创新又沉淀的产物[7]。比如以古国疆域为标准划分产生的齐文化、鲁文化、秦文化、晋文化、楚文化、巴蜀文化、云贵文化等，在中国社会长期历史洗礼和锤炼中逐渐丰厚了各自的文化底蕴，作为一种具有"日益增强和日益积累的内部自决能力或自我表现能力"[8]的文化形态，长期影响着地区内民众的生活。

第三，地域文化还具有渗透性和包容性的特点。地域文化间的传播、交流、通融和整合，是一个不以人的意志为转移的客观存在。由于历史的沧桑和文化变迁，中国古代所限定的空间意义上的"区域"概念已经发生了极大改变，各区域间的边界也已比较模糊，这使得各地域文化互相渗透、互相影响。不仅如此，地域文化在内部也始终处于相互联系和相互作用之中，文化的这种传播和渗透，必然促进文化的整合与统一[9]。这些都是我们必须准确把握和系统研究的。

二、地域文化与博物馆建设的关系

目前，地域文化研究已向纵深发展，人们的关注视角已逐步由物质形态文化延伸至非物质形态的精神文化层面，对不同地域的语言文化、宗教文化、民俗风情、人文地理等进行了理性的认识和探讨[10]。地域文化建设问题不仅已成为社会各界和专家学者热议的话题，更成为全国各类博物馆着力建设和推广的重要课题。

作为城市景观的重要组成部分，博物馆是一座城市丰富内涵和文化品位的关键体现，也是表达地域文化的重要场所，因此作为一种具有长久生命力的文化载体，博物馆理应成为传承地域文化的最佳媒介之一。

地域文化传承对于博物馆的必要性不言而喻。人们虽然对文化的保护意识不断增强，但仍然存在狭隘的文化保护观与方法误区。地域文化的传承并不仅仅是简单地从物质环境入手，而是将物质与非物质的改造相互融合，根植于本土深入发掘，从更深层的文化角度，焕发城市的活力。

（一）展示地域文化是博物馆提升城市软实力的重要手段

所谓城市软实力，是指建立在城市文化、政府服务、居民素质、形象传播等非物质要素之上的城市社会凝聚力、文化感召力、科教支持力、参与协调力等各种力量的总和，是城市社会经济和谐、健康、跨越式发展的有力支持。软实力中的文化是促进社会和谐的"黏合剂"。当今时代，文化越来越成为民族凝聚力和创造力的重要源泉，越来越成为综合国力竞争的重要因素。人们普遍意识到，大力发展社会主义先进文化，努力提升人民群众的科学文化素质和思想道德水平，有利于促进人与人、人与社会、人与自然之间的和谐，也可以为城市的经济社会发展提供强大动力和创造良好条件。

中华文化源远流长、博大精深、一体多元而又丰富多彩，其显著特点之一就是自战国以来产生了特色鲜明、风格迥异、兼容互补、渗透力和生命力极强的既形形色色又持久存在、数量众多的地域文化。中华传统文化的优秀成分和中华民族精神的个性魅力，往往深植于各地域文化之中，各地域文化是中华传统文化和民族精神个性风格与内在价值的直接承接者[11]。

国务院于2017年发布的《关于实施中华优秀传统文化传承发展工程的意见》指出，要深入挖掘城市历史文化价值，提炼精选一批凸显文化特色的经典性元素和标志性符号，纳入城镇化建设、城市规划设计，合理应用于城市雕塑、广场园林等公共空间，避免千篇一律、千城一面。作为传承发展中华优秀传统文化的重要公共文化机构，博物馆应强调本地区文化深层次内涵的挖掘与研究，加强地域文化相关内容的展示，注重实践与养成、需求与供给、形式与内容相结合，这不仅是对中华优秀传统文化和中华民族精神的继承与弘扬，也是博物馆肩负促进城市精神文明建设的社会责任，提升城市软实力的重要体现。

（二）展示地域文化是博物馆实施爱国主义教育的关键一环

爱国主义是中华民族的民族心、民族魂，是中华民族最宝贵的精神财富，是中国人民和中华民族维护民族独立和民族尊严的强大精神动力。爱国主义体现了人们对自己祖国的深厚感情，反映了个人对祖国的依存关系，是人们对自己故土、家园、种族、文化的归属感、认同感、尊严感和荣誉感的统一，是民族精神的核心。爱国主义并不是一句空洞的口号。如何将公民情操与具体实践的有机统一，有效推进新时代爱国主义教育，是博物馆长期以来在开展社会教育工作时所面临的重点与难点问题。

爱国主义始于爱家乡、爱故土，地域文化中所包含的人文精神则是实施爱国主义教育取之不尽的宝藏与财富。相比其他机构而言，博物馆的优势在于"收藏人类和人类环境的见证物"，众多的"物"构成了讲述地域文化的物质基础，同时也是开展爱国主义教育的绝好素材。因此，博物馆要更加有效的利用能够反映地域文化的物质形态及非物质形态的馆藏藏品，借助行业优势，开展展览、讲座等一系列向公众弘扬爱国主义教育的业务工作，不仅能够构建博物馆与公众的新型互动关系，实现博物馆贴近公众生活的目的，还使公众在潜移默化中接触优秀传统文化（特别是地域文化），培育公众的爱国主义情怀。

（三）展示地域文化是博物馆推进文化扶贫的有力措施

如今，我国正处在全面建成小康社会和打赢脱贫攻坚战的决胜阶段。打好打赢脱贫攻坚战，根本上取决于贫困群众自身的努力。扶贫不仅要扶物质，也要扶精神、扶智力、扶文化。文化扶贫并非单一地就文化抓文化，而是把文化、教育、科学普及等与满足农民求知、求富、求乐的要求和发展农村经济紧密地结合起来，这就不仅能使文化更好地为经济建设这个中心服务，而且能够使文化更好地与之同步协调发展。

扶贫先扶志，解决好精神层面的问题，才能真正激发摆脱贫困的内生动力，为贫困户注入敢于拼搏奋进的精神之"钙"，让他们以全新的精神面貌走进全新的生活。要发挥博物馆在脱贫攻坚中的重要作用，立足地域文化，通过文化下乡等一系列措施，激发更多基层百姓家乡归属感和地区文化认同。同时，采取多种形式的教育活动，如讲述本地名人先贤的故事，让基层百姓特别是贫困群众学有榜样、赶有方向，激发他们脱贫致富的信心与决心。如此一来，文化便不再是单一地满足人们的娱乐要求，而是在更大范围内为经济发展提供精神动力和智力支持，既保护了当地的重要文化资源，又使当地贫困群众获得了实实在在的成果。

三、博物馆展览如何利用地域文化资源

现今我国博物馆事业再次进入了建设与发展的高峰，陈列展览工作也获得了长足的发展。博物馆的陈列展览是社会公众了解该国家或该地区的历史文化的重要媒介。值得注意的是，当今博物馆的陈列展览工作正遭受着全球性文化的冲击，很多新建的、改扩建的博物馆并未对当地特色的历史文化进行深入挖掘，只是一味地互相学习，互相借鉴，而使其陈列展览出现了大同小异、千馆一面的现象。

作为古都西安的城市博物馆，西安博物院以实现城市博物馆社会价值为目标，立足地域文化，发挥城市博物馆的优势，通过创建更广阔的空间，进一步拉近和游客的距离。多年来，博物馆始终坚守以观众为中心的精品意识，将观众需求作为展陈策划的出发点和落脚点，通过科学系统的方法和创造性的思维，致力于打造富有地方文化特色和时代精神的精品展览。近年来先后向公众推出"巧工大美最长安""乐居长安——唐都长安人的生活""喜乐长安中国年——唐都长安年文化展"等长安文化系列专题展览，对地域内生活方式、大众文化、民俗民情进行深入考察和研究，引领公众了解悠远的历史，关注当下的长安文化建设，为中华民族的伟大复兴筑牢文化根基提供精神滋养。真正做到在多元化选择的今天，不断满足人民日益增长的美好生活需要。

（一）立足地域文化，发挥藏品优势

藏品研究是博物馆的基础工作，博物馆的业务皆围绕藏品展开。丰富完善的博物馆藏品为博物馆功能的发挥提供了坚实的物质基础，同时也是反映博物馆忠实履行自身社会职责的重要标志之一[12]。西安博物院藏品丰富，现有馆藏文物十一万余件，囊括了青铜器、玉器、金银器、瓷器、三彩器、石雕、碑刻、书画、印章、陶器、经册、碑帖、珍善本书籍以及杂器等各类材质的文物，种类繁多，自成体系。

这些藏品展现了周、秦、汉、唐以来，西安作为都城和中华文明发源地，在政治、经济、文化等各个领域的历史风貌。

2018年5月，作为长安文化系列第一展的"巧工大美最长安"向公众开放参观。展览精选金银器、玉器、铜镜、三彩、陶俑等院藏的百余件文物，跨越近千年，从器物之美、工艺之精、发展之承等角度，深度发掘长安工匠文化中的精髓及其所产生的影响，展示长安工匠文化的悠久历史和浑厚的地域特色。在展览中，观众能够通过各类精致巧工的展品充分领略到长安文化的流光溢彩和盛世华章，如1974年西安市雁塔区八里村出土董钦造鎏金阿弥陀佛像、1976年西安市长安县西周丰镐遗址出土提梁卣、1985年西安北郊火烧壁东村南出土"官"字款五双脊花瓣口盘、1988年西安东郊韩森寨红旗机电厂唐墓出土卷髻大女俑、2002年西安市长安区郭杜镇三十一号唐墓出土三彩马、2010年西安市汉宣帝杜陵出土高足玉杯等等。

以此为始，西安博物院又分别在2019年和2020年，以建筑构件、院落模型、人物陶俑、庖厨用具、家畜模型、食用器皿、文房用具、妆奁皮具、娱乐题材、狩猎题材、出行等主题的院藏文物策划了"喜乐长安中国年——唐都长安年文化"和"乐居长安——唐都长安人的生活"展。这些展览均充分发挥院藏文物的优势，深入挖掘文物内涵，为讲好长安故事提供有力保障。

（二）书写地域历史，传承地域文化

每一件博物馆藏品都蕴含着丰富的文化底蕴，都有一段属于它们自己的文化故事。因此博物馆展览设计应该着重反映当地的地域文化特色，只有把握住了地域文化特色，地理和文化优势，才能成为精品中的精品。如何通过展览更加深刻的表现地域文化，是西安博物院自建院以来就欲着力解决的难点问题。

"乐居长安——唐都长安人的生活"展以"长安人的城""长安人的人""长安人的衣饰""长安人的饮食""长安人的出行""长安人的日用""长安人的娱乐"为主题，通过200余件（组）生动的再现和阐释唐长安的城、人、衣、食、行、用、娱等唐都长安人的生活。以唐文化的吸纳、包容与发展为纲，以文物中的所见的唐人生活为引，结合文献史料和研究资料，以期为观者奉献一个能够展现唐代大气包容的社会风貌和唐代长安人积极乐观的精神面貌主题的展览，使观者形象而直观地了解和欣赏中国最盛时期、最大都城的灿烂文化和高度文明。"巧工大美最长安"展通过合理叙事和对展品的细致解读，向观众表达出长安文明中的一切物质形态，大自辉煌城垣、巍峨殿堂，小至金杯银匜、玉璧镜华，每一分光彩，都辉映着长安工匠的精神；每一分成就，都渗透着长安工匠的心血，是一代又一代工匠托起了长安的云蒸霞蔚、气象万千。工匠们的奇巧绝技，固然可以惊天地泣鬼神，而他们内在的精神气质薪火相传，成为我们今天宝贵的精神财富。在熟悉中寻找陌生，在旧俗中寻找创新，让观众切身感受到了长安工匠文化的艺术自信及创新意识。"喜乐长安中国年——唐都长安年文化"则通过数十项与春节直接相关的非遗项目，表现唐都长安每逢辞旧迎新、换年添岁时，官民士庶所进行的庆祝活动，感受到他们以祈求神灵的保佑，祝愿生活的美好愿望。展览通过以时间为节点的线性叙事，将腊月三十：岁除、正月初一：元日、正月十五：上元，作为内容组团依据，全方位的再现唐代长安城过大年时的传奇画卷，深度的向游客展示了西安在3100年建城史中积淀下无比丰富和完整的年文化。而这种以更新、祈吉、迎春、庆贺、团圆为主题的唐代年俗文化,虽历经千余载但当下仍存,它们是构成长安文化的重要组成部分。

(三)深入地域文化,树立博物馆品牌

所谓博物馆的品牌,就是每个博物馆根据自身定位,依附于博物馆馆名所树立给观众的整体形象风格,它可以直接的影响一个博物馆能够给予参观者的期待方向[13]。相较于以往以文物树品牌的方式,通过展览表现博物馆定位、凸显博物馆风格与个性的方式越来越受到业内的认可。

西安博物院的三个展览具有主体的连贯性及对地域文化阐释的整体性,立足于博物馆多年来对地域文化深入研究的成果,以倾力打造文旅时代下的文化核心产品为宗旨,探索出一条具有地域特色的品牌之路。

"巧工大美最长安"展览中的三个单元相辅相成、有机统一,共同再现了人杰地灵的长安所造就的物华天宝。高品质的展柜和灯光系统、有趣的观众互动、知名的专家讲解、丰富的教育活动、权威的学术讲座,拉近了展览与公众的距离,此展迈出了我院通过深入阐释地域文化建立文旅品牌的第一步。"乐居长安——唐都长安人的生活"展览中的每个单元都以相关的唐诗为首展开说明,通过引用典故及小故事以增加展览的趣味性和可观性,说明文字力求严谨、简练、准确、生动。展览中还设置了"长安处处有故事"环节,故事以电子多媒体等多种形式和手段展示。同时,通过设置与展览有关小问题的问答和唐诗朗诵等环节,实现展览与观众间互动感的增强,引发参展观众对长安文化的兴趣,加深对长安文化的认识。

作为2018年"巧工大美最长安"展览的延续,"喜乐长安中国年——唐都长安年文化"展是西安博物院在诠释长安文化的展览中走出的第二步。展览在表现形式上独具匠心,尤为重视构建强烈的临场感。展览采用大面积的纸灯进行空间搭建,使观众身临其境的感受上元节的喜庆场面。展览尾声则将视角切换到我们的当下生活,力图唤醒观众,铭记历史,守护长安地区文化遗产的意识。为让展览内容得以更好地呈现和传播,宣教人员以学术研究与宣传教育密切联系的原则,设计了多层次多角度的教育活动,以期通过唐都长安洋溢的欢乐、祥和、热闹让游客深切感受中国年的永恒魅力。

随着人们对精神文化需求的高涨,对博物馆展示地域文化、突出地域特色,讲述地方故事等方面的要求也随之日益提高。面对多层次及日渐扩大的观众群体,如何利用地域文化资源,办出有特色的文化展览,已成为当今各地方博物馆面临的重要课题。西安博物院近年来举办的展示长安文化的系列展览,立足地域文化,充分发挥藏品资源优势,打造区域特色文化品牌,拉近地方文化与观众之间的距离,使观众真正感受长安地域文化的独特魅力。

【注释】

[1] 葛剑雄:《中国的地域文化》,《贵州文史丛刊》2012年第2期。

[2] 张亚斌、韩瑞婷:《地域文化生态对京津冀远程教育协同发展软实力形成的社会影响》,《中国远程教育》2020年第3期。

[3] 张凤琦:《"地域文化"概念及其研究路径探析》,《浙江社会科学》2008年第4期。

[4] 陈建远:《社会科学方法辞典》,辽宁沈阳:辽宁人民出版社,1990年,第414页。

[5] 唐永进:《繁荣地域文化,促进经济社会发展——"地域文化与经济社会发展研讨会"述要》,《天府新论》2004年第5期。

[6] 梁军:《浅析地域文化的主要特征》,《赤峰学院学报(汉文哲学社会科学版)》2012年第9期。

[7] 雍际春:《地域文化研究及其时代价值》,《宁夏大学学报(人文社会科学版)》2008年第3期。

[8] 汤因比:《国际经济评论》,《国际经济评论》1999年第4期。

[9] 雍际春:《地域文化研究及其时代价值》,《宁夏大学学报(人文社会科学版)》2008年第3期。

[10] 张凤琦:《"地域文化"概念及其研究路径探析》,《浙江社会科学》2008年第4期。

[11] 雍际春:《地域文化研究及其时代价值》,《宁夏大学学报(人文社会科学版)》2008年第3期。

[12] 宋向光:《博物馆藏品与博物馆功能》,《文博》1996年第5期。

[13] 于晖:《展陈设计与博物馆的品牌建立》,《黑龙江史志》2014年第19期。

地域文化语境下话语分析理论在陈列语言中的运用
——以安徽博物院《新安江上桃花红：明清时期徽州女性文物展》的策展实践为例

刘 榴（安徽博物院）

摘要： 博物馆陈列语言从某种意义上来说亦属于社会语言学的研究范畴，对于区域博物馆而言，将陈列语言置于独特的地域文化背景之中，话语的产生、流转和消费都成为研究的重点。利用话语分析理论，以地域文化语境的构成、特征和功能界定为基础，对女性主义话语在陈列语言中的表达以及文化的传播进行理论阐述。文中以安徽博物院《新安江上桃花红：明清时期徽州女性文物展》策展实践为例，从展览文本分析、话语实践和社会实践三个不同向度，研究陈列语言在展览中的表达、修辞和结构，以及在地域文化语境下的建构方式，探讨博物馆如何发挥地域文化特色和人文主义精神、推进地域文化话语共存和发展。

关键词： 地域文化；话语分析；陈列语言

在近年来的研究中，将博物馆展览的策划融入到符号理论和话语理论中，将流动性的策展过程归纳为陈列语言的构建过程从而进行理论分析，以寻求其中的发展规律，探讨优秀陈列语言的特征，并以此作为博物馆展览策划的理论基础，是业界研究的重点。1962年发布的《博物馆与文物工作的几点意见（草案）》中提出了"博物馆的陈列要以它特有的语言向观众说话"[1]，1983年费钦生在《论陈列的特有语言》一文提出"陈列的语言，主要是造型艺术的语言，是美术、建筑、戏剧电影和音乐的艺术语言的综合，是陈列展览的内容和形式统一的升华"，1991年国际博物馆协会博物馆学委会在瑞士年会上对陈列语言进行了定义："博物馆工作人员与博物馆观众之间进行交流的方法和途径。"[2] 从某种角度来说，陈列语言从广义上来说，涵盖了博物馆与观众交流的重要渠道之一：展览策划的全过程。

博物馆展览中陈列语言的构建和传播，从本质上来说属于语言学的研究范畴。而话语分析是指借助于符号理论和话语理论，致力于对传播活动的各种符号、象征、文本及话语进行解剖，从表象中发现其中隐含的深层寓意与真实用意。它既是一种应用理论，又是一种研究方法，广泛应用于当代许多科学领域，如哲学、美学、文学、史学、政治学、社会学、心理学、传播学、文化学、国际关系学等。1952年，美国结构主义语言学家Z.Harris首次提出"话语分析"的概念。直到20世纪80年代，话语分析作为独立的学科，被广泛应用在社会、文化等多个领域，话语分析理论研究可以分为两个不同的向度，即语言符号学向度和文化符号学向度。两者分别从文本研究和话语批判研究两个角度出发进行研究。话语分析理论中所关注的一个重点——即不同的话语如何在不同的社会条件下结合起来，通过变异、变化和斗争，建造一个新的、复杂的话语，从社会历史的角度具体说明变化着的话语结构，说明了话语建构亦受到不同社会条件的影响而改变。

从这些研究角度来说，话语分析不仅对文本内容进行分析，也关注话语的产生和消费过程，更与社会历史的发展变化相结合，话语分析的社会作用在构建各种至关重要的实体的同时，也以不同的方式将人们置于社会主体的地位，以揭示话语如何由权力与意识形态的关系所构成以及话语对于社会身份、社会关系、知识和信仰体系的建构性作用。"在话语分析的研究范式中，其研究的重点不外乎话语本身的语言（话语）特征，话语的理解（产生）或是话语的消费（流转）"[3]，从这个意义上说，话语分析的本质在于剖析不同权力、意识形态结合下形成的话语对社会的影响和作用。此次展览主题中的关键词"女性""徽州""明清"，时代上具有独特的权力结构和意识形态模式，陈列语言的建构势必与当时的社会结构和文化特征密不可分，而如何在展览中对徽州女性的话语体系进行复原和呈现，也是我们所要利用话语分析理论来进行探讨的。展览中更深层次的传播目的：如何以这种全新的地域文化语境来重新构建观众心中的"徽州女性"形象，从传播优秀文化的角度出发，讲述文物故事，从徽州女性的视角重现繁华的明清徽州社会生活，提倡人们关注女性生活，关注女性文化，亦是与话语分析理论中的话语批判向度息息相关。

一、话语分析理论与女性主题

话语分析理论不仅适用于博物馆陈列语言的研究，对于女性主题展览而言，更具有特殊的适用性。著名学者福柯曾经提出："人的各种主体性特征都是在话语实践中获得并被改变和重建的"，这一点在女性主义理论中也得到广泛的认可，女性主义话语可以通过学术、展览、宗教等各种话语实践活动生产出有关性别的知识形式。在新时代下，博物馆如何策划好女性主题展览，如何构建创新性的陈列语言，话语分析理论无疑给我们指引了道路。

博物馆作为一个面向全体公众的公共领域，在宏大的历史叙事中，几乎所有的博物馆展现的都是关于男性的历史，而女性作为一个被表现的，缺乏自我倾诉语言的群体，她们的形象和声音总是处在被遮蔽和被省略的位置。寄生于男性文化中的女性没有坚实的自我身份，在历史叙事中长久"缺席"，反而使得沉默了数千年的女性有着比男性更加强烈的身份诉求。我们如何利用展览和陈列语言去构建出一个性别平等自由的公共空间，如何去打破观众对历史中长期处于从属身份的"女性"的固有成见，是《新安江上桃花红：明清时期徽州女性文物展》策划中所要解决的重要问题。而话语分析理论已然提供给我们解决的方式和方法：正如之前所提到的，受到福柯影响下的女性主义理论，认为应将女性相关的话语放到历史中去考察，去辨别其政治意义、道德意义、伦理意义和实践意义，以及它在特定社会和历史文化时期下的特点。在福柯的研究中，将特有的话语加在个别主体中，人们就会把它理解为不同时期话语描述下所具有的特征，例如人们通常认为封建社会下的女性生活是受压迫的、失去自由和表达的，但实际上，在海外一些研究中认为明末清初的江南闺秀远不是如此。这些妇女在男性支配的儒家体系中，创造了一种丰富多彩和颇具意义的文化生存方式[4]。这种新颖的观点在陈列语言中亦有体现：在文本中我们采取了女性的视角，在深入了解明清时期、徽州社会，这两个定语下的女性生活背景后，我们选择采用分阶层、分地点、分年龄的三种不同陈列语言对明清时期徽州女性生活进行展示，她们的生活是否是失去自由的？展览中介绍她们的才女生活，她们诗词书画中对真实生活的描述，对社会状况的关注以及对内心情感的倾诉，让观众通过她们自己的声音来打破成见；她们在家庭中是否是受压迫受剥削？展览中家庭生活的部分，以徽州文书中"主盟母"的独特视角和语言，展现徽州女性在男性缺席的家庭生活中的经济地位。"性别只存在于语言之中"，那么打破这种性别歧视，也可以通过构建新的语言而实现。我们复原出当时的社会文化环境，还原女性真实的生活活动状态，以她们自己的手来抒写胸怀，以她们自己的语言（文书语言、女红语言、诗词语言等等）来构建出真实的、打破常规的、公正的女性主义语言，更重要的是，这个话语的构建中，所有观众（包括男性观众）亦可以参与到构建的过程中来，包括在前期的观众调查中，我们也根据性别，对男性观众心中的女性生活进行了汇总了解，男性更希望通过什么方式参与到展览中来，他们可以尝试参与刺绣女红，可以临摹女性的书画作品，亦可以体验采茶、织布等家务活动。在展览中，一方面是反对、瓦解文化话语霸权，另一方面更是提倡文化话语共存、合作和改变，这也是博物馆发挥人文主义精神、瓦解话语霸权、推进地域文化话语共存和发展的必经之路。

二、文本、话语实践和社会实践

话语分析理论中，话语和社会的关联，以及如何关联是其中的重要问题之一。费尔克拉夫在《话语与社会变迁》中指出将话语分析和社会理论结合起来，并把话语分析分为三个向度分别进行，包括文本向度、话语实践向度和社会实践向度[5]。他认为，话语分析包括三个方向，即文本分析，文本生产、分布、消费的分析和话语事件的社会文化分析。而其中衔接性、连贯性、意向性、可接受性、语境性、信息性和互文性是话语分析中所要重点考虑的问题[6]。衔接性、连贯性和可接受性说明了对文本生产过程中的要求所在，可接受性和意向性更多指向文本的分布和消费过程，而对话语的社会文化分析则需要考虑到语境性和互文性的影响。运用在陈列语言的研究中，其中"信息性""衔接性""连贯性""互文性"多在文本本身应具有的逻辑性和易读性以及在展览中展品组合方式、陈列手段选择中体现；"意向性"和"可接受性"的把握，则更多地要求策展人对目标观众群体的知识水平、兴趣爱好以及观展的预期期待有着深入的了解的基础上，传递展览的传播目标；而语境性则需要策展人在现实语境、展览所处的社会及文化语境、预期语境中实现转换。

在《新安江上桃花红》展览中，易读性表现在根据不同知识水平和层次的观众需求，提供更加清晰简单的辅助展板文字介绍、线图描绘以及二维码、数字化展览的形式来体现，其中对线图的大量使用，在增加陈列语言可读性的同时，也增加了趣味性。逻辑性则通过处理展览文本中各部分之间的逻辑关系来实现：序厅以走马灯的形式，从整体上对徽州女性的生活进行了概述，引出她们的悲喜一生。少女时期的徽州女性，她们的闺阁生活是怎样的？她们接受什么样的教育？第一部分灼灼其华：闺阁·才媛介绍了女性的闺阁生活和教育经历，以及她们精诗文、工书画的艺术成就；介绍了生活的背景，第二部分桃李争妍：女红·妆饰更多的是为观众表现她们的女红和姿容；从少女到及笄，她们的生活也从闺阁走向了婚姻，走向了家庭。第三部分宜室宜家：婚姻·家庭介绍了徽州女性的婚礼以及她们的家庭生活，从家庭到社会，第四部分下自成蹊：社会·典范则展现了她们的社会生活。单元之间按照时间顺序，以讲故事的形式，将徽州女性的一生向观众娓娓道来，从闺阁生活到婚姻生活，从家庭生活到社会生活，既是对徽州女性生活的真实再现，也是表现了她们在生活中的多面性，从整体上来说，以女子一生为主题，信息性、衔接性和连贯性都得到了满足，也易于观众更好地理解。

"意向性"和观众的"接受性"在陈列语言中的体现往往是有的放矢的，也意味着策展人在展览的前期、中期乃至结束，都要进行大量的观众调查，也需要对现实社会中价值趋向的变化、受众群体的变化都有所了解。《新安江上桃花红》展览中安排了三个阶段不同形式的观众调查。前期调查以问卷的形式开展，在对观众基础信息进行了解的同时，重点调查了观众对明清时期徽州女性的现有印象、展览内容中的兴趣点所在、所需要的辅助资料以及社教活动和宣传活动的切入点等等。前期调查内容较为详尽，为策展人了解观众的观展意向和不同职业、不同年龄、不同层次观众对展览的期待程度做好了准备。中期调查以 iPad 的形式在展厅内设置，内容简单，指向性强，方便观众在观展过程中随时操作。调查内容以观众期待配套的服务、观展的渠道、衍生的产品以及展览的不足之处为主，以便策展人实现和观众的互动反馈，随时对展览相关活动和服务措施进行及时调整，通过对观众观展渠道的了解，也方便有的放矢地开展展览中期的宣传活动。后期调查形式较为多样，展厅内的留言墙、留言簿、微博、微信的留言互动以及直播、短视频等新媒体的传播反馈都将汇总成为后期调查的意见，内容上以总结展览内容设计及形式设计的完成程度为主，也包含了观众对相关其他展览内容的期待情况，便于策展人总结经验教训，并对下一步的展览策划做好前期调查基础。

"语境性"的话语表达是策展过程中最具挑战性的一环。策展人面临着不同的语境营造问题：地域文化特色下的语境营造和策展人本身所处的现实中的社会文化语境。《新安江上桃花红》展览中，地域文化特色下的语境营造是陈列语言构建中的重心。安徽地处吴头楚尾，襟江带淮，河山秀美，地貌多样，人文荟萃，富饶的土地滋养出丰富多彩的地域文化。其中徽州文化就是其中的重要组成部分，为了体现徽州文化的特色，在展览中可以说处处都营造出不一样的地域文化特色。展览围绕着徽州文化展开，序厅采用白墙黑瓦马头墙的造型，徽州民居中代表性的"四水归堂"特色展现、徽州民俗中多子多福的纹饰解读、展品中的徽州木雕、徽州文书、徽州祠堂和牌坊，在展览中均有展示。此外，作为徽州文化的重要组成部分，徽州女性所代表的优良品质和家风家德也是陈列语言中重点展示的部分。在文本语言构建中，我们强调徽州女性吃苦耐劳、勤俭持家的家风家德，在展览中我们展出徽商的成就作为徽州女性为徽商行商的提供重要的经济支持的佐证；文本中我们突出徽州女性崇文重教、诗礼传家的教育传统，展品中我们选择她们读的书，写的诗词歌赋、书画作品，她们教育子女的理念和方式以及明清时期徽州入仕的人数来表现；文本中突出了徽州女性仁爱孝悌、和谐美满的人文精神，对和谐社会建设提供优良范本，文本陈列语言在这些女性品质的诠释中，是和当时的社会文化背景紧密连接的。但文本语言和陈列语言的构建如何形成统一，除了必需的辅助展板呈现，在展览中更多地以展品选择和场景复原的方式来表现。例如在展示黄山风景册页展品时，辅助展架做成山川一样层叠起伏的效果，更能达到相互衬托呼应之感，在展示徽州女性追求勤俭和谐的人生观时，我们在展示相关的绣品织物，以圆形的绣绷形状作为展品背景以及对多子多福、和谐美满等绣品纹样的线图诠释，增强观众的观感。

除了文本语言的构建、展品选择以及陈列方式的安排，场景复原是展览中实现语境营造的重要方式。不同的环境造成不同的语境，观众对展品的理解也不尽相同。我们在场景中也着力营造了明清时期徽州社会的繁华和女性生活的真实场景，例如在第一部分的闺阁·才媛中，复原了明清时期徽州女性的闺阁房间，满顶床、脸盆架、小姐窗、化妆桌、团扇、妆奁和烛台，在花窗的遮掩下犹如回到了历史之中，在这种环境下以实物＋细节线图的展示方式，文物、场景、文化、社会、人物达到了融合，整个展厅的清雅柔和的灯光和色彩，自然营造出一种小家碧玉娓娓道来的语言风格。

三、表达、修辞和结构

正如有学者所言，语言从来也不是一种客观的传播媒介。"人们根据需要对语言的词汇、文体、修辞、文本结构、情态等的选择，就是选择了指称、建构社会身份、社会关系和知识、信仰的方式"[7]，对于同样作为大众传播媒介的博物馆而言，陈列语言在某种意义上具有特殊性，其中包括真实性、客观性、知识性和传播性。策展人选择使用什么样风格、修辞和结构的陈列语言，在某种意义上也是他在选择构建展览中"世界"的不同方式。话语分析理论中认为，话语的权力首先来自使用该话语的机制、机构或个人。有权力的群体会产生有权力的话语，这种话语的权力通过一定的渠道传播、控制其可及性、传播渠道、规模、方式等。在话语内部的表现为采用某一类型的表达方式、话题、修辞以及话语结构等等。因此，在博物馆陈列语言的文本分析中，修辞和语法显然是不容忽视的研究对象。陈列语言作为语言，虽然表达方式不是具体的言辞，但它使"物"说话，既有信息的发送者，也有信息接收者，并构建出交流的语境，也属于语言范畴中的一种。语言中的主体结构由主谓宾构成，对应在陈列语言中，信息传达通过各种陈列方式和造型手段来实现；语言中通过比喻、拟人、排比、反问等不同的修辞手法来表达信息传递者的感情，在陈列语言中，灯光、色彩、材质、多媒体互动等手段一样被运用于突出重点，传递感情，影响观众对信息的接收；人们的对话通过对话交流形成完整的语言系统，陈列语言中对观众信息反馈的收集则需要通过留言簿、邮件、观众调查或者利用先进技术进行观众和策展者之间的实时对话。

表1 语言与陈列语言构成对照

	语言	陈列语言
主体结构	主谓宾	文本大纲中展品的具体组合手法和陈列手段
修辞手法	比喻、拟人、排比、反问等	色彩、灯光、材质、互动、图文展板等
交流方式	对话交流、实时反馈	策展者预测反馈 邮件、留言、观众调查、实时对话等实际反馈

在主体结构和交流方式部分，前文中都有说明。就修辞手法而言，多感官体验的设计是好的修辞的一种重要表现。这与话语分析中的分支：多模态话语分析也有着密切的关系。多模态话语包括文字语言和非文字语言，其中图像、声音、视频、动画、图表、色彩等都涵盖在内，视觉、听觉、触觉各方面都有涉猎。随着社会的进步，博物馆在展览策划中也更加注重观众的感官体验，博物馆从单纯关注视觉逐渐转为更多地考虑超越视觉外的触觉、听觉、嗅觉及本体感觉等感官体验的认知与情感属性。同样，受到地域文化语境的影响，展览文本中所表达的对文化的理解和徽州女性良好家风家德的传播，在形式设计中，需要运用更加多样化的感官体验方式，让观众不仅可以看到文物和说明，更可以触摸历史、感受历史，这也是一种更具"易读性"的表现方式。例如在展览中，视觉体验中通过营造大小场景四个，分别展现徽州女性的闺房、徽州女性婚嫁场景、写诗作画场景以及生产劳作场景，涵盖了女性的少女生活、婚姻生活和家庭生活，让观众在场景中加深对陈列语言的理解；听觉体验中，展览中在体验区播放徽州民歌《螃蟹歌》《采茶歌》等音乐；触觉体验中，考虑到文物的特殊性，选择部分文物制作复制品，例如徽州女性消磨时间所使用的九连环，以及一些极具地方特色的女性生活物品，以供观众对照把玩，此外，展览还从徽州地区征集了一些揉茶机、纺织机等老物件，观众可以亲自动手，感受当时徽州女性的生产劳作生活。

陈列语言传播的目的，是在物质世界获取意义的同时并向他人传递意义，好的陈列语言建构的背后，也必定蕴含着丰富的历史文化内涵，构建完整的话语体系要求主谓宾结构完整、修辞恰当、表意清晰、反馈接受准确，对于陈列语言而言，应构建出以经验导向为主体结构来体现易读性；以多感官、增强互动的体验方式为修辞手法体现趣味性；预测反馈并提供邮件、留言、观众调查、实时对话等多种反馈渠道进行沟通，形成自由、和谐、畅通的交流系统，切实满足观众需求以体现陈列语言的高质量。同时不能忽视的是，在陈列语言建构的过程中，策展人所处的社会、文化结构，在一定程度上会影响到陈列语言的客观性和深入性。只有当策展人对文物本身有了一定程度的研究、对艺术史乃至最新的业界观念有着深刻的认识，对目前流行的文化和所处的社会背景有较好的理解，并且对学术和艺术两方面的专业知识都能游刃有余的前提下，他所呈现出来的整个陈列语言本身，才是相对来说更加客观、更加开阔和自由的。

【注释】

[1] 朱煜宇：《博物馆陈列语言之情景构建研究》，复旦大学博士学位论文，2014年。

[2] 王宏钧：《中国博物馆学基础》，上海：上海古籍出版社，2001年，第246页。

[3] 刘立华：《传播学研究的话语分析视野》，《国际新闻界》2011年第2期。

[4] ［美］高彦颐：《闺塾师：明末清初江南的才女文化》，江苏人民出版社，2005年，第421页。

[5] ［英］诺曼·费尔克拉夫著，殷晓蓉译：《话语与社会变迁》，北京：华夏出版社，2003年，第23页。

[6] 胡春阳：《传播的话语分析理论》，复旦大学2005年博士学位论文。

[7] 胡春阳：《传播的话语分析理论》，复旦大学2005年博士学位论文。

东北烈士纪念馆对东北革命文化的宣传、保护与研究

衣利巍（东北烈士纪念馆）

摘要： 东北烈士纪念馆是中国共产党在大城市建立的第一家革命纪念馆。东北烈士纪念馆为宣传近代以来东北地区的革命和建设历史，弘扬革命先烈精神，继承革命优秀传统，开展爱国主义教育，培育社会主义核心价值观等方面发挥了重要作用。东北烈士纪念馆作为弘扬革命文化的重要阵地，在革命文物的征集与保护、革命历史和英烈人物的调查与研究、陈列展览的宣传与创新等方面取得了丰硕成果，积累了丰富经验，为东北地域文化的构建与传播做出了突出的贡献。

关键词： 东北烈士纪念馆；革命文化；英烈；研究；宣传

东北烈士纪念馆是在中共中央东北局、东北行政委员会、东北军区等部门领导的重视和老一辈革命家的亲切关怀下建立起来的，自1948年建成开馆，已走过了七十余年的光辉历程。

一、中国共产党在大城市建立的第一家革命纪念馆

1946年4月28日，哈尔滨成为全国最早解放的大城市。为了纪念在东北抗日战争和解放战争中牺牲的革命先烈，中共中央东北局、东北行政委员会、东北军区开始筹建烈士纪念设施。1946年8月上旬，东北解放区"各省、市代表联席会议"在哈尔滨召开，大会通过了《慰问抚恤烈士家属、兴建烈士纪念碑、用烈士名字命名地名、编纂烈士事迹，以志永远纪念》的决议，并确定此项工作由东北行政委员会负责。1947年4月9日，东北行政委员会在《东北日报》上发表题为《东北人民永远怀念先烈，建纪念馆编英雄册》的公告。公告指出："为纪念先烈们的丰功伟绩，哈市方面，正由六十余机关团体组成'哈尔滨特别市爱国自卫战争牺牲烈士纪念堂、纪念塔兴建委员会'，计划发动人民，输财输力，竭尽智能，修建崔巍壮观之烈士纪念塔一座，以及纪念馆一所，搜罗及编纂烈士之英勇事迹及史实，加以陈列。"[1]

东北军区副政委兼政治部主任罗荣桓对此高度重视，建议修建一座纪念整个东北地区烈士的纪念馆。1947年6月6日，东北行政委员

会决定成立"东北抗日暨爱国自卫战争殉难烈士纪念事业筹备委员会",负责纪念馆和纪念塔的选址、经费募集、史料征集、建筑工程等事宜。东北烈士纪念馆筹建时,馆址选定在原伪哈尔滨警察厅旧址。这座大楼原是东省特别区图书馆馆址,于1928年6月1日动工修建,经过三年时间,于1931年竣工。这座大楼为典型的西欧古典主义建筑,通体呈白色,六根巨大的克林斯柱立于楼前,十分雄伟壮观。日本帝国主义武装侵占我国东北后,1933年被伪哈尔滨警察厅占用。从此,这里成为日本侵略者残酷镇压中国人民的罪恶场所,无数为反抗日本侵略者而进行英勇斗争的共产党员和爱国志士在这里被关押、折磨致死,著名抗日女英雄赵一曼烈士就曾在这里被关押和行刑。以此地作为烈士纪念馆馆址,有特殊的纪念意义。在社会各界的大力支持下,经过一年多的筹备,东北烈士纪念馆于1948年10月10日正式建成开馆。

东北烈士纪念馆是中国共产党在大城市建立的第一家革命纪念馆,作为弘扬东北革命文化的重要阵地,为了生动展示革命先烈事迹,在革命文物的征集与保护、革命历史和英烈人物的调查与研究、陈列展览的宣传与创新等方面取得了丰硕的成果,成为享誉全国的宣传、保护、研究红色文化资源的重要阵地和弘扬中华民族精神的爱国主义教育示范基地。

二、革命文物的征集与保护

东北烈士纪念馆藏品范围是东北近现代革命文物,其中以东北抗日战争和东北解放战争时期革命文物为主。由于建馆早,这方面文物的收藏相对于国内同类纪念馆来说,具有无可比拟的特色和优势。东北烈士纪念馆藏品形成了以东北抗日战争、解放战争时期烈士遗物为核心资源,辅以全面反映东北近现代历史各个社会层面的近现代革命文物体系。现有馆藏文物1万余件,其中国家三级以上珍贵文物7000余件。

东北烈士纪念馆十分重视收藏反映东北地区尤其是黑龙江地区近现代历史重大事件、著名革命人物的文物藏品。东北烈士纪念馆在1947年7月馆址确定以后,就开始了革命文物的征集工作。当时由于解放战争正在进行,东北地区还没有全部解放,征集文物工作存在很大困难。为争取早日开馆,1948年6月24日,原东北抗日联军主要领导人、松江省政府主席冯仲云在《东北日报》上发表了《征求东北抗日烈士遗物启事》:"敬启者,东北行政委员会为纪念抗日及爱国自卫战争中烈士起见,特在哈尔滨南岗一曼街创修东北抗日暨爱国自卫战争烈士纪念堂,现该堂已全部修竣,行将开馆,急待陈设烈士各种可资纪念之遗物,惟因抗日时期久长且年代湮久各种遗物散落各处,收集为难,因此必须东北各界同胞,尤其抗联及抗日时期地下工作同志、烈属等共负此责,一起收齐,而使抗烈的丰功伟迹永垂千古。因此举凡烈士之遗物、遗作、遗影、遗留之武器、烈士曾经活动地点墓地等及抗联活动遗迹,战地之摄影,埋葬之旧物武器旧文件,日寇伪满有关抗联及东北抗日活动之各种照片、书籍、材料及其他一切可资纪念品,如有保存者或知其所在地者,务请于七月以内径送或来信通知松江省政府冯主席为荷。"[2]东北解放区党政军各部门和烈士家属及亲友,积极响应号召,捐献了大量的文物和资料,东北军区政治部也把各部队在东北战场上牺牲烈士的档案和遗物转交东北烈士纪念馆保存。到1949年10月,共征集文物2395件。这批革命文物和史料,作为东北烈士纪念馆早期的珍贵藏品，为烈士事迹的陈列和东北革命文化的宣传奠定了坚实的物资基础。

1953年周恩来总理视察东北烈士纪念馆后，相关文物、史料的征集工作不断取得突破。如1957年，东北烈士纪念馆派工作人员三次进入七星砬子山，在东北抗联独立师兵工厂遗址发掘出200余件文物。到1965年，馆藏文物超过4000件，照片和史料达到6000余件，为陈列展览和革命文化的宣传提供了必要的保障。

"文革"十年，东北烈士纪念馆所有抗战时期的烈士遗物、资料、照片等都被军事管理机构调出审查，许多珍贵文物和史料被损毁和遗失。改革开放以来，东北烈士纪念馆文物征集和保护工作迎来了新的发展机遇，取得了可喜的成绩。

1981年经黑龙江省委、省政府决定，建立黑龙江省革命博物馆，与东北烈士纪念馆合署办公。为了全面展示近代以来黑龙江人民革命斗争的历史，1982年、1986年两次从黑龙江省博物馆拨交来1600余件、2000余件文物。这些文物以新民主主义时期、社会主义建设初期文物为主，加上与省文博系统各地、市、县文管站、所协作，共同征集革命文物，总数达到6600余件。1993年为纪念哈尔滨市解放五十周年，东北烈士纪念馆与《新晚报》联合开展"龙博杯"有奖征集近现代文物活动。征集范围为1840年以来反映黑龙江地区重大事件的实物、著名人士的物品、具有地方特色的个人藏品等。此次活动，开创了文博界与新闻媒体联合征集文物的先河，取得了丰硕的成果。历时两个多月的征集活动，共征集各类实物500余件，其中《满洲农业入植图》、赵一曼领导工人罢工时的电车、哈尔滨车辆厂中东铁路工人大罢工时的汽笛、哈尔滨同记商场开业的营业执照、侵华日军使用的回转式射击鉴写真机等被评定为国家一级文物。《新晚报》连续报道两个月，发表近百篇文章。新华社、中央电视台、黑龙江省电视台、哈尔滨电视台等十多家新闻媒体进行了专题介绍，不仅扩大了东北烈士纪念馆的影响，也为发掘近现代革命文物背后的历史价值提供了崭新的平台。1998年，黑龙江省革命博物馆与哈尔滨日报社联合举办了"哈尔滨·1998抗洪文物征集活动"，此次活动征集范围包括充分体现党和政府领导军民夺取抗洪斗争胜利的实物，充分体现人民解放军指战员、武警官兵、公安干警、抗洪突击队进行抗洪抢险的实物，充分反映慰问抗洪勇士、军民鱼水情深的实物，充分体现各行各业从不同侧面不同角度参加抗洪斗争、支援抗洪前线的实物。此次活动，征集小组深入抗洪前线，走访40余家单位，共征集抗洪文物200余件。

2009年，黑龙江省革命博物馆更名为东北抗联博物馆，展厅布展的前期准备工作开始进行，文物征集进入预定程序。为了补充东北抗联博物馆展品的不足，东北烈士纪念馆开展一系列文物和史料的征集工作。2009年从北安庆华兵工厂征集20世纪30~50年代的车床、铣床等机械11台。这批机械是北安市庆华工具厂无偿捐赠的。作为当年张作霖家庭兵器作坊的一部分，东北抗日联军部队使用的许多枪支弹药都是由这些机器制造出来的，因而具有非常重要的历史价值和文物价值。2011年哈尔滨市公安局将现存的部分日伪时期废旧炮弹壳、弹头、地雷等几十件文物及一些日伪时期档案资料，移交给东北烈士纪念馆保存。2011年由东北烈士纪念馆、东北抗联博物馆与哈尔滨抗日战争研究会在北京联合举办"寻根思源——弘扬东北抗联精神座谈会暨东北抗联博物馆文物征集捐赠仪式"。会议旨在传承和弘扬东北抗联在十四年艰苦卓绝的抗日斗争中所形成的伟大的东北抗联精神，进一步号召广大东北抗联后代为筹建中的东北抗联博物馆献计献策。活动现场共征集到珍贵历史照片150余张、历史资料1册、历史文物7件。

2013年东北烈士纪念馆为筹备东北抗日联军历史陈列，从2014~2016年分9批，共征集文物1000余件。东北烈士纪念馆独具特色的馆藏文物资源，不仅具有重要的文物价值，更具有特殊的历史意义。如江桥抗战的珍贵文物反映了黑龙江省打响的中国武装抗击日本侵略者有组织、具规模的第一次战役。苏联红军出兵东北的文物和珍贵图片反映了在黑龙江的虎头要塞完成世界反法西斯战争最后一役。东北抗日联军在中国抗日战争及世界反法西斯战争中，斗争时间之长，环境之艰苦，堪称世界之最。东北烈士纪念馆收藏反映东北抗联斗争生活的文物，包括东北抗联军事斗争、密营生活、文化学习、群众支援等各个方面。其中有杨靖宇穿过的大衫、赵尚志用过的手枪、赵一曼写给儿子的遗言、李兆麟牺牲时穿的血裤等珍贵革命文物。侵华日军"七三一部队"的细菌弹弹壳，是东北烈士纪念馆珍藏的揭露侵华日军暴行的罪证实物，该文物是侵华日军从事细菌武器研制、进行细菌战的铁证，是一件难得一见、具世界意义的罪证实物。

近年来，东北烈士纪念馆本着"征管分离"的原则，力争做到"征集文物有侧重、保管文物无漏洞"。一方面积极寻找文物线索，以商业购买方式征集陈展所需珍贵文物；一方面确保征集文物准确登记，及时入库，加强管理。东北烈士纪念馆藏品资源，经过几代文物工作者的不懈努力，从无到有，从仓库式堆放到建立藏品档案、进行数据化藏品管理。文物库房历经三次搬迁，面积从60余平方米扩展为600多平方米，增加了先进的文物储藏和保护设备，完善了保护措施。2009~2010年，东北烈士纪念馆开展国有文物项目数据库调查工作。通过数据采集、数据录入、数据汇总、数据报送等各个阶段，共报送文物7000余件。2014~2016年，根据国务院统一领导，东北烈士纪念馆集中技术和人才力量，对烈士馆可移动文物进行全面调查登记，并填报了可移动文物各项信息，开展了第一次全国可移动文物普查工作，从而进一步实现了馆藏可移动文物信息数据化。截至目前，东北烈士纪念馆馆藏文物1万余件，其中一级文物82件、二级文物123件、三级文物6916件、一般文物3458件，另有文物参考品、复制品、资料3000余件[3]。

革命文物的征集和保护工作既有力地配合了现有馆藏文物体系的构建，也为基本陈列和各种临时展览提供了充足的文物展品。东北烈士纪念馆通过对文物的研究和利用，从不同角度反映东北革命的历史，不断挖掘革命文物的深厚内涵，让文物活起来，达到服务纪念馆陈展和宣传东北革命文化的目的。

三、革命历史和英烈人物的调查与研究

对革命历史和英烈人物的调查与研究，不仅是革命纪念馆的一个重要职能，而且是做好陈展内容设计和东北革命文化宣传教育工作的前提条件。在这方面，东北烈士纪念馆起步早，坚持时间长，研究成果丰硕。其中影响较大的调查和研究工作有：20世纪60年代开始的"八女投江"事迹调查，20世纪80年代的杨子荣原名和原籍考，1984年的赵尚志将军牺牲地认证，1992年发起并组织的中、日科研团队对中苏边境日本关东军军事要塞遗址的考察，2005

年前后开始的对东北抗联遗址的系列调查研究等。东北烈士纪念馆的相关研究工作，始终走在东北三省同行的前列，为东北地域革命文化的构建与传播发挥重要的作用。建馆以来，研究人员共出版学术专著40余部，近30年来发表学术论文300余篇，为东北地区党史、军史、革命史研究做出了突出的贡献。

东北烈士纪念馆对革命历史和英烈人物的调查与研究在"文革"之前和之后呈现出不同的特点。"文革"之前的研究工作主要围绕馆内陈列展览进行，做了大量的基础研究工作。"文革"之后，学术研究领域逐步拓宽，取得了新的突破。研究人员之所以能够很好地完成陈展内容设计工作，是因为进行了积极的采访调查，在占有大量历史资料的基础上，认真进行科学研究，把取得的成果应用于陈列宣传，从而使陈展内容较为丰富、准确、形象生动，教育效果强烈。

为了宣传烈士事迹，进行革命传统教育，从1948年建馆到1958年这十年间，东北烈士纪念馆每年都派出研究人员搜集革命史料、丰富烈士事迹。这期间着重调查了杨靖宇、赵一曼、李兆麟、魏拯民、陈翰章等著名烈士事迹。共搜集到革命史料和敌伪资料1730多份。这期间还整理了几百名烈士档案，编印了供内部使用的《东北抗日战争史料汇编》14册。1958年至1959年，研究人员编写出版了《东北人民抗日诗词选》《东北烈士纪念馆图片集》《抗日英雄李兆麟》《杨靖宇将军》《抗日英雄陈翰章》《抗日英雄赵一曼》《抗日英雄魏拯民》等著作。1958年至1962年，研究人员对朱瑞、李学福、"八女投江"等烈士事迹进行深入调查考证，搜集了大量史料，写出《八女投江事迹新探》一文，在《黑龙江日报》学术研究版上发表，引起史学界的重视。1963年研究人员全部投入到烈士事迹调查研究工作中，对抗日战争时期和解放战争时期的烈士事迹进行全面深入的调查，获得了丰富、翔实的资料，大大地充实了烈士档案。1964年研究人员编写了杨靖宇、赵一曼、陈翰章、李兆麟、谢荣策等长篇烈士事迹报告稿和两册革命斗争故事广播稿，对开展烈士事迹报告活动，进行爱国主义教育起到了积极的作用。

1978年东北烈士纪念馆恢复陈列后，特别是党的十一届三中全会以后，清除了"左"的错误影响，业务工作得以更好地开展。研究人员更加积极进行调查研究工作，科研成果颇为显著。20世纪80~90年代，研究人员在省内外报刊杂志上发表的学术文章70余篇；编辑出版了《东北抗日烈士传》（三辑）《东北解放战争烈士传》（上）《东北抗日联军第九军》《东北抗日联军第十一军》《东北烈士纪念馆馆藏文物图录》《李兆麟传》《哈尔滨伪满警察罪恶》《日苏虎头决战秘录》《黑土风云录》《黑龙江文物要览》等著作；访问革命老同志、烈士亲友500多人次，整理采访材料60多万字；接待社会来访、来信工作，据不完全统计，至1983年共答复来信2000多件，接待来访、外调、查阅资料者5000余人次；多次参加全国性学术工作会议，交流经验。

进入新世纪以来，东北烈士纪念馆对东北革命文化的研究工作不断取得新成果。在论文著作方面，2000年以后，研究人员相继发表学术文章230余篇；编辑出版了《碧血英魂——赵一曼传》《历史的瞬间——苏联红军在东北》《东北抗日联军第三军》《血沃关东十四年》《弘扬英烈铸丰碑》《不朽的丰碑——黑龙江省革命烈士事迹选》《中共黑龙江党史人物传》《红旗·热血·黑土——100位抗联英雄的故事》《东北烈士纪念馆故事》《铭记与传承——走进东北烈士纪念馆》《东北抗日联军历史图鉴》《东北烈士纪念馆馆藏艺术珍品》《东北烈士纪念馆文物的述说》《特级侦察英雄杨子荣》《东北烈士纪念馆志》等展现馆藏特色资源的科研著作；从2009年至2010年，研究人员对东北抗联老战士李敏同志进行了6次采访，并将采访录音整理成文字材料，为深入研究东北抗联历史人物、事件，提供了宝贵的口述史料。此外，研究人员还参与了《东北抗日联军文化保护》科研课题的立项及研究工作；完成了东北烈士纪念馆与黑龙江省图书馆联合开展的国家文化信息资源共享工程科研项目《黑龙江世纪英雄谱数据库》的建设工作，社会反响强烈。

四、陈列展览的宣传与创新

陈列展览的宣传与创新离不开相关文物的征集和利用，也离不开相关历史的考证与研究。东北烈士纪念馆调查与研究任务主要是为陈列宣传服务，研究成果也是最先应用于陈列展览。建馆至今，每次陈展的推出，都有最新研究成果的支撑；每次陈展内容的补充和更新，都是研究成果的最好呈现。

东北烈士纪念馆建馆七十余年，陈列展览数次更新，发展历程大体可以分为五个阶段：

第一阶段，1948~1951年，为创建时期。建馆初期展厅陈列主要分为东北抗日战争烈士事迹陈列和解放战争时期烈士事迹陈列。陈列形式庄严肃穆，纪念性强，被称为"灵堂式"陈列。陈列内容未成体系，陈列中展示的烈士是同一规格，上面是烈士遗像，下面是简历，每一展室均一致，相邻展室中间陈列烈士遗物，开馆时社会各界送的挽联都摆在陈列室里。当时，杨靖宇、陈翰章、汪亚臣三位将军的头颅也被恭放在展厅，供人们瞻仰和凭吊。

第二阶段，从1952~1966年，为初步探索时期。这一时期进行过三次较大的更新陈列。1952年，为迎接亚太地区和平会议代表到哈尔滨参观，陈列内容增加了党领导东北人民革命斗争历史这一背景，以展示烈士的艰苦斗争和革命乐观主义精神。陈列形式进行新的调整，撤下了挽联，"灵堂式"的气氛减弱了，展览将烈士事迹与文物相结合，教育作用得到增强。1953年元旦，周恩来总理到东北烈士纪念馆参谒，向烈士敬献花圈，在详细听取讲解员的讲解后，对东北烈士纪念馆的工作做出重要指示："要广泛搜集革命烈士的事迹和文物，向群众进行革命传统教育。"[4] 并为东北烈士纪念馆题写了"革命先烈永垂不朽"的题词，给全馆工作人员以极大的鼓舞。根据周总理的指示，不久就对陈列进行了充实和调整。东北烈士纪念馆开始意识到文物、史料搜集对宣教工作的重要性。后来，三位将军的头颅也分别被恭送至通化和哈尔滨烈士陵园安葬。1960~1961年间，为纪念中国共产党成立四十周年，基本陈列进行了一次全面更新。为全面贯彻中央提出的地方革命史陈列"以全国为纲，突出地方"的基本原则，陈列内容将全国党史同东北地方党史相融合，把东北抗日战争陈列分为12组场景展示。1963年，周恩来总理亲自为东北烈士纪念馆建设批拨专款，修建文物库房和办公室，为馆藏文物的长期保存创造了有利条件。在宣教方面，从1951年展厅增设讲解员起，又陆续开始派报告员深入东北三省的多个市、县的学校、工厂和农村宣讲烈士事迹，并举办流动展览，陈展宣传形式受到广大群众的欢迎，取得前所未有的教育效果。

第三阶段，从1966~1976年，"文革"十年。这是我国革命纪念馆事业遭受严重破坏的十年，东北烈士纪念馆机构建制被撤销，直到1972年才正式恢复，原来的部分工作人员和其他单位的人员才陆续分配来馆。但在"四人帮"横行时期，东北革命烈士事迹陈列仍不能恢复，有关资料和史料受到不同程度的损失，只能搞一些临时展览。1973年举办了黑龙江省阶级教育展览，1975年举办了馆藏革命文物展览，采用迂回的办法，宣传杨靖宇、赵一曼、李兆麟等十余位著名烈士事迹，受到群众的欢迎。

第四阶段，从1977~1987年，特别是党的十一届三中全会以后，是陈列展览恢复和再发展的新时期。随着全党工作重点的转移，东北烈士纪念馆的工作重心也转移到以陈列宣传烈士事迹为主的轨道上来，开始进行抗日战争时期烈士事迹的恢复和更新陈列工作，1978年清明节重新开馆。1979年7月1日，又恢复更新了东北解放战争时期的烈士事迹陈列。这一时期的陈列体现出纪念性和群众性，使观众深刻地认识到革命胜利来之不易，激励人们继承先烈遗志，完成烈士未竟事业。在搞好基本陈列的同时，还举办了张华烈士事迹、日本军国主义侵华罪行、沙涛烈士事迹、"中美合作所集中营"史实等临时展览。

第五阶段，1987年至今，是弘扬主旋律和民族精神，快速发展和成熟的时期，陈展宣传工作进入新阶段。1988、1995、2005年，烈士馆分别进行了三次大规模基本陈列更新。通过不断总结经验与教训，展览水平不断提高。在展览内容上，注意贯彻实事求是的历史唯物主义原则，深入挖掘重点人物个性和特色，努力做到真实、形象地反映历史与烈士的革命事迹；在陈列形式上，把历史、文学、艺术有机地结合起来，达到精神和形象的统一，运用多种表现形式，增加展览的可看性和观众的参与性，营造出生动逼真的环境效果，注重现代对比色彩的运用，创造庄严凝重的环境和氛围，潜移默化地形成观众对历史环境的认识和体验。并注意适当使用多媒体、互联网等最新科技手段，通过更新理念，推出新形式，提升陈列展览的吸引力、感染力和说服力。2009年，东北烈士纪念馆基本陈列《黑土英魂——东北抗日战争时期烈士事迹陈列》荣获第八届全国博物馆十大陈列展览精品奖。2016年，东北抗联博物馆基本陈列《抗战十四年——东北抗日联军历史陈列》荣获第十三届全国博物馆十大陈列展览精品推介优胜奖。

为充分发挥全国爱国主义教育示范基地作用，东北烈士纪念馆在基本陈列的基础上，根据爱国主义教育和东北革命文化的宣传需要，通过原创展览、引进展览、合作办展等方式，共推出专题展览400余个。

原创展览有：《伪满洲国哈尔滨警察厅历史展》《邓小平大型图片展》《黑龙江省全民国防教育综合展》《阳光下的罪恶——侵华日军化学战罪行展》《安重根志士展》《百年香港祖国情——大型图片展》《近代东北反帝反封建志士展》《黑龙江省抗洪文物展》《平凡而辉煌——邵云环烈士生平事迹展》《辉煌50年——中华人民共和国历史图片展》《红旗 热血 黑土——纪念中国共产党建党80周年展》《共同的胜利——纪念中国人民抗日战争暨世界反法西斯战争胜利70周年东北抗战专题展》《英雄的城市——纪念哈尔滨解放70周年专题展》《国旗·国徽·国歌专题展》等。

引进展览有：《东方巨人毛泽东专题展》《重庆"中美合作所集中营"史实展》《雷锋精神永恒展》《党风楷模——周恩来》《战争与少年——卫国战争数字图片展》《足迹：1954—1956焦裕禄在东北》《忠诚——"三严三实"的好干部孔繁森》《永远的铁人——王进喜生平业绩展览》《鲁迅的读书生活》《北国枪城·塞北延安——红色主题巡回展》《伟

大征程 辉煌史诗——纪念中国工农红军长征胜利80周年专题展览》《公为天下——孙中山的凛然人生》等。

合作办展有：《祖国在我心中专题展》《李兆麟殉国45周年专题展》《共和国元帅光辉业绩展》《关东抗日英烈珍闻展》《澳门的历史与发展》《牢记历史 强我国防 振兴龙江》《光辉的历程——黑龙江省纪念中国共产党成立80周年革命文物暨图片展》《黑龙江抗战历史图片展》《红色记忆——革命文物的述说》等。

此外，东北烈士纪念馆还多次参与国际交流展览，如：参加在日本大阪举办的《为了和平反对战争展》，宣传杨靖宇、赵一曼、赵尚志、李兆麟烈士事迹；《黑土英魂》《侵华日军化学战罪行展》赴俄罗斯阿穆尔州地志博物馆交流展出；《中苏边境侵华日军军事要塞罪证展》赴俄罗斯哈巴罗夫斯克地志博物馆展出。另外，还引进了俄罗斯阿穆尔州地志博物馆《俄罗斯民族风情展》、俄罗斯哈巴罗夫斯克地志博物馆《历史的瞬间——苏联红军在东北》图片展等。这些展览活动受到国内外观众的热烈欢迎。

东北烈士纪念馆拥有一支在国内享有盛誉、功底扎实、思想素质高的陈列宣传讲解队伍。讲解员在承担展厅讲解的同时，多次参加全省及全国讲解比赛并取得优异成绩。为了满足广大人民群众的文化需求，创新陈展宣传形式，从1977年起，东北烈士纪念馆成立了流动展览小分队，开展流动宣讲活动。四十多年来，小分队成员无论寒冬酷暑，携带流动展板，深入边防哨所、田间地头、工厂车间，做烈士事迹报告，广泛宣传英烈事迹和东北革命历史。据不完全统计，自小分队成立以来，足迹遍布全国21个省、百余个市、县，总行程超过3.5万公里，累计做烈士事迹报告4800余场，受教育群众达735万人次。

2020年以来，新冠肺炎疫情对全国博物馆和纪念馆的陈展宣传工作产生了巨大冲击。东北烈士纪念馆全面贯彻落实中共中央、国务院和黑龙江省委、省政府决策部署，积极响应国家文物局和黑龙江省文旅厅发出的倡议号召，牢记初心使命，践行责任担当，充分发挥革命文化宣传阵地作用，以红色文化资源为载体，以新媒体为平台，开启红色文化传播的新模式，连续推出"云＋展览展播""云＋主题活动""云＋在线直播""云＋革命文物展映""云＋文物征集"等线上内容，让观众足不出户就享受革命文化盛宴，为打赢疫情防控阻击战贡献力量。

【注释】

[1]《东北人民永远怀念先烈，建纪念馆编英雄册》，《东北日报》1947年4月9日第2版。

[2] 冯仲云：《征求东北抗日烈士遗物启事》，《东北日报》1948年6月24日第1版。

[3] 东北烈士纪念馆：《东北烈士纪念馆志（1948—2018）》，哈尔滨：黑龙江人民出版社，2018年，第110页。

[4] 温野：《弘扬英烈铸丰碑》，哈尔滨：黑龙江人民出版社，2009年，第14页。

多元文化维度下的历史文化名人纪念馆（博物馆）的传播与交流
——吴昌硕纪念馆的探索和实践

邱晓云（吴昌硕纪念馆）

摘要： 历史文化名人是文化领域具有突出贡献的历史人物，是中华文化精髓的重要组成部分。文化名人纪念馆是纪念、怀念名人、承载和传播名人文化的一种载体，名人纪念馆大都建在名人的家乡或曾经生活、工作过的地区，因此很多名人纪念馆成了地方（区域）文化的组成部分，也因此出现这样的情况，名人纪念馆的职能、定位往往突出其在区域文化中或县域文化的重要性，而往往对名人文化在中华大文化中地位与作用传播的较少，局限于区域文化传播的范围，并被冠之"某某文化"，在过分强调区域性的同时也导致削弱了历史文化名人的广谱价值和在中华文化整体中的地位和作用。本文将以吴昌硕纪念馆为例，探索地方历史文化名人纪念馆（博物馆）如何梳理地域文化与中华文化的关系，如何通过扩大传播与交流让地方文化融入中华文化的大体系中去，真正发挥文化名人纪念馆（博物馆）传承和弘扬传统文化的作用。

关键词： 名人纪念馆；文化；传播

一、历史文化名人纪念馆是传承地域文化的重要载体

（一）历史文化名人是传统文化的重要组成部分

中华传统文化，是中华文明成果根本的创造力，是民族历史上道德传承、各种文化思想、精神观念形态的总体。历史文化名人是一个地区社会实践活动中涌现出的代表性人物，也是彰显地域性人文特色、民俗风俗的有效载体。历史文化名人通常以超常的智慧和不朽的作品推进历史文化的进程，升华和提炼着中华文明的内涵，体现并延伸着历史文脉和民族精神传说、故事等。我国历史文化名人灿若星河，是中华文化的重要组成部分，也是一个地方文化的旗帜和灵魂。与之相关连的社会活动（现象）都可成为名人资源，名人文化资源具有与其他文化资源所没有的和不可替代的优势和特点。

（二）历史文化名人纪念馆（博物馆）的作用

我国自改革开放以来，社会主义经济建设取得了长足的进步与发展，各种外来文化乃至新兴文化不断碰撞、交汇融合，冲淡了大众对中华传统文化的认知，许多传统文化逐步淡出大众的视野，有的甚至面临消亡。中华传统文化是我国发展的基础，是创造力的源泉，是与西方话语对垒的工具，如果没有中华传统文化，我们的发展没有了根基，必定不会成功。2017年，中共中央办公厅、国务院办公厅印发了《关于实施中华优秀传统文化传承发展工程的意见》，强调各级政府要加强文化的传承与保护，重视文化在国家经济建设发展中的作用。博物馆（纪念馆）作为收藏和保护文化的重要公共机构，对中华传统文化的传承与发展有着重要作用，博物馆（纪念馆）通过收藏、保护、展示文物，直观地向大众展示我国各个地域历史阶段的发展特点，并以文物为纽带，展示和宣传文物的历史背景和我国的传统文化。故而在这样的大背景下，博物馆（纪念馆）在中华传统文化的传承与发展中发挥着愈发重要的作用。

历史名人纪念馆，是千姿百态博物馆体系中的一员。承载着名人文化的大量资源，是地域文化建设的重要组成部分，它在增强地域厚重感、提升地域文化品位、塑造地域文化精神、提升地域文化软实力、提高地域市民思想道德素质和文明素质、激发爱家建家自豪感、丰富群众文化生活等等方面正发挥着越来越大的作用。应之以博物馆为代表的公共文化机构理应肩负起时代使命，挖掘自身优势与潜力，促进中华传统文化的传承与保护，从而助力中华民族伟大复兴事业与中国梦的发展预实现。

二、吴昌硕纪念馆在传承地域文化弘扬优秀传统文化的探索实践

吴昌硕是安吉籍一位著名文化名人，近代著名书画家、篆刻家、诗人。吴昌硕文化资源内涵十分广阔，不仅包括他的诗书画印等多方面的艺术成就和贡献，还包括他的思想、学术传承、后世影响、人格魅力以及吴昌硕历史遗迹等多方面的内容。

吴昌硕纪念馆于1982年设立，2006年3月与安吉县博物馆分离，独立建制。2008年4月对外免费开放。2012年9月馆舍异地新建，于2014年9月12日落成，新馆建筑面积5600平方米。现馆藏吴昌硕作品60余件、文房用品9件，馆藏近现代名家作品730余件，各类文史资料三千余件，是一家集收藏、研究、展示于一体的专题性名人博物馆，为省级爱国主义教育基地、国家三级博物馆。

纪念馆所在的安吉县政府十分重视昌硕文化资源挖掘，在打造地域文化中把竹文化、茶文化、孝文化、昌硕文化等作为地域特色文化的组成部分，并逐步形成"昌硕文化"品牌的文化名片，形成了吴昌硕故居遗存、吴昌硕纪念馆等为主体的昌硕文化载体，建立了昌硕文化中心，并以节庆、论坛、举办大型赛事等形式扩大对外的影响力。在众多载体中，吴昌硕纪念馆立足纪念馆职能定位，多渠道助力打造吴昌硕文化核心品牌，成为地域文化建设的中坚力量。

（一）建立以昌硕作品为核心的藏品收藏体系

藏品是博物馆（纪念馆）的灵魂，也是文化传承的支撑。吴昌硕纪念馆自新馆开馆以来在藏品收藏目标上，形成了以吴昌硕的书画艺术作品、实物，体现吴氏艺术流派的名家艺

作品及传统书画篆刻艺术作品等为重点、兼顾地域文化流变等相关文献资料为内容的藏品收集体系。2013年至今共征集藏品文物文献资料497件（套），其中有吴昌硕隶书作品1件、吴昌硕原印4方、《吴昌硕印本》原拓一套、《吴氏宗谱》1套等珍贵资料。使吴昌硕纪念馆藏品的质量、档次、数量得到了很大的提升。

（二）开展以昌硕艺术精神为导向的社教活动

近年来吴昌硕纪念馆充分汇集、整合利用现有馆藏资源和研究人员力量设置宣教项目。打造宣教品牌"范范与你聊昌硕"，通过馆内业务研究专家的课程设计，面向不同群体，以深入浅出的语言，开展送昌硕文化进企业、进校园活动、进乡村活动，使昌硕文化宣传到县域内的角角落落。根据吴昌硕艺术成就的特点开设面向青少年群体的社教活动，如拓片技艺体验、石鼓文临写体验活动、团扇彩绘体验活动等特色社教活动。做好馆校课程开发，加强馆校联动，与苏州职业大学、湖州师范大学等高校、昌硕高级中学、安吉三小等9家中小学校签订馆校合作协议，就昌硕文化普及、书画教育实践基地开展合作，把优秀昌硕文化传送到学校教育中去，培养学生地域文化的自豪感。

（三）加强与吴昌硕有关的艺术作品研究

近年来吴昌硕纪念馆结合自身业务力量，在政府部门的大力协助下，借力多方力量联合研究创作了一大批与吴昌硕有关的优秀艺术作品、论著、论文，如国家出版基金项目《吴昌硕全集》，历时5年于2017年出版。出版吴昌硕研究丛书《吴昌硕年谱长编》《吴昌硕纪念书法篆刻录》《馆藏吴昌硕作品集》《馆藏作品集》《缶庐墨迹——吴昌硕早期手稿汇编》《吴弗之展作品集》《张品操作品集》《当代书画名家作品集》《当代名家咏竹画精品集》《当代名家咏竹书法集》《师缶妙新——师村妙石篆刻书法艺术作品集》等等研究艺术作品，为昌硕文化传播储备了新的文化软件。

（四）举办以馆藏吴昌硕作品对外交流展

近年来吴昌硕纪念馆积极践行让文物"活起来"的国家号召，围绕吴昌硕艺术的传承、传播，举办面向全国的馆藏文物文献展览，扩大吴昌硕艺术作品对外影响力。如2016年9月携30件吴昌硕书画作品参加浦江县书画节举办"吴昌硕书画作品展"；2017年3月参加兰亭书法节与绍兴兰亭书法博物馆联合举办"致敬缶翁——吴昌硕的艺术与当代印人的篆刻作品展"；2017年9月与武汉美术馆联合举办"苦铁金石 亘贯书画——吴昌硕作品展"，作为武汉"首届武汉水墨双年展"第二单元展；2018年8月与江苏江海博物馆联合举办《吴昌硕与王个簃书画作品展》等等。这些展览交流活动的成功举办，对推动以吴昌硕艺术为代表的海派艺术文化的传播和中华传统文化的传播起到了重要的促进作用。

（五）开发包含昌硕元素的文创产品

随着时代的迅速发展，文博创意产业蓬勃发展，成为传播博物馆文化的一种有效载体。吴昌硕纪念馆顺应形势于2015年6月组建"印象昌硕——创意产品研发团队"，以馆藏资源为基础，加强昌硕文化创意产品的研究、设计、生产体系的建设，成立以来，以"印象昌硕"为品牌，开发实用性与创新型兼具的欣赏消费类文化产品为主，包括丝巾、文房四宝、竹制笔记本、竹制英雄笔、竹制篆刻、书画高仿、拓片、杯子、书籍等等，在社会上产生一定效应。开发的文化创意产品不断给参观者及社会带来了不同程度的满足和需求，同时对宣传昌硕文化、弘扬中国传统文化、馆际交流起到了积极的推进作用。

三、目前制约文化名人纪念馆发展的短板分析

作为地域文化代表的历史文化名人，在地方文化建设中发挥着越来越重要的作用，但我们可以看到，在当今多元文化维度冲击下，地域文化的单纯性已被打破，许多文化名人纪念馆作为地域文化的载体，只作为一种文化设施或文化符号在被利用，文化名人文脉如何传承发展，名人的文化精神如何传播与交流，名人文化体系如何融入中华文化的话语体系中去，这些问题标明名人纪念馆还有很多需要作为的地方。以吴昌硕纪念馆为例，目前还存在着以下问题：

（一）文化名人纪念馆功能发挥受制于地方政府的重视程度

博物馆（纪念馆）事业发展自身有一定的发展规律，在收藏品保管、研究、展示上都有专业的要求，具有相对独立性。但在政府部门主管的纪念馆，往往出于地方经济发展的需要和领导关注点的不同，而对名人文化建设呈现不同的决策，存在对文化设施建设热情高、对文化本体研究少、重硬件而轻软件的现象。因此，往往在对馆舍投资之后，出现内部管理和运作发展不被重视的现象，在资金、人力上面投入不足，从而影响纪念馆的各项职能的实现。如笔者所在的吴昌硕纪念馆，编制5人，专业人才严重缺乏，业务经费相对不足，这是很多文化名人纪念馆的普遍现象。

（二）名人文化传播以静态展陈为主，缺少文化体验性

纪念馆的传播通常以展陈为主，如笔者所在的吴昌硕纪念馆，常年设立固定陈列"吴昌硕艺术生平展"和"吴昌硕艺术作品展"，这些展陈虽然应用现代声光电、影音、视频等多种形式丰富表达内容，但大部分还是以图片、文字的形式呈现。另外设有临时展览，也主要以静态文字图片展示为主，因此观众对吴昌硕文化内涵的了解不够深入，互动体验感不足。活动主要通过艺术展览、节庆活动、媒体宣传来打造品牌，对吴昌硕文化的活跃度不够，使得公众对昌硕文化产生距离感。

（三）公共文化教育手段单一

随着现代博物馆发展，传统博物馆的功能已发生转变，博物馆不再只是藏品资料收藏保管机构和少数人的艺术殿堂，而是已成为实现文化均等化的公共文化服务机构，普及大众社会教育是其首要职能。但我们可以看到，化名人纪念馆与综合性博物馆与美术馆相比，公共教育的手段略显单一。在教育方式上，往往只以基本陈列阵地展示教育为主，教育手段主要采用讲解、导览、宣传册、书籍、视频等传统方式，缺少以科技为支撑的新型教育传播手段，缺少一支具有专业素养的教育工作者队伍。

（四）藏品资源不够丰富

藏品是博物馆（纪念馆）文化传播的基础。目前很多文化名人纪念馆存在藏品不足的情况。如吴昌硕纪念馆的藏品，大部分来源于20世纪60年代初纪念馆准备筹建时，后裔和部分书画名家的捐赠的一批作品。改革开放市场经济后，特别是近年来书画市场的繁荣，引发了馆主及名家的作品市场价格不断攀升，而吴昌硕纪念馆所在县域经济相对不发达，地方财政用于收藏征集的费用极少，馆主作品除了后裔的少量捐赠外，几乎没有增加。因为缺少经费保障，藏品增长缓慢、缺乏新鲜血液，而导致文化传播资源不足。

（五）文创产业发展不足

与许多博物馆一样，文化名人纪念馆的文创产品开发尚处于初级阶段，且以纪念品、礼品居多，还没有形成面向市场、面向各类消费者的文化产品。从已开发的文创产品来看，同质化现象严重，缺乏文化产品的精神属性和教育使命。一是缺乏创意，可以看到，走进任何一家文博商店，售卖的纪念品如瓷器、文房四宝、手串、佛珠、钥匙扣等，基本上都非常相似。笔者所在的吴昌硕纪念馆虽开发了十几种文化产品，如高仿品、笔记本、钢笔、杯子、丝巾、文房四宝、书籍、扇子等等，几乎所有的文博单位都有类似的产品。其二是缺乏市场导向，地方博物馆（纪念馆）的文创产品开发上主要以政府单位的礼品为主，设计上以体现领导意图为主，由于带有指令性的开发，几乎没有市场导向，开发成本高，以致价格偏高，普通观众（游客）望而却步。

四、进一步发挥历史文化名人纪念馆传播作用的思考

文化名人纪念馆作为博物馆的重要组成部分，在新的历史时期，如何深入挖掘历史文化名人蕴含的时代精神与人文精神，做好展览，讲好"文物故事"，引导和激发公众对传统文化的兴趣，让中华优秀传统文化得到传承和发扬，是纪念馆人今后努力的方向。

（一）历史文化名人纪念馆应成为坚守传统文化的一方阵地

德国文化学家兰德曼认为："人是文化的存在；人是历史的存在；人是传统的存在；人是社会的存在"，社会是他的现实载体，历史是他的生命旅程，传统是他的遗传基因，文化是他的自我意识。他是动态的存在，同时又可能是一种滞后的存在。一切文化都是当代文化，传统文化是当代文化的积累，将来文化是当代文化的延续[1]。当今世界随着全球化的冲击，西方价值文化观的影响，互联网的发展，文化呈现多元化，艺术多样化已经是普遍存在的事实，文化趋同化现象也越来越严重，传统文化受到冲击。但是中华民族要在世界上立足，未来实现中华民族伟大复兴中国梦不能没有文化的支撑，传统文化，就是我们民族复兴的文化根基和价值支撑。名人文化，作为传统文化的组成部分，也是我们需要坚守的文化根基。作为弘扬传统文化一席之地的文化名人纪念馆，守住传统文化的精华责无旁贷。文化名人纪念馆要耐得住寂寞，不受干扰，为后代留存优秀传统文化，在文化多样性中找到文化认同与文化自信。

（二）文化名人纪念馆要提炼精神，关注现实

名人纪念馆不同于一般的博物馆，其关注点在"人"，不仅要传播知识，更要宣扬精神，所谓"见人见物见精神"。历史名人的核心价值是其精神内核，历史名人身上所凝聚的价值取向、道德追求、政治信仰、人格魅力等精神元素拥有超越时代的价值和能量，影响地域品质的塑造和地域精神的养成。历史上有一定影响的人物，由于社会环境的变化，当代人对他们的认识总是隔阂和淡漠。要想在当今社会引起大众的关注，缩小时代与现实的差距，就需要加强对人物基础资料的研究，多角度深入诠释人物，提炼出与时代、社会相吻合的能引起今天共鸣的人物精神。研究名人的人文精神与当代核心价值观、与实现中国梦的精神动力内在联系。比如吴昌硕，吴昌硕的艺术成就集"诗、书、画、印"于一身，他创造性地继承了我国诗书画印等艺术的优秀传统，又广泛吸收了与

之相关的养料，不仅使每一门艺术都能独立发挥自己的个性与特长，从而形成自己非常独特而鲜明的艺术个人风格。同时他的艺术作品气势磅礴，魄力雄伟，用笔豪放，墨色浓重，于浑朴中见华滋，厚重中寓灵动。这不仅表现了他个人的风格面貌，同时也表现了我们伟大的民族精神与风貌，以及他所处时代的特征和境界。这也就是他的艺术之所以伟大之处。也可以说，他的每一件艺术作品都多少体现了这种民族精神、时代精神及个人品格、风貌和个性。这种"昌硕精神"正是中国优秀传统文化价值的代表，超越时代的限制，对任何时代，任何人都具有启迪意义，需要我们不断地挖掘、提炼、传播。

（三）文化名人纪念馆要创新教育方式

环境的变化，社会的发展，人们审美观念发生了变化，我们的展陈方式、诠释方式同样需要与时俱进，要寻找与普通大众审美相契合、与时代变化相契合、与不同层次观众需求相契合的教育理论和方法，不断挖掘新的素材，开辟新的视角，借助新型传播媒介（数字博物馆、网络课堂、通过互联网共享博物馆资源等）、衍生品开发进行推广活动和研究，要加强对观众的研究，寻找让普通观众接近大师、读懂大师的教育形式，教育传播的真正目的就达到了。

（四）文化名人纪念馆需多渠道增加藏品

名人纪念馆教育传播的资源来源是藏品，藏品是开展博物馆社会教育的前提。没有丰富的藏品，教育内容和传播交流的更新就无从谈起。教育传播的最基本形式基本陈列也需要以新的藏品信息进行扩充、更替，吸引观众群不断走进纪念馆（艺术馆）。面对公共对博物馆（艺术馆）寄予更多期望的当今，加强藏品的征集显得尤为迫切。要建立多渠道藏品征集机制，围绕馆主，建立符合本馆定位的藏品征集体系。对于文化名人纪念馆（艺术馆）来说，馆主家属、后裔是藏品资源的主要来源，要建立与馆主家属、后裔的良性沟通互动机制，鼓励他们把馆主的艺术作品、相关资料文献贡献给国家。要及时了解国家对文化艺术多元化投入和资助的政策法规，积极争取上级财政部门的支持。鼓励现当代艺术家向纪念馆（艺术馆）捐赠作品，鼓励企业和私人收藏的作品拿出来作为公共文化资源供更广大的民众分享。

（五）文化名人纪念馆要建立对外交流机制，提升学术研究水平

由于受体制、机制、人员、经费等多方面的制约，地方文化名人纪念馆学术科研水平往往不高。这就需要建立对外交流支持机制，推动学术研究水平提升。一是加强与同类纪念馆的交流合作。全国文化名人纪念馆众多，加强与同类名人纪念馆的交流，进行学术研究、工作举措交流，相互借鉴，形成合力。二是需要加强与研究部门、其他文化教育机构的合作，借力促进学术水平提升。如吴昌硕纪念馆，要加强与国内多家吴昌硕纪念馆如上海吴昌硕纪念馆、余杭吴昌硕纪念馆、西泠印社等社会机构合作，通过整合藏品、优势互补、资源共享、联合办展、信息互通、人员往来等多种形式更大范围传播馆主艺术、人文精神。三是需要加强与相关高校和美术研究机构的联系，及时了解学科发展动态、行业发展理念和趋势，让人物研究文化传播融入时代，融入社会发展大背景之中。

（六）以政府为主导，合力推进名人纪念馆文化建设

文化名人纪念馆，承担着当地文化建设的使命，是一个具有区域性和时代文化标杆的机构。名人文化的实现，离不开政府的支持。要建立以政府主导、多方联合推动名人文化发展的机制。如吴昌硕纪念馆，大型馆主纪念活动都是在当地政府的主持下完成，如纪念吴昌硕诞辰160周年、170周年纪念活动，由政府出资出版吴昌硕全集，当地宣传部门联合省书协举办的"昌硕杯"全国篆刻大赛及研讨会等等系列活动。

（七）加强文化名人资源与产业融合

依托名人效应，培育新的经济增长点，发展文化产业，也是名人文化传播的一部分。一是文旅融合，依托吴昌硕品牌，加强人文旅游市场开发，以旅游带动名人文化的体性。二是继续开发文化产品。把名人研究成果物态转化，服务于经济建设中心，惠及社会和人民大众，催生新的经济增长点，打造文化内涵深、经济价值高的文化产品和文化旅游产品，既传承和弘扬名人文化，提高地方的知名度、美誉度。

（八）加大国际交流力度

优秀的传统文化，不仅要走向国内，更要走出国际，在国际舞台展示中华文化的特色和优势。以吴昌硕为例，吴昌硕是享誉国内外的艺术大师，具有国际性的影响力。吴昌硕艺术生涯中留下的上万幅作品，不仅是在中国国内富有收藏，台湾、香港、韩国、日本、朝鲜等国家和地区也有很多机构和个人收藏。尤其是日本在吴昌硕诞辰日都会举办纪念活动。文化名人纪念馆要发挥对外文化交流传播的作用，讲好中国故事，做中外文化友好交流的中介。

【注释】

[1] 兰德曼著、阎嘉译：《哲学人类学》，贵阳：贵州出版集团、贵州出版社，1990年，第206~221页。

【参考文献】

[1] 王宏均：《博物馆学基础》，上海：上海古籍出版社，2001年版。

[2] 尚晏芝：《博物馆如何在旅游业中发展壮大自己》，《中国博物馆》2006年第4期。

[3] 江凌：《名人文化（产业）与城市现代化建设》，《中国文化产业评论》2011年第2期。

非国有博物馆建设思考
——以郑州市管城回族区为例

李 平（河南大学）

摘要： 博物馆是社会发展的产物，直接反映着一个国家、一个地区不同发展阶段的经济水平和社会面貌。非国有博物馆被誉为"来自民间的文化盛宴"，是国有博物馆的良好补充。2019年郑州市人民政府印发《郑州市博物馆事业发展三年行动方案（2019-2021年）》文件要求各县市采取"1+2+N"的建设方式开展区域博物馆建设。管城回族区是郑州市的老城区，地上地下文化资源丰富，为鼓励区域内非国有博物馆建设，区文物局积极探索新思路、新方法。本文以郑州市管城区新建非国有博物馆为对象，通过分析其建设路径及其建设中存在的问题，探索非国有博物馆建设的新路径。

关键词： 非国有博物馆；新建；建设路径

博物馆是连接过去、现在、未来的桥梁，它不仅是人类历史的保存者和记录者，也是社会发展的见证者和参与者。非国有博物馆是国有博物馆的重要补充，是博物馆体系的重要组成部分。近年来，随着非国有博物馆的政策逐渐宽松，我国的非国有博物馆的数量快速增长。截至2019年年底，全国登记注册的博物馆已达到5354家，其中非国有博物馆1595家，占全国博物馆总数的29.79%。河南省拥有118家非国有博物馆，其中郑州市拥有22家。

近年来，郑州市委市政府高度重视博物馆事业的发展，积极发挥政府主体作用，发布相关文件，引导社会力量参与，努力打造主体多元、结构优化、特色鲜明、富有活力的博物馆体系。尤其是2019年郑州市人民政府印发《郑州市博物馆事业发展三年行动方案（2019—2021年）》文件，要求各县市采取"1+2+N"的建设方式，即各县（市）必须建设1家综合性博物馆，2家专题（特色）博物馆，N家非国有博物馆。本行动方案的提出，将郑州市的博物馆建设推向了新的高潮，也为管城回族区非国有博物馆发展提供了契机。

一、管城回族区博物馆发展现状

管城回族区位于郑州市中心城区，是全国

五个城市民族区之一。总面积107平方公里，下辖12个街道办事处和1个产业集聚区，总人口约56.2万，其中回族人口约2.3万。该区历史文化底蕴深厚。分布有郑州商代遗址、东汉文庙、明代城隍庙等全国重点文物保护单位，管城街、东大街、书院街等历史名街，以及数量众多的清代至民国时期特色民居。

管城回族区现分布有4座博物馆，分别是黄河博物馆（老馆）、郑州瞻世博物馆、郑州共襄润德文化艺术博物馆和郑州至为古代艺术博物馆。黄河博物馆是一座以黄河为专题内容的行业博物馆，隶属水利部黄河水利委员会，成立于1955年，馆舍面积7000平方米，藏品包括历史文物、自然标本、书画、音像图片四大类，共10000余件（套）其中珍贵文物44件（套），新馆位于惠济区。郑州瞻世博物馆是一家以展示客家文化为主题的非国有博物馆，馆舍面积1200平方米，主要陈设明清时期客家风格的古典家具，现有突出客家风格藏品448件（套），该馆是管城回族区文化和旅游局下辖的唯一一所正在开放的博物馆。郑州共襄润德文化艺术博物馆，创建于2016年，是一个以传承佛文化精神，展示和保护佛文化文物为主的非国有博物馆。馆舍面积1200平方米，藏品301件（套），是一个以传承佛文化精神，展示和保护佛文化文物为主的博物馆该馆馆址在管城回族区，但在其他区注册登记。郑州至为古代艺术博物馆，是一座以古代建筑明器为主的非国有博物馆，馆舍面积600平方米，藏品400余件，但由于自身条件限制，该博物馆已关闭整改。2019年管城回族区现有博物馆共开展教育活动26次，接待观众18.88万人次（表1）。

据最新统计显示，全国每26万人拥有一座博物馆，郑州每26.7万人拥有一座博物馆，而管城回族区每14.1万人拥有一座博物馆。相比之下，管城回族区单位博物馆覆盖人群高于郑州市和全国整体覆盖率，但管城回族区各类文化资源丰富，随着社会经济迅速发展，群众的文化需求逐渐增大，区域内博物馆建设未能与区域发展同步。

二、管城回族区新建非国有博物馆建设研究

为满足民众日益增长的物质文化需要，贯彻落实《郑州市博物馆事业发展三年行动方案（2019—2021年）》要求，管城回族区文物局对区域内的各类展示馆进行了筛查，从中寻找新建非国有博物馆，在筛选新建非国有博物馆时，最重要的条件就是藏品和注册资金。经过筛选，区文物局初步确认了10个新建非国有博物馆，其中非遗展示馆4座，企业展示馆6座。

表1 2019年管城回族区博物馆社会服务统计

名称	陈列展览	教育活动	参观人数（万、人次）
黄河博物馆	2	10	11.29
郑州瞻世博物馆	9	10	7
郑州共襄润德文化艺术博物馆	13	6	0.59

通过对这些新建非国有博物馆的建设现状进行分析，可以进一步对郑州市非国有博物馆建设的路径进行探索。

（一）建设现状

"百馆建设"推行以来，管城回族区文化和旅游局针对这些新建非国有博物馆开展了一系列工作，也取得了较好的进展。在建设初期，区文化和旅游局与河南大学考古文博系开展合作，对这些新建非国有博物馆进行了摸底工作，就其藏品、展览、馆址、申报材料等方面进行了调查，进一步判断其博物馆建设的可行性。管城回族区现有的新建非国有博物馆，可分为两种类型，第一类为有藏品、有资金、无合适场馆；这种情况的新建非国有博物馆，大多已有博物馆的雏形，藏品、展览基本完备，有些已经申报博物馆但由于各种原因没有成功，这些馆现多已开馆但无登记，也享受政府政策的扶持，如晶石造器水晶博物馆、丝绸之路博物馆等，第二类有藏品、资金相对充足、有较强的办馆意向，但无合适场馆，这类新建非国有博物馆多为现在的非遗展示馆，这些馆现今大多也顶着博物馆的旗号开展活动，但由于不了解博物馆的办馆流程，无专业人员，导致展览制作水平不高，形式杂乱，主题不突出，场馆选址较差，如金丝楠木博物馆，奇石博物馆等。之后，区文化和旅游局分别针对这两种类型的新建非国有博物馆实施一对一，点对点的扶持办法。晶石造器水晶博物馆、丝绸之路博物馆这类型新建非国有博物馆在两年前曾经申报过博物馆，但是由于申报材料不齐全，现有馆址不符合博物馆场馆建设标准，消防不合格，没有申报成功，针对这种现状，区文化和旅游局组织专业人员对其现有藏品进行核实，并向区政府汇报，为这些新建非国有博物馆协调馆舍。针对第二类新建非国有博物馆区文化和旅游局组织积极向其负责人介绍博物馆建设相关知识政策，确定其办馆意愿后，组织专业人员对其现有藏品进行筛选，重新制作相关展览，完善申报材料，对这些新建非国有博物馆提供帮助。

（二）存在问题

通过对管城回族区新建非国有博物馆建设进行分析研究，可以看出，该区非国有博物馆新建过程中存在以下几方面的问题。首先，新建非国有博物馆缺乏合适的场馆，博物馆作为公众教育场所，在建设时要求符合《博物馆建筑设计规范》等国家和行业颁布的有关标准和规范要求的固定的适宜的办馆场所，并设置专用的展厅（室）、藏品保管场所，以及符合国家规定的安全和消防设施。展厅（室）面积与展览规模相适应，不低于馆舍建筑面积的40%，不低于400平方米，展厅（室）适宜对公众开放，管城回族区现有新建非国有博物馆基本都存在馆舍不合格的问题。其次，缺乏专业人员，博物馆的专业人员包括博物馆馆长、藏品研究人员、陈列展览研究策划人员、讲解人员等，但我国每年培养的博物馆专业人才数量有限，拥有相关职称的研究人员更是凤毛麟角，且这些人员多服务于国有博物馆，非国有博物馆很难聘请到专业的博物馆人员，从而导致非国有博物馆在策划、运营、文创产品开发等方面就会受到很大制约。最后，这些新建非国有博物馆举办者多非博物馆专门管理人员，对博物馆的建设理念、申报流程、管理方式等了解不足，对非国有博物馆建设的相关政策解读不到位，从而制约到博物馆的申报和新建。

（三）相应对策

针对现有问题，管城回族区文化和旅游局积极采取措施，推动这些新建非国有博物馆尽快建成非国有博物馆。首先在馆址方面，区文化和旅游局积极开展协调工作，现基本确定在管城回族区金岱园区为这些新建非国有博物馆提供符合《博物馆建筑设计规范》等国家和行业颁布的有关标准和规范要求的固定的适宜的办馆场所，金岱园区是管城回族区打造的以科技研发、现代服务业、互联网经济为着力点的创新型、科技型开发区，该园区基础设施正在不断完善，现迁入大量非国有博物馆，不仅可以推进园区建设，而且可以从根源上解决非国有博物馆馆址问题；其次，在专业人才方面，从新建非国有博物馆筛选、到现在的建设，区文化和旅游局积极与社会各界开展合作，助力管城回族区非国有博物馆建设。区文化和旅游局与河南大学考古文博系开展合作，帮助这些新建非国有博物馆进行藏品整理、登记和申报材料准备方面，之后与郑州市博物馆合作，协助新建馆进行陈列大纲的修订和展览陈列设计；最后，为了使非国有博物馆建设少走弯路，举办者要注意转变观念，第一，非国有博物馆建设的目的并不是为了营利。非营利性是博物馆的根本性质，博物馆从事营销活动不能有悖于其公益性组织的宗旨与使命，营销活动的规模也要以公益事业的合理发展为目的，经营收益要继续用于博物馆自身建设，不得分配给任何组织和个人。第二，非国有博物馆设立依靠举办者筹集资金，但建成后，基本运营资金依靠政府救济。政府对非国有博物馆的支持主要体现在政策支持，资金支持必定有限，如果把非国有博物馆的运营资金都寄托于政府，严重影响非国有博物馆发展的积极性。第三，非国有博物馆作为博物馆体系的重要组成部分，和国有博物馆有相同的法律地位，因此，非国有博物馆举办者要端正理念，积极主动地参与到博物馆建设中来。

三、管城回族区新建非国有博物馆建设路径

"百馆建设"不仅仅对博物馆的数量有了明确的要求，而且也重视到了博物馆的类型和质量。非国有博物馆在设立条件、业务活动、规范管理和提供公共服务等方面与国有博物馆基本相同，没有一个博物馆可以脱离社会而独立存在和发展，要想在短期内新建一座高质量的非国有博物馆，这离不开社会各界的支持和帮扶。通过对管城回族区新建非国有博物馆的研究，探索符合区域特色的建设路径，希望可以为其他地区非国有博物馆建设提供借鉴。

（一）非国有博物馆建设与非物质文化遗产保护相结合

非物质文化遗产是指各族人民世代相传并视为其文化遗产组成部分的各种传统文化表现形式，以及与传统文化表现形式相关的实物和场所。包括传统口头文学以及作为其载体的语言；传统美术、书法、音乐、舞蹈、戏剧、曲艺和杂技；传统技艺、医药和历法；传统礼仪、节庆等民俗；传统体育和游艺等其他非物质文化遗产。2011年《中华人民共和国非物质文化遗产法》颁布以来，我国的非物质文化遗产保护取得了较好成绩，在非物质文化遗产保护和传承过程中，非遗展示馆逐渐兴盛起来。

非遗展示馆指公民、法人和其他组织依法设立非物质文化遗产展示场所和传承场所。我国现有的非遗展示馆种类丰富，"形式多样，有展示地区总体非遗面貌的综合型非遗馆、专门展示某一非遗项目的专题型非遗馆、不同类型的非遗馆组成的非遗博览园，还有一些依附于非遗相关机构而存在展示空间等[1]"。这些非遗馆的建设促进了非物质文化遗产的保护与传承，同时其管理方面的一些问题也暴露出来，

如没有健全的建设和陈列体系，造成极大资源浪费。而博物馆是以教育、研究和欣赏为目的，收藏、保护并向公众展示人类活动和自然环境的见证物，经登记管理机关依法登记的非营利组织[2]。故博物馆的藏品的收藏、展示、研究方面有先天的优势。将非遗展示馆建设成非国有博物馆，一方面可以规范非遗展示馆的管理和陈列，另一方面也可以丰富区域博物馆类型。

（二）非国有博物馆扎根社区历史文化

博物馆学界从20世纪60年代就开始关注社区，积极推动博物馆与社区文化相结合，彰显社区文化特色。郑州市现有非国有博物馆的辐射范围也是在社区内部。扎根社区，收藏保护、陈列展览和传播弘扬社区文化可以很好地解决非国有博物馆藏品和观众等方面的问题。

非国有博物馆扎根社区历史文化，鼓励社区根据自身的历史文化底蕴，文化特色创办符合自己社区文化特色的博物馆，这些博物馆的建设，一方面可以提升社区居民文化自信，扩大社区的知名度和社会影响力，同时可以满足社区民众日益增长的文化需求。让更多的博物馆在社区、街道及城市的各个角落扎根，增添城市的文化底蕴，把郑州建设成为名副其实的博物馆之城[3]。

（三）非国有博物馆积极与学校开展合作

博物馆作为特殊的教育机构，通过藏品研究、陈列展示等方式发挥其教育功能。为了更好地发挥其教育职能，博物馆需要引进专业人才。高校是人才培养的中心，受各种条件的限制，学校教育更加注重理论教育，学生的实践教育则需要和其他专职机构合作，这就为双方合作开启非国有博物馆＋高校模式提供了契机。

非国有博物馆积极与学校开展合作，与高等院校成立学生实践基地，同中小学开展游学基地建设。该路径从解决博物馆专业人员和观众问题入手，缓解了非国有博物馆专业人才短缺的矛盾，提升了其公共服务能力，为在校学生提供了社会实践的场所，也可以降低非国有博物馆人员方面的支出，同时，非国有博物馆和中小学开展合作，通过博物馆游学等活动充分发挥博物馆的社会教育功能，增加博物馆的客流量和知名度。

综上所述，非国有博物馆作为国有博物馆的良性补充，其建设和发展离不开政府及有关部门的扶持。同时，非国有博物馆在筹备期就应该做好长远的规划，主动寻求社区、学校和国有博物馆的帮助，在建成后，通过开设临时展览、参与各种服务活动等途径扩大其自身的知名度和影响力，为其进一步发展积蓄力量，从而形成非国有博物馆发展良性循环，促进非国有博物馆可持续发展。当然，将非遗展示馆建设成为非国有博物馆是管城回族区根据区域发展特色探索出来的一种非国有博物馆建设新路径，其具体建设方式和可行性还有待实践的检验。

【注释】

[1] 郭文豪、张笑楠、马英：《国内非物质文化遗产博物馆现状研究》，《遗产与保护研究》2018年第3期。

[2] 中国法制出版社编：《博物馆条例》，北京：中国法制出版社，2015年，第2页。

[3] 贺传凯：《公共文化服务体系视野下的郑州市博物馆建设》，《中共郑州市委党校学报》2020年第2期。

构建公共博物馆与社区博物馆互动融合发展新格局

刘 洪（连云港市博物馆）

摘要：作为社区文化中心环节的社区博物馆，愈来愈受到各界的广泛关注。公共博物馆事业需要社区博物馆的发展提供更加广阔的发展空间。同样公共博物馆也要为社区博物馆的发展提供资源、技术和管理方面的支持。社区博物馆和公共博物馆相互依存，彼此互动，融合发展，成为一个关乎博物馆事业的发展的新的研究课题。我国的博物馆事业在城镇化建设过程中，必然要求社区博物馆沿着可持续发展道路锐意奋进。

关键词：公共博物馆；社区博物馆；互动融合发展

社区博物馆作为社区文化的重要组成部分，肩负着提高社区群众的综合素质，传播科学文化知识，推进社区文化建设的重任，它既是社区文化赖以生存的基础，又是公共博物馆传播科学文化知识职能和社会教育职能的延伸；既是公共博物馆的服务、辅导对象，又是公共博物馆重要的业务发展空间，具有显著的地位。促进社区博物馆发展，对于调动全社会保护文化遗产的积极性，推动文化遗产的有效保护和传承发展，建设中华民族共有的精神家园，增强民族自信心、自尊心和凝聚力，延续中华文脉，促进文化与经济社会全面协调和可持续发展，具有十分重要的现实意义。

一、社区博物馆的内涵

社区博物馆是根据社区范围内居民的实际需要，在社区范围内建立的，为社区居民提供知识信息服务，通过街区生产生活、整体风貌、建筑格局等生态环境和传统文化的综合保护和展示，全面再现人类文明的发展轨迹的新型博物馆。相对来说，我国社区博物馆的发展水平较低，为数颇多的城市中的社区博物馆在管理、建设和发展方面均比较落后，即便是较为发达的一线城市，社区博物馆也还尚在起步阶段，其发展也并不完善，相比于发达国家还存在较大的差距。随着我国城镇化进程的加快，以及社会各方面建设的全面展开，对于文化的需求，城市居民的欲望不断增长。社区博物馆是重要的文化设施，它已融入居民生活之中，在满足居民对科学知识和信息资源的需求和丰富居民生活方面均发挥着非常重要的作用。

社区博物馆是为社区居民服务的小型博物馆，它是建设于社区范围内的，创建社区博物馆主要侧重于为社区居民服务，为社区居民提供知识信息来源是要根据社区居民实际需求的。社区博物馆为社区居民收集知识信息、整理知识信息和加工知识信息，主要是通过各类展览、社教活动等多种形式开展的，以便为社区居民提供文物信息和文化休闲服务。社区博物馆无论在服务对象上，还是在服务目的上，均区别于传统的博物馆，对于提高社区居民的生活质量和文化素养，满足社区内居民日益增长的精神文化需求富有重要的作用。

二、新时代中国社会教育亟须社区博物馆

（一）社区博物馆是社会文化进步的标志

社区博物馆是服务社区居民和传承社区文化的知识信息交流中心和科学文化教育机构，是在一定社区t范围内建立起来的，具有社区化、方便观众、贴近居民、规模适合、实用性强的特点，是广大社区居民获取生活、生产知识信息、学习科学、学习文化的重要场所，对提高全体公民的科学文化和思想道德素质，普及科学知识具有重要的作用。创建社区博物馆是公共博物馆为社会服务和适应社会发展的一个具体举措，也是城市发展与现代社会发展的必然产物。

（二）构建学习型社会的推动者，先进文化的有效载体

最为贴近民众、服务的便捷和独有的亲和力是社区博物馆的三大特点，并逐步被人们认可和接受，从而成为社会文化和社区文化中不可或缺的组成部分。社区博物馆是构建学习型社会，致力于服务社会，营造良好社会氛围，促进社区服务日益发展的重要机构。无可讳言，社区博物馆是提升全民族素质和普及科学文化知识的最为有效的途径之一，这是与文化的发展和社会的发展互为适应的。它在学习型社会的构建发展和推进社区文化教育进步中，不断显现出强大的潜力。

（三）满足民众精神文化生活需求，能够维护社会稳定的基层组织

社区博物馆的建设，目的在于让其发展成为该社区的培训中心和社会教育场所。它能够向社区居民提供各类陈列展览、社教活动和休闲场地，能够为社区居民提供参观指导和知识信息咨询，能够独自或与社会各个方面力量进行合作，对残疾人、流动人口、待业人员、下岗职工等弱势群体的社区居民，开展较为系统的实用技能技术培训，能够为社区居民举办各种门类科学知识的报告会、讲座等。社区博物馆所做的这些工作对提高社区居民科学文化水平、满足社区居民精神文化生活需求发挥着积极的作用。部分社区居民思想观念上会存在各种各样的问题和困惑，针对这一情况，社区博物馆可以适时施展正确导向功能和思想教育职能，自始至终地向社区居民举荐健康、有益的陈列展览，抓好陈列展览的推介工作，积极开展社会教育活动，引导社区居民多观展、观好展，让他们从陈列展览中受到潜移默化的教育，汲取精神营养，增长科学知识，提高自身素质，陶冶情操，树立正确的价值观、人生观、世界观，遵守法律法规和道德规范，成为有理想、有道德、有文化、有纪律的新时代公民。

（四）公共博物馆系统的扩充和延伸

社区博物馆是对社区居民进行社会教育的科学文化教育机构。社区博物馆不可推卸的社会责任之一，应该是面向社区居民开展正能量引导和思想教育工作。公共博物馆原来固有的封闭、被动、传统的服务内容、服务方式和服务理念，需要凭借实施社区博物馆各个方面的社会服务工作才能加以改变，并要采取行之有效、积极主动、开放奋进的举措，尽最大可能满足社会公众的需求，使公共博物馆知识信息资源覆盖到基层、共享到基层，从而扩大了公共博物馆的社会影响，提升了公共博物馆的知名度和自身的社会地位，推动了公共博物馆事业的快速进步，也有力地促进了我国经济社会和改革开放的日益发展。

三、公共博物馆与社区博物馆的关系

（一）公共博物馆与社区博物馆的共性

公共博物馆与社区博物馆都是开展内容丰富、形式多样的社会教育，传播科学文化知识，面向人民群众的社会公共机构，其主要特征是公益性。二者都是征集、典藏、陈列和研究代表自然和人类文化遗产的实物的场所，并对那些具有科学性、历史性或者艺术价值的物品进行分类，为公众提供知识、教育和欣赏的文化教育的机构。公共博物馆是非营利的永久性机构，对公众开放，为社会发展提供服务，以学习、教育、娱乐为目的，是社会主义精神文明建设和文化教育事业的重要组成部分。

（二）公共博物馆与社区博物馆的差别

1. 从兴办主体来看，公共博物馆具有固定的经费来源，以及人员编制，是由政府兴办的本地区文化事业单位，其存在和发展是被列入当地政府文化事业发展议事日程的。而社区博物馆却是没有固定经费来源和人员编制，社区兴办的基层文化单位。

2. 从基本职能来看，作为向公众提供文化产品和服务的公益性单位，公共博物馆具有管理文物藏品，开展科学研究，进行展示教育，开展社会服务，提供良好的文化环境等社会职能。而社区博物馆则可能仅具有进行展示教育，开展社会服务，提供良好的文化环境的职能。

3. 从服务范围和服务对象来看，公共博物馆不仅肩负着构建本地区基层博物馆工作和基层博物馆各项业务辅导，同时还肩负着为本地区民众提供社会服务的任务。而社区博物馆工作范围较为狭窄，只针对所辖区域和居民开展相关服务。

四、公共博物馆和社区博物馆融合发展的益处

（一）公共博物馆为社区博物馆的社会服务发展提供资源保障

由政府投资建设和运行的公共博物馆，是公益性事业单位，每年政府财政均有一定的资金投入，相对而言，藏品的收藏量比较多，举办的陈列展览和社会教育活动也较为频繁。而隶属于各个社区的社区博物馆，资金投入却不能固定，藏品量缺少，观众量不足，管理者也没有给予足够的重视，各类陈列展览和社会教育活动也颇为稀少。如此一来，就举步维艰，很难维持，至于发展就更无从谈起了。在这种情形下，作为公共博物馆可以有所举措，即无偿为社区博物馆提供各类流动展览和社会教育活动，并依照实际开展的情况，有计划地进行调换，从而提升社区博物馆的社会服务水平和能力。社区博物馆也要主动和公共博物馆取得联系，派出工作人员经

常到公共博物馆挑选一些公众喜闻乐见的流动展览和社会教育活动，以供社区居民参观和参与，同时也确保社区博物馆社会服务工作的新颖性，为吸引更多的社区居民关注社区博物馆、了解社区博物馆、走进社区博物馆，创造便利条件。公共博物馆还可以把本馆有一定价值的，但已经陈旧的流动展览无偿赠送给社区博物馆，丰富社区博物馆的展览内容。

（二）公共博物馆是社区博物馆的中心馆

公共博物馆无偿提供各类流动展览和社会教育活动，社区负责提供馆舍设备，并派出专门人员从事相应的工作，确保其能够发挥作用。这是一种符合我国国情的，又具有分馆制优势的服务形式。即在每个城市里，通过社区博物馆这个基层博物馆为民众提供一系列社会服务。社区博物馆的建立是为探索一种新的办馆模式而进行的积极有益、卓有成效的尝试。在分馆制中，居于中心馆地位的，应该是市级公共博物馆，社区博物馆应当是其中的分馆。作为社区博物馆中心馆的市级公共博物馆，首先是负责统一兴办各类流动展览和社会教育活动，提供给社区博物馆供居民参观和参与；其次是负责分馆工作人员的培训和业务工作的指导，为他们参与博物馆理论与实践活动提供机会，不断提高社区博物馆干部职工队伍的整体工作水平。

（三）社区博物馆促使中心公共博物馆的公众服务进一步延伸

社会组织结构的基础部分是社区，那里居住着包括多种年龄、多种阶层、多种职业的居民，提升这批人的文化素养，应该同社会的发展和稳定息息相关的。为社会上所有公众提供各类服务是公共博物馆不容推辞的责任，也是理所当然的工作任务，公共博物馆服务的主要对象应当是社区的所有居民。要想把各类服务延伸到社会最为基础的层面，公共博物馆就必须积极为社区提供服务，这样公共博物馆服务的覆盖面就能得到进一步扩展，从而促使公共博物馆的社会服务发生深刻的变化。

社区博物馆可以面向小学生设立"第二课堂"，以吸引各个年级的孩子们前来参观或参与各类课外展览和教育活动。体现童心童真童趣方面的展览与活动，以及考古体验活动等均深受学生们的欢迎和喜爱，尤其是揭示大自然的奥秘的展览和教育活动特别赢得低年级小朋友们的喜欢。

社区博物馆还可以指导中学生通过观展和参加相关活动来丰富科学文化知识。这些中学生因为学习课程紧张，学习任务繁重，到公共博物馆观展或参与活动的机会相对少了许多。

社区博物馆帮助一些中学生有选择地参观或参与古代历史文化展览或活动等和科普方面的展览或活动等，提高了他们的观察分析能力，增强了他们的自我学习能力。

显而易见，社区博物馆还能够面向离退休老人们提供一个开展休闲娱乐活动的场地。有一批老年人由于年龄偏大，加之行动又不方便，尽管如此，但在家门口就能够观展览、看活动，起到了丰富他们的文化生活、提高他们的自身素养、增长他们的科学知识的作用。毋庸置疑，社区博物馆应该发展成为老年人排解寂寞、互相交流、互相沟通、增进友谊的好去处。

社区博物馆还能够增加居民的参观展览和参与活动的时间。试想，不用走出社区就能够直接看上展览或参加活动。这是多么方便。假如乘车前往省公共博物馆以及市公共博物馆，应该至少要花费半个小时乃至更多的时间。尤其是小的观众，可以不需要随同父母，自己一个人便能够去博物馆参观展览和参与相关活动，可谓非常省事。

五、目前创建社区博物馆面临的困境

（一）社区博物馆建设亟须学术研究成果的指导

众所周知，理论指导实践，任何的实践活动都需要科学理论加以指导。我国在学术研究上探讨社区博物馆的相关问题的起步还是比较晚的，开展这方面的学术研究的时间也并不长，截至目前还没有形成比较成熟、比较完整的理论体系，尽管社区博物馆建设的实践活动早已经付诸实施，但其学术研究没有受到足够的重视，并较少有进行总结、思考和研究的，从而导致开展此类实践活动没有学术研究成果的指导，走过不少弯路。当前，加强社区博物馆建设，势在必行，刻不容缓，不容否认，与此同时也必须加强对社区博物馆的学术研究。

（二）社区博物馆行政管理权限的定位

社区博物馆的建立首要的是必须对社区的定位问题加以考虑，也就是说，公共博物馆为了把社区的服务工作做得更好而设定行政管理权限和相关区域。它涉及究竟设立多少个社区博物馆，以及为社区提供服务的效果如何。那么，我们将怎样看待我国关于社区的定位问题呢？总结归纳起来，主要有三个模式：其一是将市辖区看作是社区，譬如部分城市营建的区、街道办事处、居委会三级社区服务网点、社区救助站等；其二是把街道办事处的辖区当作是社区，在一些城市确实存在着这种情况；其三是将社区居委会的辖区（即经过调整的居民区）看作是社区。随之而来的是社区博物馆行政管理权限的定位问题也就相应成为众多博物馆界同仁竞相进行学术争鸣的问题。我们认为，社区博物馆的创立，应当根据其自身的特点、功能等实际情况，以确定其所属的社区范围，不断加强与社区的沟通、交流和联络，进一步博得社区方面对创立工作的鼎力支持是关键要素所在。

（三）创立社区博物馆的根本问题亟待解决

当前，我国注重进一步加强社区的建设工作，特别是对相关的投入在逐年增长，社区建设中长期存在的三大难（经费难、人员难、房屋难）问题，逐步得到缓解。社区博物馆创立工作的根本保障，是解决创立过程中的人、财、物问题，这也是创建社区公共博物馆具体实施过程中的一个难题。

六、公共博物馆助推社区博物馆建设的具体对策

（一）深入开展业务辅导，提升社会服务水平

公共博物馆是这个地区的中心博物馆，具有独特的地位和丰富的专业技术工作经验，以及较强的业务工作技术队伍。公共博物馆应当充分运用这些优势，全方位调查了解所属地区的社区博物馆工作状况，在此基础上，深入本社区的社区博物馆开展业务辅导，促使其工作人员在公共博物馆综合管理、基础设施、展示教育、社会服务、藏品管理、科学研究等诸多方面的知识和能力得以增长和提升，进而全面提高社区博物馆的社会服务水平。

（二）既要抓住重点，又要以点带面

社区博物馆存在着发展不够平衡的现象，这是由于各个方面条件的限制和制约的缘故。公共博物馆在为社区博物馆进行辅导的过程中，应当根据它们的实际情况，加以分门别类、区别对待，不可采用一刀切的方法。除了举办相关讲座、培训班和走进社区博物馆进行现场辅导外，

对于那些自身条件比较好而又积极性比较高的社区博物馆应该给予重点帮助和扶持。一是加大力度,积极开展业务辅导,对关键的业务环节和项目,重点进行督导和检查;二是可以采用多种方式开展切实可行的扶持和帮助,比如馈赠一定数量的物资、设备、图书、流动展览等等。此外,为了能使社区博物馆的社会服务达到优质高效的程度,并促进其跨越式和高质量发展,公共博物馆可以与社区联络商定,通过双方签订创建社区分馆的协议或帮助和扶持的协议,分别从各个方面提出相关要求,诸如年初计划、年末总结、所需经费、人员核定、展示场所面积、观众参观情况分析,等等。

(三)营造政策氛围,力争各方面帮扶

公共博物馆应当开展调查和研究,分析并汇总社区博物馆产生的诸多相关问题,面对这些问题,其一是按照正常的途径向上级部门汇报和反馈相关情况;其二是要利用各种方式,造成舆论轰动效应,发动各个方面的社会力量,参与其中,在全社会范围内培育关注、关心、支持和帮助社区博物馆的良好环境,进而逐步营造有利于社区博物馆成长、巩固和发展的政策氛围。譬如,促成文广旅系统和财政部门共同下发文件,针对社区采用1:1配套资金帮扶的方法,即由地方财政与社区按照1:1的比例分别出资,并由公共博物馆统一筹划各类展览和社教活动,经专业技术人员付诸实施后,再分别提供给辖区内的有关社区博物馆。这种情形既可以调动社区促进博物馆事业发展的积极性、主动性和创造性,又能够充分反映地方政府对社区博物馆的支持和关怀,同时也可以有效保证社区博物馆举办各类展览和社教活动的水平和质量,是公共博物馆对社区公共博物馆开展业务辅导的一种新的尝试,是一举多得的创新举措,值得应用和推广。

(四)注重发展规划,确定长期远景

社区博物馆任务和性质是特有的,与众不同的,公共博物馆应该根据这一特点,统筹规划社区博物馆的工作发展,将观众活动、各类讲座、知识竞赛、科普教育、旅游宣传、休闲功能等贯穿于始终,除此之外,还应当指导、帮助社区博物馆顺应新时代社会的发展需求,致力于规划、设计完成智慧社区博物馆、虚拟社区博物馆平台和电子参观室等长期目标,促进社区博物馆的前瞻远景能够日益发展并逐步得到实现。

七、结语

总之,社区博物馆在贴近实际、贴近生活、贴近群众、各式各样、馆藏独特、方便观众参观等方面大大超越于大中型公共博物馆所提供的社会服务,在整个公共博物馆界是一股必须引起足够重视的有生力量,一方面,它对公共博物馆的帮助和支持是依靠的,另一方面,对公共博物馆的社会服务又有所延伸,推动了公共博物馆事业朝着愈来愈深入的方向发展。不难看出,公共博物馆和社区博物馆之间关系是互相促进、互相依赖的。

固本守正出新 彰显一方风物
——试述基层博物馆如何突出地域性

刘小梅（河南省巩义市博物馆）

摘要： 众所周知，登封嵩山少林寺的名气如雷贯耳，却几乎没人知道登封历史博物馆；焦作云台山旅游全国知名，却很少人去过焦作博物馆，更不知道焦作博物馆的汉代陶楼在国内首屈一指。由此可见，公众对基层博物馆的知晓度和关注度都不是很高。但基层博物馆是基层文化体系中的重要一环，一个县、市（县级市）有没有独立博物馆，也是该地区文明城市创建的重要加分项。当前和今后的一个时期，是我国文化产业大繁荣大发展的重要时期，诗和远方，文化+旅游、文旅融合，都成了群众耳熟能详的热门词汇。数量众多且长期扎根基层的地方县市级博物馆与当地文化产业繁荣息息相关，基层博物馆如何在文化产业大发展中拥有自己的舞台和空间，是值得每一个基层博物馆人思考的问题。虽然基层博物馆面临诸多资金、人才、技术等方面的固有阻滞，但随着近年来国家对博物馆建设的重视程度日益增强，更伴随着博物馆热在群众文化生活中的持续升温，基层博物馆应该跳出"高大上"思维模式，从充分发挥地方特色入手，开拓办展思路，立足本地，守正出新，让基层博物馆成为展示地域历史文化和城市形象的大展台。

关键词： 基层博物馆；城市形象；地域性

近年来，我国博物馆事业的发展突飞猛进，不论基础场馆建设还是常设展览数量、对外交流频次等都呈现强劲发展势头。可以说，新时期文化产业大发展大繁荣，为博物馆发展创造了前所未有的良好时机。然而我们也应清醒地看到，当前博物馆事业总体发展水平不均衡的现象较为严重，省市（省会及地级市）级博物馆的总体发展水平明显高于基层县市（县级市）级博物馆，经济发达地区的基层博物馆发展水平远远高于经济欠发达地区，一些基层地方甚至没有博物馆，或者几间藏品库房门外挂个博物馆的牌子。同时，在一些有博物馆的基层地方，博物馆的影响力普遍偏低，登封嵩山少林寺的名气如雷贯耳，却几乎没人知道还有个登封历史博物馆。焦作云台山旅游全国知名，却很少有人问津焦作博物馆，更不知道焦作博物馆馆藏汉代陶楼在国内首屈一指。一方面，基层群众既迫切需要好的博物馆感知历史，享受文化，提升幸福指数。一方面基层博物馆展览乏善可陈，社教活动缺乏新意，对公众的吸引力不够。

在此，就基层博物馆（仅指县及县级市博物馆）如何从本地区文化特色入手，利用好本地历史文化资源，如何在博物馆展览中突出地域性进行研究探讨。

一、目前基层博物馆发展中存在的一些问题

2020年5月29日，国家发改委发布《关于加快开展县城城镇化补短板强弱项工作的通知》，明确将"完善县级公共图书馆、文化馆、博物馆"列入17项建设任务之一，旨在提升人民幸福感。其实早在这个通知之前，近年来很多基层早已走在前面，建设了许多文化场馆，其中一些还成为这个县的新地标。但这些场馆（此处仅指博物馆）在发展中存在的问题也值得引起关注。

图1 巩义博物馆外景（2020年2月新冠疫情闭馆期间）

首先，基层博物馆馆舍建成后，一些地方没有丰富的文物藏品做基础，陈列展品甚至不能满足完整的历史序列展示。有些馆虽然展示完整，却是靠对外征集文物来完成的，展示的展品都是和本地历史发展没有任何关系的征集文物。有的博物馆因为展厅监控摄像头大量故障无钱修，而将柜内文物撤换为拙劣的复制品。还有的基层博物馆安保力量薄弱，为防止文物丢失，将其深锁库房从不示人。即使有华丽的外观却无法为贫瘠乏味的展览加分。期望观众看到大量的文物复制品后仍对博物馆保有良好印象，几乎是痴人说梦。不敢把好东西呈献给观众，这也是基层博物馆安全至上的无奈之举。场馆内不是昏暗一片，就是空洞无物，展厅里游客稀少，没有生气，越发使人不愿意亲近。这样的基层博物馆，门可罗雀也是必然，更枉谈社会影响力了。

图2 2020年国庆节期间，博物馆门口排起了长队

其次，长期以来，基层博物馆隶属文物部门管辖，主要履行文物收藏展示职能。其中保管收藏职能牵制了基层博物馆大量的精力，甚至很多基层博物馆压根儿就把工作重点只放在收藏保管上。一些基层博物馆多少年来陈列面貌老旧，一成不变，并不是说博物馆的工作人员不作为，而是基层博物馆人员有限，专业的人员多数在文物库房，从事着大量出土文物的清理、拍照、登记、入库等繁琐、耗时的工作；有限的经费往往也是先花在改善文物保存条件上，对展厅陈列和原创展览并不重视，当然，也因为展览策划更花钱。基层博物馆自主能力

差，一个策划案汇报上去，层层汇报，层层指示修改，到最后即使落实也早就偏离了办展的主旨与初衷，经费的短缺也很大程度上影响和制约了基层办展的积极性。

再次，基层博物馆对自身职能认识偏差，不能与时俱进，固守文物收藏思维，对在博物馆展示本地历史文化的风土传说、风俗农事、风光山水的做法抱有迟疑，认为那是文化馆或者旅游宣传部门的事情。轻视对印证城市现当代发展历史实物的展示，认为这样会破坏博物馆的严肃（高大）性。

最后，除了人员、资金、管理的先天不足之外，基层地方政府对博物馆工作的重视程度不够，没有把博物馆当成"城市文明的会客厅"，而是仅仅当成一项必需的"配置"，不能使其真正发挥文化交流展示窗口的应有作用。同时，基层群众的文化素养从某种意义上制约了基层博物馆职能的发挥。相比于大城市，基层更加重视镇村社区文化活动建设，基层群众对广场文化的积极性远比参观博物馆的积极性要高。更甚的还有广场舞大妈进到博物馆里，根本不看文物，一见宽敞明亮的展厅便情不自禁口中哼唱，手舞足蹈，要不是工作人员阻止，随身带的小音响都要放出来了。基层群众对博物馆文化的审美也急需用好的宣传教育来带动和提高。

二、基层博物馆要成为吸引本地人的博物馆

毋庸置疑，博物馆是展示本地区历史文化的重要载体和窗口，但博物馆更是为一方百姓服务的重要文化场所。试想，一个连本地人都不喜欢的博物馆又怎么能够真正有效发挥作用呢？

一方面，大家都对博物馆作为文化阵地的重要性给予肯定。一方面，又没有给基层博物馆发展以足够好的条件。一些场馆华丽高大，却没有丰富多彩的展览和活动内容，甚至连空调费都掏不起，冬冷夏热，使公众难以亲近。另外，一些群众对博物馆的认识有一个误区：认为博物馆展示的都是看不懂的文物（盆盆罐罐），里边的东西都是地底下挖出来的，阴气重，没事少去。基于此，除了青少年固定的团体参观学习、陪同外地亲友游玩之外，少有当地人把博物馆作为文化娱乐、学习休闲的场所，主动且经常性地走进博物馆。

诚然，相比于图书馆和文化馆的喜闻乐见，老少咸宜，博物馆的文物展览确实需要一定的历史文化素养才能看得明白，要让所有人都能看懂博物馆，这需要下一番功夫。

其一，要深挖城市历史文化资源，将城市历史与文物、名人、史迹、传说故事等巧妙融合在一起，用实物、照片、文字展板、地理图片等多种形式丰富的展示出来，而不是只孤零零的文物展品。把城市发展历史与展厅文物紧密结合在一起，透过一件件文物讲述本地历史故事。比如，讲一个新石器时代的石斧，可以

图3 巩义博物馆基本陈列——《洛汭瑰宝》展厅一角

图 4 巩义博物馆最受欢迎的石刻拓印体验活动

结合这个地方的上古传说，加上当地的方言特点，配上古今地形位置对比图版等。又比如讲陶瓷发展史，在介绍枯燥的遗址和窑址遗迹的同时，配上同时期本地区知名历史人物或者大事件的介绍，加深观众记忆，引起参观兴趣。

其二，要突出地方特色，利用好博物馆的场地和设施优势，把文化遗产的推介和宣传引进博物馆，在展厅陈列上兼顾非遗项目、农副土特产品、甚至高精尖科技成就的展示，在社教活动中引入地方剧目的小型展演、非遗技艺的参与体验、镇村名人、科技推广讲座甚至先进人物事迹报告会等等。同时在博物馆建立小书店、小饮品店，或者开放阅读区等公共服务设施，为游客逗留创造必要条件，让博物馆成为一个市民文化活动场所，而不仅仅是收藏文物的地方。

其三，俯下身子，了解群众需求，尽最大可能"讨好"身边人。目前，传统意义上"好展览=文物精品"的观念已经被当下文化多元、创意无限的时代所颠覆，一件文物办展览、甚至无文物展览同样可以吸引人，收到良好的社会效果。不过度依赖文物展品，征集一个本地人的感人故事，征集反映现当代群众生活的老物件、老照片，或者把群众自办的小展览请进博物馆，让群众与博物馆真正互动起来。

三、基层博物馆要做城市的形象展厅和城市旅游首选目的地

鉴于基层实际情况，不可能建起许多分门别类的公共文化服务场馆，基层博物馆应承担起城市展览馆、青少年科技馆、自然博物馆、文化遗产体验工坊、招商展示大厅等等多种职能，立足服务本地的宗旨，充分展示城市形象。现在很多地级市博物馆都引入了城市历史发展记忆的内容，比如运城博物馆的"盬盐春秋"展、开封博物馆的"中原首府"展览板块、首都博物馆的老北京婚俗展等，这些展览都没有什么文物展品，却通过博物馆的独特展览语言向人们讲述这个城市与众不同的一段历史或难忘记忆，充分体现了"地域性"。当然这些都不是基层博物馆，却为基层博物馆提供了借鉴的样本。与其耗资占地费时费力再建规划馆，不如在博物馆的展览中开辟建城史、城市规划、发展成就等内容，将博物馆打造成一个城市的招商引资接待展厅，既讲述历史，又展示现在城市的发展与文明。不在场馆建设上贪大求多，而是小又全，小而精，最大程度利用现有展览场馆和资源，让公众"看一馆而知一地之全貌"，何乐不为。

当一个地区的博物馆很受本地人喜爱，在外地客商中有口碑时，她必然能吸引更多的旅游者。2018 年国务院办公厅印发《关于促进全域旅游发展的指导意见》，在"文化＋旅游"发展势头不减的背景下，各地纷纷加入创建全域旅游示范区的行列中。博物馆要做好突出地域特色的展览，讲好本地故事，在全域旅游发展中，成为代表城市形象的重要载体，为本地

的发展贡献应有的力量。

四、结语

与一流大馆相比，基层博物馆珍贵文物数量少，经费紧缺，文物研究和展陈策划水平低，展柜展厅基础条件差，公众知晓度和关注度都不是很高。但基层博物馆是我国文化产业体系中的重要组成部分，一个县（县级市）有没有一座独立博物馆，是该地区文明城市创建的重要加分项。数量众多且长期扎根基层的地方县市级博物馆如何在文化产业大发展中拥有自己的舞台和空间，是值得每一个基层博物馆人思考的问题。随着近年来国家对博物馆建设的重视程度日益增强，更伴随着博物馆热在广大群众中的持续升温，基层博物馆应该跳出"高大上"思维模式，走出单纯依赖文物办展览的思想窠臼，从充分发挥地方特色入手，开拓办展思路、立足本地、守正出新、突出地域特色，把本地区的优秀文化遗产请进展厅，把历史大事件请进展厅，把动人的故事传说请进展厅，借助多种现代展览手段和展览语言做出好的展览打动观众，在文化产业大发展中拥有自己的一席之地。

广域万象 和而不同
——基于副省级城市国家一级博物馆展览学科分类情况的分析研究

吕昌霖（武汉市中山舰博物馆）
庄松燕（盘龙城遗址博物院）

摘要：不同地区的博物馆在传播文化价值的共有方式是陈列展览，通过全国10座副省级城市国家一级博物馆的基本陈列和2019年举办的临时展览按照学科分类的方法进行多维度的梳理和分析对比，可以提炼出不同地区博物馆在进行文化传播中的特质特征，同时也揭示博物馆在陈列展览中的主流趋势，以发现共性问题，探索个性化和多学科的参与维度。

关键词：博物馆；陈列展览；国家一级博物馆；趋同性；个性化

一、绪论

博物馆是保护和传承人类文明的重要殿堂。党的十八大以来，在党和政府的大力支持下，在社会各界的广泛参与下，我国博物馆事业蓬勃发展，数量快速增长，质量不断提升，在场馆建设、藏品保护、科学研究、陈列展示、社会教育、文明交流互鉴等方面成绩斐然。截至2018年年底，全国已备案博物馆5354座。其中《2019年国民经济和社会发展统计公报》显示2019年年末全国文化和旅游系统共有博物馆3410个，比2018年年末增长79个。2015年以来，我国文化和旅游系统博物馆数量稳步增长，其中2015年2956个，2016年3060个，2017年3217个，2018年3331个。博物馆在经济社会发展中的作用持续显现，给人民群众带来的获得感、幸福感不断增强，已经成为人民向往的美好生活的一部分，博物馆行业也进入了蓬勃发展的快车道。

现行的博物馆定级评估体系始于2008年，从博物馆综合管理与基础设施、藏品保护与科学研究、陈列展览与社会服务三个层面，对博物馆质量水平和工作绩效进行综合评价，确定等级。截止至2019年年底，全国等级以上博物馆共计855家，占全国博物馆总数15.94%，其中国家三级博物馆439家，占比8.18%，国家二级博物馆286家，占比5.33%，而其中国家一级博物馆130家，在全国博物馆行业中占比2.42%，从数量上看是绝对少数。

但是国家一级博物馆是代表国家水平的博物馆。具有文化标志性强、行业代表性突出、资源密集、功能完善、管理规范的特点，并具有重要的社会影响力。

对国家一级博物馆的评估是规范博物馆行业管理和分类指导，充分发挥博物馆的收藏研究、宣传展示和社会服务功能的重要手段，是鼓励和督促博物馆迈上一个新台阶的有效手段。是推动国家一级博物馆治理体系和治理能力走向现代化的重要基石[1]。

而陈列展览作为博物馆各功能的整合，是博物馆的核心业务，是国家一级博物馆发挥和展示博物馆行业国家队和主力军作用的主舞台。所谓博物馆陈列展览是指在特定空间内，以实物展品和学术研究成果为基础，以艺术或技术的辅助展品为辅助，以展示设备为平台，依据特定传播或教育目的，使用特殊的诠释方法和学习次序，按照一定的展览主题、结构、内容和艺术形式组成的，进行观点和思想、知识和信息、价值和情感传播的直观生动的陈列艺术形象序列。

博物馆陈列展览的核心特征是：知识性和教育性、科学性和真实性、观赏性和趣味性。陈列展览要有文化学术概念，有思想知识内涵，能给受众以信息、知识和文化，起到传播观念和思想、知识和信息、文化和艺术的作用，起到公众教育的作用，起到促进文化交流和传播的作用。作为文化交流和传播的陈列展览就必然带有目的性和构造的分类。博物馆陈列展览主要分为：一类是以审美为诉求的文物艺术品或自然造型物品展览，即审美型展览；另一类是有明确主题贯穿的、以思想观点和知识信息传播为诉求的叙事型展览。

博物馆陈列展览的宗旨是向观众传授文化、知识、艺术、观念和思想，促进文化交流和传播。因此，它所反映的观点、思想和内容都应该建立在客观、真实的学术研究基础之上。鉴于此对于博物馆特别是国家一级博物馆的陈列展览的学科分类研究则显得尤为必要，通过研究国家一级博物馆陈列展览的学科分类情况，分析提炼博物馆事业发展的一般性、规律性和特性，进而更好引领、带动广大博物馆提升以展示教育、开放服务为核心的发展质量，着重解决博物馆发展不平衡不充分问题，更好满足人民日益增长的美好生活需要，推动博物馆事业持续健康有序发展。

二、学科分类定义，国家一级博物馆样本的选取、区位划分和概念释义

（一）学科分类的定义与依据

学科源于知识规划，而知识是随着人的实践而发展的，其规划具有人为性，因此学科具有动态发展性与相对性。学科分类的方式与标准也随着社会实践的需要而不断变化和拓展[2]。本文采用《中华人民共和国学科分类域代码国家标准GB/T13745-2009》依据学科研究的对象、特征和方法等将学科划分为自然科学、农业科学、医药科学、工程与技术科学和人文与社会科学5个门类。本标准将学科分类定义到一、二、三级，共设62个一级学科或学科群、676个二级学科或学科群、2382个三级学科。门类排列顺序是：A 自然科学，代码为110～190；B 农业科学，代码为210～240；C 医药科学，代码为310～360；D 工程与技术科学，代码为410～630；E 人文与社会科学，代码为710～910。

（二）副省级城市区位划分与国家一级博物馆的样本的选取

副省级城市是中国行政架构为副省级建制的省辖市，其行政级别正式施行于1994年2月

25 日，其党政机关主要领导干部行政级别为省部级副职。将部分城市定为副省级市，不仅有利于加快城市的经济与社会发展，而且有利于更好地发挥中心城市的辐射作用。

中国目前现有 15 座副省级城市。按照地理区位划分为东北 4 个（哈尔滨、长春、沈阳、大连），华东 6 个（济南、南京、杭州、青岛、宁波、厦门），华中 1 个（武汉），华南 2 个（广州、深圳），西南 1 个（成都），西北 1 个（西安）。其中深圳、大连、青岛、宁波、厦门是计划单列市，其他都是省会城市。

上海博物馆（上海）、南京博物院（南京）、湖南省博物馆（长沙）、河南博物院（郑州）、陕西历史博物馆（西安）、湖北省博物馆（武汉）、浙江省博物馆（杭州）、辽宁省博物馆（沈阳）、重庆中国三峡博物馆（重庆）、首都博物馆（北京）、山西博物院（太原）是财政部和国家文物局于 2009 年 11 月 18 日启动中央、地方共建的国家级重点博物馆是一级博物馆中的当然龙头。其馆藏展品资源、展览资源具有相当程度的不可比拟性，故其展览信息暂不计入本次数据统计，暂不参与数据分析。

（三）数据来源与概念使用

数据主要来源于 15 个副省级城市中 33 个国家一级博物馆网站和微信公众号关于陈列展览和临时展览的资讯和新闻推送以及相关城市融媒体新闻推送，部分展览数据来自各个城市《国民经济和社会发展统计公报》，部分指标数值在统计数据的基础上进行了合并、分解、整理、计算。

本文探讨的国家一级博物馆展览学科分类情况是 33 个国家一级博物馆公布的展览信息按照《中华人民共和国学科分类域代码国家标准 GB/T13745-2009》进行学科分类，按照展览主旨形式、内容和关键词进行三级学科分类，部分临时展览因为在二个学科内属于两个三级学科，则按二级学科进行统计。

三、数据分析

为了考察 15 个副省级城市 33 家国家一级博物馆学科分类情况。表一和表二给出了所列 33 个博物馆 2019 年当年开展的全部基本陈列和临时展览数据和汇总数据。重点考察 2019 年临时展览的学科分类情况，并将其作为截面数据。

（一）博物馆展览的数量频率与当地的经济发展程度呈正相关

东部沿海地区的副省级城市经济发展水平远优于西部内陆地区副省级城市经济发展水平，东北地区的副省级城市经济发展水平相比中西部地区副省级城市而言，也存在一定差距[3]。经济上的活跃程度刺激了作为文化产业的博物馆发展。特别是华东地区与东北地区在一级博物馆数量上是相等的均是 8 座，占 15 个副省级的一级博物馆的数量上的 1/2，但是在基本陈列和临时展览上差距显著，在基本陈列数量上相当于华东地区的 5/9（54.10%），临时展览 4/7（56.94%），整体展览 5/9（55.64%）。

2019 年全年 33 家一级博物馆共计展览 230 个（表一），其中华东地区 8 个一级博物馆 71 个，占比 31.17% 其中南京市博物总馆以基本陈列和临时展览单个数 18/19 居全部 33 家一级博物馆之冠。在单个博物馆中在临时展览中武汉博物馆全年 18 个为例第一，中国丝绸博物馆、成都杜甫草堂博物馆均为 16 个并列第二。可以推导出博物馆展览的数量频率与当地的经济发展程度呈正相关。即社会经济越高质量发展，博物馆所提供的文化产品（展览）越丰富。

（二）地区学科特色和展览存在一定正相关

如何在展览中避免"千馆一面"的现象产生，主要在展览中作一区分。33家一级博物馆处在六个全国大区中，其中综合历史博物馆14个，专题纪念型博物馆19个，分析得出展览的学科分布呈现出地区资源特色。

例如在230个临时展览，有6个一级学科为地球科学的临时展览，虽然占比不大但均系沿海地区博物馆，海洋与陆地是地球科学研究的主体，沿海地区博物馆因为地区优势则展示的更为明显；涉及考古学17个展览中多数展览均是华夏文明发源地黄河文明和长江文明地区博物馆策划引进或输出的，也可以侧面反映出在公众心目中也已经形成华夏文明主要发源地在中原地区的印象；作为古代江南特色的缂丝技术在今日的杭州也得以延续，14个纺织科技技术展览中11个在中国丝绸博物馆展出。当地深厚的文化底蕴培育和发展了多样化和极具地域特色的展览资源。

（三）学科分类中区域差距明显，呈现出东中西多样化递减局面

33家国家一级博物馆一级学科分类背景下在不同区域中也明显差异，华东地区8个博物馆71个展览，分布在9个一级学科；东北地区8个博物馆41个展览占比，分布在8个一级学科；华中地区3个一级博物馆28个展览，分布6个一级学科，西南4个博物馆31个展览，分布4个一级学科（按展览频率由高到低排列：艺术学、历史学、考古学、林学）；西北地区5个博物馆26个展览，分布3个一级学科（按展览频率由高到低排列：艺术学、历史学、考古学）。

（四）在学科分类框架下整体展览出现同质化

33家国家一级博物馆在二级学科框架下整体出现同质化，230个展览中艺术学99个占比43%，其中二级学科工艺美术37个（占比16%），美术28个（占比12.1%），美术/书法/摄影联展31个；历史学69个占比30%，其中二级学科专门史36个（占比15.6%，（其中：三级学科文化史20个占比8.6%，人物研究10个占比4.3%），中国近现代史19个（其中：三级学科新民主主义革命史8个，中华人民共和国史7个），中国古代史12个（其中：三级学科秦汉史4个，清史4个）；考古学17个占比7.3%，其中二级学科中国考古7个，专门考古5个。

密集扎堆的同质化学科分布的展览，一方面消耗了博物馆策展人员大量精力投入策划准备，却没有将博物馆作为学科展示的潜力深入发掘；一方面消耗了大量的财政资金用于重复题材的展览消耗，却不能使博物馆展览作为有效推动学科融合创新展示发展的平台，没有起到有效推动各个学科间均衡发展的作用；另一方面公众对于重复学科题材的展览鲜有积极参与的热度，与博物馆相关、相近、相邻的学科却因没有展示的平台（例如：图书情报档案科学1个展览、文学展览2个、民族学展览4个、军事学展览4个）而鲜为人知晓，降低了博物馆作为文化交融传播的舞台的能力。

（五）一级博物馆在所在区域形成示范效应

以华中地区一级博物馆所在城市武汉为例，武汉市市本级国有博物馆共有10个，2019年以来共举办临时展览59个。其中涉及一级学科12个，涉及二级学科22个，两家一级博物馆所占举办展览总数35.59%。涉及一级学科7个占比58.33%，涉及二级学科12个占比54.55%。

一级博物馆在展览学科跨度上比同区域其

他国有博物馆覆盖面更为广阔，在区域内探索尝试博物馆展出机械工程类展览，同步也凸显了武汉作为老制造业工业城市的城市特点。对城市记忆的唤起，也推动了以工业遗产为代表的创意产业的发展在区域内形成示范效应。

（六）一级博物馆的临时展览在文旅融合中带动效应不明显

由于临时展览的时效性，导致在文旅融合中没有很好地与到访的外地游客形成良好的互动等因素，多数一级博物馆临时展览的观众主要由本地游客构成。同时也因为展览同质化的因素，占比较大的工艺美术类展览需要游客有一定的，以休闲娱乐为主要目的的游客在这种类型的博物馆展览中比较容易出现审美疲劳和距离感，临时展览在文旅融合中带动效应不明显。

（七）临时展览带动学术成果产出

所谓临时带动学术产出是指同时针对某一个临时展览专门产出学术成果的或是某一个临时展览由学术研究的成果转化而来。按照博物馆名称对33家国家一级博物馆学术文献在中国知网进行了检索。经检索山东省博物馆、南京侵华日军大屠杀遇难同胞纪念馆、深圳博物馆等博物馆均有与临时展览主题内容相符的研究成果，研究成果主要以学术论文为主，且学术成果在学科分类上也与临时展览同属一个学科，显现出展学研一体化趋势。

四、建议与对策

通过上述分析可以得出以下结论：

（一）一级博物馆之间在展览特别是临时展览学科分布差异巨大

展览涉及越多的学科博物馆，综合实力也相对越强，一般也是综合性博物馆。由于人员、馆藏资源和其他因素导致展览相对学科分布集中的博物馆一般往往是专题性博物馆。

专题性博物馆在专业学科上特色明显，以中国丝绸博物馆为例，其展览基本覆盖纺织科学技术一级学科的全部二级学科（纺织材料、纺织技术、纺织科学技术基础学科、服装技术、染整技术等）。三级学科人物研究一般在纪念类博物馆举办较多，究其原因是人物关系脉络的延伸展览。

（二）在学科分布中自然科学类展览中存在较大发展空间

230个临时展览中，社会科学类展览197个，自然科学类展览只有33个占比14.35%（按展览频率由高到低排列：纺织科学技术14个；生物学6个、地球科学6个、林学5个；机械工程1个、畜牧、兽医科学1个）。

大量的自然科学最新成果展示没有在博物馆平台展示，例如属于电子、通信与自动控制技术的5G通信技术成果展示；属于交通运输工程的中国高铁技术和路桥技术成果展示；属于能源科学技术的新能源技术展示；属于机械工程的精密仪器制造；属于中医学和中药学的中医学和中药学都在2019年33家副省级城市一级博物馆没有得到充分展示。

博物馆展览的学科分布情况在实质上体现了一个博物馆的对全域知识和成果综合运用和转化开发展示的综合鉴赏能力。为此博物馆展览的学科分布跨度大小对博物馆、博物馆行业的发展都至关重要。也是博物馆多学科维度积极践行向公众展示人类活动和自然环境见证物的必要内容。

如何开展更多学科跨度的展览，怎样开展多学科跨度的展览，就展览学科而言可从以下几个方面探索尝试：

1. 结合城市热点问题，保留城市记忆，衍生多学科展览

根据数据结论显示，在今后一段时间，博物馆可以结合自身城市的热点、资源（人力资源、社会资源、自然资源等）探索在自然科学类技术成果展示中进行展览策划设计，丰富博物馆的展览学科跨度。

例如：2020年以来，新冠疫情在全国相关城市相继出现。以华中地区武汉为例，作为疫情最为严重的城市，这座英雄的城市、这里英雄的人民产生了很多感人的城市记忆，无论过去现在还是将来，都将是这个城市不可磨灭永久的记忆。博物馆要善于在记忆中提取各学科参与的关键词记忆。例如：口罩、消毒剂（预防医学与卫生学）；感性疾病、呼吸机（临床医学）；中医中药、连花清瘟胶囊、清肺汤（中医学与中药学）；火神山、雷神山、方舱医院（土木建筑工程）；快递小哥、火神山建设大军、热心的哥；白衣天使、消防员、防疫值守人员。这些关键词的背后可以提取诸多一级学科作为衍生自然学科普教育性展览。数据显示在今后一段时间，博物馆可以结合自身城市的热点、资源（人力资源、社会资源、自然资源等）探索在自然科学类技术成果展示中进行展览策划设计，丰富博物馆的展览学科跨度。

2. 加强多学科人才队伍建设和储备

大跨度的博物馆展览的推出，多学科博物馆人才队伍建设是关键。在博物馆事业大发展格局下高层次、高学历的人才培养引进工作得到了有关方面的高度重视。在人才培养方面既要做好对外引进的"筑巢引凤"工作，同时也要加强内部已有专业技术人员的内功深造，通过岗位培训、交流置换等方式设置跨学科的岗位交流，充实专业技术人员在不同学科背景下对知识的汲取和再造转化能力。鼓励通过参加学术会议、访学和国际交流等方式，为多学科人才建设添砖加瓦。

3. 文物主管部门应大力支持多学科展览的支持力度

承担公共服务和多学科展示的顶层设计工作的各级文物主管部门，应加大对博物馆开展自然科学类展览特别是中国自主研发且领先世界的自然科学领域成就展示类学科展览采取激励设计的制度安排。让博物馆变为青少年学习历史，学习科技，励志科技报国的理想创造地。从中央到地方各级文物主管部门可以采取设立资助科研课题和自然科学展览资助的办法对博物馆采取外在正向激励，鼓励博物馆积极进行项目申报，增加博物馆多学科展示能力。

4. 博物馆行业管理组织增加对展览的学科分布考核内容

加强在博物馆年度评审和博物馆评级中增加对博物馆多学科展览和多学科社会教育的制度要求，增加考察力度和分值权重[4]，从内在制度上激发对博物馆对多学科特别是自然科学的展示热情。

通过博物馆年度评审和博物馆评级中增加对博物馆多学科展览和多学科社会教育，积极引导各级各类博物馆开展多学科展览策划工作。丰富博物馆展览的学科分布情况，进一步为博物馆融入新的更多资源。同时博物馆行业管理组织在评审过程中应加强对上述内容的实质考察和甄别。

5. 加强跨界跨领域融合发展，吸收多种社会资源参与多学科展览策划

鼓励博物馆通过法人治理结构改革设置理事会的同时吸收跨界资源进行融合发展，吸收多重社会资源参与博物馆多学科展览策划。

博物馆理事会的设立是博物馆扩宽馆际资源，融入社会资源的有效手段。例如：将中小学教学工作者、大学教授、执业律师、文化创意企业负责人、科协负责人等纳入博物馆理事招募对象。从人力资源上扩宽博物馆人才学科分布。将数学、力学、物理学、化学、医学、教育学、法学等一级学科纳入博物馆多学科展示的范围。

同时积极高等学校的自然科学院系取得积极联系，将博物馆日常工作的涉及的文物保护中的预防医学、化学、材料科学；日常博物馆运行中的环境科学、安全科学进行理论提升，形成展览来源汲取点，为形成综合性学科展览创造各种可能性。

五、结语

对 33 家副省级城市国家一级博物馆学科分布进行研究的目的在于分析现状，建设未来。

博物馆的功能在越来越多样的公众消费中变得更加多元化，包容化。博物馆需要在更加复杂的环境下满足日益增长的公众需求。通过自身设计举办多学科跨度的高质量展览整体借以提高博物馆综合研究能力，通过交流引进自然科学类高质量展览借以扩宽博物馆作为文化传播媒介能力。为全面提升博物馆综合发展水准和能力，做出更大新的贡献。

【注释】

[1] 陈洁：《以 h 指数评价国内博物馆学研究机构学术影响力》，《科学教育与博物馆》2019 年第 5 期。

[2] 宋华明、陈奕橙、刘国瑜：《基于优势特色学科评价视角的高校"双一流"建设研究》，《中国农业教育》2019 年第 2 期。

[3] 张震、刘雪梦：《新时代我国 15 个副省级城市经济高质量发展评价体系构建与测度》，《经济问题探索》2019 年第 6 期。

[4] 吴昌稳：《国家一级博物馆学术研究现状与能力建设研究——基于中国知网学术论文的检索结果》，《中国博物馆》2019 年第 1 期。

表1 副省级城市 一级博物馆展览基本情况

序号	地区	一级博物馆数量	总体占比情况	基本陈列数量	总体占比情况	临时展览数量	总体占比情况
1	东北	8	24.24%	33	19.88%	41	17.75%
2	华东	8	24.24%	61	36.75%	71	30.87%
3	华中	3	9.09%	11	6.63%	28	12.12%
4	华南	5	15.15%	28	16.87%	31	13.42%
5	西南	4	12.12%	15	9.04%	33	14.29%
6	西北	5	15.15%	18	10.84%	26	11.26%
	汇总	33	100.00%	166	100.00%	231	100.00%

表2 副省级城市 一级博物馆展览情况一览表
（图例：3/1，表示基本陈列/临时展览的数量）

	东北片区			
城市	1	2	3	4
	哈尔滨	长春	沈阳	大连
	东北烈士纪念馆	吉林省自然博物馆	"九·一八"历史博物馆	大连博物馆
	3/1	6/3	1/6	1/7
	黑龙江省博物馆	吉林省博物院	沈阳故宫博物院	
	4/7	3/12	10/3	
		伪满皇宫博物院		
		5/2		
合计	8			
数量	33		41	

表2 副省级城市 一级博物馆展览情况一览表

（图例：3/2，表示基本陈列/临时展览的数量）

	华东片区					
城市	5	6	7	8	9	10
	济南	南京	杭州	青岛	厦门	宁波
	山东博物馆	侵华日军南京大屠杀遇难同胞纪念馆	浙江自然博物馆	青岛市博物馆		宁波博物馆
	9/8	2/3	11/8	7/9		3/6
		南京市博物总馆	中国丝绸博物馆			
		18/19	5/16			
			杭州博物馆			
			6/3			
合计	8					
数量	61			72		

表2 副省级城市 一级博物馆展览情况一览表

（图例：3/3，表示基本陈列/临时展览的数量）

	华中片区			西南片区	西北片区
城市	11	12	13	14	15
	武汉	广州	深圳	成都	西安
	武汉博物馆	广东省博物馆	深圳博物馆	成都武侯祠博物馆	秦始皇陵博物院
	5/18	5/8	7/10	1/8	2/4
	辛亥革命武昌起义纪念馆	西汉南越王博物馆		成都杜甫草堂博物馆	汉阳陵博物馆
	3/5	2/3		1/16	6/3
	武汉市中山舰博物馆	广州博物馆		四川博物院	西安碑林博物馆
	3/5	5/3		10/4	4/4
		广东民间工艺博物馆		成都金沙遗址博物馆	西安半坡博物馆
		9/7		3/5	1/2
					西安博物院
					5/13
	华中	华南		西南	西北
	3	5		4	5
	11/28	28	31	15/33	18/26

表3 副省级城市 一级博物馆临时展览情况一览表

序号	博物馆名称	基本陈列名称	展览时间	学科分类			
				一级	二级	三级	三级代码
1	东北烈士纪念馆	不忘初心 牢记使命——国旗、国徽国歌	2019	历史学	中国近现代史	中华人民共和国史	770.357
2	黑龙江省博物馆	"铜为鉴 以照行——黑龙江省博物馆藏宋金铜镜展"	20190920	历史学	中国古代史	宋史/辽金史	770.3030/770.3035
3	黑龙江省博物馆	雪寄北大荒——黑龙江省博物馆藏北大荒版画精品展	20190924	艺术学	美术	绘画艺术	760.452
4	黑龙江省博物馆	为了新中国——第四野战军征战纪实展	20190910-20191010	军事学	军事史	中国近代战争史	830.152
5	黑龙江省博物馆	《瞬间之美》——夏富祥摄影作品展	20190912	艺术学	摄影	摄影其他学科	760.6099
6	黑龙江省博物馆	中华寿文化之馆藏清代文物	20190828	历史学	中国古代史	清史	770.305
7	黑龙江省博物馆	鸟鸣类型特别展	20190717	生物学	动物学	动物行为学	180.5731
8	黑龙江省博物馆	辉煌七十年 魅力密山城——密山市庆祝新中国成立七十周年美术书法作品晋省展览	20191024	艺术学	美术/书法	美术/书法	760.45/760.55
9	吉林省自然博物馆	海洋——生命的摇篮	20191214-20200114	地球科学	海洋科学	海洋生物学	170.604

表3 副省级城市 一级博物馆临时展览情况一览表（续表）

10	吉林省自然博物馆	身边的动植物		生物学	植物学/昆虫学/动物学		180.51/180.54/180.57
11	吉林省自然博物馆	馆藏珍稀标本		生物学	植物学/昆虫学/动物学		180.51/180.54/180.57
12	吉林省博物院	瓷国明珠——福建民俗博物馆藏德化瓷展	20181214-20190228	艺术学	工艺美术	工艺美术其他学科	760.5099
13	吉林省博物院	新春对联展"诸事大吉"在省博物院开展	20190123-20190223	艺术学	书法	书法其他学科	760.5599
14	吉林省博物院	蝴蝶泉边好梳妆——白族精品服饰展	20190306-20190416	民族学	文化人类学与民俗学		850.5
15	吉林省博物院	大美清江——恩施土家族苗族自治州文化展	20190306-20190406	民族学	文化人类学与民俗学		850.5
16	吉林省博物院	海上风——嘉兴博物馆藏海派书画展	20190628-20190815	艺术学	美术	绘画艺术	760.452
17	吉林省博物院	模·一样——吉林省博物院藏糕饼模具展	20190418-	历史学	专门史	文化史	770.702
18	吉林省博物院	文白之变：中国新文学的诞生	20190430-20190626	文学	中国近代文学史		750.27
19	吉林省博物院	铁骨遗风——中山舰出水文物展	20190701-20190820	历史学	中国近现代史	新民主主义革命史	770.3545
20	吉林省博物院	长白遗珠——吉林省博物院藏古代书画精品展	20190820-20191030	艺术学	美术	美术史/书法史	760.4510/760.5510
21	吉林省博物院	大道同行——从"五一口号"到协商建国重要史事回顾展	20190919-20191019	历史学	中国近现代史	新民主主义革命史	770.3545

表3　副省级城市 一级博物馆临时展览情况一览表（续表）

22	吉林省博物院	壮阔七十年奋进新时代——吉林省庆祝中华人民共和国成立70周年成就展	20190930	历史学	中国近现代史	中华人民共和国史	770.357
23	吉林省博物院	长白遗珠——吉林省博物院藏北宗山水画展	20191205-20200210	艺术学	美术	美术史/书法史	760.4510/760.5510
24	伪满皇宫博物院	慈母手中线——童服里的祝福和寓意	20190929-20191227	纺织科学技术	服装技术	服装设计	540.601
25	伪满皇宫博物院	技夺天工 艺韵流芳——联合国首批急需保护的"黎族传统纺染织绣技艺"展	20190321-20190610	纺织科学技术			540
26	"九·一八"历史博物馆	反人类暴行——侵华日军第七三一部队罪证展	20190315	军事学	军事史	中国近代战争史	830.152
27	"九·一八"历史博物馆	铁的新四军——新四军抗战历史展		军事学	军事史	中国近代战争史	830.152
28	"九·一八"历史博物馆	巾帼英雄——赵一曼烈士光辉业绩展	20190701-20190805	历史学	专门史	人物研究	770.7055
29	"九·一八"历史博物馆	白山黑水铸英魂——东北军民14年抗战史实展	20190918	历史学	中国近现代史	新民主主义革命史	770.3545
30	"九·一八"历史博物馆	不忘初级 牢记使命——中国革命精神展（1921-1949）		历史学	中国近现代史	新民主主义革命史	770.3545
31	"九·一八"历史博物馆	印记·中国革命历史版报画展	20191217	艺术学	美术	绘画艺术	760.453
32	沈阳故宫博物院	金玉满堂——沈阳故宫的奢华典藏		历史学	中国古代史	清史	770.305

表 3　副省级城市 一级博物馆临时展览情况一览表（续表）

33	沈阳故宫博物院	惟妙惟肖 翘首迎春——清宫文物中的造型艺术		艺术学	美术	美术史	760.451
34	沈阳故宫博物院	灼灼丹青双璧呈祥——馆藏四条屏画展		艺术学	美术	绘画艺术	760.453
35	山东博物馆	窑火千年——淄博窑陶瓷文化展	20190929-20191229	艺术学	工艺美术	工艺美术理论	760.502
36	山东博物馆	琉光溢彩——博山玻璃文化展	20190929-20191229	艺术学	工艺美术	工艺美术理论	760.502
37	山东博物馆	香光馨远——董其昌书风展	20191116-20200216	艺术学	书法	书法史	760.551
38	山东博物馆	不朽之旅——古埃及人的生命观	20190331-20190621	考古学	外国考古	非洲考古	780.503
39	山东博物馆	海洋之心——有孔虫科普展	20190206-20190507	地球科学	海洋科学	海洋生物学	170.604
40	山东博物馆	福满乾坤——馆藏年画贺岁展	20190206-20190307	艺术学	美术	绘画艺术	760.452
41	山东博物馆	福迎新春——中国福文化体验展	20190129-20190308	艺术学	书法	书法其他学科	760.5599
42	秦始皇帝陵博物院	帝国之路：雍城崛起 秦国历史文化展	20190110-20190410	历史学	中国古代史	秦汉史	780.404
43	秦始皇帝陵博物院	平天下：秦的统一	20190925	历史学	中国古代史	秦汉史	770.301
44	秦始皇帝陵博物院	守护·传承·创新·发展——秦始皇帝陵博物院40年院史展	20190925	历史学	专门史	文化史	770.702
45	秦始皇帝陵博物院	幽燕长歌——燕国历史文化展	20190731	历史学	中国古代史	先秦史	770.3015

表 3 副省级城市 一级博物馆临时展览情况一览表（续表）

46	汉阳陵博物馆	帝国殷昌 齐美成康——汉阳陵文物精品展	20181030-20190130	历史学	中国古代史	秦汉史	770.3015
47	汉阳陵博物馆	汉家衣裳——汉代服饰艺术再现展	20191001-20191201	历史学	专门史	文化史	770.702
48	汉阳陵博物馆	阳陵印记——汉阳陵文化遗珍篆刻艺术展	20191230	考古学	专门考古	铭刻学	780.602
49	西安半坡博物馆	远古微笑——纪念西安半坡博物馆建馆60周年特展	20190118	历史学	专门史	文化史	770.702
50	西安半坡博物馆	屋漏痕——柳明草书展	20190410	艺术学	书法	书法其他学科	760.5599
51	西安碑林博物馆	余风激兮万世——四川绵阳珍藏李白诗意精品书画特展	20190425-20190530	艺术学	书法	书法史	760.551
52	西安碑林博物馆	千年书乡——苏州文庙府学历史碑刻拓片展	20190606-20190822	考古学	专门考古	铭刻学	780.602
53	西安碑林博物馆	翰墨丹青歌盛世——庆祝新中国成立70周年陕西省文物系统职工书画摄影展	20190927-20191010	艺术学	美术/书法	美术/书法	760.45/760.55
54	西安碑林博物馆	光化六合——西安碑林藏北朝墓志特展	20191108-20200330	考古学	专门考古	铭刻学	780.602
55	西安博物院	玉来玉好——蓝田玉雕创新成果展	20190113	艺术学	工艺美术	工艺美术其他学科	760.5099
56	西安博物院	家和万事兴——家教家风主题展		历史学	中国近现代史	中华人民共和国史	770.357
57	西安博物院	喜乐长安中国年——唐都长安年文化展		历史学	专门史	文化史	770.702

表3 副省级城市 一级博物馆临时展览情况一览表（续表）

58	西安博物院	金猪拱福——2019己亥新春生肖文物联展		历史学	专门史	文化史	770.702
59	西安博物院	改革开放40周年旧貌换新颜——风情生活画卷——摄影展		艺术学	摄影	摄影其他学科	760.6099
60	西安博物院	盛唐丝蕴——唐代服饰主题静态展		历史学	专门史	文化史	770.702
61	西安博物院	荐福守护——小雁塔文化遗产保护图片展	20190611	考古学	考古技术	考古修复	780.302
62	西安博物院	中日瓦当书法篆刻艺术展	20190809	历史学	专门史	文化史	770.702
63	西安博物院	大道同行——从"五一口号"到协商建国重要史事回顾展	20190917	历史学	中国近现代史	中华人民共和国史	770.357
64	西安博物院	白银时代——中国外销银器特展	20190930	历史学	专门史	文化史	770.702
65	西安博物院	丝路文脉·聚首西安——中国大城市专业画院优秀作品联展	20191109-20191118	艺术学	美术	绘画艺术	760.453
66	西安博物院	我和我的祖国——西安映像主题摄影展	20191018	艺术学	摄影	摄影其他学科	760.6099
67	西安博物院	琢·磨：璞玉的成器之路	20190518-20190800	艺术学	工艺美术	工艺美术史	760.501
68	成都武侯祠博物馆	咫尺之境——成都武侯祠馆藏扇面精品展	20190125-20190625	艺术学	工艺美术	工艺美术史	760.501
69	成都武侯祠博物馆	意远境别——朴园八俊·半窗砚友中国画学术交流展	20190323-20190331	艺术学	美术	绘画艺术	760.453

表 3　副省级城市 一级博物馆临时展览情况一览表（续表）

70	成都武侯祠博物馆	名园印迹系列展之晚清风尚——东莞可园馆藏铜版画展	20190425-20190624	艺术学	美术	绘画艺术	760.453
71	成都武侯祠博物馆	《名垂宇宙——诸葛亮遗存精选系列展》之"卧龙运神机"	20190518-20191231	历史学	专门史	人物研究	770.7055
72	成都武侯祠博物馆	名园印迹系列展之《姑苏墨韵——苏州古典园林书条石拓片展》	20190719-20190830	艺术学	美术	绘画艺术	760.453
73	成都武侯祠博物馆	三国掇英——三国时期物质文化系列展之《武戏－汉晋三国体育文物展》	20190731-20191031	历史学	专门史	文化史	770.702
74	成都武侯祠博物馆	守望・传承——新中国成立七十周年成都武侯祠博物馆文博成果展	20190913-20200331	历史学	专门史	文化史	770.702
75	成都武侯祠博物馆	成都武侯祠庆祝新中国成立70周年书画精品回顾展	20191016-20191112	艺术学	美术/书法	绘画艺术/书法史	760.4530/760.5510
76	成都杜甫草堂博物馆	春风啜茗——川茶文化主题展	20190308-20190317	历史学	专门史	文化史	770.702
77	成都杜甫草堂博物馆	三月三书法展	20190405-20190415	艺术学	书法	书法其他学科	760.5599
78	成都杜甫草堂博物馆	相见柴门——刘云泉书画作品展	20190419-20190513	艺术学	美术/书法	绘画艺术/书法其他学科	760.4530/760.5599
79	成都杜甫草堂博物馆	溪山诗韵——书画作品艺术展	20190701-20190707	艺术学	美术/书法	绘画艺术/书法其他学科	760.4530/760.5599

表3 副省级城市 一级博物馆临时展览情况一览表（续表）

80	成都杜甫草堂博物馆	魏学峰的艺术	20190712-20190725	艺术学	美术	绘画艺术	760.453
81	成都杜甫草堂博物馆	战旗飘扬——庆祝中华人民共和国成立70周年书法美术作品展	20190730-20190806	艺术学	美术/书法	绘画艺术/书法其他学科	760.4530/760.5599
82	成都杜甫草堂博物馆	"五丁探源"书法作品展	20190828-20190908	艺术学	美术	绘画艺术	760.453
83	成都杜甫草堂博物馆	云月八千里——江明贤墨彩巡回展	20190912-20190924	艺术学	书法	书法其他学科	760.5599
84	成都杜甫草堂博物馆	同心铸梦想 翰墨颂祖国——庆祝新中国成立70周年暨人民政协成立70周年书画展	20190929-20191013	艺术学	书法	书法其他学科	760.5599
85	成都杜甫草堂博物馆	成都杜甫草堂博物馆第四十七届盆景展	20190928-20191007	林学	园林学	风景园林工程	220.502
86	成都杜甫草堂博物馆	第四节印道·中国篆刻艺术双年展 2019亚洲篆刻艺术名家邀请展	20191017-20191022	艺术学	工艺美术	工艺美术其他学科	760.5099
87	成都杜甫草堂博物馆	鹤鸣九皋——丁季和书法文献展	20191025-20191105	艺术学	书法	书法其他学科	760.5599
88	成都杜甫草堂博物馆	滋兰染翰——蒲宏湘师生书法展	20191108-20191117	艺术学	书法	书法其他学科	760.5599
89	成都杜甫草堂博物馆	情满川西——筒紫民风油画作品展	20191121-20191215	艺术学	美术	绘画艺术	760.453
90	成都杜甫草堂博物馆	时间之笔同窗以来四十年十二名家作品展（1979-2019）	20191218-20191224	艺术学	美术	绘画艺术	760.453

表3 副省级城市 一级博物馆临时展览情况一览表（续表）

91	成都杜甫草堂博物馆	墨香春秋——侯逸安从艺50年书法展	20191227-20191230	艺术学	书法	书法其他学科	760.5599
92	四川博物院	航海王巡展	20190130-20190501	艺术学	美术	绘画艺术	760.453
93	四川博物院	金猪拱福——己亥新春文物联展	20190131-20190220	历史学	专门史	文化史	770.702
94	四川博物院	物·色——明代女子的生活艺术	20190912-20191030	历史学	专门史	文化史	770.702
95	四川博物院	彩绘地中海——一座古城的文明与幻想	20191126-20200226	考古学	外国考古	欧洲考古	780.502
96	成都金沙遗址博物馆	太平有象——明清牙雕艺术展	20190416-20190623	艺术学	工艺美术	工艺美术其他学科	760.5099
97	成都金沙遗址博物馆	发现·中山国	20190725-20191027	考古学	中国考古	商周考古	780.403
98	成都金沙遗址博物馆	读城——首都与成都	20190929-20191130	历史学	专门史	城市史	770.7035
99	成都金沙遗址博物馆	纸的对话——丹麦@金沙	20191029-20191124	历史学	专门史	中外文化交流史	770.704
100	成都金沙遗址博物馆	金玉琅琅——清代宫廷仪典与生活	20191226-20200405	历史学	中国古代史	清史	770.305
101	侵华日军南京大屠杀遇难同胞纪念馆	南京大屠杀遇难同胞丛葬地纪念性景观设计展	20190518-20190618	林学	园林学	风景园林工程	220.502
102	侵华日军南京大屠杀遇难同胞纪念馆	劫难之后——从1937南京的记忆到1949文明的庇护	20191128	历史学	中国近现代史	新民主主义革命史	770.3545
103	侵华日军南京大屠杀遇难同胞纪念馆	东京审判	20190928-20191100	历史学	中国近现代史	新民主主义革命史	770.3545
104	南京市博物总馆	惠风和畅迎新春书法摄影展	20190128-20180215	艺术学	书法/摄影	书法其他学科/摄影其他学科	760.5599/760.6099

表 3　副省级城市 一级博物馆临时展览情况一览表（续表）

105	南京市博物总馆	泥土的画布——毕加索陶瓷艺术展	20190131-20190215	艺术学	工艺美术	工艺美术史	760.501
106	南京市博物总馆	粉黛裙钗饰娇娥 妆奁器用暖闺阁——清末民初江南女性用品展	20190306-20190331	历史学	专门史	社会史	770.703
107	南京市博物总馆	女性画家作品展	20190308	艺术学	美术	绘画艺术	760.453
108	南京市博物总馆	清明时节雨纷纷，石城花雨醉石城——初春寄情赏石艺术展	20190403-20190430	林学	园林学	风景园林工程	220.502
109	南京市博物总馆	延安精神永放光芒专题展	20190402-20190510	历史学	中国近现代史	中国共产党史	770.355
110	南京市博物总馆	海丝路上的妙彩唐风——长沙博物馆馆藏唐代长沙窑瓷器特展	20190516-20190818	历史学	中国古代史	隋唐五代十国史	770.3025
111	南京市博物总馆	隔帐对话泰平事，舞皮弄影照新纱——馆藏皮影展	20190530-20190630	艺术学	戏剧	戏剧史	760.201
112	南京市博物总馆	共产党人的初心与使命——档案文献展	20190701	历史学	中国近现代史	中国共产党史	770.355
113	南京市博物总馆	丝绸之路青海道——西宁遗珍展	20190816-20191031	历史学	专门史	文化史	770.702
114	南京市博物总馆	指掌春秋——闽台木偶艺术展	20190910-20191010	艺术学	戏剧	戏剧史	760.201
115	南京市博物总馆	源·流：99件文物里的南京	20190926-20190105	历史学	专门史	城市史	770.7035
116	南京市博物总馆	金陵文脉 百工匠心——庆祝建国70周年南京市工艺美术优秀作品展	20190928	艺术学	工艺美术	工艺美术其他学科	760.5099

表3 副省级城市 一级博物馆临时展览情况一览表（续表）

117	南京市博物总馆	庆祝南京杭州上海解放70周年史料图片展	20190400	历史学	中国近现代史	新民主主义革命史	770.3545
118	南京市博物总馆	织造府的戏与梦	20190930-20200106	文学	中国古代文学史	清代文学	750.245
119	南京市博物总馆	江苏省第十一届园艺博览会·花园驿站设计大赛作品展	20190925-20191015	林学	园林学	风景园林工程	220.502
120	南京市博物总馆	古道今承——张清雷玉雕作品及南京市博物总馆藏玉器联展	20191116	艺术学	工艺美术	工艺美术史	760.501
121	南京市博物总馆	饰古晖今——格致古社·嘉和堂传统银饰品珍藏展	2019115-20191130	艺术学	工艺美术	工艺美术史	760.501
122	南京市博物总馆	家就是岛 到就是过——人民楷模王继才先进事迹展览	20191226	历史学	专门史	人物研究	770.7055
123	武汉博物馆	海上风：嘉兴博物馆馆藏海派书画精品展	20190116-20190314	艺术学	美术	绘画艺术	760.453
124	武汉博物馆	金猪拱福——己亥新春生肖文物图片联展	20190129-20190219	艺术学	工艺美术	环境艺术	760.503
125	武汉博物馆	契约中国：马鞍山市博物馆馆藏契约展	20190306-20190505	历史学	中国古代史	中国古代契约文书	770.306
126	武汉博物馆	陶韵瓷魂：中国陶瓷文化巡礼	20190322-20190620	历史学	专门史	文化史	770.702
127	武汉博物馆	千古一枝，卓然自立：汉剧艺术大师陈伯华诞辰一百周年纪念展	20190324-20190424	历史学	专门史	人物研究	770.7055
128	武汉博物馆	西京印迹——大同辽金元文物展	20190403-20190623	考古学	中国考古	宋明元考古	780.406

表3 副省级城市 一级博物馆临时展览情况一览表（续表）

129	武汉博物馆	丝路霓裳：哈密清代维吾尔服饰展	20190511-20190626	历史学	专门史	文化史	770.702
130	武汉博物馆	2019"世界珍品邮票展"	20190520-20190620	艺术学	工艺美术	工艺美术史	760.501
131	武汉博物馆	八百年不熄的神灯：祭祀成吉思汗的鄂尔多斯 蒙古族历史文化	20190628-20190826	民族学	蒙古学		850.3
132	武汉博物馆	穿越七十万年——世界文化遗产周口店文物特展	20190702-20190901	考古学	中国考古	旧石器考古	780.401
133	武汉博物馆	圣贤之道——阳明的故事	20190706-20190910	历史学	专门史	人物研究	770.7055
134	武汉博物馆	表述情怀：新中国手表工业展	20190907-20191106	机械工程	仪器仪表技术	精密仪器制造	460.4025
135	武汉博物馆	新时代·大武汉：武汉市群众文化美术书法摄影作品展	20190918-20191030	艺术学	美术/书法/摄影		760.453
136	武汉博物馆	与军运同行：中国近现代体育文化暨军事体育珍藏品特展	20191015-20191125	体育科学	体育史		890.1
137	武汉博物馆	武汉的故事：第十八届全国民间收藏文化高层论坛主题展	20191112-201912220	历史学	历史学其他学科		770.99
138	武汉博物馆	百年金石，汉上印风篆刻展	20191215-20200220	艺术学	工艺美术	工艺美术其他学科	760.5099
139	武汉博物馆	年末辞旧·画意迎春——北方特色木板年画展	20191220-20200225	艺术学	美术	绘画艺术	760.453
140	武汉博物馆	雅舍清风——武汉画廊藏品展	20191225-20200222	艺术学	美术	绘画艺术	760.453
141	辛亥革命武昌起义纪念馆	剑胆琴心——辛亥名人翰墨展	20190129-20190331	艺术学	美术	绘画艺术	760.453

表3 副省级城市 一级博物馆临时展览情况一览表（续表）

142	辛亥革命武昌起义纪念馆	可爱的中国——方志敏诞辰120周年纪念展	20190430-20190530	历史学	专门史	人物研究	770.7055
143	辛亥革命武昌起义纪念馆	林森图片史料展	20190606-20190830	历史学	专门史	人物研究	770.7055
144	辛亥革命武昌起义纪念馆	孙中山与早期中国共产党人	20190910-20191130	历史学	专门史	人物研究	770.7055
145	辛亥革命武昌起义纪念馆	俄罗斯铜版画艺术展	20191115-20200228	艺术学	美术	绘画艺术	760.453
146	武汉市中山舰博物馆	纪念古田会议召开九十周年——《风展红旗如画》	20190320-20190418	历史学	中国近现代史	中国共产党史	770.3545
147	武汉市中山舰博物馆	《圆梦——从北洋铁甲到航母舰队》	20190421-20190520	军事学	军事史	军事技术史	830.156
148	武汉市中山舰博物馆	《烈火·东北抗联英雄人物专题展》	20190707-20190820	历史学	专门史	人物研究	770.7055
149	武汉市中山舰博物馆	七十如歌 砥砺前行"画说江夏"百米长卷画展	20190928-20191031	艺术学	美术	绘画艺术	760.453
150	武汉市中山舰博物馆	舰证中德交往——中山舰出水文物特展	20191226-20200310	历史学	专门史	中外文化交流史	770.704
151	浙江自然博物馆	猪年大吉——己亥年贺岁展	20190201-20190405	艺术学	工艺美术	环境艺术	760.503
152	浙江自然博物馆	浙山浙水——浙江自然博物院藏油画展	20190410-20190430	艺术学	美术	绘画艺术	760.453
153	浙江自然博物馆	第54届国际野生生物摄影年赛获奖作品巡展·中国站	20190501-20190526	艺术学	摄影	摄影其他学科	760.6099

表 3　副省级城市 一级博物馆临时展览情况一览表（续表）

154	浙江自然博物馆	流光溢彩——宝石矿物特展	20190601-20191007	地球科学	地质学	矿物学	170.5021
155	浙江自然博物馆	科学摄影：自然与艺术之谜特展	20190628-20191230	艺术学	摄影	摄影其他学科	760.6099
156	浙江自然博物馆	进·发——寒武纪大爆发与来自云南的例证	20191112-20200212	地球科学	地质学	前寒武纪地质学	170.5047
157	浙江自然博物馆	牦牛走进浙江——高原牦牛文化展	20191228-20200228	畜牧、兽医科学	畜牧学	畜牧经济学	230.208
158	浙江自然博物馆	"绿水青山就是金山银山——从余村出发的生态文明践行"特展	20190814-20220815	林学	林业经济学		220.65
159	中国丝绸博物馆	梅里云裳——嘉兴王店明墓出土服饰中韩合作修复与复原展	20190315-20190505	考古学	考古技术	考古修复	780.302
160	中国丝绸博物馆	一衣带水——韩国传统服饰与织物展	20190329-20190609	历史学	亚洲史	亚洲史其他学科	770.4599
161	中国丝绸博物馆	冰心花迹——徐雪鉴女士捐赠纺织面料展	20190322-20190624	纺织科学技术	纺织材料		540.2
162	中国丝绸博物馆	斑斓地图：欧亚300年纺织染料史	20190517-20190804	纺织科学技术	染整技术	染整技术其他学科	540.5099
163	中国丝绸博物馆	天染：当代艺术与设计作品展	20190520-20190525	纺织科学技术	染整技术	染色技术	540.503
164	中国丝绸博物馆	绽放：蕾丝的前世今生	20190610-20190818	纺织科学技术	服装技术	服饰加工	540.602
165	中国丝绸博物馆	丝路岁月：大时代下的小故事	20190622-20190928	历史学	专门史	文化史	770.702
166	中国丝绸博物馆	大师未远：黄能馥捐赠丝绸图案设计与样本展	20190703-20190903	纺织科学技术	纺织科学技术基础学科	纺织美学与色彩学	540.102
167	中国丝绸博物馆	庆典：2019全球旗袍邀请展	20190929-20191120	纺织科学技术	服装技术	服饰设计	540.601

表 3　副省级城市一级博物馆临时展览情况一览表（续表）

168	中国丝绸博物馆	黑与白的时尚	20190816-20191119	纺织科学技术	纺织科学技术基础学科	纺织美学与色彩学	540.102
169	中国丝绸博物馆	优雅一生：吴健雄博士和她的旗袍（中华人民共和国成立70年系列展）	20190918-20191213	纺织科学技术	服装技术	服饰设计	540.601
170	中国丝绸博物馆	无界之归：2019杭州纤维艺术三年展	20191126-20191222	纺织科学技术	纺织科学技术基础学科	纺织美学与色彩学	540.102
171	中国丝绸博物馆	荣耀：新中国70年丝绸特展（中华人民共和国成立70年系列展）	20191001-20191231	纺织科学技术	纺织技术	丝纺织	540.4035
172	中国丝绸博物馆	2019中国丝绸博物馆户外公共装置	20191020-20200108	艺术学	工艺美术	环境艺术	760.503
173	中国丝绸博物馆	迪奥的迪奥Dior by Dior（1947—1957）	20190901-20200105	纺织科学技术	纺织技术	丝纺织	540.4035
174	中国丝绸博物馆	岛夷卉服：东南亚帽子展	20191228-20200329	艺术学	工艺美术	工艺美术其他学科	760.5099
175	杭州博物馆	重大的转折 伟大的胜利——庆祝南京杭州上海解放70周年史料展	20190428-20190708	历史学	中国近现代史	新民主主义革命史	770.3545
176	杭州博物馆	海上流韵——首届大运河（浙江）城市博物馆联盟暨海派书画家作品展	20191120-20200210	艺术学	美术/书法	绘画艺术/书法史	760.4530/760.5510
177	杭州博物馆	丹青不老：杨如及书画展	20191120-20201220	艺术学	美术/书法	绘画艺术/书法史	760.4530/760.5510
178	广东省博物馆	岭南文脉——王贵忱捐赠南越陶瓦展	20190510-20190610	考古学	中国考古	秦汉考古	780.404

表3　副省级城市 一级博物馆临时展览情况一览表（续表）

179	广东省博物馆	大海道——"南海Ⅰ号"沉船与南宋海贸	20190518-20190825	考古学	专门考古	水下考古	780.607
180	广东省博物馆	沉银重现——四川江口古战场遗址考古成果展	20190704-20191103	考古学	专门考古	水下考古	780.607
181	广东省博物馆	群龙出没——恐龙时代大穿越	20190712-20191013	地球科学	地质学	古生物学	170.5041
182	广东省博物馆	众乐之乐——何崇甘捐赠九晕太极端砚展	20190716-20190818	艺术学	工艺美术	工艺美术其他学科	760.5099
183	广东省博物馆	瞻彼星辰"希腊珠宝首饰文化展"	20190924-20200216	艺术学	工艺美术	工艺美术史	760.501
184	广东省博物馆	臻于至美：广珐琅特展	20190924-20200329	艺术学	工艺美术	工艺美术史	760.501
185	广东省博物馆	粤匠神工：广作家具特展	20191123-20200322	艺术学	工艺美术	工艺美术史	760.501
186	西汉南越王博物馆	永恒的城市：庞贝出土文物特展	20190517-20190818	考古学	外国考古	欧洲考古	780.502
187	西汉南越王博物馆	面向海洋：长沙窑瓷器展	20190906-20191118	艺术学	工艺美术	工艺美术其他学科	760.5099
188	西汉南越王博物馆	曾国宝藏展	20191202-20200301	考古学	中国考古	商周考古	780.403
189	广州博物馆	黑龙江督军署往事	20190329-20200326	历史学	中国古代史	清史	770.305
190	广州博物馆	银饰人生：19-20世纪中国"洋装"银器展	20190518-20200810	艺术学	工艺美术	工艺美术史	760.501
191	广州博物馆	匠心神巧——广作特展	20190920-20200105	艺术学	工艺美术	工艺美术史	760.501
192	广东民间工艺博物馆	见人见物见生活——许遵英剪纸作品展	20190124-20190324	艺术学	工艺美术	工艺美术其他学科	760.5099
193	广东民间工艺博物馆	风情万种：19-20世纪的外销广绣大披巾	20190128-20190421	艺术学	工艺美术	工艺美术其他学科	760.5099

表 3 副省级城市 一级博物馆临时展览情况一览表（续表）

194	广东民间工艺博物馆	《盛德宜扬：杨铨先生捐献文物精品展》	20190517-20190920	艺术学	工艺美术	工艺美术其他学科	760.5099
195	广东民间工艺博物馆	《盛德宜扬：建馆以来捐献文物精品展》	20190517-20190920	艺术学	工艺美术	工艺美术其他学科	760.5099
196	广东民间工艺博物馆	传承：与新中国一同成长的叶竹青家族陶瓷艺术	20190920-20191220	艺术学	工艺美术	工艺美术理论	760.502
197	广东民间工艺博物馆	英雄礼赞：馆藏民间工艺所见之英雄模范	20190929-20191230	艺术学	工艺美术	工艺美术其他学科	760.5099
198	广东民间工艺博物馆	石之天成——寿山石雕刻展	20191227-20200217	艺术学	工艺美术	工艺美术其他学科	760.5099
199	大连博物馆	祈福迎祥——佛山木版年画展	20190110-20190410	艺术学	美术	绘画艺术	760.453
200	大连博物馆	影像兵团——新疆生产建设兵团影像作品巡展	20190416-20190516	艺术学	摄影	摄影其他学科	760.6099
201	大连博物馆	同心·同德·同登攀——全国各省（自治区、直辖市）书法家协会主席书法作品邀请展全国巡展	20190522-20190530	艺术学	书法	书法其他学科	760.5599
202	大连博物馆	石湾是个美陶湾	20190720-20191020	艺术学	工艺美术	工艺美术理论	760.502
203	大连博物馆	肃陶·说瓷——中外陶瓷主题邮票展	20190118-20200108	艺术学	工艺美术	工艺美术史	760.501
204	大连博物馆	东西瓷都的相遇——《白色金子·东西瓷都——从景德镇到梅森瓷器大展》	20191212-20200312	艺术学	工艺美术	工艺美术理论	760.502
205	大连博物馆	"大连·我的家"	20191228-20201231	历史学	中国近现代史	中华人民共和国史	770.357

表 3　副省级城市 一级博物馆临时展览情况一览表（续表）

206	青岛市博物馆	茹古涵今——王君山水画展	20190329-20190331	艺术学	美术	绘画艺术	760.452
207	青岛市博物馆	世纪墨香——高小岩先生诞辰一百周年作品展	20190405-20190414	艺术学	书法	书法其他学科	760.5599
208	青岛市博物馆	天下为公 共进大同——孙中山宋庆龄廉洁思想与实践	20190420-20190626	历史学	专门史	人物研究	770.7055
209	青岛市博物馆	新时代的先声——五四新文化运动展览	20190430-201906	历史学	中国近现代史	五四运动史	770.354
210	青岛市博物馆	黄梅百年——黄梅戏发展历程展	20190717-201909	艺术学	戏曲	戏曲史	760.251
211	青岛市博物馆	冀地汉风·河北博物院藏汉代文物展	20190727-201910	历史学	中国古代史	秦汉史	770.3015
212	青岛市博物馆	山海永辉——庆祝新中国成立暨青岛解放70周年展	20190927-20200101	历史学	中国近现代史	中华人民共和国史	770.357
213	青岛市博物馆	"瓶"安喜乐——馆藏明清瓷瓶展	20191109-20200101	艺术学	工艺美术	工艺美术其他学科	760.5099
214	青岛市博物馆	技夺天工 艺韵流芳——黎族世界非遗走进青岛	20191127-202002	纺织科学技术			540
215	深圳博物馆	吉金铸史：青铜器里的古代中国	20190118-20190331	考古学	中国考古	商周考古	780.403
216	深圳博物馆	候鸟的秘密——深圳候鸟科普展	20190226-20190324	生物学	动物学	动物生态学	180.5724
217	深圳博物馆	大师：澳大利亚树皮画艺术家	20190413-20190526	艺术学	工艺美术	工艺美术其他学科	760.5099
218	深圳博物馆	南粤墨话——深圳博物馆藏清代广东书画展	20190426-201090526	艺术学	美术、书法		760.45/760.55

表3 副省级城市一级博物馆临时展览情况一览表（续表）

219	深圳博物馆	大汉海昏侯——刘贺与他的时代	20190607-20190728	考古学	中国考古	秦汉考古	780.404
220	深圳博物馆	识骨寻宗——透过骨骼窥视生物演化	20190625-20190901	生物学	动物学	动物形态学	180.5717
221	深圳博物馆	传承之道——深圳博物馆藏史部古籍善本（上）	20190912-20191206	图书、情报与文献学	文献学	文献学其他学科	870.2099
222	深圳博物馆	吴昌硕书画篆刻艺术展	20190920-20191117	艺术学	美术、书法		760.45/760.55
223	深圳博物馆	天宝物语——深圳博物馆自然标本征集汇报展	20191206-20200329	生物学			180
224	深圳博物馆	从地中海到中国——平山郁夫丝绸之路美术馆藏文物展	20191226-20200524	历史学	专门史	中外文化交流史	770.704
225	宁波博物馆	走进西域——新疆丝绸之路文物精品展	20190316-20190616	历史学	专门史	文化史	770.702
226	宁波博物馆	岁月如歌——1949年以来宁波经济社会发展变迁物证展	20190518-20191008	历史学	中国近现代史	中华人民共和国史	770.357
227	宁波博物馆	我从海洋来——从鱼到人的生命之旅	20190706-20190901	地球科学	海洋科学	海洋生物学	170.604
228	宁波博物馆	貌写家山——安徽博物院藏新安画派精品展	20190917-20191215	艺术学	美术	绘画艺术	760.452
229	宁波博物馆	礼依雅蕴——朝鲜族传统服饰展	20191022-20191117	民族学	文化人类学与民俗学		850.5
230	宁波博物馆	华夏文明之光——河南文物珍宝展	20191205-20200329	历史学	专门史	文化史	770.702

基于地域文化的博物馆创新传播研究
——以成都永陵博物馆国乐观念剧《伎乐·24》为例

赵春昉（成都永陵博物馆）

摘要：中华文化作为多元统一的文化共同体，地域文化既有中华文化的内涵，又具有独特的地域文化色彩，二者是整体与部分的关系。地方博物馆馆藏文物资源是区域物质文明和精神文明发展的见证。五代十国作为中国唐宋历史过渡的特殊时期，前后蜀是这一时期割据西南的地方政权。成都历经前后蜀政权的更迭，留下摩诃池、花间集、宫词、春联、蜀石经、花满蓉城等动人的巴蜀文化印记，丰富多彩的文物遗存让人们得以窥见千年以前成都城市发展史上的富庶繁华，而这一历史时期音乐舞蹈的发展更是成都音乐之都的历史见证。成都永陵博物馆地官棺床石刻"二十四伎乐"不仅在石刻艺术上表现出极高的水平，而且是一个极为完整和乐器种类较多的乐队组合，是研究唐五代音乐的珍贵史料。本文以创新打造的国乐观念剧《伎乐·24》为例，研究中华文化和地域文化传播过程中，博物馆如何利用自身特色文化资源，创新传播手段，助力地域文化的国际传播。

关键词：中华文化；地域文化；博物馆；二十四伎乐；创新传播

处于祖国西南腹地的四川盆地，是长江上游文明起源地，也是人类起源的重要地区之一，作为中华文化重要组成部分的巴蜀文化源远流长，其源头可以追溯到远古新石器时代晚期文明，从考古史上宝墩文化到三星堆、金沙文化等，都见证了巴蜀文明的古老历史。巴蜀地区独特的山川地理风貌，形成了独具特色的巴蜀文化特征，留下丰富的物质和非物质文化遗产，这些文化遗产是区域内劳动人民生活创造性的反映，是人们世代相传、人与自然和谐共生的产物。博物馆作为地域文化发展的历史见证机构，保存了大量文化遗产，它是公众了解区域历史文化，感知社会文明发展进程的一扇窗口。如何利用地域文化遗产，赋予其新的生命力与创造力是摆在当下每家博物馆面前的一项重要课题。一般，地方博物馆会通过建筑外观、空间展陈设计、藏品陈列展览、科技手段运用和文创产品开发等方式传播展现地域文化，公众通过博物馆这一文化遗产传播载体感知区域人文历史发展进程。在地方文化传播过程中，博物馆是大众传播渠道以外，一支不可或缺的重要力量。如何创新博物馆传播渠道，选取与现今生活密切相关的文化遗产，进行创造性转化和文化表达，是弘扬中华民族优秀传统文化，古为今用的重要方式，也是博物馆在新形势下肩负地域文化传播使命时，需要不断拓展的新功能和传播方式。

一、巴蜀文化

巴蜀文化作为先秦秦汉时期发展水平颇高的西南地区的地域文化，它是中华文化的重要组成部分，属于母体文化与分支文化的关系。同时，作为中华文化的一个区域性文化表达，具有独特的魅力和发展特征。西南地区特殊的山川地理风貌，使巴蜀文化在形成、发展和繁盛的过程中呈现自成一家的人文地域特点。此外，在历史发展演变进程中巴蜀地域文化又不断地与其他地域文化联系交流荟萃融合，从而具有开放、开拓与包容性文化特质。各个地域文化在发展中虽然呈现不同的发展特点，但都是以天下为公和文明互鉴互融为思想基础，发展出修齐治平的思想，这与中国文化的特点是一致的。[1]体现出中华文化某些共同的精神特征，而地域文化的独特性体现在中华文化整体性中的诸多侧面和特殊呈现。

巴蜀地区留下的文学、艺术、科学等文化遗产，是中华文化的重要载体，它凝结着人类生活的智慧结晶和情感、历史、人文记忆，做好文化遗产的保护传承利用工作，是人们找到精神家园，提升自我文化认同，增强国家文化软实力的关键所在。

近年来，四川坚持"不忘本来、吸收外来、面向未来"，坚持"把握导向、立足学术、着眼传承"，着力构建优秀文化传习传承传播体系，推动文化创造性转化和创新性发展。倡导要做好文化遗产的合理使用者，始终把社会效益摆在首位，着力提升文化遗产的社会价值。通过专业和综合结合，官方和民间互补，打通文物文博文创事业链产业链，鼓励引导文化文物单位与社会力量深度合作，积极开发具有浓郁川味、深受市场欢迎的文化创意产品，让人们在文化消费中享受文化、传播文化[2]。

全球化的今天，将巴蜀文化纳入中华文化系统中考察，通过文化遗产研究，深挖地域与中华文化内涵，赋予文化遗产以新的生命力和创造力。博物馆作为文物藏品的重要收藏机构，其地域文化资源以物质实体的形式存在，其厚重广博的文化资源描绘出地域文化由起源、兴衰再到当下的发展全貌，它收藏见证了地域文化发展史上的一段历史记忆，公众可以通过博物馆这一传播载体，了解当地历史文化和中华文化的发展进程。博物馆从业人员在当下的现实生活中找到能与文化遗产发生联系的地方，比如音乐、绘画、文学艺术等，运用有效的、系统性的传播载体，让观众通过自己的生活解读感知历史文化内涵，寻找现实生活与逝去历史之间的情感碰撞共鸣，反思当下自己的生活。这也是博物馆在促进地域文化传播构建全球影响力的目标下，实现中华优秀传统文化传承和发展的有效实践途径。

二、国乐观念剧《伎乐·24》创新传播实践

博物馆作为区域历史文化遗产的保存和研究机构，是一个地方、一座城市的历史文化之魂，人们要了解一个地方的历史文化可以透过博物馆这一宣传展示窗口。地方性博物馆承担着展示和宣传区域历史文化的重任，研究人员需要创新传播手段，增强区域文化展示意识，透过历史文物，反映前人生活劳动智慧结晶，展现

区域特色历史文化生活，将区域历史文化风味乡土民俗风情呈现给公众。下面，文中以成都永陵博物馆对古代音乐舞蹈历史文化的研究保护和传承为例，分析博物馆如何在传承和传播区域历史文化中发挥作用。

（一）传播内容：文物资源的史学价值

在传播体系中，博物馆作为传播主体，首先要对自身的信息传播内容进行深入研究分析挖掘，了解其基本文化信息和内容人文价值，研究传承发展的动力机制、方向、目标和标准。博物馆作为人类历史物质和非物质文化遗产的典藏机构，物质实体是博物馆传播的载体，其背后所承载的文化和思想都是历史遗留下来的见证。今天，公众透过浮雕石刻、雕版文字等实体文物可以感知文学、音乐、科技等艺术形式。如何将古人创造的劳动艺术结晶，通过创新地域文化传播实践，使其更贴近当下人们的生活与需要，从中找到情感共鸣和文化认同，是博物馆这一传播主体首先要创新的思路和方向。

研究古代音乐舞蹈历史时，人们可以通过历史文献记载、出土古乐器和当下遗存的古乐器以及表演乐舞的文物图像（雕刻、绘画）等方面进行考察。中国古代，随着汉代丝绸之路的开通，中外文化的交融，中亚乐舞文化也随着进入中国。魏晋南北朝以来，伴随佛教东来的乐舞，生动形象记录描绘在敦煌壁画和其他一些洞窟壁画上。唐代乐舞是中国古代音乐舞蹈历史上的高峰，在历史文献包括唐诗中都有乐舞资料的记载，同时也有众多出土的乐舞图像。在现有出土文物图像中大部分是零散个体的演乐形象，而作为立体形象成组地呈现唐代宫廷乐舞演奏场面的文物，目前所知，只存于敦煌壁画演乐图像和伎乐石刻中。其中，成都永陵博物馆地宫棺床"二十四伎乐"浮雕石刻就是如今罕见的乐舞图像遗存之一[3]。在中国古代音乐史中具有重要的意义，为我们今天了解唐代乐舞内容提供了史学研究价值。

成都作为有着四千多年悠久历史文化的"中国历史文化名城"和"中国十大古都"之一，在晚唐五代的前后蜀时期，曾为这座城市留下丰富的诗词歌赋和音乐舞蹈艺术瑰宝。正在成为全国五代十国文化研究中心的成都永陵博物馆，见证了成都城市发展史上的一段辉煌时光。前蜀皇帝王建所葬之永陵，堪称一座古代艺术宝库，其浮雕于永陵石棺床腰部的二十四伎乐图，是迄今考古发现的唯一完整反映唐代及前蜀宫廷乐队组合的文物遗存，在中国音乐史上占有非常重要的地位。这24人中，除两名舞伎外，22位伎乐手持20种23件乐器，分为弦乐、管乐、打击乐三类，另有吹叶一种，包括了源自中亚、西亚以及中国西南少数民族地区的乐器，属于胡乐（主要是龟兹乐）和清乐（汉族传统音乐）的融合。在我国同类文物中，乐舞场面最大、乐器种类最多、气势最为恢宏，表现出晚唐五代宫廷乐队的盛大规模及壮阔场景，是隋唐五代宫廷燕乐中比较精致的坐部伎乐缩影。

古代四川，从巴蜀时期至秦汉以来，便是歌舞之乡。商末，周武王伐纣时，有巴蜀人"前歌后舞"参加所谓的"联军"。而相传有名的"巴渝舞"就产生于巴渝地区。在成都地区出土的东汉画像砖中，常见乐舞、百戏形象。画像砖中有"巾舞、杯盘舞、灵星舞（农作）以及长袖翩跹，翘袖折腰等若干场面，且有乐器伴奏"，可见蜀地东汉时期乐舞之风已普及到官宦人家。隋唐时期，成都是"喧然名都会，吹箫间笙簧"的音乐之都，蜀地音乐舞蹈进一步发展，乐器制作水平也较为先进。唐代蜀中成都"雷公琴"闻名于世，而唐五代时期成都地区的乐舞更被任半塘先生评价为"蜀戏冠天下",并指出"天下所无蜀中有,天下所有蜀中精",这些都为前蜀乐舞之风的盛行打下了基础[4]。五代十国,战乱纷争,前蜀王建统治时期,四川偏安一隅,较为安定富庶,文化艺术和工农业生产都得到了发展。从唐末开始大量文人艺师避难入蜀,在一定程度上起到保护唐代文化的作用,前蜀典章制度有唐之遗风,同时前蜀政权也与西南周边南诏、大理等政权有社会经济文化往来。其中永陵棺床石刻中的"吹叶"以及种类多样的鼓和短小的吹奏乐器,与西南少数民族古代音乐的相互交流影响有密切关系。

回望历史,博物馆如何通过以"二十四伎乐"为代表的唐五代时期音乐和乐队组织,向社会公众展示其音乐文化内涵,还原盛世唐朝的音乐华章,重温"古代东方音乐之都"的辉煌时刻是博物馆近些年来一直在探索和努力的方向。馆内除了举办临时展览《唐音铿锵——永陵二十四伎乐音乐文化展》以外,贯彻落实"让文物活起来"的要求,使永陵石刻"二十四伎乐"以更新、更活的形式展示给广大观众,国乐观念剧《伎乐·24》正是在这样的背景下应运而生。

(二)传播受众和内容分析

1. 传播受众分众化定位

观众是进入博物馆参观的群体,也是博物馆信息传播的一般对象。博物馆作为信息传播的主体,根据观众的差异性与不同的受众需求,为其提供能满足差异化需求的信息服务,达到博物馆信息传播的最佳效果。这一"分众传播"理念是传播学当中的概念,"分众传播"首先由美国未来社会学家阿尔文·托夫勒在《第三次浪潮》中提出,划分出人际传播、大众传播、分众传播三种信息传播系统。强调根据受众的差异性,面向特定受众群体或大众某种特定需求,提供特定信息与服务[5]。创作这部剧之初,馆方希望通过对本馆音乐文化的诠释与解读能够使一小部分喜爱传统音乐的观众得到新的认识与感悟,与当下人们的生活思维情感形成共鸣契合。采用国乐观念剧《伎乐·24》这一传播媒介给以观众重新认识和了解博物馆以及成都这座"音乐之都"的机会。博物馆采取跨界合作的方式,联合史学、文学、音乐、舞蹈、服装等方面的专家,组建了一支高标准的"成都造"创作团队。博物馆与制作方希望将文物资源运用到当代的语境中诠释,让更多的人参与剧目制作,一起守护、传承成都音乐文化,了解天府文化。当《伎乐·24》在四川大剧院公演,获得观众的喜爱认可时,博物馆为成都城市音乐文化的多元表达提供了一种新的可能。

2. 舞台内容呈现千年蜀地文化艺术

剧目以成都永陵地宫出土的音乐舞蹈石刻艺术瑰宝"二十四伎乐"为蓝本,力图通过多种手段把"二十四伎乐"背后的历史故事、文化关系呈现出来。全剧以一位现代女子(红衣女子)为了让沉默千年的"二十四伎乐"再度奏响为切入点穿越时空,在不同的维度和空间分别与"道""妃""将""王"不断的相遇,不断地擦肩而过为线索,在不断找寻的过程中,终于看到"二十四伎乐"再度奏响,然而又瞬间消逝的过程。全剧紧密围绕音乐与宇宙、生命、心灵的内在关系,追寻音乐及人生真谛,以乐载道,以乐化人,剧中前蜀王建与花蕊夫人再度重逢时,千年蜀宫之音跨越时空成为听者心中的永恒。

剧中复活"二十四伎乐",再现宫词诗意。五代时期,虽战乱频仍,但西蜀地区,巴蜀词作却极为繁盛,作品收录于《花间集》。收录的许多作家与巴蜀之地有密切联系,巴蜀文学的特质在作品中多有体现。前蜀王建政权时期,宰相韦庄在《河传·春晚》中有著名词句:"春晚,风暖。锦城花满,狂杀游人",描写出当时成都城的音乐盛况。此外,前蜀花蕊夫人的《宫词》也极负盛名,词作再现了一千多年的古成都史,使人们感受到蜀宫宫廷风貌。创作团队从巴蜀文化遗产中汲取营养,为剧目塑造具有地域精神内核的文化形象,同时也善于摘取地域文化元素塑造历史情境。每一幕参照花蕊夫人《宫词》中迷楼般的繁艳胜景和五代蜀宫旧苑面貌。"离宫别院绕宫城,金板轻敲合凤笙。夜夜月明花树底,傍池长有按歌声。"[6]宣华苑内,蜀宫夜宴,笙歌日夜萦回不绝。伎乐轻敲拍板,二十四伎乐临水而奏。西域舞者一曲终了,满座倾绝,酒宴复再喧腾。"锦城上起凌烟阁,拥殿遮楼一样高。认得圣颜遥望见,碧阑干映赭黄袍。"[7]观世间,梦中梦。犹记初见时,王击鼓,妃在翠盘起舞,席间二十四伎乐演奏"霓裳羽衣曲",辨不清是真是幻。制作方以史料考证为基础,对舞蹈进行了全新编排,还原了《胡旋舞》和《霓裳羽衣》,将盛世大唐的风姿重现在观众眼前。

(三)传播渠道载体分析

1. 国乐观念剧

《伎乐·24》,是国内文博界第一次运用当今最前沿、符合国际传播和沟通方式的舞台形式——观念剧,整合国内制作团队和优秀音乐舞蹈团队跨界创新,演绎石刻文物的舞台艺术作品,为观众开启一场关于找寻"二十四伎乐"音乐价值真谛的旅途。

《伎乐·24》采用国乐观念剧的形式,它没有将观众引向一个明确的道理或判断,而是不断给出新的可能,创造一个个新的时空和环境,给予写意的表达和开放的跨时空超逸思维。将隐藏在剧目行为中的观念性寓意串联整体,中西文化融合。国乐观念剧《伎乐·24》有剧情和时间线,同时加入"国乐"这一中华文化符号,而永陵地宫"二十四伎乐"所呈现出的歌舞乐文化符号也属于传统文化的一种表达。《伎乐·24》展现出成都、四川地域特色,也为成都、四川音乐和中国音乐找到了源头和节点。为了增加整部剧的观念性,创作团队进行大胆尝试,首次将传统国乐与现代音乐技术相结合,加入合成器声音。实现听者感官上时间与空间、古典与现代的延展与对话。

2. "二十四伎乐"仿制乐器演奏

要让"二十四伎乐"在舞台上"复活",国乐观念剧《伎乐·24》公演中,演员现场使用了一批仿唐乐器。这批仿制乐器是2016年年底,成都永陵博物馆邀请原上海民族乐器厂技术总监沈正国团队耗时两年,结合永陵"二十四伎乐"石刻以及日本正仓院的唐乐器实物及技术资料,为原本只存在于雕刻里的乐器赋予了生命。不仅仿制了"二十四伎乐"图中的全部乐器,还仿制了唐乐器中的3种绝版乐器:唐尺八、五弦琵琶和阮咸。仿制的全部乐器,一批用作演奏使用,另一批用于展览展示。国乐观念剧《伎乐·24》演出中有将韦庄词改编而成的曲目《花满》,现场演员弹奏琵琶、笛、笙、吹叶等多种乐器,为观众呈现唐五代宫廷音乐之声。

3. 大唐风姿乐舞呈现

地宫棺床石刻中有两名舞伎,舞姿柔丽轻盈、飘逸潇洒,属于唐代"软舞"造型,在整个乐队中起领舞的作用,地位较高。沈从文先生认为这组石刻乐舞所表演的内容是研究霓裳羽衣舞的第一手资料。这组带有龟兹乐色彩的音乐为霓裳羽衣舞伴奏,属于唐代乐舞中最精华的部分。[8]国乐观念剧《伎乐·24》对舞蹈进行了全新编排,以史料为基础,还原了《胡旋舞》和《霓裳羽衣》,将盛世大唐的风姿重现在观众眼前。为了重现蜀宫盛景,还邀请成都著名艺术家、《国家宝藏》复原造型师、长洲剧装，组建一个50人的视觉团队。将绘画艺术、妆容复原设计及舞台艺术呈现结合，以重塑传统经典。

4. 服装发式装束风格复原

二十四伎乐中各伎乐的服装大体相同，皆着圆领上衣，华袂广袖，衣着红色，惟领及华袂上的颜色各有不同，在初出土时大半犹隐约可见，分红、绿、黄三色。裙均系于上衣外胸以下，系裙的鸾绦虽各大体相似，但系的结各不相同，绦色也各异。裙皆为杏黄色，黄裙可能是当时的一种风尚。二舞伎及奏琵琶和拍板伎，肩上着云肩，可见此四人为乐队中最重要者，服饰与他人不同。鞋的样式是什么样呢？两位舞伎足下所显露的鞋头，其鞋底前部上翻而作云头样，谓之"云头鞋"。而其他伎乐因全都盘膝而坐，不可得见。二十四伎乐中的发髻梳法相同，都是将额前之发略为卷起而向后梳，但挽髻之法却不同，24人中有22种不同的发式，有双鬟髻和各种变式，具鬟的形式者几占半数，样式繁多，华美高贵，是研究唐五代妇女发式的宝贵资料[9]。创作团队在人物妆容复原设计时，翻阅考古报告，参考了一些历代大家的艺术作品。从人物妆容到服饰，小到一枚吊坠，一笔一笔勾画出来，反复琢磨。既遵循时代背景，又结合现代审美。剧目力图通过高度还原的音乐、舞蹈、乐器、服饰，同时融入国乐、国画、国绣、国服、诗歌书法等艺术形式，为公众呈现"二十四伎乐"灵动的东方美学。

（四）传播过程亮点分析

为了使《伎乐·24》这部剧被更多人知晓与喜爱，博物馆借助传统媒体、微博、门户网站、微信公众号、楼宇广告、LED屏幕、户外广告、车身广告等多种信息传播媒介，其中发送微博103条，覆盖总量达5569.05万人，话题阅读量60.4万。传统媒体发布新闻40条，中英文纪录片《如果千年石刻会"唱歌"》《成都永陵出品音乐剧再现唐五代宫廷乐舞胜景》《"复原"晚唐胜景 向世界发出成都的音乐之声》《梦寻千年石影 重生蜀地唐音》《唤醒千年的盛世欢歌 永陵"二十四伎乐"复活记》等新闻报道引起公众关注。微信公众号发送剧目相关推文77条，阅读量上千万。传播过程主要围绕2019"国际博物馆日"《伎乐·24》改版通气会及2020国乐观念剧《伎乐·24》公演两大节点展开。《伎乐·24》改版通气会中主要以霍尊、崔恕合作创作《伎乐·24》推广曲为亮点，霍尊作为文物守护人拍摄视频辅助，以主创团队亮相为重点，面向媒体讲解公演改版特点，使公众产生期待。同时，通气会中首次亮相的"伎乐熊猫"形象，结合成都特色和伎乐特色，创作了符合"二十四伎乐"气质的文创产品。

此外，在2020国乐观念剧《伎乐·24》公演宣传期里（2019年11月至2020年1月），通过主题策划和宣传营销全方位为公众展现了"二十四伎乐"的独特之处。从乐器仿制、服装发式、人物剧情、主创采访、创意人偶设计，再到文物守护人全阵容亮相、推广曲发布、观看须知配音、MV拍摄制作、视频拍摄、排练花絮制作等，一系列的线上线下联动宣传，前期以推文、短视频和海报预热；中期以霍尊演唱献给千年成都的歌《二十四伎乐》为热点；后期侧重人物角色和剧目内容推广及总结，由点及面的让大家了解和熟知"二十四伎乐"。

（五）文化遗产助力博物馆文化产业发展

博物馆联合IP运营公司，围绕"二十四伎乐"音乐文化资源，以《伎乐·24》舞台形式作为一个支点，继续着力打造一个完整的IP产业链，让剧作、器乐、音乐、舞姿、服装、道具、造型、场景、宫词、绘画等与文创、科技、传媒、教育、配件、旅游等深度融合，成为成都"音乐之都"建设的重要名片和品牌。目前，已推出音乐教育类产品"伎乐熊猫音乐教育和研学课程"，器乐类产品"二十四伎乐"小乐器，服装类产品"宣华苑定制汉服"，食品类产品"国风下午茶"等多个跨界产品，实现文博资源挖掘、授权、创作到产品输出的完整链条。博物馆在切实做好文物保护工作的同时，着力提升文化遗产的社会价值，坚持社会效益价值导向，做好文化遗产的合理使用和传播。

从古至今，音乐、舞蹈都与人们的生活息息相关，丰富着人们的精神文化生活，音乐舞蹈是人类共通的艺术，借助这一艺术的传播，能在人们的心中产生共鸣。2018年国乐观念剧《伎乐·24》在上海国际艺术节获得优秀剧目奖，为来自其他国家和地区的人们提供一个了解四川文化和中华文化的视角，观众对传统国乐演出表现出关注与认可。博物馆在弘扬中华民族优秀传统文化过程中，肩负地域文化传承与保护问题，两者相辅相成互不矛盾。博物馆认真评价和审视所拥有的地域馆藏文化资源，将其重塑为馆内独特的文化资本，选取与当代人们生活紧密联系的艺术资源进行文化传达，抖落历史的尘埃，运用多元现代的展示传播手段，使其以一种更具生命力的方式传承先辈留下来的宝贵地域文化遗产，在公众的心中产生强烈的共鸣和吸引力，也助力于中华文化的对外传播。

【注释】

[1] 黄俊棚：《中国社会科学名家论坛（2018）平行论坛二"中华优秀传统文化传承与发展"学术论坛会议综述》，《中华文化论坛》2018年第11期。

[2] 甘霖：《坚定文化自信 传承中华文脉》，《党建》2017年第3期。

[3] 秦方瑜、朱舟：《试论王建墓乐舞石刻的史学价值》，《前后蜀的历史与文化》，成都：巴蜀书社，1993年，第276页。

[4] 马文彬：《前蜀乐舞之风盛行的成因》，《前后蜀的历史与文化》，成都：巴蜀书社，1993年，第271页。

[5] 刘文涛：《从分众传播的角度思考博物馆展览——以南京博物院的展览实践为例》，《中国博物馆》2019年第4期。

[6] 花蕊夫人撰，徐式文笺注：《花蕊宫词笺注》，成都：巴蜀书社，1992年，第39页。

[7] 花蕊夫人撰，徐式文笺注：《花蕊宫词笺注》，成都：巴蜀书社，1992年，第93页。

[8] 秦方瑜、朱舟：《王建墓乐舞石刻演示内容初探》，《前后蜀的历史与文化》，成都：巴蜀书社，1993年，第282页。

[9] 冯汉骥：《前蜀王建墓发掘报告》，北京：文物出版社，1964年，第34页。

讲好中国新疆故事 传承弘扬中华文明
——以新疆博物馆社会教育工作为例

张紫琪（新疆维吾尔自治区博物馆）

摘要： 博物馆作为新时期的爱国主义教育基地，其教育功能越来越得到重视，尤其是在社会教育、文化宣传、推动社会发展、促进世界文明交流方面发挥的作用日渐突显。新疆博物馆作为新疆最大的综合性博物馆，一直以来承担着利用文物讲好中国故事，讲好中国新疆故事，传承和弘扬中华文明的重任，尤其是对维护新疆乃至中国社会稳定和实现长治久安具有重要意义。本文以新疆博物馆的社教工作为例，阐述了博物馆的社会教育工作如何在中国特色话语体系构建中，更好地发挥自身优势，让文物说话，让历史发声，弘扬中华文化，在全球化语境下通过博物馆社教活动来宣传作为中华历史文化重要组成部分的新疆区域历史文化。

关键词： 中国特色话语体系构建；新疆博物馆；新疆故事；社会教育

当今，我国社会主要矛盾已经转化为人民日益增长的美好生活需要和不平衡不充分的发展之间的矛盾，人们对世界充满着强烈的求知欲，博物馆以其特殊的文化内涵、高科技、人性化的服务，吸引了大批观众，他们更愿意走进博物馆，去了解历史文化艺术知识，丰富个人的精神世界，开拓认知的视野。所以博物馆的社会教育宣传与服务工作扮演了重要的角色，它能够让公众更多地了解博物馆，了解中国故事，传承中华文化；还能够让公众更好地读懂博物馆、爱上博物馆，使博物馆的宣传教育内容与公众的关系更加紧密，更好地宣传和推广出去。推广宣传博物馆有利于提高我国文化软实力，提升文化自觉和文化自信，增强尊重和保护文物的意识。推广宣传是有效手段，只有二者相辅相成并科学结合，才能将我国博物馆教育宣传的影响力发挥到最大[1]。

话语权是引领时代变革发展的重要力量，是客观存在的权力空间和竞争的重要内容，代表着一个国家发展道路、文化传统和价值观念对世界的影响力[2]。然而，构建新时代中国特色社会主义话语体系需要摒弃国际国内"戴着有色眼镜的人的主观臆断"，它是"为人类对更好社会制度的探索提供中国方案"的必要条件。讲好中国故事，是树立当代中国良好形象、提升国家文化软实力的重要战略任务；讲好中国故事，是提高中华文化影响力的基本途径；讲好中国故事，要形成同我国综合国力相适应的国际话语权。因此，在这种背景下，博物馆的社会教育工作如何能够发挥自身优势，有效促进中华文化、中华智慧的传播，需要我们认真探索与研究。作为中间传播的媒介，博物馆需要总结中外文化的各自规律和特点，针对不同的文化价值体系，选择和采用易于大众接受的概念、术语，建立有利于中国文化高效传播的中国话语体系，再通过合适的宣传教育手段传播出去，营造出正确的价值观念以及文化认识。本文以新疆博物馆的社教工作为例，阐述社会教育工作如何在中国特色话语体系构建中，更好地发挥自身优势，让文物说话，让历史发声，弘扬中华文化。

一、新疆博物馆的重要性

新疆地处我国西北边陲、亚欧大陆腹地，是古丝绸之路的枢纽、东西方文化交流的汇聚之地，更是中华文明向西开放的门户和中介。2013年9月，2013年9月7日，习近平总书记在哈萨克斯坦纳扎尔巴耶夫大学发表演讲中，正式发出共建"丝绸之路经济带"的重大倡议[3]。新疆在此过程中将扮演极为重要的作用。如今的新疆，作为我国的丝绸之路经济带核心区，焕发着新的生机与活力。

新疆维吾尔自治区博物馆，位于新疆乌鲁木齐市，是新疆最大的省级综合性博物馆，也是新疆维吾尔自治区的文物和标本收藏保护、科学研究和宣传教育机构。因特殊的地理环境以及各种政治因素的影响，新疆地区很容易受到外来文化影响，特别是近些年来，一些人利用各种媒介，例如报纸杂志、广播影视等，搅乱人们的思想，对新疆意识形态领域造成严重的冲击和影响[4]。所以，作为国家级爱国主义教育基地和民族团结爱国主义教育基地，新疆博物馆需要在宣传教育及推广等方面做很多的努力，要有高度的政治站位、要注重对文化内涵的研究、展示与宣传；要坚持正确的"五观"，增强"五个认同"；坚守中华文化立场，传承中华文化基因；通过开展新疆历史宣传教育，以讲清中国历史、中国新疆历史的特点和规律，讲好新疆历史故事，讲清祖国和新疆、中华民族和新疆各民族之间的关系为重任，自觉抵制歪曲新疆历史的言行，这对维护新疆乃至中国社会稳定和实现长治久安具有重要意义；对不断增强各民族自尊心、自信心、自豪感，以及铸牢中华民族共同体意识具有促进作用。

二、新疆博物馆的展览及宣教活动

如今新疆历史问题是重要政治原则问题。新疆博物馆需要坚持用正确的历史知识和思想观念正本清源、统一认识、凝聚人心，关系中华民族凝聚力向心力，关系祖国统一和国家长治久安[5]。藏品保管是博物馆的基本职能，社会教育才是博物馆的最终职能[6]。所以，新疆博物馆的展览及宣教活动就显得尤为重要，通过对展览的呈现、文物背后的故事进行解读，将正确的历史信息传播给观众，让观众结合先前的知识获得新的认知；而且观众也会从自身的角度对其背后的故事进行新的理解，从而引导新疆各族人民及全国各族人民增强对中华民族和中华文化的认同，积极培育新疆社会稳定和长治久安的精神根脉。

新疆博物馆的社会教育职能是通过基本陈列展览、原创展、讲解员队伍建设（包括讲解员培训、志愿者队伍、小小讲解员等）以及多样的宣教活动来体现，充分做到"让文物说话，让历史发声",弘扬作为中华历史文化重要组成部分的新疆区域的历史文化。

(一) 基本陈列展览和原创展

陈列展览是博物馆最基本的职能之一[7]。如今简单的版面说明、走马观花的讲解已经满足不了人们的精神需求，人们更加倾向于知识性强、趣味性浓的专题展览。所以，新疆博物馆对已有的展览进行策划改陈，期望通过与时俱进的展览内容、知识性和趣味性强的讲解故事来增强博物馆教育职能，激发博物馆的活力，满足观众的精神需求，使得群众正确认识历史、热爱祖国，最大限度地为公众服务。

《新疆历史文物展》是对之前《西域历史的记忆》进行改陈提升而形成的。它结合国务院新闻办公室发布的《新疆的若干历史问题》白皮书精神，通过更加清晰的历史脉络、简洁明了的知识链接、全面丰富的讲解内容，更好地向观众展示了新疆历史文物背后的故事。该展览还有配套的流动展，现在正在新疆各地州、市、县、村进行流动展出，让没有博物馆以及生活在偏远地区的各族人民得到知识的熏陶，领略新疆各地出土的历史文物的风采，接受最深刻的爱国主义教育。比如，复原以通天洞遗址为背景的远古人类生产活动场景，直接且准确地向观众展示当时的生活生产方式；对于文物的讲解，如"汉归义羌长印"，它是汉政府颁给羌族首领的官印，"归义"是汉政府给少数民族首领的一种封号；焉耆县金疙瘩墓葬出土的汉代八龙纹金带扣，也印证了我国史书记载汉王朝曾册封西域地方首领管理各地事务"皆佩汉印绶"的事实，等等。这些文物背后的故事可以向观众更加明确地阐述新疆自古以来就是中国领土不可分割的一部分；始终扎根于中华文明沃土的新疆各民族文化；历来是各民族共同开发建设和拥有的地方，是中华民族共同家园的组成部分。

《瀚海珍衣——新疆古代服饰精品展》是其中一个广受好评的原创主题展览，它以历史时间脉络为主线，将新疆地区先秦时期至清代多个历史时期、多地域空间新疆古代居民使用过的各类珍奇服装、鞋帽和装饰品等精品展现给观众。由于新疆出土的毛纺织品年代最早、数量大、类型多、保存好，但又受到空间的局限，新疆博物馆则运用完整的知识链接、先进的电子设备，期望全面地解读文物背后的故事，尽可能地给予观众视觉的享受，使他们徜徉在知识的海洋中。例如，利用电子设备播放一些视频资料，如十大考古发现等内容，让观众了解到考古的环境与工作的艰辛；运用触摸屏点击观看百余件附有详细说明的精品服饰类文物；采用电子游戏互动装置，更好地让观众了解某个朝代的服饰、发饰和各类首饰，还可以根据自己的喜好进行搭配等等。考古发现的服饰珍品及研究表明：新疆地区自古就同中原地区保持着密切联系；汉唐以来，随着中原王朝对西域实施的统辖以及丝绸之路的畅通，西域服饰文化不仅受到了中华服饰文化的深刻影响，同时也为中华服饰文化的创新发展输入了养分，古代新疆地区各民族共同开发、建设了这片古老而神奇的土地；它是中华民族服饰文化艺术宝库中的璀璨明珠，是丝绸之路历史文化交流交融的重要历史见证。

(二) 宣教活动

教育活动是陈列展览的有益补充。[8]陈列展览是在空间中传播信息，但有时观众在行走的过程中，由于疲劳或者走神，会错过展览中精彩的内容；那么，根据观众类型、年龄阶段、活动类型开展系列线上线下的教育活动，如讲座、研学课堂、手工制作、互动游戏、小小讲解员培训、志愿者队伍等方式，可以更加深入地阐释展览的某个主题、某个知识点,让观众通过丰富多彩的活动增加学习的兴趣。

首先,提升讲解质量,讲好中国新疆故事。讲解员是博物馆接待人民群众的主要人员,他们专业知识掌握的深不深厚,对博物馆的了解程度如何等都影响着服务水平[9]。讲解员能够拥有熟练的专业知识,就可以快速了解人民群众的心理需求,迎合观众的精神口味。因此,新疆博物馆切实加强了对讲解员的教育培训,通过专家讲解培训、改讲解词来提升讲解质量,促进博物馆教育职能。而且,新疆博物馆还开展小小讲解员队伍,定期面向社会选拔7~13岁的孩子到博物馆来培训,不仅可以培养他们学习历史文化知识的热情,还可以提高对传统文化继承发扬的责任感以及解决问题的应变能力。同时,新疆博物馆也组织了志愿者队伍,不分年龄阶段,不分男女老少,积极鼓励他们到博物馆参加志愿者活动,提高知识储备,宣传和弘扬中国传统文化,更好地为人民服务。

第二,丰富各种教育活动,宣传好中国新疆传统文化。新疆博物馆对展览活动的宣传推广方式以微博、微信公众平台、宣传手册、新闻报纸等为主,文博讲堂、抖音、快手等为辅进行。比如,每年的"5·18"博物馆日,新疆博物馆都会围绕固定主题,结合服务新疆工作总目标的实际,精心筹备丰富多样的主题系列活动,将更多创意融入"让文物活起来"的理念,"利用文物讲新疆"的方式向社会推广,活跃在新疆各族群众的生活中。"壁画里的故事——龟兹壁画拼图""我为国宝点赞"直播、"海外克孜尔石窟壁画及洞窟复原影像展"等活动,收获广大观众关注、点赞、宣传无数;定期也会举办"新博传统文化青少年研学课堂",吸引了百余位不同年龄阶层的观众朋友前来学习历史文物的知识;有时还可以动手学习制作,或者举办"新博讲堂",让观众近距离聆听全国知名专家的讲座,了解文物背后的历史内涵;2020年春节期间受疫情的影响,新疆博物馆文创部组织了手工制作香囊活动。香囊在古代不仅是见证爱情、作为装饰品和赠礼的象征,还有驱臭、治病的作用。举办此次活动,目的为了寄托感恩、思念之情,驱疫保安康。新疆博物馆利用这些教育活动,可以深刻地让广大观众增长见识,提高动手能力,还能增添了生活乐趣,同时为博物馆的社会服务创造了活力。

第三,积极开展流动博物馆,传播好中国声音。流动博物馆始于20世纪90年代末,走进监狱、走进少年管教所、走进社区、走进学校、走进农村、走进大山、走进沙漠深处,发展到现在已经走遍全疆各地区、市、县、乡、村。这种方式更利于满足人们的精神世界,普及大众的知识水平。新疆位于西北边界,地大物博,但南疆很多乡村县城因交通受阻,很难接触到文物背后的故事,对历史的厚重感也感触不深,所以新疆博物馆以车辆为载体,把文物展览带到乡镇村落,带到社区学校,让更多的群众享受博物馆的文化服务,把厚重的历史文化知识和爱国主义教育以通俗易懂的方式和朴实的语言传达给参观者。为了能让这种方式全面覆盖,新疆博物馆给各地州、县都提供了全新的展览版面,让地方制作展出,实现全面了解新疆历史。

第四,开展博物馆民族团结"结亲周"活动,正确认识新疆历史。新疆博物馆作为新疆史和文化的一个缩影,在弘扬祖国优秀历史文化、科学普及、进行爱国主义教育和民族团结教育、维护祖国统一、加强精神文明建设、扩大对外文化交流等方面发挥了重要的作用。新疆博物馆通过与乡亲们聊家常、学做饭、共进餐、教孩子、拾棉花等同吃同住同乐同劳动的过程中，实时讲解党的十九大，积极宣传党和自治区的各项惠民政策，从生产、教育、医疗、社保、文化等各方面为乡亲们答疑解惑。同时，依托文物资源优势，积极发挥爱国主义和民族团结教育的阵地作用，倾力发挥"让文物发声，让历史说话"的优势，着重展示并讲解了"五星出东方利中国"锦护膊、"伏羲女娲绢画图""佉卢文木牍""回鹘文《弥勒会见记》""彩绘天王踏鬼俑"等文物图片，向乡亲们普及正确的新疆历史、新疆民族发展史和新疆宗教演变史，弘扬新疆与祖国不可分割的血脉历史文化，深化爱国主义和民族团结教育，夯实意识形态领域反分裂斗争的思想基础，进而为实现新疆社会稳定和长治久安总目标贡献积极力量。

三、不足与改进之处

虽然在以上的内容中，新疆博物馆取得了不错的成绩，但也暴露出了一些弊端，需要我们博物馆人积极改进和补充。第一，当今中国已经步入老龄化社会，加强对老年人群体的宣传教育服务也是迫在眉睫。国家文物局副局长宋新潮就曾指出："博物馆不仅是对未成年人的教育很重要，也是所有人的终身教育的一个课堂。"老年教育是终身教育的重要一环，博物馆在制定教育规划时，目光不应仅聚焦于少年儿童和中青年，也应该多关注老年群体。相比于未成年人，老年人拥有丰富的知识储备、生活经验，并掌握一定的技能，这一方面对教育活动的组织者和活动内容提出了更高的要求，另一方面也让老年人在博物馆教育活动中可以扮演多重角色，既可以是学习者、参与者，也可以是施教者、参与者[10]。第二，策展人是文物与观众的桥梁，策展追求的是设计一个有创意有情感的空间，让观众在空间中享受观看展览的过程，学习到展览的文化内涵，所以提升策展人的知识水平和能力也是重中之重。博物馆策展人要通过对展览素材的前期研究让自己明白，积极转换自身的角色，把"自己明白"转化为"让观众明白"。

四、结语

当下人们生活水平的不断提高，对精神生活的追求也越来越高，这就为博物馆深入到人们的生活中奠定了基础[11]。新疆博物馆从活动的多样化、专家讲解及流动展常态化、小小讲解员培训及志愿者服务固定化、新博讲堂高端化、研学活动多样化等方面，多方位地传承和弘扬中国新疆文化，取得了显著的效果。与此同时，新疆博物馆在中国特色话语体系构建中，也要精心做好对外宣传工作，创新对外宣传方式，优化服务态度，激发群众的参观热情，引导群众用心听、愿意听，同时也要用简单明了的方式让群众听得懂，形成良性互动，产生更多共鸣，从而更好地促进我们讲好中国故事，讲好中国新疆故事，传播好中国声音，让博物馆的工作更贴近实际、贴近生活、贴近群众，真正地成为为公众提供知识、教育和欣赏的文化教育机构。

【注释】

[1] 王增华:《博物馆社会教育宣传与服务工作探析》,《文物鉴定与鉴赏》2019年第4期。

[2] 王增华:《博物馆社会教育宣传与服务工作探析》。

[3] 李新:《丝绸之路经济带对接欧亚经济联盟:共建欧亚共同经济空间》,《东北亚论坛》,2016年第4期。

[4] 田文:《把历史宣传教育作为新疆意识形态工作的重中之重》,《新疆日报》2018年11月7日第3版。

[5] 田文:《把历史宣传教育作为新疆意识形态工作的重中之重》。

[6] 王宏钧主编:《中国博物馆学基础》(修订本),上海:上海古籍出版社,2001年,第182页。

[7] 黄洋,陈红京:《博物馆陈列展览设计十讲》,上海:上海交通大学出版社,2019年,第9页。

[8] 黄洋,陈红京:《博物馆陈列展览设计十讲》,上海:上海交通大学出版社,2019年,第67页。

[9] 陈文秀:《与时俱进、开拓博物馆宣传教育功能》,《旅游纵览》2013年第24期。

[10] 胡慧媚:《博物馆开展老年人教育体验项目的思考》,《中国博物馆协会博物馆学专业委员会2016年"博物馆的社会价值研究"学术研讨会论文集》,北京:中国书店,2018年,第361页。

[11] 张蕾:《关于博物馆宣传工作的几点思考》,《文物鉴定与鉴赏》2018年第9期。

论博物馆场景与观众的参观行为
——以浙江自然博物院安吉馆为例

韦立立　颜　雯（浙江自然博物院）

摘要： 我国博物馆整体上已进入一个发展时期，博物馆作为一项文化事业，工作的重心已从量的增加转向质的方面提高。博物馆展厅是公众空间，场景置之其中。博物馆场景是承载藏品及历史记忆的地方，参观博物馆的过程则是走过一个个场景，记住了文物藏品，当观众走出博物馆后，再回忆几段博物馆参观经历时，场景应该是多重的印象，场景记忆成为博物馆思考中重要的因素。

关键词： 博物馆场景；展览；观众；安吉馆

一、引言

近几年来，博物馆已经成为一个城市、民族，乃至国家文化积淀的重要标志。中国博物馆建设速度空前，参观人数增长迅速，博物馆工作方式也在不断创新，极大地丰富了人们的精神文化需求，在此基础上也提出了新的问题，未来博物馆里的社会场景又将如何发展变化，去博物馆里看什么？2019年安吉新馆落成开放，其展览不是简单的杭州馆体量和内容的放大，而是要与杭州馆有差异化发展，做出有特色有吸引力的展览[1]。安吉馆将发挥文旅融合的优势，打造科普研学项目品牌，争创长三角地区"研学游"特色基地，即便受疫情影响，2020年接待观众仍超110万人次，讲解6867场次，开展教育活动778场次，博物院也在探索疫情环境下的参观模式，发挥数字优势，打造优质线上内容[2]，分享安吉馆的实践经验，为观众展示了一个欣赏大自然的精彩世界。

二、博物馆陈列场景的特征

博物馆体现自身价值的方式始终无法离开观众而独立存在，因此，陈列场景是博物馆展览设计过程中要考量的重要环节。即博物馆场景主要归纳有以下三点：受托于博物馆藏品的场景个性化设计；受限于博物馆建筑的场景时空因素；依赖于博物馆现代化的场景电子技术。

（一）场景个性化设计

博物馆的场景设计依托于博物馆的藏品。

博物馆的藏品主要分为两大类，一是自然物，一是人工物。飞禽走兽、地质古生物都属于自然物。他们的生存与发展并不依赖于人，在人类产生之前他们就已经存在。另一类是历史文物，通过人类的劳动改造创新制造的，不论历史多么悠久，都与人的衣食住行有着直接的联系。

藏品的不同出现了各种博物馆和展览馆，即社会历史类与自然历史类。这两类博物馆从开始筹建到开放，就其任务，藏品及研究对象，社会效益存在许多不同点。内容与形式的完美统一，是任何陈列与展览的共同要求。就此共同点来讲，历史文物博物馆与自然博物馆的内容与形式的设计上就有许多不同。历史文物与人的生活有着密切关系，所以易于被观众理解，用较少的文字就可以说明。而对于自然博物馆或一个艺术展览，在形式设计方面尽量做到生动有趣，图文并茂，大方美观，新颖简洁，艺术性强，雅而不俗，耐人寻味。例如安吉艺术馆营造了一个多姿多彩的区块现代艺术世界。为了提高展览效果，在灯光、背景、模拟诸方面下功夫，同时，在总体设计和形制形式设计方面有所突破。从植物的微观结构到植物形态和剖面的宏观景观，全方位多角度展示植物的魅力。展览运用了声、光、电和多媒体等技术，以及先进的科学仪器，将科学知识巧妙融合在景观动画中。实现科学性、观赏性和趣味性的完全统一。

自然物尤其是古生物与人类的关系，除了专业人员以外，别人无法想象和理解，要用较多的文字进行描述，同时，还要做一些生态复原或绘画等辅助手段才能达到教育目的。例如安吉恐龙馆展厅的史前植物场景中，展示了早期陆地植物刚刚开始登上陆地的景观，繁盛的蕨类植物景观，裸子植物景观和早期的被子植物景观。植物场景是以中生代的植物群落和植物生态系统为基础，采用背景画与前景植物相结合的手法，其中"复活恐龙？""恐龙之谜"在展览中发挥良好作用，突破理论层面，用简洁语言进行信息传递，激发观众的探索兴趣。

（二）场景时空因素

博物馆场景的区域空间可以是小的，也可以是大的。博物馆的不断发展，使得这个空间发展为一个社会场景，一个公共场所。露天复原陈列，民族民俗化环境，有的博物馆是一个少数民族聚居地，例如贵州生态博物馆；也有博物馆是一片生态文化区，没有围墙的生态博物馆群，例如由一个安吉生态博物馆中心馆、12个专题生态博物馆和26个村落文化展示馆组成的安吉生态博物馆群[3]。

博物馆时空的维度是一种对照的思考方式，地貌结构场景是浙江自然博物院安吉陈列展示不可缺失的表现形式，地貌结构类场景是结合矿藏，以古代至近代地貌发展，演变到现代的各种土层与景观，展示给观众地貌结构以及植物生长在地层表面繁衍的过程。以安吉地质馆为例，在高大的展厅里再建具有强力视觉冲击感的人造山水土结合植物等整体构造的自然场景。

博物馆场景布置力求在创意、设计、制作等方面引进新理念，尝试新模式，运用新技术。通过空间、色彩、造型等设计要素，利用自然还原、艺术概括、互动启发等现代手法，充分展示了纷繁多样、具有地域特征的动植物及其生存环境，在新型场景制作中改变传统的布展制作方式。例如，浙江自然博物院安吉生态馆力求弱化艺术加工，强化原始景观复原，安吉生态馆模特地是专业人员和策展人员对所展示的生态景观进行实地考察，选择最具代表性的物候及其动植物类群进行场景模拟设计而进行高仿真制作，生动地再现了模特地的野外生存环境，这是更广阔的场景意义了。

博物馆时空有功能性和非均匀量化性的特征。博物馆的空间功能性被人为分割，对于扩宽展览的维度尤为重要。在博物馆教育下不断完善儿童学习区、体验区、导览区。博物馆空间的非均匀量化性，即在小信号范围内提供较多的量化级，而在大信号范围内提供少数的量化级，即是空间上的精神划分，在博物馆展厅中，观众思考着进入设计场景中，展厅空间、历史年代、维度跨越等形成了社会场景的概念。例如安吉地质馆二楼——科学观影区、实验小课堂和智慧游戏。

（三）场景电子技术

博物馆声光电的衬托场景是表达主题、吸引观众的重要手段之一。博物馆的性质与定位不同，灯光会有本质区别。不同的博物馆，内容与形式不一，灯光设置也会迥然不同。自然博物馆场景制作根据陈列展馆与楼层的高度，遵循布展主题，合理运用声光电打造接近自然场景的人造山水环境，用各种材料掺和各种不同性质的泥土，堆积成表面凹凸起伏、颜色各异的人造土壤，巧妙运用声光电技术使人造假山技术背景真实化。浙江自然博物院安吉新馆中利用声光电技术的视觉多媒体手段有以下五个方面：

1. 幻影成像：是"实景造型"和"幻影"的光学成像结合，将所拍的自然生物投射到布景箱中的主题模型景观中，生动地再现各种不复存在的远古场景，远古生物穿越回现代文明，在特定的艺术环境里真实地再现出来，例如杭州馆的远古海洋展项[4]。

2. 视频技术：博物馆展陈设计中一种常见的表现手段，它通过不同的展示要求、不同的展示内容和不同的结合方式，大致可以分为展示屏、影院屏和特效屏幕。如生态馆纱幕"绿水青山-金山银山"；

3. 多视屏拼接：如艺术馆全天域电影、地质馆环形巨幕；

4. 4D影院：4D影院即利用三维的立体影院和周围环境模拟组成四维空间；

5. 创意屏：根据展陈主题需要和空间结构，其外观形状多变，如海洋馆的学习屏内投球、地质馆的地球创意LED屏幕。

浙江自然博物院安吉馆视听技术、模型技术和模拟技术运用效果良好。博物馆场景中的开放式的线路设计、灯光设计、仿生布景箱及精品藏品摆布位置等构建了一条参观线路的框架，有形引导，展览中的录像让观众看到动物在自然环境中是如何生存，如何发光、发声以及弱肉强食的镜头，发挥动物世界电视片的作用，使观众既看到标本，又可看到动物游动时的生态，提高观众的灵感，增加趣味性科学性和知识性教育。

不同的博物馆，需要不同的灯光表现。不同的展览，需要不同的灯光氛围。灯光是博物馆氛围营造的魔术师。比如，安吉贝林主题展馆的生态场景设计，专门组织团队赴非洲模特地考察，确保展示内容的科学性[5]。它以炎热非洲中的"非洲动物家族"展台为例，在保证科学性的基础上，以视觉效果为先，以体型大小为主要依据，将非洲的大、中型动物进行细致的排列组合[6]，让观众看到了一个历史自然社会的缩影。而持续观看凝视一个博物馆场景的塑造焦点，需要灯光投射、背景音乐、场景烘托，多角度拍摄实地照片，配合自然环境制作录音录像资料等重叠交织的衬托来启迪人们对生态环境的认识，由此会在观众心中留下深度记忆。

三、博物馆场景与观众行为

（一）博物馆展览与观众

一个好展览既有主题又有命题，让观众明白了博物馆展览想表达什么？博物馆展览让观众产生兴趣，参与进来，无论参观博物馆还是科技馆展览，最重要的是需要了解基础的背景资料，包括历史、文化、艺术家生平、核心展品、展品来源等。虽然展览方不会给展品的重要性排序，但参观者可以从海报或博物馆宣传页上判断出哪些展品最重要，这些展品一定不要错过。从观众进入博物馆开始到参观结束，要经历门厅、展厅、休息区等各种不同类型的空间，其中陈列展厅是流程中的主要节点，担负着博物馆展览空间的起始、递进、高潮、结束的作用。对于博物馆人来说，不管一场展览的主题是什么，除了表达科学性、知识性，都要给人带来美的享受，参观博物馆是一种生活方式。无论是以求知为主的访问，还是有空就"泡"在博物馆里，能否看懂这场展览，更多的是内心的感受和领悟，带着期待而来，发现意外之美，当你离开时还会想再来，便不虚此行[7]。

（二）博物馆场景与逗留时间

博物馆是一个文化空间、艺术空间，一个好场景可以成就一个好展览。展品决定场景，展品稀缺性、历史性与展览主题密切相关。人们认为展品会影响逗留时间的长短，实际上也和陈设场景有密切的关系。历史时期的文物藏品是凝固的时间，动物标本也被凝固在某一表情，它们被标注了历史年代或生命瞬间，由此可见，博物馆里的展览包含了社会时间，人们在陈列大厅里见证着历史文物或自然标本，博物馆生动的场景能让观众陷入沉思，观看逗留时间悄然延长。博物馆还需要开设视听中心、小讲堂以及可以举办各类演讲活动的大厅。为了留住游客们的脚步，让观众在参观博物馆后小憩，消费餐饮、纪念品，这些从广义也属于博物馆场景的范畴。

随着社会各界对博物馆传播品质要求不断提高，倡导博物馆营造公共氛围，观众在展览中停留时间将被汇集到博物馆的游憩学习中。在博物馆参观过程中，人们记住了文物藏品，从介绍说明上认识了解并留下印象，将其封存为"知识"。一些博物馆展览让人记忆深刻，美国大都会博物馆底层一座据说重达800吨的公元前15世纪的埃及神庙。在埃及拆庙时，为了精确地再建，考古学家为每块砖头都标上了记号。这栋神庙原本屹立于尼罗河畔，如今大都会博物馆在神庙的入口处特意造了一个水池，代表尼罗河。站在水池前，遥想沙漠里的金字塔，埃及法老会有一种时空交错的恍惚[8]。历史的记忆成为博物馆某一时期的社会场景。

（三）博物馆场景与记忆

博物馆观众人群是流动的，参观博物馆的过程即是个人特性和社会共性的体验与碰撞。

博物馆场景是一个相对空间，也是主观的个人平台。如何能够在更大的、更为动态的复杂社会场景中理解艺术的表述方式[9]，场景要交代背景，就是发生时间，地点环境等。在博物馆陈列展览中，历史博物馆、自然博物馆、科学技术博物馆、人类学博物馆、商业博物馆等诸多类型博物馆是如何表达展览主题在场景中的运用？让人们理解自然历史兴盛不衰及多元文化共存下的历史记忆。例如浙江自然博物院安吉恐龙馆，展览讲述了一亿多年的地质历史，恐龙演化部分是以早期陆地植物起源为起点，以生命演化过程为主线，整体复原已经灭绝的多种恐龙类型，所有观众走出安吉恐龙馆，博物馆记忆里不只有安吉恐龙馆这段场景的记忆，而是将恐龙为例的古生物演化历史，被记录到了博物馆的记忆中。在记忆里，博物馆场景是一个有意义的空间，也是观众的一个审美的平台。

四、结语

展望博物馆的未来，全国各地的博物馆纷纷策划和举办各种各样的主题活动来迎接观众。国际博协邀请全球博物馆共同创造价值，分享新的实践经验，发挥好自己的文化中枢职能。如今，越来越多的博物馆深挖原创性题材的展览，希望吸引更多的观众前来参观，而博物馆事业高质量发展似乎预示着，新时代的博物馆需要更多的陈列场景，博物馆藏品的真实性与唯一性受到多样性、新颖性的极大冲击。

博物馆展厅是公众的空间，博物馆场景置之其中，它与社会场景共相交融，博物馆展览的场景内容包罗万象。走入博物馆参观展览，在了解场景的过程中，感受与思考展览与场景关系。为此，每一次参观博物馆，都有新体会和发现。在新世纪，博物馆场景应考虑到更多维度、时空的综合因素，同时，展厅场景艺术表现的多样化引导观众走向更广泛的视角，将为观众带来丰富的体验。在浙江自然博物院安吉馆体会自然和古今魅力，感受艺术以及大自然的同时，收获知识，开阔视野，增长见识。

【注释】

[1] 严洪明：《安吉新馆建设的思考与实践综述》，《浙江自然博物院安吉馆建设实践与探索》，杭州：浙江科学技术出版社，2019年，第9页。

[2] 洪恒飞、江耘：《重现地球演变历史 创造多维感知体验——浙江自然博物院诠释生态哲思》，《科技日报》2021年1月15日综合版。

[3] 魏静：《浙江安吉：61个没有围墙的生态博物馆群》，《消费日报》，2009年9月8日.https://mbd.baidu.com/newspage/data/landingsuper?context=%7B%22nid%22%3A%22news_8963897063563116413%22%7D&n_type=-1&p_from=-1。

[4] 何亮：《安吉馆展陈设计中多媒体交互应用的实践探索》，《浙江自然博物院安吉馆建设实践与探索》，杭州：浙江科学技术出版社，2019年，第268页。

[5] 严洪明：《安吉新馆建设的思考与实践综述》，《浙江自然博物院安吉馆建设实践与探索》，杭州：浙江科学技术出版社，2019年，第10页。

[6] 于筱渝、夏宇飞：《到这里，对话远方的大自然——贝林主题展馆设计与施工工艺浅析》，《浙江自然博物院安吉馆建设实践与探索》，杭州：浙江科学技术出版社，2019年，第123页。

[7] 陈同乐：《你真的看得懂博物馆吗？》，载搜虎网，http://www.sohu.com/a/325129510_120066051.

[8] 日青：《博物馆之眼》，济南：山东美术出版社，2010年，第219~220页。

[9] 尹凯：《等级、差异与隐喻：艺术与博物馆空间的重塑》，《中国博物馆》2014年第4期。

略论全球化背景下的博物馆个性发展之路

陈　浩（浙江省博物馆）

摘要： 进入21世纪之后，中国的博物馆事业快速发展，然而地方博物馆基本陈列同质化现象依然不同程度存在。本文在分析西方发达国家先进博物馆个性化追求经典案例的基础上，着重围绕省级博物馆基本陈列，对中国的博物馆个性化实践进行了论述，并大致勾勒出从历史文物陈列到目前文明史陈列和历史文化陈列并重这一格局形成的发展历程。同时，提出了地方博物馆实现个性化的若干路径：一是区域博物馆、城市博物馆、乡土博物馆应分别根据自身的性质和定位，明确其宗旨和使命；二是地方博物馆不仅需要对馆藏进行研究，更要研究地方历史，发现区域、城市、乡土三者之间的区别，特别是三者本身之间的差异，突出自己的特点；三是要努力开拓基本陈列的叙事路径；四是博物馆作为公共文化机构，不仅应该是一座城市的标志性建筑，而且也应该构筑成为能传达意境、会讲故事的叙事空间。

关键词： 博物馆；基本陈列；个性化

进入21世纪以来，随着经济社会的快速发展，世界各国之间的交流与互鉴也更为频繁，包括博物馆行业在内的文化交流，则为中国博物馆事业的飞速发展起到了推动作用。近20年来，中国大陆博物馆数量从1392家骤增至5535家，并且博物馆类型也开始呈现多样化态势。然而，博物馆同质化的现象依然存在，特别是地方博物馆的基本陈列，从内容框架到形式表达，许多博物馆都缺乏鲜明的个性。本文就博物馆个性化发展及其实现路径进行探讨。

一、博物馆个性化探索

（一）西方发达国家先进博物馆的个性化追求

如果从世界上第一座公共博物馆——英国牛津阿什莫林博物馆算起，博物馆至今已有330余年的历史。长期以来，西方发达国家的先进博物馆始终在探索自身的个性化发展，而这种个性化追求，不仅体现在博物馆建筑方面，而且也反映在博物馆收藏和展示方面。其中，法国巴黎的三大艺术博物馆,即卢浮宫博物馆、奥赛博物馆和蓬皮杜国家艺术和文化中心,可视作最为经典的案例。

卢浮宫博物馆以其悠久辉煌的历史、珍贵丰富的收藏而闻名于世,自1793年开放以来,她的魅力征服了所有参观者,已成为法国传统文化的象征。卢浮宫始建于13世纪初,16世纪前半期,法兰西斯一世将其改建为文艺复兴式的宫殿,及至路易十四时,不仅扩建形成其目前的基本格局,而且将卢浮宫确立为专门举办绘画、雕塑展览的艺术中心,为卢浮宫博物馆今天的地位奠定了基础。卢浮宫的收藏始于法兰西斯一世,而痴迷于艺术品收藏的路易十四在卢浮宫居住了17年,几乎买下了所能买到的所有欧洲各派的名画。随着拿破仑铁骑的横行,他把所有征服国家最好的艺术品都运进了卢浮宫。在拿破仑的影响下,法国的外交官、教士、商人纷纷搜集埃及、希腊、意大利、波斯、巴比伦等地的文物,并以不同方式入藏卢浮宫博物馆。目前,卢浮宫博物馆的藏品达到40万件。在这里,人们可以看到从古埃及、古希腊、古罗马以及波斯帝国与东方文明古国的艺术珍品,也可以看到中世纪文艺复兴时期的优秀代表作品,以及法国古典主义、浪漫主义、印象主义和现代派所有著名大师的作品。卢浮宫的主要收藏和展示表明这是一座世界古代艺术博物馆。

如果说卢浮宫博物馆象征着法兰西的历史和文明,那么1977年建成开放的蓬皮杜国家艺术和文化中心就是现代巴黎的象征。蓬皮杜中心是法国总统乔治·蓬皮杜为纪念戴高乐总统在二战中的功绩于1969年倡议建立的。伦佐·皮亚诺与其合伙人查德·罗杰斯的建筑设计在多达600余个方案的国际竞赛中脱颖而出。这座建筑规模10万平方米大厦的支架由两排间距为48米的钢管柱构成,楼板可上下移动,楼梯及所有设备完全暴露。东立面的管道和西立面的走廊均为有机玻璃圆形长罩覆盖。建筑外部钢架林立,管道纵横,并根据不同功能分别漆上红、黄、蓝、绿、白等颜色,被人戏称为"市中心的炼油厂"。蓬皮杜中心专门收藏20世纪以来的西方各种艺术,包括立体派、抽象派、超现实主义派、结构派、概念艺术及流行艺术等艺术作品。陈列方式也是现代的:一条主线按时间顺序展示各流派艺术的代表作品,周围又分设许多小展室,分别介绍某流派、某艺术家的作品,使观众既可以了解现代西方艺术的发展概况,又可以对某一感兴趣的流派或艺术家进行深入的研究。

奥赛博物馆是一家近代艺术博物馆,这座曾被誉为"欧洲最美的博物馆"位于塞纳河左岸的奥赛宫遗址之上。博物馆原是建于1900年的火车站,建筑精致华丽,结构采用工业革命后带来的新型金属和玻璃材料,但为了协调周边环境,外墙使用石材,并饰有雕像,而在内部的玻璃穹顶下用石膏雕饰带状穹窿。随着机械化的进步,火车站很快不能满足新型火车的需求,并于1939年关闭。其后,火车站成为形形色色的活动场所,蓬皮杜总统曾提议建为卢浮宫的附属馆,专门展示19世纪艺术。经过吉斯卡尔·德斯坦和密特朗两位总统的努力,火车站终于在1986年12月完成了她的华丽转身,以博物馆的面貌呈现在公众面前。奥赛博物馆主要收藏1848年至1914年间的油画、雕塑、家具、手工艺品及建筑模型、图案设计、摄影作品等。由火车站站台改造而成的博物馆中央大厅高32、宽40、进深138米,宽敞明亮,是整个博物馆的枢纽,并且陈列着许多知名的雕塑作品。两侧的展厅各有三层,多达80个,分别展示不同年代、不同流派、不同艺术家的作品。

值得一提的是，在法国政府的主导下，奥赛博物馆的部分藏品来自卢浮宫博物馆、蓬皮杜中心等收藏机构，这无疑是彰显博物馆个性的重要举措。更为重要的是，奥赛博物馆聚集了以法国为代表的近代西方文化艺术的精华，填补了法国文化艺术发展史上从古代艺术到现代艺术之间的空白，使其成为联络古代艺术殿堂卢浮宫博物馆和现代艺术殿堂蓬皮杜中心的完美的中间过渡。

（二）中国博物馆的个性化实践

博物馆作为一种外来文化，在中国的历史并不太长，如果从中国人自己创办的第一座公共博物馆——南通博物苑算起，也仅110余年历史。晚清至民国，中国的博物馆数量很少，种类单调，主要是自然与历史类，处于初创阶段。中华人民共和国成立后至20世纪70年代末，博物馆事业在曲折中发展，各级地志类博物馆占有主导地位，是中国博物馆的缓慢发展阶段。20世纪80年代至20世纪末，博物馆数量不断增加，种类趋于多元，是博物馆的发展阶段。从21世纪至今，中国的博物馆正处于快速发展阶段，博物馆数量快速增长，博物馆种类不断丰富，以国家级博物馆为龙头、省级博物馆和重点行业博物馆为骨干，国有博物馆为主体、非国有博物馆为补充，类别多样化、举办主体多元的中国博物馆体系已基本形成。

中国早期博物馆的陈列主要是利用平柜、立柜和通柜分类展示文物，很少提供历史或情境方面的信息，文物之间的关联度并不紧密，一般也没有突出的主题，只是为观众提供一个辨别不同文物的机会。当时的博物馆从业人员似乎还没有个性化发展的意识。

1959年10月，中国国家博物馆前身之一的中国历史博物馆建成开放，"中国通史陈列"公开预展，1961年7月1日正式对外开放。这是中国博物馆发展史上具有里程碑意义的重大事件。"中国通史陈列"以社会性质和传统史学的王朝体系为经，以政治、经济、军事、文化等不同领域和特定区域为纬，通过文物和辅助展品进行陈列展示。"中国通史陈列"在相当长的时间内影响着众多地方博物馆的基本陈列，是通史陈列模式的代表。近40年来，许多地方博物馆注意到了"通史陈列模式"的局限性，开始根据区域特点和自身特色，探索具有个性化的基本陈列。目前，地方博物馆基本陈列呈现出较为丰富多彩的格局。在此，以省博物馆为范围，举例如下。

20世纪90年代上海博物馆新馆在人民广场落成开放，不仅受到社会公众的欢迎，而且在业内也好评如潮。上海博物馆基本陈列以专题的形式呈现给观众，计有中国古代青铜馆、中国古代陶瓷馆、中国历代书法馆、中国历代绘画馆、中国古代玉器馆、中国古代雕刻馆、中国历代货币馆、中国历代玺印馆、中国明清家具馆、中国少数民族工艺馆等，这是一家非常典型的中国古代艺术博物馆。受其影响，部分省博物馆根据馆藏，并以彰显地域文化为切入点，策划以一个专题陈列为主，多个专题陈列为辅的陈列格局，或者是多个专题陈列并重的陈列格局。例如：湖南省博物馆新馆之前以"长沙马王堆汉墓陈列"为主，兼有青铜、陶瓷、书画等专题陈列。湖北省博物馆二期开馆，内有"郧县人——长江中游的远古人类""屈家岭——长江中游的史前文化""盘龙城——长江中游的青铜文明""曾侯乙墓——战国早期的礼乐文明""九连墩纪事——长江中游的楚国贵族大墓""书写历史——战国秦汉简牍""秦汉漆器——长江中游的髹漆艺术""土与火的艺术——古代瓷器专题展""明清书画——湖北省博物馆馆藏明清书画展""荆楚百年英杰展"等专题陈列10个，加上原有一期的"楚文化展"，共同构成了湖北省博物馆的陈列体系。河北博物院在原址扩建后开放，推出了"石器时代的河北""河北商代文明""慷慨悲歌——燕赵故事""战国雄风——古中山国""大汉绝唱——满城汉墓""名窑名瓷""曲阳石雕""北朝壁画""百年掠影——近代河北"等系列专题陈列。从上述3馆的专题陈列中，我们可以发现绝大多数都具有明显的排他性，对塑造博物馆的个性具有积极的意义。

地方博物馆基本陈列的模式化是影响传播效应的重要原因，所以，对于地方博物馆基本陈列的多样性，我们不仅理解，而且予以充分肯定。与此同时，我们也强调，作为地方博物馆，特别是区域相对较大的省博物馆，如果有一个能够反映本省区域文明或历史文化的基本陈列，不仅可以帮助本地的观众构筑系统的历史记忆，从而树立爱乡爱国的情怀，同时还可以使外地观众全面了解这一区域的文明或历史文化。如何策划特定的地理环境和人文环境所形成的文明或历史文化这类陈列，构筑社会公众历史记忆空间？特别是如何能够突出自身的特色，形成独特的个性？这对于博物馆人来说是一个值得不断探索的课题。目前，许多省博物馆的基本陈列开始以"文明史陈列"或"历史文化陈列"等面貌出现，其中不乏个性鲜明的优秀案例。

近年来，陕西历史博物馆对其基本陈列"陕西古代文明"进行了改造提升，这是目前地方文明历史陈列中个性颇为突出的一个范例。"陕西古代文明"陈列共分7个部分：

1. 文明摇篮——史前时期（约163万年前～公元前21世纪）

（1）人猿揖别

① 蓝田人

② 洛阳盆地遗址群

③ 大荔人

④ 黄龙人

⑤ 龙王辿遗址

（2）华夏源脉

① 氏族生活——老官台文化时期

② 文化一统——仰韶时代

③ 古国肇始——龙山时代

④ 史前艺术

2. 赫赫宗周——周（约公元前21世纪～公元前771年）

先周（相当于夏商时期，公元前21世纪—公元前11世纪）

西周（公元前11世纪～公元前771年）

（1）凤鸣岐山

① 周人起源

② 周原立国

③ 周国四邻

（2）礼乐之邦

① 建都丰镐

② 采邑丰国

③ 礼制刑罚

④ 战争交往

（3）经济文化

① 百工技艺

② 货殖交通

③ 青铜艺术

3. 东方帝国——秦（公元前770年～公元前207年）

秦国（公元前770年～公元前221年）

秦代（公元前221年～公元前207年）

（1）秦国崛起

① 西岐建国

② 建都雍城

③ 变法图强

④ 葬仪恢宏

（2）天下一统

① 皇皇帝都

② 横扫六合

③ 皇权一统

④ 骊山夕照

4. 大汉雄风——汉（公元前 202 年～公元 220 年）

（1）汉都长安

① 龙墀凤阁

② 离宫别苑

③ 皇家陵阙

（2）经济繁荣

① 农桑牧渔

② 冶炼织造

③ 商贾市肆

（3）社会图景

① 汉人生活

② 科技文化

（4）开拓交流

① 汉与匈奴

② 凿空西域

5. 冲突融合——魏晋南北朝（公元 220 年～公元 581 年）

（1）魏蜀相争

（2）群雄逐鹿

（3）融合互通

① 民族融合

② 丝路来客

③ 多彩生活

（4）长安佛光

6. 盛唐气象——隋唐（公元 581 年～公元 907 年）

（1）东方名都

（2）巍巍帝陵

（3）巅峰盛世

① 公私仓廪俱丰实——农牧业

② 方寸巧心通万造——手工业

③ 万邦商旅会长安——商业赋税

（4）灿烂文化

① 云髻明珠映罗裙——服饰艺术

② 挟弹飞鹰霓裳曲——文化娱乐

③ 莲花影里数楼台——宗教文化

（5）丝路繁华

① 流沙昆仑涉越勤——异域使者

② 泱茫瀚海闪遗珍——丝路遗存

7. 文脉绵长——唐以后的陕西（公元 907 年～公元 1911 年）

（1）西北重镇

① 屏藩要冲

② 经略西北

③ 名门望族

（2）世俗百态

① 雅俗衣冠

② 耀州青瓷

③ 精致生活

④ 宗教世界

从陈列框架中，我们可以看到"陕西古代文明"虽然以历史发展为序，但并非按典型的王朝体系来进行架构，而是重点突出周、秦、汉、唐 4 个朝代。至于历史文化陈列，浙江省博物馆的"越地长歌——浙江历史文化陈列"堪为这一陈列类型的代表。该陈列共分 5 个部分：

1. 文明曙光——史前时期的浙江

（1）旧石器时代的浙江

① 100 万年前的旧石器遗存

2.5 万年前的"建德人"

（2）钱塘江南岸的新石器文化

① 上山文化

② 跨湖桥文化

③ 河姆渡文化

（3）钱塘江北岸的新石器文化

① 马家浜文化

② 崧泽文化

③ 良渚文化

④ 钱山漾文化

⑤ 马桥文化

2. 古越王国——先秦时期的浙江

（1）於越人

① 与水相伴

② 饭稻羹鱼

③ 山野之声

④ 尚玉之风

⑤ 鸟、龙（蛇）崇拜

⑥ 印纹硬陶与原始瓷

⑦ 土墩墓

⑧ 融入越地的徐人

（2）越王国

① 越国的建立

② 精勤耕战

③ 春秋时代的最后霸主

④ 越人的扩散

3. 三吴都会——秦汉六朝隋唐时期的浙江

（1）会稽故郡

① 秦始皇南巡

② 东瓯国的兴衰

③ 吴会分治

④ 东吴与山越

⑤ 浙江东西两道

（2）农工初兴

① 治水屯田

② 冶铜铸镜

③ 瓷器故乡

（3）南来北往

① 南来的北人

② 运河与漕运

3. 东南翘楚——五代宋元时期的浙江

（1）东南十一州

① 钱氏吴越国

② 国用所恃

③ 南宋国都

④ 浙江行省

（2）富甲东南

① 熙攘的临安城

② 龙泉窑青瓷

③ 湖州镜

④ 市舶司与繁华的宁波港

（3）东南邹鲁

① 精美的浙版书

② 浙东学派

③ 中国戏曲的摇篮

④ "东南佛国"

5. 繁庶两浙——明清时期的浙江

（1）"浙江省"的诞生

① 浙江承宣布政使司

② 清代的"浙江省"

（2）开拓更广阔的世界

① 浙西海塘

② 丝绸与市镇

③ 面向大海

④ 百工之乡

（3）人文荟萃的文物之邦

① 书院与藏书楼

② 时代嬗变中的浙江士人

（4）汹涌的海潮

① 太平天国在浙江

② 中英鸦片战争与中法镇海保卫战

③ 辛亥风云与浙江光复

20世纪90年代以来，浙江省博物馆基本陈列经历了"浙江历史文物陈列""浙江七千年"到"越地长歌——浙江历史文化陈列"三个发展阶段,经历了从历史文物展示到历史文化陈列的转变。通常认为,文化包括文明,其内涵更为丰富,外延也更加广阔,而文明则是文化的高级形态,是在社会分工、城市形成和文字出现之后产生的,并且文明偏重于物质文化和生产技术,而文化则偏重于精神文化和社会规范。我们认为,地方博物馆中的省博物馆应肩负起区域博物馆的责任和使命,要使自己成为本区域历史文化的保存者和传播者。区域博物馆基本陈列必须抓住一些比珍贵文物更本质、更隽永的东西,即是文化。文化是具有凝聚力的本地区的共同的生活方式。中国是一个幅员辽阔的大国,地理环境差异巨大,不同自然地理环境、人文因素及历史发展进程形成了各具特色的区域文化。因此,区域文化不是一个简单的文化地理概念,而是有着各自不同文化特征的时空概念。由于这样的基本陈列是对本区域历史文化的全面解读,是对本区域过往人与事的系统观照,所以,能够引起广大观众的共鸣,从而达到观众自觉构筑历史记忆的目的。"越地长歌——浙江历史文化陈列"是浙江省博物馆对于区域博物馆基本陈列的一次探索,它以区域文化为陈列内容,本着认识历史、尊重历史、再现历史的原则,我们努力探寻浙江历史中蕴含的人文精神,并着力突出浙江人民"自强不息、坚韧不拔、勇于创新、讲求实效"的文化品格。同时,它以信息传播为陈列路径,在准确把握内容设计的基础上,运用现代博物馆展示理念及有效的传播手段,架构起全景式的社会历史画卷,为观众构筑了一个历史记忆的空间。

二、如何实现博物馆个性化

近40年来,中国的博物馆不仅数量快速增长,而且类型也呈现出不断多样化的趋势,除传统的综合类、社会历史类、革命史类等之外,自然类、遗址类、民族类、民俗类、艺术类、名人类、科技类、产业类、行业类、生态类等博物馆方兴未艾,给人丰富多彩,特色鲜明,个性突出的感觉。其实,博物馆类型的多样化则是为博物馆个性化发展提供了广阔的空间,目前,相同类型博物馆的基本陈列同质化的现象还是比较明显的,有创意、有个性的颇为少见。当然,实现博物馆的个性化发展涉及诸多方面,兹举数项为例。

(一)明确博物馆的性质和定位

中国博物馆按专业可分为历史类、艺术类、科学与技术类、其他等四类,如若细分,类型更为多样。按所有权分类,则可划分为国有博物馆和非国有博物馆。按行政建制分类,又可划分为国家级博物馆、省级博物馆、市级博物馆和县级博物馆。其中,行政隶属关系直属中央相关部门的博物馆,无论馆舍地处首都北京或是其外,都可视为中央博物馆,这些博物馆一般也可称之为国家级博物馆,大致可分为国家级博物馆和国家级专题博物馆两大类。除上述国家级博物馆外,馆舍地处各省、市、县的各级各类、国有或非国有博物馆,都可视为广义的地方博物馆;其中,省博物馆、市博物馆、县博物馆则可视为狭义的地方博物馆。

我们在此讨论的是狭义上的地方博物馆,如果简单地进行对应,省博物馆与区域博物馆、市博物馆与城市博物馆、县博物馆与乡土博物馆应该有颇为密切的关联度,乃至对应性。而我们发现许多地方博物馆的基本陈列,无论是省博物馆,还是市博物馆,抑或是县博物馆,其叙事方式、表现手法都很类似,缺乏个性。造成这一现象的原因是多方面,其中一个重要因素就是对自身博物馆的性质认识不够清晰,定位不够准确。上海博物馆不仅在业内享有很高的知名度,而且在社会上也有很高的美誉度,十大专题陈列构成了它的基本陈列体系,是一家典型的中国古代艺术博物馆。而近在咫尺的上海历史博物馆是一家综合反映上海地方历史的城市博物馆,虽然开放时间不长,但其基本陈列"古代上海"和"近代上海"讲述上海城市故事,给观众留下了深刻的印象。浙江省博物馆成立于1929年11月,是一家以历史文物为主的综合性人文科学博物馆,其使命是"唤醒社会公众的历史记忆,培育广大观众的艺术情怀"。大英博物馆是一家世界古代艺术博物馆,其使命是"对人类文明中所有艺术和知识,进行系统的整理和研究,并让人人有机会接触人类的历史文物,从中获得知识和快乐"。而同处于伦敦的英国维多利亚与艾尔伯特博物馆,其宗旨是"让每一个人享受博物馆的藏品,展示创造这些物品的文化,鼓舞现代设计的成长",表明这家博物馆与艺术设计有着密切的关联。

当然,一家博物馆在发展过程中,其性质和定位也有可能发生改变,具有330余年历史的世界上最早的公共博物馆——阿什莫林博物馆可视为典型的案例。由于阿什莫尔的捐赠,牛津大学以其名字命名博物馆。根据藏品和展示,该馆创办之时应属自然历史博物馆性质。18世纪是阿什莫林博物馆发生转折的重要时期,库克船长收集的民族类文物、福斯特父子探险所得的民族类文物相继入藏。后因牛津大学建立新的自然历史博物馆,阿什莫林博物馆的这部分藏品转入该馆,自此,阿什莫林博物馆一定程度上带有民族学博物馆性质。19世纪以来,阿什莫林博物馆开始考古品的收藏,并逐渐成为英国收藏考古文物的重镇。其中,道格拉斯的央格鲁·萨克逊古物藏品是该馆这类藏品的基础性来源。1884年,伊文思出任馆长,他将民族类藏品转给了牛津大学新建立的人类学博物馆,同时每年都在埃及和东地中海一带收集大量的文物,并筹建新馆。20世纪初,阿什莫林博物馆接受了牛津大学艺术馆的藏品,发展成为今天的考古艺术博物馆。

(二)加强对区域、城市、乡土历史文化的研究

博物馆推出的陈列展览是研究成果的体现。地方博物馆应该根据自身的性质和定位,不仅需要对馆藏进行研究,使藏品转化为展品,而且需要研究展品与展品、展品与人,乃至展品与这片区域、这座城市、这方乡土之间的关系,进而讲好文物背后的故事。而这样的故事,应该是博物馆自身所特有的。浙江地处於越故地,自古以来青铜资源就十分匮乏,考古出土的越国青铜器主要是生产工具和兵器,青铜礼乐器非常少见;而越国的原始瓷却极为丰富,除日常使用的器皿外,还有各种礼乐器,甚至是生产工具、兵器。这一独特的文化现象,不仅得到相关考古发现的印证,而且浙江省博物馆及浙江省内博物馆的收藏也充分说明了这一点。2004年,浙江省博物馆推出了"越魂——历久弥新的民族精神"展览,对这一文化现象进行了解读,讲述了越人、越族、越国的故事。到了2009年,浙江省博物馆又推出了全新的基本陈列"越地长歌——浙江历史文化陈列",其中第二部分"古越王国"以越国遗物为基础,以更广阔的视野讲述越人故事:在黄河流域的华夏民族经历夏、商、周三个伟大时代的同时,浙江大地上生活着与华夏族不同的於越人,他们是广布中国东南沿海的百越部落中最古老和最发达的一支,他们生活在滨海平原和丘陵山地,具有质朴悍勇的性格特征和独特鲜明的生存方式。海陆变迁的无常、资源不足的压力和争霸战争的严峻形势,促使他们立足于生存与发展;当中原国家大规模铸造精美的青铜礼乐

器以祭祀冥冥之中的神明时，越人却用珍贵的青铜原料制造生产工具和兵器，发展生产，增强军备，把耕与战视为国之大事，形成了"精勤耕战"的文化品格。他们顽强地恪守着自己的传统，以至在这片土地纳入统一国家版图后的漫长岁月里，那种开拓进取的秉性、坚韧不拔的意志和卓越非凡的智慧，历久弥新，激励着一代又一代的后人。

另一方面，地方博物馆同样需要在明确性质和定位的基础上，对于地方历史进行深入研究，要善于发现区域与区域之间的差异，城市与城市之间的区别，乡土与乡土之间的不同，只有这样，才有可能策划出自身特点鲜明的陈列。中国幅员辽阔，千百年来，不同区域形成了迥异的文化特征，即便是在同一行政区域，文化的差异性也会很大。所以，地方博物馆一定要准确把握展示内容的特征，从而才能彰显个性。浙江省的行政区划自明清以来基本未变。钱塘江是一条自然界线，将浙江分为两大不同的文化地理区域。明清时期，人们习惯上将钱塘江以北的杭嘉湖平原称为"下三府"，而把钱塘江以东的八州，称为"上八府"。明代王士性将浙江分为杭、嘉、湖平原水乡地区；金、衢、处、严丘陵地区和宁、绍、台、温滨海地区三个区域，并概括了各区域不同的文化特性与精神气质："平原水乡"的"泽国之民"舟楫为居，百货所聚，闾阎易于富贵，俗尚奢侈，缙绅气势大而众庶小；"丘陵险阻"的"山谷之民"石气所钟，猛烈鸷愎，轻犯刑法，喜习俭素，然豪民颇负气，聚党与而傲缙绅；"连山大海"的"海滨之民"餐风宿水，百死一生，以有海利为生不甚穷，以不通商贩不甚富，闾阎与缙绅相安，官民得贵贱之中，俗尚居奢俭之半。从文化地理学的角度进行审视，王士性的论述还是非常精准的，浙江省博物馆基本陈列"越地长歌——浙江历史文化陈列"第五部分"繁庶两浙"就采用了王士性的学说，并在此基础上展开叙事，突出了博物馆陈列的个性特征。其实，王士性的学说对浙江省内的地方博物馆做好基本陈列，彰显个性特征，同样具有重要意义。

（三）开拓基本陈列的叙事路径

地方博物馆基本陈列主要以历史文物陈列、历史文化陈列、文明史陈列等面貌呈现，并且大多按年代序列进行陈列，因此，邻近的区域博物馆、城市博物馆和乡土博物馆基本陈列的面目多有相似之处，个性特征不明显。近年来，随着博物馆建设热潮的不断攀升，一些地方博物馆在新馆建设的同时，也在思考如何突破现有基本陈列叙事的桎梏，开拓基本陈列的叙事路径，以全新的面目呈现给观众。其中，湖南省博物馆基本陈列"湖南人——三湘历史文化陈列"可视为典型案例。该陈列共分为5个部分，陈列结构如下：

1. 家园

（1）生态变迁

（2）历史沿革

2. 我从哪里来

（1）先祖

（2）早期族群

① 越人

② 濮人

③ 巴人

（3）商人南下

① "戈"族铜器

② "舟"族铜器

③ "父甲""父乙"铭文铜器

（4）楚人治湘

① 早期楚式铜器

② 楚式兵器与剑饰

（5）北人南迁

① 带有北人因素的铭文兵器

② 记载北人落户湖南的秦简

③ 北人南迁带来的制瓷工艺

（6）江西填湖广

① 记载江西移民进入湖南的方志

② 记载江西移民进入湖南的族谱

③ 湖南客家

（7）民族大家庭

① 族群演变

② 当代民族及文化风情

3. 洞庭鱼米乡

（1）稻之源

① 古栽培稻

② 稻作文明

（2）稻之兴

① 改进生产工具

② 耕作技术进步

（3）天下粮仓

① 引入高产作物

② 湖南熟，天下足

4. 生活的足迹

（1）青铜时代的南方礼乐

① 鼎彝以礼神

② 铙镈以娱神

（2）湘楚风情

① 列鼎而食

② 美其服，修其容

③ 好巫祈福

（3）大一统下的小农家居

① 汉代居室

② 看得见的味道

③ 分案而食

④ 巧梳弄美妆

⑤ 滑石器见证生活

（4）多元文化交融的社会风尚

① 饭稻羹鱼的衍变

② 花间一壶酒

③ 竹下半碗茶

④ 熏香燃灯，传情求子

⑤ 人佣话服饰

⑥ 文风初盛

⑦ 浓郁胡风

（5）重心南移的品质生活

① 斗茶品酒

② 丝绸同服

（6）从宗族社会到近代化

① 聚族而居

② 洋风入湘

5. 湘魂

（1）忧乐观的濡化

① 炎帝、舜帝

② 屈原、贾谊

③ 唐宋流寓文人

（2）书院教育的传承

① 湖南现存著名古书院

② 浏阳文靖书院祭器

③ 浏阳文庙乐器

④ 王夫之

（3）百折不挠的家园情怀

① 师夷长技以制夷

② 去留肝胆两昆仑

③ 要将热血洗乾坤

④ 敢叫日月换新天

"湖南人——三湘历史文化陈列"虽为历史文化陈列，但却另辟叙事路径，以文化人类学的角度切入，采取"纪事本末体"的叙事结构，讲述湖南人的故事。这种叙事路径的长处是各部分的分主题鲜明突出，易于观众把握，能够达到较好的传播效果；而不足之处在于时序的不断重复，即各部分都从不同的角度按时序进行叙事。对于湖南省博物馆这样的区域博物馆，对于"湖南人——三湘历史文化陈列"这样的大型基本陈列，采用这种叙事路径是可以的，但对于规模较小的地方博物馆，特别是面对展示内容不够丰富，展厅面积又有限的情况，我们还是不建议采用这种叙事路径。

吴中博物馆，又名苏州吴文化博物馆。2020 年 6 月新馆开放，深受观众欢迎，也得到业内的充分肯定。吴中目前是苏州市属区，历史上称为吴县，行政区划较大，曾围苏州而治，是吴文化的重要发祥地。吴中博物馆基本陈列分为"考古探吴中"和"风雅颂吴中"两个部分：

1. 考古探吴中

（1）吴地生民

① 林泽生息

② 饭稻羹鱼

③ 先吴溯源

（2）吴国春秋

① 周室为长

② 玉敛丘封

③ 营构大城

④ 埋玉于山

（3）大邦之争

① 土墩石室

② 吴楚之战

③ 吴地楚风

2. 风雅颂吴中

（1）吴风

① 山水华滋

② 吴地风物

③ 营造构建

④ 江南精工

（2）吴雅

① 镜鉴泉货

② 汲古长物

③ 巨匠巧作

（3）吴颂

① 吴语侬侬

② 吴地先贤

③ 雅颂传承

"考古探吴中"以时间为线索，以原吴县历年考古发现为主要陈列内容，通过实物展示、场景模拟等多种陈列方式，结合考古学、历史学等多学科的研究方式，全方位、多角度地探究上起旧石器时代，下迄春秋战国时期的先吴文化的起源和吴文化的勃兴。"风雅颂吴中"之"吴风"以手绘画卷、中岛展示台、立体模型等陈列方式，以太湖为重点展示吴地地理特征与风光；以四时物产为主线展示吴地物候及风物；关注吴地古村古镇古建筑，展示典型的村镇格局和特色的建筑构件；通过传承至今的匠人作品，体现吴地工艺的今日之风、今日之美、今日之用。"吴雅"以馆藏铜器、陶瓷、玉器杂项等文物，挖掘吴地自先秦至明清以来的文化因素，以雅物见证吴地历史、展示吴地生产生活方式。"吴颂"则以融媒体图书馆、展中展、演出空间相融合的形式，讲述吴中故事，描述江南意向，传习先贤文章，颂扬吴地山水人物所构建的文化大观。吴中博物馆的陈列体系在县（区）博物馆中似乎仅见，这种陈列格局很好地彰显了吴中博物馆（苏州吴文化博物馆）的定位，突出了乡土博物馆的特征，并且馆藏文物也得到了充分的展示。

（四）构筑会讲故事的博物馆空间

博物馆作为公共文化机构，是在特定的空间内，主要以陈列展览的形式，向观众传播知识，传承文明。对于观众而言，一座个性化的博物馆，首先应该体现在建筑上，博物馆不仅应该是一座城市的标志性建筑，而且也应该是能传达意境、会讲述故事的叙事空间。国内外博物馆的建筑，或为古建，或为新建，或为传承扩建，无论何种形式，会讲故事、能够给观众留下深刻印象的博物馆建筑并不多见。

浙江省博物馆孤山馆区处于世界遗产——西湖的核心区域，东衔白堤和平湖秋月景点，西接西泠印社，自然和人文景观得天独厚。现有的馆舍主要为1993年改扩建而成，建筑以富有江南地域特色的单体建筑与逶迤连绵的长廊组合而成，形成了独特的"园中馆、馆中园"的格局。世界著名华裔建筑设计师贝聿铭先生设计的美秀美术馆是非常值得一提的博物馆建筑。美秀美术馆坐落在日本京都滋贺县国家级自然保护区内，建筑的80%都掩藏在山体之中。贝聿铭先生的设计灵感来自《桃花源记》。前来参观的观众在经过一条微显S形的花径之后，便来到隧道入口，正如陶渊明所述"林尽水源，便得一山，山有小口，仿佛若有光。便舍船，从口入。初极狭，才通人。复行数十步，豁然开朗……"。弯曲的隧道，可见尽头隐约的微光，预示着未知的精彩。穿过隧道，经过一座斜拉吊桥，来到馆前广场，可见"桃花源"。这是一座颇具东方审美的建筑，贝聿铭先生却是用现代建筑的手法完成的。美秀美术馆采用大量的混凝土、钢材、玻璃等建筑材料，普遍使用各种几何构造，并且特别注重自然光的引用。当光线射过玻璃，几何型钢构投影在地面和墙上，在空间中形成了新的意境。更为重要的是，不仅美术馆掩映在自然之中，而且自然景致透过玻璃，与馆内空间融为一体，移步换景，颇有中国传统园林的意趣。上述两家博物馆的建筑虽然与其陈列没有直接的联系，但由于地处环境优美，馆舍内外历史底蕴深厚，或者是营造了让人流连的博物馆的意境，从而使参观者印象深刻。

有些博物馆建筑与陈列的关系非常密切，博物馆特定展厅的空间是根据展示需要而专门设计的。如湖南省博物馆新馆"长沙马王堆汉墓陈列"就是一个典型案例。对于湖南省博物馆而言，该陈列虽为专题陈列，但其地位和影响力都不亚于基本陈列。为了更好地在新馆中展示马王堆汉墓出土文物，讲述轪侯家的故事，新馆建筑在设计之时就已将该陈列的空间一并进行了规划，并最终得以落地，成为湖南省博物馆观众人气最旺的陈列。"长沙马王堆汉墓陈列"展厅入口位于三层，展厅面积为5243.8平方米。该陈列除序厅外，共分为"惊世发掘"、"生活与艺术""简帛典藏""永生之梦"四个单元。其中第四单元还原了深达17米的墓坑，观众在俯视墓坑内部结构和欣赏内棺彩绘动漫演示之后，顺梯而下至二层，参观四重套棺，然后下至一层，在感受肉身不朽的同时，由于整个墓坑四壁是采用凌空悬吊的方法，所以观众还可以看到体量巨大的外椁。

还有一些博物馆，建筑空间的规划，文化元素的表达，都与陈列内容，甚至与博物馆本身有着千丝万缕的联系。例如，近年新建的南京中国科举博物馆，通过博物馆建筑和陈列，重启了一段尘封的历史。一方面，南京中国科举博物馆位于秦淮河畔夫子庙江南贡院旧址。江南贡院是中国古代最大的科举考场，鼎盛时期考棚多达2万余间，是延续1300年中国封建科举制度的千年化石和兴盛成败的历史见证，也是南京重要的城市文化遗产。所以，南京中国科举博物馆建于此处，互为彰显，十分恰当。同时，面对江南贡院尚存的历史建筑，隐大象于无形，博物馆整体掩建于地下，四个层面达负21.3米。馆舍顶部则是一砚池水，与江南贡院的主体建筑明远楼相呼应。另一方面，博物馆设计将中国传统院落空间及江南街巷空间，立体整合在博物馆中，形成了起、承、转、合的空间展示序列，并且在这一空间展示序列之中，有机地融入了丰富的科举元素（如"仕途""状元堂"等）和江南文化（如"粉墙""透窗"等）。对于南京中国科举博物馆，本项目建筑设计师刘克成先生认为：这也许是一面镜子，让你鉴古通今；这也许是一方墨砚，期待你书写春秋；这还是一条曲折的江南街巷，引导你走向历史的深处；这也是被时间折叠的立体书院，让你倾听古今圣贤谈经论道；这更是一个有待打开的中国盒子，等待你去探索。

此外，更有一种博物馆建筑，成为陈列叙事的重要组成部分，构筑起会讲故事的博物馆空间。这样的博物馆建筑并不多见，而柏林犹太人博物馆可谓其中翘楚。柏林犹太人博物馆是欧洲最大且最具影响力的犹太人博物馆，建筑设计师是犹太裔波兰人丹尼尔·里柏斯金。该馆全面展示了德国犹太人两千年的生活历程，他们对德国艺术、政治、科学和商业做出的卓越贡献，以及在20世纪经历的那段悲惨的历史。博物馆建筑造型呈现为曲折的线状狭窄空间，反复连续的锐角曲折、强制压缩的逼仄幅宽、排布无序的线形窗洞……被誉为是浓缩着生命痛苦和烦恼的稀世之作。观众如果想要进入博物馆新馆，得先穿过老的巴洛克式的博物馆旧馆，来到地下走廊，被迫忍受"东躲西藏"和失去方向感，直至一个丁字路口。这是三条宽度、光线都不一样的通道，被称为三轴线。其中一条为死亡之路，通往"浩劫塔"，塔内幽闭，顶部一侧的幽光象征着犹太人渴望的自由，但是却够不着；另一条为流亡之路，经过展示犹太人生活文献的走廊后，通往一个名为"流亡之院"的户外庭院，院内有49根方形的水泥高柱，倾斜的地面，观众穿越其中，有一种心理和生理的不适感觉；最后一条通道串联上述两路，展示德国犹太人遭受大屠杀和流亡之外的历史。整个博物馆展示区域如同迷宫，非常封闭、压抑。馆内还有一处极为特别的空间，在这处极为狭窄、如同监牢一般的环境内，地面上叠放着厚厚的人脸铸铁片，当人们踩踏在上面，会发出刺耳的阵阵声响，象征着犹太人被踩在脚底下，充满艰辛的人生。这座建成之后尚未正式开放的造型极具个性化的博物馆已吸引了30余万慕名者前去参观，许多人认为建筑本身就是一座无声的纪念碑。作为解构主义建筑的杰出代表作品，博物馆无论从空中或是地面、近处或是远处，都给人以强烈的视觉冲击，使博物馆不仅是展品陈列的代名词，而且也能够通过建筑的设计给人一种身临其境的震撼和感受。

当然，塑造博物馆的个性特征，远远不止上述四个方面，还包括藏品建设、学术研究、传播推广和管理体制、运行机制等许多方面。如果一家博物馆在某些方面具有高光点，我们认为这就是一座极具个性的博物馆。同时，我们也认为博物馆个性化之路，是一条无尽之路，是一条值得博物馆人不断探索的路。

浅谈地域文化在革命纪念类博物馆社会教育活动中的展现
——以韶山毛泽东同志纪念馆为例

李 瑛 陈 帅（韶山毛泽东同志纪念馆）

摘要： 当前，在"传承红色基因，弘扬红色文化"的号召下，越来越多的革命纪念类博物馆通过开展社会教育活动来吸引和满足观众，获得观众的"持续关注度"，实现纪念馆的可持续发展。但在社会教育活动实施的过程中不可避免地暴露出千篇一律，模式化程度高，辨识度低，文化内涵呈现程度低等一系列的问题。解决这些问题的一个重要的方法，就是在社会教育活动中展现地域文化。然而目前对革命纪念类博物馆社会教育活动中的地域文化的展现的研究和探讨并不多，本文旨在通过分析革命纪念类博物馆社会教育活动中地域文化展现存在的问题，通过韶山毛泽东同志纪念馆的案例分析来探讨地域文化在革命纪念类博物馆社会教育活动中展现的有效途径。

关键词： 地域文化；革命纪念类博物馆；社会教育活动

一、绪论

近年来，在国家层面的统筹推进和地方政府的创新作为下，"红色文化"成为流行词，"红色旅游"也呈现出了火爆形势。尤其是有了习近平总书记的亲自"代言"，更是带火了一大批红色旅游景点。例如：中共一大旧址纪念馆、嘉兴南湖、北京香山纪念馆、四平战役纪念馆、"半条被子的温暖"专题陈列馆……还有承载着新时代红色脱贫攻坚故事的井冈山的神山村、湖南十八洞村等。

2019年，在中华人民共和国成立七十周年之际，到红色旅游景区景点开展爱国主义教育和党建活动成为人们外出旅游的重要目的，延安、遵义、上海、井冈山、韶山等地成为热门"打卡地"。根据中国旅游研究院的数据显示，2019年上半年，全国红色旅游出游达2.68亿人次，同比增速4.31%。其中，"80后""90后""00后"已经成为红色旅游市场的主力军，仅在国庆期间，"90后"增幅达100%，"00后"增长更是超300%[1]。与此同时，在这一年，中央也多次下达重要通知，对红色旅游发展进行科学引导和有效管理。例如：2019年8月，中宣部印发了《关于在重大活动中进一步发挥全国爱国主义教育示范基地作用的通知》；11月，中共中央、国务院印发了《新时代爱国主义教育实施纲要》[2]。而早在2015年，随着《博物馆条例》的公布和实施，"教育"已明确成为博物馆的首要职责和功能，这也意味着博物馆教育在社会教育中将发挥更为主要的作用，在新时代文化建设中发挥越来越积极、主要的推进功能。

革命纪念类博物馆是红色旅游的重要内容之一，是集中展现和开展爱国主义教育的重要场所，其在传承和弘扬优秀中华传统文化，尤其是"红色文化""红色精神"，展现社会主义建设发展的历史和成就，增强民族文化自信等方面发挥着无可比拟的优势和越来越重要的作用。为了进一步贯彻落实各项实施纲要和条例，充分发挥爱国主义教育作用，越来越多的革命纪念类博物馆通过开展社会教育活动来吸引和满足观众。从中我们可以看到有些纪念馆取得了较好的成果，但同时也不可避免地暴露出千篇一律、模式化程度高、辨识度低、文化内涵呈现程度低等一系列的问题。

如何才能在众多同类型的纪念馆中脱颖而出，跳出"千馆一面"的包围圈，获得观众的"持续关注度"，实现纪念馆的可持续发展呢？地域文化在社会教育活动中的展现是重要方式之一。

当前，对于博物馆的地域文化研究和探讨主要集中在博物馆的特色建设、建筑设计、陈展设计、文创产品等方面，关于社会教育活动方面的较少，而对革命纪念类博物馆社会教育活动中的地域文化的展现的研究和探讨就更少了，本文旨在通过分析革命纪念类博物馆社会教育活动中地域文化展现存在的问题，运用韶山毛泽东同志纪念馆的案例来探讨革命纪念类博物馆社会教育活动的地域文化展现的有效途径。

二、当前地域文化在革命纪念类博物馆社会教育活动中的展现所存在的问题

（一）地域文化在革命纪念类博物馆展现的局限性

"一般来说，革命纪念类博物馆是依托近现代革命史上重大事件和杰出人物的故居、遗址、纪念建筑等而建立起来的纪念性博物馆"[3]，相较于历史类博物馆、艺术类博物馆、综合类博物馆，例如故宫博物院、秦始皇兵马俑博物馆、湖南省博物馆等，在文物展品、文化内涵、地域特色、艺术鉴赏、历史传承等展示方面不可避免地具有局限性，这也直接导致革命纪念类博物馆地域文化展现的局限性，继而给社会教育活动中地域文化展现造成局限或产生瓶颈。

（二）缺乏社会教育活动和地域文化研究的专业人员

一方面，革命纪念类博物馆中从事社会教育活动的主要是宣教部，且以讲解员为主。而大部分纪念馆（博物馆）大多位于交通、经济相对不发达的地区，这也是因中国共产党领导的革命斗争活动早期主要集中在偏远山区决定。加之文博行业整体来说工资待遇低，讲解员招聘要求高（例如：身高、形象、语言、学历、艺术特长等），普遍存在人员招聘困难的问题，即使招到，也都存在专业"匹配度"低的现象，文博专业、地域文化研究、教育活动策划的专业人员少之又少。另一方面，讲解队伍大多以合同制员工为主，人员流动性大，导致纪念馆（博物馆）的教育部门不断处在"培训新人—人才流失—培训新人"的循环中，新人对本馆所承载的地域文化了解、掌握、消化、吸收不足，

甚至缺少情感的共鸣，也就更谈不上深入领会和研究了。总的来说，讲解员数量不足，讲解员偏年轻化和新手化是制约社会教育活动和地域文化研究的重要因素之一。

（三）地域文化研究人员欠缺，研究成果分享受限

首先，革命纪念类博物馆的相关研究工作普遍以文保部、陈列部和编研部为主，而社会教育活动的策划、组织和实施是以宣教部为核心，于是在实现分工明确有序的同时，也造成了信息交流互通和研究成果分享的"断裂"。例如，对于一个新展览，编研部出展览大纲，陈列部出设计方案，文物保护部负责文物清查征集，几乎全程参与，之间存在分工，但更需要相互讨论和合作，对展览的文化内涵有深度的掌握，但宣教部只参与展览的最后一环，即宣传讲解，这也导致教育人员缺乏对展览的文化内涵的全面了解和深度的把握。其次，革命纪念类博物馆的研究多集中于特定革命历史事件或人物的研究，缺乏对地域文化研究的深度和广度。第三，作为社会教育活动的主体，宣教部或社教部人员大部分时间都在从事日常的讲解、接待、宣传等活动，缺少集中研究的时间和精力，因而也造成了对地域文化研究的欠缺。

（四）地域文化在社会教育活动中展现程度低

革命纪念类博物馆的社会教育活动的策划与实施多以红色文化传播、革命传统弘扬、爱国主义教育、党史国史军史学习为出发点和教学目的，以青少年为重点教学对象。这就使得，一方面，在教学内容上如何把革命历史、红色文化、爱国主义等与地域文化有机融合，成为革命纪念类博物馆社会教育活动中展现地域文化的难点，也是造成地域文化在教育活动中展

现程度低的重要原因。另一方面，如何通过开展形式多样、生动有趣的方式展现地域文化，激发青少年对了解地域文化的兴趣，或从地域文化角度重新分析和对待革命历史事件和革命人物，也亟待教育人员去探索和实践。

（五）地域文化交流展示机会的缺乏

由于"近现代革命史"这一特定历史时期和革命文物的限制，革命纪念类博物馆的展览和活动相较于历史类、艺术类、综合类博物馆"走出去"的机会比较少，再加之社会性质、意识形态、地域文化、价值观念等方面的差异，"走出国门"、合作办展更是非常困难，这也造成了革命纪念类博物馆地域文化交流展示的机会的缺乏。

三、韶山毛泽东同志纪念馆社会教育活动中的地域文化展现

韶山地处湖南中部，是湖湘文化的小小缩影。这里是一代伟人毛泽东的故乡，也涌现出了毛泽民、毛泽覃、毛泽建、毛楚雄、毛福轩、毛新梅、庞淑侃等一大批革命先烈，孕育出了"为有牺牲多壮志，敢教日月换新天"的"韶山精神"。这里还是全国重要的红色旅游景区，是湖南的"名片"，是中外各界人士向往的地方。韶山毛泽东同志纪念馆是全国唯一一家系统展示毛泽东生平业绩和思想的纪念性博物馆，作为韶山、湖南、甚至是全国的重要展示"窗口"，开展了丰富多样的社会教育活动，对在传承和弘扬红色文化的同时展现湖湘文化和韶山文化方面进行了积极的探索和实践，取得了一定的效果。

（一）推动宣教改革，促进人才吸收

韶山毛泽东同志纪念馆的社会教育活动主要由宣教部负责，讲解员承担。为了解决招聘

难的问题，打造一支优秀的团队，韶山毛泽东同志纪念馆从2016年开始在宣教部内部实行宣教改革，提高讲解员的薪资水平和福利待遇，实现合同制员工与在编员工"同工同酬"，并对人员招聘、业务培训、奖惩机制等方面做了进一步规范。目前通过这一改革举措，韶山毛泽东同志纪念馆在人员招聘和人员稳定方面已经取得了明显成效。

（二）加强社会教育人员关于地域文化的学习培训

在韶山毛泽东同志纪念馆，讲解员是策划实施社会教育活动的主体。为了充分突出社会教育活动的特色，展现湖南、韶山的地域文化特色，就很有必要对讲解员进行地域文化学习培训。一方面，近年来，韶山毛泽东同志纪念馆充分调动馆内资源，定期邀请本馆副馆长、研究员，湖南省文物博物系列高级专业技术职称评委龙剑宇讲授湘中地方史、乡土文化和韶山毛氏渊源，此外还多次邀请省内专家讲授湖湘文化，湖南革命史等等。另一方面，邀请陈列部、编研部、文保部人员为讲解员介绍、说明陈展特色及重点，文物情况，相关历史事件、人物等，既有助于讲解员深入掌握相关业务知识，又有利于促进专业技术人员的学习研究，更重要的是促进了交流，实现了研究成果的共享和共同进步。

（三）结合陈列展览，深挖讲解内容展现地域文化

韶山毛泽东同志纪念馆现设有2个基本陈列和7个专题陈列。通过陈列展览来向公众展现地域文化是解决"千馆一面"最简单，最基本的方式。如，基本成列《中国出了个毛泽东》中的浮雕《求索》中的"游学"展现了青年毛泽东的社会实践，同时也反映出了湘土文化中"打秋风"的特色；在表现毛泽东参加"中共一大"时，一改过去上海石库门和嘉兴南湖红船的常规介绍，以实物原件——谢觉哉日记为依据，以馆内场景《起航》为依托，再现了毛泽东、何叔衡前往上海出席中共一大时的情形以及出发地长沙小吴门外码头的风貌。岳麓山、湘江、橘子洲头等湖湘地域元素，体现了毛泽东从湖南走来的地域特色，同时，又暗喻了中国革命启航的深刻内涵。通过结合陈列展览中的场景设计、文物文献，深挖讲解内容，来展现整个湖南或韶山地区的生活习惯、风土人情、服饰特点等。

（四）创新讲解方式和传播途径展现地域文化

在讲解过程中，通过融入极具本地特色的诗歌、民谣来体现当时人们的生活环境、方言、习俗、饮食等。例如。讲解员在介绍旧时韶山情况时，会加入反映当地人民生活水平的歌谣：韶山冲来冲连冲，十户人家九户穷，有女莫嫁韶山冲，红薯柴棍度一生；介绍韶山第一所农民夜校时，会清唱一曲韶山民谣《金花籽开红花》；描述毛泽东同志故居周边环境时用两句顺口溜来表现南方建房的特点：前有照,后有靠,两边山环绕。

这些通俗易懂,朗朗上口,富有节奏的诗歌、民谣既体现出了强烈的地域文化，又极容易给大众留下深刻印象。

当今时代飞速发展，科技日新月异，发达、热闹的网络世界也为社会教育活动的传播方式带来了新的可能，韶山毛泽东同志纪念馆近几年对此进行了多方尝试：在官方网站和公众号上推出节目"李建国讲故事"，讲述《毛主席遗物故事》《韶山毛家英雄谱》等系列故事。开设"抖音号"，通过录制红色故事小视频，传播红色文化、地域文化，目前已收获粉丝64万，点赞750万，深受群众欢迎。2020年因为

突如其来的新冠疫情，旅游业深受影响的情况下，通过直播"云游韶山"，让群众足不出户也能赏韶山美景、品地域文化、看主题展览、听红色故事、悟伟人初心。这些尝试都收到了显著的效果，扩大了社会教育活动的参与面，社会教育活动的形式更加丰富、生动。

如何充分利用新媒介，让群众以易接收、接受的方式参与到社会教育活动中，这是时代留给我们纪念馆社教人员的新课题，值得深入探讨和尝试。

（五）结合地域文化创新社会教育活动内容

在对创新社会教育活动内容的探索过程中，韶山毛泽东同志纪念馆形成了"沉浸式"的社会教育活动模式，即通过观看、聆听、实践、感受"四位一体"的方法，将地域文化与红色文化相结合，开展了一系列深受大众关注和喜爱的社会教育活动。

1. **观摩体验**：韶山毛泽东广场是纪念毛泽东主席的重要场所，也是韶山开展各类大型活动和市民活动的主要场所，更是韶山的标志性景点之一，结合韶山当地人民"拜毛主席铜像"的习俗，在此开展"献花仪式"和"中小学生励志成才礼"的观摩体验活动，感受韶山文化的同时进行感恩教育，铭记责任担当，传承红色基因，弘扬红色文化。

2. **现场教学**：在毛氏宗祠、毛泽东同志故居、南岸私塾开展现场教育活动，让大众置身于特殊历史建筑内，聆听韶山毛氏家族千百年来的精神传承，韶山人民从小家到大家，再到国家的破茧重生史和英勇奋斗史，感悟伟人毛泽东和韶山人民对初心和使命的坚守，以及"为有牺牲多壮志，敢教日月换新天"的"韶山精神"。

3. **情景演绎**：针对中小学生的研学旅游，利用毛鉴公祠旧址，通过学生自己演绎少年毛泽东在祠堂说理的故事，让同学们树立不畏强暴，坚持正义的高尚品格，敢为人先的斗争精神。

4. **特色课程**：针对中小学生开展"毛泽东诗歌励志大会"，讲授《毛泽东的诗与远方》，以毛泽东诗词为载体，带领同学们感受中华汉字、诗词文化之美，培养爱国主义和崇高理想信念。针对党员干部，以毛泽东遗物为载体或毛泽东在韶山的成长、活动为线索，通过讲授《睹主席遗物，学伟人风范，做合格党员》《毛泽东——不忘初心，牢记使命的光辉典范》等特色党课，开展初心教育。

（六）加强对外交流，促进地域文化传播

韶山毛泽东同志纪念馆的教育活动的交流，一方面是积极与省内外各大、中、小学合作，打造教育基地，既有利于省内学生深入了解湖湘文化和韶山文化，又有利于省外学生了解、比较不同的地域文化，加深对中华文化的认同感和自信。另一方面，是加强与政府和其他纪念馆、博物馆的沟通，通过引进展览、外出办展或联合办展来实现地域文化的交流和推广。例如：《毛泽东家风展》走进革命领袖视察黑龙江纪念馆、佳木斯博物馆、双鸭山市博物馆；《毛泽东与反腐倡廉》走进桂东纪律文化中心；与楚雄希望小学共同举办《楚天雄鹰——毛楚雄的青春热血》；引进了《伟大开端——中国共产党创建历史图片展》等等。

近年来，湖南省委，省政府十分重视深入挖掘湖南优秀独特的文化资源，大力弘扬红色文化。于是在湖南省委省政府的关怀支持和指导下，乘着中俄红色旅游合作交流活动的东风，2018年10月25日—2019年3月底，在俄罗斯联邦列宁纪念馆隆重推出《中国出了个毛泽东》，并在2018年4月引进《列宁同志的故乡——乌里扬诺夫斯克》儿童画展。2019年11月，由

韶山毛泽东同志纪念馆主办，湖南广播电视台金鹰纪实频道、湖南第一师范、中国共产党长沙历史馆承办，长沙市青少年宫协办的"未来之花，如约绽放"毛主席故乡儿童画作赴俄罗斯展作品征集活动正式启动，600多名儿童用手中的画笔讲述红色故事、展示湖南文化和美好形象，其中近70副优秀作品将赴俄罗斯乌里扬诺夫斯克列宁纪念馆展出。此外，2019年9月，在澳门特区政府、澳门中联办、中国中共文献研究会及中共湖南省委的领导和全力支持下，由澳门特别行政区政府教育暨青年局、中央人民政府驻澳门特别行政区联络办公室宣传文化部、湖南省人民政府港澳事务办公室及湖南省韶山管理局、韶山毛泽东同志纪念馆承办的《中国出了个毛泽东——庆祝中华人民共和国成立70周年暨澳门特区成立20周年大型图片展》在澳门开展。地区和国家之间的合作交流，对促进地域文化的交流发展起到了积极、重大的推动作用。

四、小结

对于革命纪念类博物馆而言，红色文化与地域文化是相辅相成，相互作用的。深入挖掘地域文化，通过社会教育活动实现红色文化和地域文化的有机融合，是改变和解决革命纪念类博物馆教育活动"千馆一面"，赢取大众"持续关注度"，保持革命纪念类博物馆"新鲜度"，实现可持续发展的重要方式。本文通过对革命纪念类博物馆社会教育活动过程中地域文化展现所面临的问题的探讨和分析，运用韶山毛泽东同志纪念馆社会教育活动实际案例分析，认为制定政策，吸收专业人才；统筹资源，积极开展相关专业培训，推动科研成果共享；大胆尝试，积极创新传播方式，丰富社会教育活动内容；积极构建合作交流平台，加强地域文化交流等举措是具有一定理论和实践意义的，是切实可行的。

【注释】

[1] 陈静：《2019，红色旅游"红"出新高度》，载文旅纵横－文化和旅游大数据，https://www.cacta.cn/dsj/HTML/20200110090105.html。

[2] 陈静：《2019，红色旅游"红"出新高度》，载文旅纵横－文化和旅游大数据，https://www.cacta.cn/dsj/HTML/20200110090105.html。

[3] 唐军富：《革命纪念馆（博物馆）与红色文化传承》，"红色文化论坛"论文集——中国博物馆协会纪念馆专业委员会2012年年会，2012年12月6日，第347页。

区域博物馆参与中国特色话语体系构建的途径探析

张思桐（宁波博物馆）

摘要： 在经济全球化、文化多元化的时代背景下，各个国家对话语体系的建设越发重视。话语权是国家文化软实力的重要标志，构建具有中国特色的话语体系已成为当务之急。中国传统文化的精华对构建中国特色话语体系具有积极作用，区域文化是中华文化的重要组成部分，区域博物馆作为保护展示区域文化的重要机构，通过征集收藏体现区域文化特色的藏品，举办地域特色鲜明的展览，加大展览中的文化交流，举办类型多样的社教活动，利用大众媒体加大宣传力度等途径，能够有效参与到中国特色话语体系的构建过程中，向世界传播中华文化。

关键词： 区域博物馆；中国特色话语体系；途径

在人类社会的发展历程中，每个国家、每个民族都有专属于自己的话语体系。伴随着经济全球化和文化多元化的进程，各个国家对话语体系的建设越发重视。当前，世界的话语权仍由西方国家垄断，中国的话语体系仍不完备，因此，发展中国特色话语体系已成为当务之急。中国历史悠久，传统文化资源丰富，积极运用中国传统文化的有益因素对构建具有中国特色的话语体系意义非凡。中国地域辽阔，区域文化各具特色，这些区域文化共同组成了中华文化，是中国特色话语体系的基础。在文化趋同化日益蔓延的国际背景下，保护和展示区域文化对保护国家的文化多样性和民族性具有重要意义。区域博物馆作为收藏、研究、展示区域文化的重要机构，如何利用多种手段传播区域文化，参与中国特色话语体系构建是博物馆工作者需要积极思考的问题[1]。

一、中国特色话语体系的定义及与区域文化的关系

中国特色话语体系是中国作为话语主体在阐述本国思想立场、价值观念时采取的话语模式，是在国际国内讲述中国故事、塑造国家身份、阐述中国特色社会主义道路的实践。中国特色话语体系主要包含以下几个组成部分：中国特色社会主义话语、人民话语、小康社会话语、和平发展话语、负责任大国话语、民族话语、

人类命运共同体话语、"一带一路"话语、"中华民族伟大复兴"的中国梦话语[2]。话语权是国家文化软实力的重要标志，进一步构建和完善中国特色话语体系对提升国家综合实力和国际竞争力，维护国家安全和利益以及传播中华文化有重要意义。

中国历史悠久，文化繁盛，中华传统文化博大精深。中华优秀传统文化的思想和内容对构建中国特色话语体系意义重大，汲取中国传统文化的精华既有助于中国特色话语体系的塑造，也有助于增强国家的文化自信和理论自信[3]。区域文化发源于特定的文化自然环境，记录了特定地理区域、历史时期的生产生活状态，为该地域民众提供了文化认同感。区域文化通过时间积淀形成了物质与非物质两种形态，物质形态是各类物质文化遗产，非物质形态则是民众的精神世界，具体体现在人们的风俗习惯、风土人情中。由于中华文化是由各具特色的区域文化共同组成，因而中国特色话语体系在构建过程中汲取区域文化的精华对全面讲述中国故事，传播中华文化有重要意义[4]。

二、区域博物馆参与中国特色话语体系构建的途径

伴随着城市化进程的加快，文化趋同化的现象日益突出。区域博物馆作为集中收藏、保护、研究、展示物质与非物质文化遗产的机构，通过研究整理藏品，提炼出区域文化的精华并进行展示教育和传播是其职责所在，也符合中国特色话语体系构建的需要。

（一）征集收藏体现区域文化特色的藏品

博物馆的藏品是历史变迁的实物例证，也是博物馆存在以及各项工作开展的基础。对区域博物馆而言，由于区域文化是其成员在历史发展变迁中留存的物质和精神财富的总和，因而其博物馆内的藏品应该是区域文化物化的代表性实物，是该区域文化创造者的智慧结晶。当前博物馆扩充藏品量的主要途径是征集，但诸多博物馆在征集藏品的过程中只看重文物的精美程度，忽略了文物本身带有的历史文化信息[5]。区域博物馆在征集藏品的过程中应有所侧重，一方面博物馆应重视藏品的系列性，另一方面应征集区域文化特色鲜明的文物。

区域博物馆在研究展示区域内某一种文化时，需要全面了解这种文化产生、发展、繁荣直至衰退的过程。藏品作为博物馆研究展示的实物基础，也需要遵循这个原则。因此，区域博物馆在征集藏品的过程中，应有意识的征集同一类型文物在不同时期的实物遗存，形成同类藏品在时间上的延续性以及系列性，这对区域博物馆后期研究、展览等工作的开展都具有十分重要的意义。以越窑青瓷为例，博物馆在征集此类器物时应尽量将越窑青瓷从产生到衰退各个时期的代表性实物都纳入馆藏，同时也要注意按照器物的用途、纹饰等形成藏品的序列性[6]。

中国地大物博，各地区文化差异性明显，而文物就是这些差异的实物体现。这些文物在历史上是当时社会生活的见证者，不论其精美程度如何，其中包含的工艺技术及历史文化信息是反映该地域文化特色的实物依据。区域博物馆在文物征集的过程中应着重分析文物包含的历史文化价值以及其与地域文化的契合度，部分文物可能外观普通，但其中所包含的某些信息却具有更高的价值。当前，宁波博物馆的馆藏文物已形成十里红妆民俗系列用品、甬籍及海派书画家作品、越窑青瓷等体系，这些都是极具宁波地域特色的物质文化遗产。在此基

础上，宁波博物馆着重征集反映宁波地域文明、城市发展的物质文化遗产和非物质文化遗产，这有助于博物馆扩充自身的特色藏品，保护本地文化遗存。

（二）举办地域特色鲜明的展览，加大展览中的文化交流

陈列展览是博物馆的核心职能之一，也是其与公众联系的主要渠道。区域文化时间跨度长，内涵丰富，区域博物馆通过多样的展览主题和展览形式对区域文化进行研究解读，能够让观众直观了解区域文化的内涵与特色。

区域博物馆的展览依托于地域特色鲜明的藏品，因而其基本陈列往往是全面系统反映区域历史文化发展变迁的展览。这类展览通过展示大量实物展品的工艺、造型、装饰、功用，辅以各类辅助展品，阐释了该区域的风俗习惯、历史变迁，集中反映了区域文化的发展历程和特色[7]。例如宁波博物馆的基本陈列"东方神舟——宁波历史陈列"以宁波城市发展史为主线，通过大量实物展品结合图版和文字展示了宁波从史前时代到中华人民共和国成立7000年来的历史变迁和辉煌的商帮文化、浙东思想，体现出宁波及浙东文化的地域特色。

在基本陈列之外，区域博物馆还可以通过专题展览和临时展览展示区域文化特色，补全基本陈列不足之处。专题展览和临时展览可以从某一特定主题入手，或者聚焦于某一类器物，以小见大，对该区域的某一历史时期或者某一类型的器物展开具体叙述，加深观众对地域文化的了解和认知。宁波博物馆的专题陈列"阿拉老宁波——宁波民俗风物展"通过陈列宁波的十里红妆等民俗文物系统展现了独具地方特色的宁波民俗、艺术，深得观众青睐。

中华优秀传统文化是中国特色话语体系的重要源泉，但在该体系的构建过程中，也应该学习借鉴外来优秀文化。区域博物馆在展览设计的过程中，可以适当引入展示优秀外来文化的展览，也可以将本国文化与同时代的外来文化进行比较展示，为博物馆观众了解外来文化提供条件，架起中外文化交流的桥梁。例如南京博物院推出的"法老王——古埃及文明和中国汉代文明的故事展"将古埃及文明和中国汉代文明进行比较，从中揭示中外文化差异以及不同文化背景下的相同文化认知。成都金沙遗址博物馆推出的"庞贝：瞬间与永恒——庞贝出土文物特展"则通过展示庞贝古城出土的文物精品讲述了庞贝的历史变迁。

对陈列展览而言，展览主题和内容设计固然重要，但形式设计也是不可忽视的部分。为提升展览的观赏性和吸引力，博物馆在展览设计的过程中要注重科学性和艺术性的有机结合，通过引入新的理念技术，运用多种展示手段，平衡展览的学术性和趣味性，突出展览鲜明的区域文化特色，引发观众共鸣。

（三）举办类型多样的社教活动

教育是博物馆的重要功能之一，博物馆社教活动的开展，一方面能加深观众对展览传递出的文化信息的理解和认知，另一方面也能加速区域文化的传播和交流，推动区域博物馆参与中国特色话语体系构建。由于博物馆观众年龄层多样，需求各异，因此博物馆应根据观众需求有针对性地开发社教活动。

展览是博物馆观众了解博物馆，获取知识和信息的主要途径。由于博物馆展览内容的专业性和学术性，博物馆观众往往难以深入理解展览内涵，影响了展览传播目的的实现。基于这种情况，区域博物馆可以配合展览推出各类社教活动。在展览展期内，博物馆可以邀请专家学者以及策展人举办与展览主题密切相关的专题讲座，对展览背后的历史文化信息进行深入剖析，加深博物馆观众对展览内涵的认知程度。除此之外，博物馆也可以开展"博物馆之夜"活动，增强观众与博物馆的互动性。如浙江省博物馆在"千年清音——唐宋古琴特展"开展时，举办了古琴音乐会，将静态展示转为动态，吸引了大批观众。

青少年观众是博物馆开展社教活动的重要对象之一，对青少年观众而言，在社教活动中体验传统文化，学习知识是其参与活动的主要目的，因此，区域博物馆应设计匹配青少年观众需求的社教活动。目前，宁波博物馆面向青少年的社教活动有青少年探索体验活动、暑期夏令营、"竹洲思远"少儿课程、"博物鉴史"高中合作课程等，年龄层覆盖幼儿至高中学生。青少年探索体验活动分为"特展""节日""时令""非遗"四大主题，活动内容设置与主题紧密相关，强调培养参与者的动手能力，在体验中深入理解文化知识。"博物鉴史"是宁波博物馆立足于本土文化特色，充实未成年人博物馆教育的又一尝试。课程以越窑青瓷和海上丝绸之路为主题，借助讲座、参观等多种形式，激发学生的学习热情，实现了地域历史文化知识的普及和传播。

虽然目前博物馆的参观人数呈持续上升状态，但仍有不少潜在观众由于时间、路程等诸多原因无法前往博物馆参观，而博物馆受限于其固定建筑也无法将其文化信息传递给更多的民众。在这种情况下，流动博物馆的出现打破了困境。流动博物馆让区域博物馆走进社区、学校等场所，将博物馆的展览、馆藏以图文版面等形式向民众进行展示讲解，拉近了观众与博物馆的距离，同时也将博物馆的文化特色传递给广大市民[8]。

（四）利用大众媒体加大宣传力度

博物馆由于藏品历史悠久且距离大众日常生活较为遥远，因此给人一种沉闷、深奥难懂的感觉，令许多民众对博物馆望而却步，影响了博物馆文化信息的传播。大众传媒在信息传播方面优势突出，面对这种情况，区域博物馆应该创新形式，发挥自身与大众传媒的交叉联动作用，深入研究博物馆观众的心理需求，积极利用大众传媒的影响力加大宣传，把区域文化的精髓以民众喜闻乐见的方式表现出来，提升民众对博物馆的兴趣和关注度，推动区域文化信息的传播。

由于不同年龄群体对大众传媒的选择倾向不同，因而区域博物馆应针对不同的受众，采用不同的宣传手段。面对老年观众，由于其长期使用电视、报纸等传统媒体，因而博物馆应积极和本地纸媒以及电视台合作，在展览以及大型活动筹备期间及时将信息发布在媒体上，为展览和活动的开展预热。博物馆也可以拍摄博物馆馆藏及展览信息的宣传片，吸引潜在观众的关注。而对于中青年观众而言，互联网已成为其接收信息的主要媒介，因此博物馆应重视网站的开发以及微信公众号、官方微博的运营。互联网与传统媒体的差异在于其并非单向度的传递信息，而能够实现双方互动。区域博物馆一方面可以利用其网站、微信、微博发布有关博物馆的最新信息，达到信息即时传递的目的，另一方面也可以通过观众留言为观众答疑解惑，了解观众的需求，实现互动交流，从侧面提升了观众对博物馆的兴趣，加大了博物馆的宣传力度。

三、总结

区域文化是中华民族文化的重要组成部分，将区域文化的精华纳入中国特色话语体系有利于中华民族文化的传播以及文化软实力的提升。

区域博物馆作为区域文化的集中收藏展示场所，通过征集收藏体现区域文化特色的藏品，举办地域特色鲜明的展览，加大展览中的文化交流，举办类型多样的社教活动，利用大众媒体加大宣传力度等途径，能够有效参与到中国特色话语体系的构建过程中，推动中国特色话语体系的建立和完善。

【注释】

[1] 王茜：《论传统文化视域下中国特色话语体系的建构》，《智库时代》2017年第8期。

[2] 刘立华、童可：《中国特色话语体系的内涵与建构策略研究》，《外国语言与文化》2019年第2期。

[3] 安文华：《传承优秀文化，构建中国特色社会主义话语体系》，《甘肃社会科学》2015年第2期。

[4] 马秀娟、张静茹、曾素梅：《专题博物馆建设与保定区域文化发展》，《保定学院学报》2013年第4期。

[5] 章伟云：《试论博物馆在传播区域文化中的积极作用——以抚州市博物馆"临川文化展"为例》，《东华理工大学学报（社会科学版）》2012年第2期。

[6] 黄秋红：《锁住时间——试论区域博物馆在保护区域文化中的作用》，《城市记忆的变奏——中国博物馆协会城市博物馆专业委员会论文集（2013-2014）》，上海：上海交通大学出版社，2014年，第481页。

[7] 黄秋红：《锁住时间——试论区域博物馆在保护区域文化中的作用》，《城市记忆的变奏——中国博物馆协会城市博物馆专业委员会论文集（2013-2014）》。

[8] 章伟云：《试论博物馆在传播区域文化中的积极作用——以抚州市博物馆"临川文化展"为例》。

权力网络中的地方政要与公共博物馆
——以浙江省西湖博物馆创立为个案的考察

任群景（浙江省博物馆）

摘要： 在中国近代社会发展过程中，公共博物馆兴起固然由于社会各界尤其是知识分子的努力，但也和地方政要的作用密切相关。浙江省西湖博物馆的创立不仅在于省政府主席张静江主持倡办西湖博览会，八馆二所之一博物馆运营和"创设西湖博物院"建议的提出，以及会务结束委员会部分决议，奠定理念、实践、馆址以及藏品基础，也表现在张静江主导的历次省政府委员会会议对西湖博物馆馆址、藏品、馆长人选、计划预算和章程的讨论决定，还可以看到，浙江省西湖博物馆在张静江离任后，虽经历人员缩编、经费递减等遭遇，但初创期确定的馆址、章程以及聘任专门馆员等做法在长期发展中得到延续和保留。因而，浙江省西湖博物馆创立在彰显地方政要对公共博物馆发展产生影响，同时为近代中国博物馆事业发展贡献了浙江实践、浙江素材和浙江经验。

关键词： 地方政要；张静江；浙江；西湖博物馆

自1905年张謇创办南通博物苑以来，随着西学东渐，近代中国博物馆事业取得初步发展，并在20世纪30年代前后，迎来了发展中的第一个黄金时期，山西教育图书博物馆（山西博物院前身）、河南博物馆（河南博物院前身）、浙江省西湖博物馆（浙江省博物馆前身）、广西省立博物馆（广西壮族自治区博物馆前身）等一批公共博物馆先后成立。这些博物馆的成立，与阎锡山、张静江、冯玉祥、李宗仁等地方政要倡导不无关系，其中浙江省西湖博物馆创立，较为完整呈现出博物馆要素的实现过程和方式，以及政局变动对此造成的影响，也触及政府决策中正式制度和非正式制度的交织，对考察地方政要与公共博物馆的关系具有典型性意义。既往研究从博物馆史角度，对浙江省西湖博物馆创立相关史实进行梳理[1]。本文在此基础上，以浙江省西湖博物馆创立为个案，通过梳理西湖博览会内设机构和组织运行情况，以及当时浙江省政府委员会历次会议录，探讨地方政要如何凭借其在权力网络中的特殊地位，以及对地方公共资源的调配权力，对公共博物馆创立和沿革发挥作用。

一、作为地方政要的省政府主席张静江

张静江，字人杰，1877年出生在浙江吴兴县南浔镇的巨富家庭，曾随驻法大使孙宝琦赴法国，后在往返法国途中结识孙中山，全力支持革命事业，被孙中山称为"革命圣人"，孙中山逝世后，又倾力扶持蒋介石在政治上的崛起，被蒋介石称为"革命导师"。北伐战争期间，广东革命政府每收复一省，就组织一个省政府委员会，以合议制代替旧日的独任制。南京国民政府成立后，1928年4月公布《修正省政府组织法》，其中规定"省政府由国民政府任命委员九人至十三人，组织省政府委员会行使其职权""省政府设主席一人，由国民政府就省政府委员中制定之""省政府下设下列各厅处：秘书处、民政厅、财政厅、建设厅。除试行大学区制之省区外省政府下设教育厅""省政府各厅长之任、免得由主管部、院及委员会呈请政府核准行之"[2]。

根据上述法律条文，省政府委员会行使省政府职权，省政府主席的实际权力有限，但从实际来看，"如果担任省政府主席者具有较高的政治军事地位且施政方式强势，则一般委员很难与之抗衡，因省政府委员名义上虽由国民政府决定，实际多由省主席保荐，或在正式任命之前先征得省主席的同意，省主席往往可以通过人事关系控制省政府委员会。加上省政府议政一般不采取表决方式，而是讨论协调，省政府主席作为强势一方更易操纵会议"[3]。这可以从民国前期省政府委员会会议章则、种类、构成分子、职权，以及举行情况，得到一定程度的印证[4]。由是而论，历任广东革命政府常委、国民党中央执行委员会常务主席的张静江，出任浙江省政府主席，政治地位崇高，个人意见在省政府决策中具有特殊的重要性。

二、西湖博览会举办以及"筹设西湖博物院"的提出

虽然早在1924年浙江军事善后督办卢永祥，和省长张载杨就计划在杭州举办大型博览会，只是因当时战乱频仍未能如愿。随着北伐不断取得胜利，1928年10月3日浙江省政府委员会第163次会议，通过举办西湖博览会的决议，在建设厅内设筹备处，于当月27日举行第1次筹备委员会会议，建设厅长程振钧兼任筹备委员会主席，嗣后因省政府主席何应钦奉中央特任为军事训练总监部长[5]，南京国民政府对浙江省政府委员会进行调整。11月16日，张静江偕朱家骅、钱永铭、程振钧、叶琢堂、黄郛、蒋伯诚、陈其采、何辑五、周骏彦等省政府委员宣誓就职，赓续西湖博物馆博览会筹备工作。在省政府委员中，程振钧早年赴英国留学，归国后在多所大学任教，曾任安徽省道局局长，后由张静江的好友吴稚晖作为人才推荐给张静江，1927年7月起任浙江建设厅长，成为首届西湖博览会实际上的主持者和实施者，还曾兼任省政府秘书长，从中不难看出张静江对程振钧的信任和倚重，也使西湖博览会不可避免地带有张静江个人色彩。

筹备委员会大体包括审议和执行两部分，属于审议部的各组设计委员会、各组联席会议、特别会议、各馆所参事会议、各馆所筹备主任会议以及工料审查处等组织，如果有涉及两组以上的事务，则召开各组联席会议进行解决。至于各馆所重要事件，或与其他馆所有关系而不能单独办理者，则提交各馆联席会议进行解决。各馆所筹备主任联席会议共计召开24

次，其中第 2 次会议对第 1 次会议通过的八馆名称进行修正，即革命纪念馆、博物馆、艺术馆、农业馆、教育馆、卫生馆、丝绸馆、工业馆，并就此固定下来。两次会议通过的八馆名称除次序调整外，最大不同就是将矿业、水产馆改成博物馆[6]，这可能在于西湖博览会"为促进民智起见，特辟博物一馆，以动植、矿物、昆虫、水产等品陈列其中供人观赏"[7]，正如 1929 年 6 月 6 日，张静江在西湖博览会开幕词中所讲："因举办西湖博览会，内设革命纪念馆、博物、艺术、农业、教育、卫生、丝绸、工业八馆，以期符合心理建设与物质建设并重之意"[8]。

根据《西湖博览会章程》，省政府主席兼任西湖博览会会长，综理全会事务，建设厅长兼任副会长，辅助会长办理会务，另设评议、执行两部承担行政职能。评议部有评议委员会会议，核议会长交议事件，会员人选由会长聘任；执行部委员人选均由会长委任，有执行部委员会议及评执两部联席会议，以资商榷。评议部委员会议第 3 次会议曾议决，"建议创设西湖博物院，呈请省政府核夺施行"，执行部委员会议第 19 次会议也有决议，"筹设西湖博物院案。交秘书室修正文字，呈请省政府核定之"。这也就意味着，在西湖博览会举办期间，筹设"西湖博物院"已经被提上议程。

位于王电轮庄、林社、放鹤亭及徐公祠一带的博物馆，陈列着从各地征集的奇异动植物，还特设猺山部，用多种模型展示江苏徐州贾汪煤矿，并对浙大农学院采自东西天目山的多种植物标本详加说明，据统计 6 月份参观者有 435343 人，7 月份参观者有 387875 人，8 月份参观者有 464923 人，9 月份参观者有 523331 人，10 月份参观者有 270804 人，合计有 2082276 人，在西湖博览会八馆二所中位居第一。有参观者曾大发感慨，"夫以地大物博之中国。而犹贫弱以至于此。是皆废地不知用。矿藏不知兴。有以致之。若广西猺山以五岭之脉，七邑之境。而乃坐令莽臻莽之中。不知开而为用。猺山如是。其他各省僻境。亦未尝不如是也。浙江之严台一带。废山弃地比比皆是。安得政府之保护而集资一开垦之。深望中大猺山采集队更进扩组开垦，继续进行，使罗香金秀地似其名，则此行采集不致徒负也"[9]。这客观上为浙江省西湖博物馆成立进行了预演和尝试。

三、从"西湖博物馆"到浙江省立西湖博物馆

10 月 4 日，浙江省政府委员会举行第 257 次会议，决议"西湖博览会呈请设立西湖博物馆案"，照准以西湖博览会原设之工业馆口字厅、博物馆水产部及忠烈各祠各处拨充该馆馆址，并指出，凡是西湖博览会出价搜集及各出品人声名赠送之出品及陈列品，闭会后一律移交西湖博物馆，并由西湖博览会向各出品人接洽，尽量协助，另外由民政厅、建设厅、教育厅会同审议章程及计划预算，再行提出[10]。张静江鉴于西湖博览会"开幕后凡各处馆所，各项事务均同时结束，千头万绪殊感困难"，组织成立会务结束委员会，仍由程振钧主持。会务结束委员会第 1 次会议议决，忠烈祠工业馆口子厅、博物馆水产部等房屋，遵照省政府议决案，移交西湖博物馆，所有各该处橱柜、器具、电料等件概不拆除搬移；会务结束委员会第 7 次会议议决，出品组发还出品定于 11 月 24 日结束，并呈请省政府迅设西湖博览会博物馆筹备处，所有未领出品自 11 月 25 日起，一律移交西湖博物馆点收保存[11]。

浙江省政府委员会随后举行多次会议，就成立西湖博物馆的相关提案进行讨论。其中，

第265次会议议决,通过省政府主席张静江拟聘任陈屺怀为西湖博物馆馆长的提议;第266次会议议决,通过省政府委员兼民政厅长朱家骅、省政府委员兼建设厅长程振钧、省政府委员兼教育厅长陈布雷[12]遵拟《浙江省西湖博物馆章程》,并拟具筹备办法,由馆长主持筹备事宜,即日设立筹备处,二个月内筹备完竣的提议;第271次会议议决照准西湖博物馆呈请加拨全部房屋、俾资应用的提案;第272次会议议决通过西湖博物馆呈"拟就各部性质区分为组并送筹备费预算书乞准追加请核示案";第273次会议明确财政厅审查西湖博物馆呈送的每月经常费预算书后再行核议[13]。12月4日,浙江省政府公布《浙江省政府训令》,训令囊括前述历次会议关于成立西湖博物馆议决结果和《浙江省西湖博物馆章程》,指出西湖博物馆应定名为"浙江省西湖博物馆",标志着浙江省西湖博物馆正式成立。12月6日,浙江省政府主席张静江,常务委员朱家骅、程振钧又签署《浙江省政府指令》,同意将文澜阁全部房屋拨给浙江省西湖博物馆使用[14]。

陈屺怀早年参加辛亥革命,曾任浙江省政府常务委员、杭州市长等职,为时任教育厅长陈布雷堂兄,具有很强的社会影响力,担任馆长期间,根据《浙江省西湖博物馆章程》,着手聘任专门委员和名誉征集员工作。蔡元培曾复函给陈屺怀说明自己"谨当本其所知,随时贡所[献]",还致信张静江表示"台端恢宏大度,系念民生,前次博览会,既极一时观摩之盛;继以博物馆,又开两部研究之资,本省文化,利赖实深"[15]。由此不难看出,非正式制度在浙江省西湖博物馆初创期发挥的作用,另一方面表明浙江省西湖博物馆"已经十分具有现代博物馆的意识,利用各种社会资源,开门办馆"[16],而且,该项举措也并非昙花一现,

王念劬担任馆长期间,聘任陈屺怀、蒋尊第、余绍宋等为专门委员,沙守中为名誉征集员,即使在抗战时期金维坚担任馆长时,也曾聘任董聿茂、胡步青、金石寿等为专门委员。

然而,由于张静江与蒋介石在"剿共"和建设上存在分歧,以及和国民党浙江省党部之间矛盾不断升级,最终于1930年年底辞去浙江省政府主席。以张难先为主席的新一届省政府委员会,厉行财政紧缩政策,"着手减缩的机关为保安处,国术馆,设计委员会,省会公安局,西湖博物馆,法规审查委员会,内河外海水上视察局等二十个机关"[17]。其后,浙江省西湖博物馆更名为浙江省立西湖博物馆,限"设馆长兼部主任一人,专任部主任一人,馆员八人至十二人,事务员三人至五人,雇员三人至五人,并得设练习生一人至三人"[18];经费也呈逐年递减趋势,例如1932年上半年度减至39450元,下半年度以九折支领。1933年又奉令紧缩,为22087元,且九折,故实发19878元[19],到1934年,实际支出仅为19057.933元[20]。1935年,馆长董聿茂曾这样表示,本馆成立,时仅五载,经常费年有削减,自69000余元以至39000余元,又减为32000余元,再减为19000余元,今年实发概算数为22000余元,其中大部为职员薪给及工资,而职员亦年有裁减,但事业则逐年增加,故近年事业之紧张,工作之努力,实有倍于往昔也[21]。

四、结语

综上所述,张静江主持举办西湖博览会期间,八馆二所之一博物馆的运营和"创设西湖博物院"建议的提出,以及会务结束委员会部分决议,为浙江省西湖博物馆的创立奠定理念、实践、馆址和藏品等方面的基础,虽然从世界

范围看，在举办博览会基础上创立博物馆，不乏先例，但浙江省西湖博物馆作为西湖博览会遗留之贡献，在当时中国颇具特色，为国内其他地区提供了借鉴；从1929年10月4日浙江省政府委员会第257次会议通过西湖博览会呈请设立西湖博物馆提案，到"浙江省政府为保存博览会所遗物品，以供民众永久参观及研究起见，乃于是年十一月，经省政府会议议决，聘任陈屺怀先生为馆长，筹备成立"[22]，再到当年12月4日浙江省政府公布《浙江省政府训令》，以张静江为主席的省政府委员会在短短两个月内，先后6次在会议上讨论成立浙江省西湖博物馆相关议题，总体规划，分步实施，重视程度在博物馆史上恐怕也不多见；尽管在张静江离任后，浙江省西湖博物馆由省政府直属变为隶属于省教育厅，经历人员缩编、经费递减等遭遇，但初创期确定的《浙江省西湖博物馆章程》虽然1931年在工作人员限额、关于计划与总结内容方面有所调整，直到1943年才有大的变动，章程规定的聘任专门馆员等做法也延续了相当长一段时期，地方政要在公共博物馆创立和发展中的作用由此可见一斑。

【注释】

[1] 这一方面的成果有黄莺撰《初创期的浙江省西湖博物馆》（《东方博物》2007年第2期），赵大川撰《初创时期的浙江省博物馆与良渚文化发现人施昕更》（《东方博物》2009年第3期）以及蔡琴著《浙江博物馆史研究》（中国书店2014年版）。

[2] 屈武：《国民党政府政治制度档案史料选编》下册，合肥：安徽教育出版社，1994年，第299~303页。

[3] 曾业英、黄道炫、金以林等：《中华民国史》第7卷，北京：中华书局，2011年，第110页。

[4] 钱端升等：《民国政制史》下册，重庆：商务印书馆，1945年，第37~39页。

[5] 《何应钦辞浙省主席》，《申报》1928年10月24日，第1张第6版。

[6] 刘颖主编：《西湖文献集成续辑》第6册，杭州：杭州出版社，2013年，第240~273页。

[7] 王国平主编：《西湖文献集成》第16册，杭州：杭州出版社，2004年，第299页。

[8] 刘颖主编：《西湖文献集成续辑》第6册，第290页。

[9] 周吉：《博物馆参观记》，《旅行杂志》1929年第3卷第7号。

[10] 浙江省政府秘书处印行：《浙江省政府公报》1929年11月2日，第746期。

[11] 刘颖主编：《西湖文献集成续辑》第6册，第736~740页。

[12] 1929年7月大学区制撤销，浙江省政府恢复教育厅，张静江力邀陈布雷就任教育厅长。参见《陈布雷回忆录》，台北：台北传记文学出版社，1981年，第76、77页。

[13] 浙江省政府秘书处印行：《浙江省政府公报》1929年11月16日，第756期；《浙江省政府公报》1929年11月20日，第759期；《浙江省政府公报》1929年12月10日，第776期；《浙江省政府公报》1929年12月14日，第780期；《浙江省政府公报》1929年12月16日，第781期。

[14] 黄莺：《浙江省西湖博物馆系年》，北京：北京图书馆出版社，2007年，第2、3页。

[15] 高平叔、王世儒编注：《蔡元培书信集》下册，杭州：浙江教育出版社，2000年，第1065、1066页。

[16] 蔡琴：《浙江博物馆史研究》，北京：中国书店，2014年，第115页。

[17] 《浙省府厅行紧缩年省数百万》，《中央日报》1931年2月2日，第2张第3版。

[18] 黄莺：《浙江省西湖博物馆系年》，第11~13页。

[19] 黄莺：《初创期的浙江省西湖博物馆》，《东方博物》2007年第2期。

[20] 浙江省财政厅编印：《浙江财政月刊》，1936年第9卷第7、8、9期合刊统计专号。

[21] 董聿茂：《西湖博物馆之任务与最近进行之工作》，《浙江教育行政周刊》1935 第6卷第27、28期合刊。

[22] 浙江省立西湖博物馆编：《浙江省立西湖博物馆》，浙江省立西湖博物馆总务部，1947年，第1页。

试论地方饮食文化在博物馆中的展示
——以苏州为例

王程程（复旦大学）

摘要： 饮食文化作为地域文化的重要组成部分，近年来随着我国非物质文化传承和旅游业的发展，对其展示成为大势所趋。博物馆结合多元感知理论，对地方饮食文化进行陈列，可以传承传统的饮食文化，对民众进行"食育"，也会彰显地方特色，增强旅游竞争力。但是目前国内博物馆对饮食文化的展示刚起步，在陈列方式、多媒体展项、宣传教育等方面尚且存在诸多不足，并且存在部分专题饮食博物馆商业化过度的问题。笔者认为在展示中应兼顾以下三点：一是文化性，对食物的历史脉络、材料分类、技艺传承、营养价值等做深度展示，做到"透物见人见精神"；二是坚持独特性，从历史和现实中深度挖掘地方特色；三是展示陈列方面坚持创新性，饮食文化是调动观众多种感官的天然沃土，应适当借鉴国外，增加动态陈列和互动展项，增强观众的参观体验。最后笔者以"苏州餐桌上的一年四季"为例，进行陈列探索。

关键词： 饮食文化；多元感知；博物馆；非遗；苏州

博物馆的主要功能为收藏、展示、保护、宣传各类文化，它能综合的、全方位的展示某个民族或者地区不同历史时期的自然与社会特征[1]。而饮食文化作为地域文化的重要组成部分，是体现地方特色的关键所在，近年来随着非物质文化传承和旅游事业的发展，越来越受到大家的广泛关注。各个地区的博物馆理应顺应这一热潮，对区域内丰富的饮食文化资源，做好展示和传承工作。

一、问题提出

（一）博物馆进行展示饮食文化之概述

饮食文化，在近十年中是博物馆展示的热门话题。根据博物馆的性质和现实情况，对饮食文化进行展示的博物馆包括：综合类博物馆、民俗类博物馆和饮食类专题博物馆，不同类型的博物馆对于饮食文化阐释的侧重点各不相同。

第一类综合类博物馆对于饮食文化的展示，侧重以小见大、见微知著地阐释饮食背后的历史文化和社会百态，比较成功的展览包括美国自然历史博物馆的展览"我们的全球厨房：食物、自然和文化"和盖蒂中心的"吃喝玩乐：中世纪和文艺复兴时期的食物"。

第二类民俗类博物馆对于饮食文化的展示，是在地域民俗文化下，将饮食文化看作衣食住行的一部分来展示，侧重体现地方特色和风土人情，如苏州民俗博物馆的"食俗厅"。出于整体考虑，该类博物馆一般对于饮食相关文物进行常规陈列，局限于观众的感官体验。

第三类饮食类专题博物馆，侧重于对当地特色食物的展示，如韩国的泡菜博物馆、比利时炸薯条博物馆、中国的青岛啤酒博物馆和川菜博物馆等。这类博物馆会对该特色食物的产生发展、食材、工艺等进行详细介绍，一般会有品尝环节。但是当饮食以品牌和企业经营的形式得以传承，这类博物馆会因背负商业使命，牵扯较多经济利益，因而很难将饮食本身纳入到更大的文化对话之中。

（二）博物馆进行展示饮食文化的可行性

笔者认为，于以上博物馆而言，对地域饮食文化展示的意义，存在以下几点。

一是在展览中调动观众多种感官，有效改善观众参观体验。博物馆是自由选择的学习环境[2]，观众在博物馆的参观过程，已经不再是被动的知识架构，而是主动的参与体验。感官作为观众体验的重要方面，理应在展览中被充分调动。而博物馆在展示饮食文化的过程中，不仅包括传统的视觉参观，更有可能增加触摸、品尝等互动环节，刺激观众的触觉、味觉、嗅觉等多种感官，进而增强观众的参观体验。

二是对观众进行"食育"的同时，传承当地的传统饮食文化和非物质文化遗产。早在2005年日本文部省颁布"食育基本法"，将食育提高到关系国民健康的地位[3]。反观我国，幼儿园、中小学校等正式教育机构，虽然将"食品安全"作为安全教育的一种，但很多都流于形式；家庭教育中家长不重视、教育不专业等原因，导致我国青少年挑食、肥胖现象以及食品安全问题突出，很多小孩子知道"垃圾食品"不健康，却总控制不住。基于以上食品教育现状，博物馆作为公共文化机构，理应承担起"食育"的重任，培养国民健康的饮食习惯。例如上海儿童博物馆的"神奇口腔诊所"互动区，就用卡通形象向小朋友展示了牙齿的构造、正确的刷牙步骤、对牙齿有害和有益的食物，小小的展区对于培养小朋友的刷牙习惯却帮助很大。

此外，"一方水土养育一方人"，每个地方的饮食文化都有其深厚的历史积淀和地域特色，其制作技艺也是非物质文化遗产的重要组成部分。例如法国大餐就被联合国教科文组织列入世界非物质文化遗产，在中国的《国家级非物质文化遗产名录》中，也有单独的饮食类技艺，如我们熟知的茅台酒酿制技艺、豆瓣传统制作技艺等。因此，博物馆对地方饮食文化展示的同时，也会促进观众对该地风土人情和传统文化的理解，进而促进非物质文化遗产的传承和发扬。

三是促进当地旅游业的发展，提高美食品牌的知名度。观众在博物馆参观饮食文化展览时，往往会对美食产生味觉需求和消费需求，因此不少专题博物馆会利用观众的这一需求进行盈利。例如新横滨拉面博物馆自称是日本第一家专注于饮食的博物馆，该博物馆的拉面历史展览，展示与拉面相关的餐具和菜肴收藏品，而博物馆的地下楼层复原了拉面刚刚产生时期的日本街道，同时还分布从日本各地精选的拉面店，让观众参观后深度品尝拉面。

（三）博物馆进行饮食文化展示的必要性

各地都有独特而丰富的饮食文化资源，但是近年来在展示与传承方面常常面临尴尬困境。以苏州地区为例，根据王稼句先生的《苏州食话》记载，苏州饮食文化自草鞋山文化发端，至魏晋南北朝时已形成自己的地域特色。苏州饮食讲究时令时鲜、色香味形和花色品种[4]，食品以甜、糯、雅著称。其代表包括淮扬菜系的重要分支"苏帮菜"、苏州船菜、苏式小吃和明前"碧螺春"等。但是自20世纪80年代以来，由于市场经济冲击、传承人的年迈离开以及食材减少等诸多原因，苏州的特色品牌日益衰微，市面上难寻正宗的苏州味道。

苏州市政府历来重视博物馆的发展，根据笔者调查统计，苏州现有的博物馆饮食文化展示情况包括：

1. **苏州博物馆**：根据苏州博物馆官网，苏博举办的饮食文化相关活动有"苏州的中秋味道"四时民俗活动、针对幼儿园的"碧螺春"活动和针对低年级的"苏州糕点有故事"活动，但是笔者未发现专门的饮食类展览。

2. **苏州民俗博物馆**：其"食俗厅"展示了当地的名点、名菜、炊具、餐具等，还陈列一座比较典型的苏州家居厨房模型。展陈方式以静物陈列为主，缺少互动展项。

3. **苏帮菜博物馆**：落户于国泰南园宾馆，目前尚在筹建中。其展陈方案初步规划分六个主题：吴灶文化、运河飘香、太湖食材、江海味道、苏帮菜馆和苏州名厨。

4. **中国太湖农家菜文化展览馆**：位于苏州吴江震泽镇，建成于2012年，总面积约640平方米，共分六大展区，对震泽乡土菜肴的展示方式包括场景、模型和图文资料。该馆因位置偏远，知名度比较低。

5. **江南茶文化博物馆**：位于碧螺春风景区的"碧螺山庄"内部，属于以营利为目的的私人茶博物馆。

总体来看，苏州地区的博物馆对于饮食文化有所重视，在综合类和专题类博物馆中都有对饮食文化的相关展示。但是这些博物馆存在的问题也很明显：首先，在陈列方面，形式上以静态陈列和场景复原为主，缺乏互动展项。展厅中的多媒体设施，要么没有或者不存在，要么因为被破坏没有及时维修更新。内容上对于饮食背后的历史文化和地方特色阐释不足，更缺乏与时俱进的"食育"内容，很难给观众留下深刻印象。其次，在宣传教育方面，这些博物馆大多规模小且地处偏远，除苏州博物馆外，其余几家未发现博物馆官网和APP，部分有微信公众号的博物馆更新也很少。宣传教育工作不到位，使得这些博物馆观众量少，知名度低。更有江南茶文化博物馆之类，商业化过度，公共文化服务不到位。

在整体的博物馆饮食文化展示和传承方面，苏州地区并不是个例。正因为饮食类展示在国内前景广阔，刚刚起步尚且存在很多问题，我们有必要寻找问题的解决之道。

二、饮食文化在博物馆中的展示思路

笔者认为博物馆在展示地区饮食文化时，应注意遵循文化性、独特性和创新性三项原则，并配合相关教育活动，做好博物馆的延伸和拓展服务，实现博物馆教育效能的最大化[5]。

（一）文化性

博物馆作为专业的文化机构，在展示某种饮食时，如若只是通过文物和蜡质模型简单陈列，则不如餐馆更加生动。一个"透物见人见精神"的成功展览，文化性是其重要原则，而做到文化性的关键，是加强展览的学术支撑体系。对饮食文化的陈列，也应该对其历史脉络、材料分类、制作工艺、非物质传承等做相关介绍。以苏州人一年四季都要吃的面为例，其展示包括：苏州汤面的制作工艺、原料的介绍和展示；从古至今存在的不同浇头的面；与苏州汤面有关的历史故事；吃面的讲究和俗语；和面相关的餐桌礼仪和饮食文化；苏州著名面馆及传承人；与苏州汤面相关的文学作品等。当然，为了进一步宣传当地饮食文化，在撰写策展大纲时，从科学角度强调食材的营养价值，会使展览具有独特的教育意义。

但在撰写展览大纲和展板文字时，我们也要使饮食文化陈列具有普及性和趣味性。观众不是学术专家，我们在策展时，有必要将深奥难懂的文字，转化为观众能够理解、喜欢看的文字。这就要求我们在深挖饮食文化的同时，找到大众喜闻乐见的内容，通过叙事型展览，对其进行展示。

（二）独特性

目前我国博物馆饮食文化的展示，在内容方面最大的问题在于很多文字介绍都是来源于网上，展陈大纲混乱，缺乏地方特色。要避免同质化严重的问题，首先要调查临近县市的博物馆及文化机构，对现有展览的内容和形式有所了解，尽量避免重复。下一步就是从自身找题材，深挖地方特色。所谓地方特色，包括该地的自然特色、历史特色、文化特色、民族特色、建筑特色、人文特色、馆藏特色等其他许多种特色[6]。以苏州地区为例，苏州人过端午节的特色，在于纪念的是伍子胥而不是屈原。因此对苏州端午节食俗进行介绍时，要重点突出苏州人对伍子胥的感情。

除了从历史上挖掘地方特色，还要从现实中挖掘"老字号"和非物质文化遗产的传承人。博物馆不仅要陈列展示当下的饮食文化，更要积极促进传统饮食文化的发扬和传承，而在这一过程中，传承人至关重要。一方面，传承人对传统饮食文化的延续和证明，可以使陈列文本更具地方特色；另一方面，传承人的相关物品，如桌子、炉灶、工具等，还是博物馆进行复原陈列的重要工具。现有的文学作品以及纪录片，会对传承人的寻找提供帮助。例如以吃出名的作家陆文夫，在作品《美食家》中，多次描写去"朱鸿兴"吃面的场景。又如家喻户晓的央视纪录片《舌尖上的中国》，关于苏州饮食的镜头是同德兴的"枫镇白汤面"。

（三）创新性

在饮食文化展陈形式方面，传统的以静态陈列为主，包括历史器皿陈列、展板文字说明、蜡质复原模型和场景复原等[7]，这些在做得好的情况下，都是很好的展陈形式。如烟台张裕葡萄酒博物馆的地下酒窖展厅，陈列的上千只橡木桶，成为该博物馆的特色。

但是仅有静态陈列远远不够，还应增加动态陈列，善用多媒体等辅助设施，营造良好的参观氛围。如中国杭帮菜博物馆，以学术研究为基础，运用场景绘画和三维动图、建筑模型等为背景，以各种蜡质菜肴为模型展示南宋时期杭州的饮食风貌[8]，带给观众强烈的视觉震撼。除了将数字化技术与场景复原相结合，博物馆还可以使用虚拟现实技术、全息投影技术和人机交互等，增强观众的参观体验。值得注意的是，技术只是展示饮食文化的手段和形式，必须以内容为依据，博物馆要不同于以拍照打卡为目的的商业展览。

最后，博物馆的陈列还应向自然博物馆和科技馆学习，增加互动展项。对于陈列饮食文化的博物馆，其得天独厚也是最简单的互动展项就是试吃，比如青岛啤酒博物馆的门票附赠一杯啤酒，通过调动观众的味觉和嗅觉，给观众留下深刻印象。那博物馆如何在这一过程中与外面的餐馆与众不同呢？笔者认为，商业餐厅只能展示饮食本身，博物馆可以复原真实的厨房场景，对于其背后的制作过程、用餐礼仪、文化习俗等展开介绍，凸显自己的优势。当然，有条件的博物馆，还可以让观众体验饮食的制作过程，自己动手制作，例如日本方便面博物馆，在互动区观众可以自主选择调料、面饼、面桶，制作自己独一无二的泡面。

三、应用构想"苏州餐桌上的一年四季"

为了对于博物馆中饮食文化的展示进行详细说明，我以苏州博物馆的儿童厅为蓝本，尝试设计了"苏州餐桌上的一年四季"展览，目的在于介绍苏州特色食物的同时，培养儿童的时间观念和健康的饮食习惯。以下是我的陈列方案。

（一）开春包青团腌笃鲜

1. 青团

历史典故：太平天国将领李秀成和艾草汁的米团子。

互动活动：一起做青团。小朋友可以根据自己吃过的青团，自己选择馅料，用橡皮泥包不同的形状，注意橡皮泥选用时要无毒无味。

节日：清明节吃青团。讲述苏州清明节祭祀风俗：酒肉饭菜，银钱青团，样样缺不得。

2. 腌笃鲜

苏帮菜具有代表性的菜色之一。主要是春笋和鲜、咸五花肉片一起煮的汤。"腌"，就是指腌制过的咸肉；"鲜"，就是新鲜的肉类（鸡肉、蹄髈、小排骨等）；"笃"，就是用小火焖的意思。

历史典故：苏东坡"故人知我意，千里寄竹萌。骈头玉婴儿，一一脱绵绷。"清代袁枚，在《随园食单》里就记载过："笋切方块，火肉切方块，同煨。"

互动：春笋破土记（小朋友表演）、腌笃鲜三个字什么意思。

（二）立夏蛋和蚕豆饭

1. 立夏蛋

"立夏吃了蛋，热天不疰夏"。

互动：斗蛋游戏。在煮好的蛋上画上五颜六色的图案，比比谁的蛋最好看。孩子们三五成群，互相击打对方的蛋，谁的蛋能坚持到最后不碎，谁就是大王。

2. 蚕豆饭

为什么叫蚕豆？（养蚕时吃的豆）

互动："蚕宝宝的一生"体验游戏。

（三）端午食"五黄"

江南俗语："忙归忙，莫要忘记五月黄"。农历五月，江浙人称五黄月，因有五种带"黄"音的食物上市而得名。端午那天，在江南人的传统中，要吃"五黄"——黄鳝、黄鱼、黄瓜、咸蛋黄和黄酒。

神话传说：《白蛇传》中，白娘子饮雄黄酒，现出蛇身的原形。故民间便认为蛇蝎蜈蚣等毒虫可由雄黄酒破解，端午佳节饮雄黄酒可以驱邪解毒，身体健康（现代科学证明饮雄黄酒极易导致中毒）。

苏州端午节习俗：一是围绕龙舟表演的大型市民活动；第二类习俗则表现着苏州人适应自然，改善生活的智慧，如采草药、挂艾叶、菖蒲等；第三类习俗则展现了苏州悠远的丝织文化和特有的服饰文化，如佩百索等；第四类习俗则与传承着苏州的饮食传统和文化。包粽子、吃端午饭是这类习俗中最核心的内容。

互动：辨识五黄。

（四）盛夏吮六月黄，中秋吃大闸蟹

"六月黄"：即指大闸蟹的前身，又称"童子蟹"，大闸蟹一生中会有10多次的蜕壳，"六月黄"是大闸蟹进入成熟期前的最后一次蜕壳，亦是大闸蟹从"少年"步入"青年"的中间阶段。具有外壳脆、内壳软、肉质丰满的特点，六月黄主要是吃公蟹，以壳薄肉嫩黄多著称，往年每到阴历六月，也就是公历七、八月才上市。

科普：公蟹母蟹怎么区分？大闸蟹的脱壳和返乡记

活动：大闸蟹的内部构造模型

工具介绍："蟹八件"。用圆头剪刀逐一剪下两只大螯和八只蟹脚，将腰圆锤对着蟹壳四周轻轻敲打一圈，再以长柄斧劈开背壳和肚脐，之后再拿钎、镊、叉、锤，或剔或叉或敲，取出金黄油亮的蟹黄或乳白胶黏的蟹膏，取出雪白鲜嫩的蟹肉。

大闸蟹主要产区：地图（让孩子们有空间概念）

大闸蟹家族：除了中华绒螯蟹之外，我国绒螯蟹属主要还有3种：日本绒螯蟹、狭额绒螯蟹和直额绒螯蟹。

（五）中秋去石湖串月

传统：农历八月十八日，苏州有泛舟石湖赏月之俗，称"石湖串月"，是与平湖秋月、卢沟晓月、三潭印月相齐名的四大赏月胜景色。

介绍：苏州有"水八仙"（茭白、莲藕、水芹、芡实、慈姑、荸荠、莼菜、菱角），是水乡独特的水生蔬菜。

活动：水八仙根茎认识、月亮诗词朗诵会。

（六）立秋后煮桂花糖水鸡头米

互动："鸡头米"是米吗？——别称的由来

糕点DIY：桂花糕、桂花糯米藕、桂花酿、桂花糖水鸡头米。

（七）冬至夜祭拜祖先

"团圆饭"雅名：蛋饺叫"元宝"，肉圆叫"团圆"，粉条叫"金链条"，黄豆芽叫"如意菜"，鱼叫"吃有余"等等，每个菜都渗透着喜气。

主食讲究："冬至馄饨夏至面"的说法。古人有天圆地方之说，方方的馄饨皮代表地，中间包的馅就是天，包在一起是"天地不分、天地相融"的"混沌世界"，冬至节人们吃"馄饨"，寓意吃掉"混沌世界"，还一个清平世界。

馄饨来历：吴王和西施的典故。

【注释】

[1] 王江：《博物馆定义的认识》，《文物世界》2005年第6期。

[2] [美] John H. Falk and Lynn D. Dierking, Learning from Museums: Visitor Experiences and the Making of Meaning, New York, AltaMira Press, 2000.

[3] 何彬：《饮食文化实践范例研究——日本"饮食博物馆"发展与展望》，第二届中国食文化研究论文集，中国食文化研究会、北京师范大学文学院：中国食文化研究会，2016年，第71~81页。

[4] 王稼句：《姑苏食话》，苏州：苏州大学出版社，2004年，第5~16页

[5] 郑奕、陆建松：《博物馆要"重展"更要"重教"》，《东南文化》2012年第5期。

[6] 张云鹏、王军：《浅谈县级博物馆的陈列展览》，《北方文物》2000年第4期。

[7] 汤强：《中国餐饮博物馆展示设计评析》，《中华民居（下旬刊）》2012年第8期。

[8] 何方、周鸿承：《从饮食文化博物馆谈城市美食观光业发展提升策略》，《杭州（我们）》2014年第8期。

【参考文献】

[1] 李心宇：《中国饮食文化博物馆的初步研究》，吉林大学硕士学位论文，2019年。

[2] 胡明珠：《针对美食展陈的互动体验设计研究》，西华大学硕士学位论文，第2017年。

[3] 王思怡：《多感知博物馆：基于触摸、声音、嗅味、空间与记忆的跨学科视野》——突破博物馆传统展陈设计的新理念，《科学教育与博物馆》2018年第6期。

[4] 吕梦佳：《饮食类非物质文化遗产的保护研究——以韩国博物馆泡菜展览为例》，《人文天下》2019年第5期。

[5] 刘军丽：《我国饮食文化博物馆的发展现状及功能提升》，《美食研究》2017年第2期。

试论上海中小学生"博物馆研学旅行"供给模式创新

周婧景　马梦媛（复旦大学）

摘要：在"研学旅行"概念被正式提出前，我国已经出现游学、研学旅游、修学旅行等类似概念。而国外多用 Field trip, School Excursion 等概念予以表达。博物馆因类型多样、实物广博、体验直观等特点，成为研学旅行的最佳目的地之一。上海作为首批中小学研学旅行试点的八省市之一，早在 2009 年上海市教委已印发《上海市校外教育工作发展规划（2009—2020年）》，提出全面推进新形势下校外教育的新发展。然而，目前仍存在思想认识不到位、协调机制不完善、责任机制不健全、安全保障不规范等问题，尤其是学校、社会机构与博物馆之间，缺乏基于协同配合的深入融合，使校外资源有效供给不足，研学旅行面临着严重的实效提升问题。本文从政府、学校、博物馆和社会机构四者利益关系的视角，在成因分析基础上提出如何通过协调实现基于利益均衡的供给创新，以及切实提升博物馆研学旅行质量的政策建议。

关键词：博物馆；研学旅行；供给模式；利益均衡

上海作为首批中小学研学旅行试点的八省市之一，早在 2009 年上海市教委已印发《上海市校外教育工作发展规划（2009—2020年）》，提出全面推进新形势下校外教育的新发展。2017年，上海市教委转发《教育部等 11 部门关于推进中小学生研学旅行的意见》，并做出"设计各区研学旅行方案"等四点工作部署。尽管近年来上海积极探索博物馆研学旅行，已经积累不少有益的经验。然而，仍然存在思想认识不到位、协调机制不完善、责任机制不健全、安全保障不规范等问题，尤其是学校、社会机构与博物馆之间，缺乏基于协同配合的深入融合，使校外资源有效供给不足，研学旅行面临着严重的实效提升问题。

实效提升问题说到底就是提高供需匹配度的问题。目前出现的教育需求素质化、博物馆资源专业化与教育供给集中化、低质化的结构性矛盾，其根源在于参与各方——政府主体、学校主体、博物馆主体和市场主体存在差异化的利益诉求，而影响博物馆研学旅行实效提升的制约瓶颈则是：政府未有效协调好校内、校外教育资源对这一产品供给的相互关系，从而实现各方的准确定位和有效配合，以发挥整体效益，导致中小学生研学旅行有效分工合作的常态化机制难以建立。因此，构建有效的利益协调机制，势在必行。

何谓有效的利益主体关系协调机制？即政府主体监管、学校（学生）主体响应、博物馆主体参与和市场主体对接的利益协调机制。而构建这一机制，意在通过协调参与各方的利益以促成均衡，从而释放每个主体的善意和潜能，使得四方主体跨界合作、合力开展研学旅行。

一、"厘清认知"是实现有效供给的前提

"博物馆研学旅行"由于是新生概念而多方认知模糊。因为它是参与各方跨界合作的产物，既新颖又复杂。"厘清认知和明确定位"是开展研学旅行的逻辑起点，是实现有效供给的重要前提。

"研学旅行"的官方定义直至2014年才得以明确，所以它对于参与各方而言，都相对陌生。鉴此，有必要对其内涵、重要原则和意义等认知层面的核心要素，予以提取和厘清。

一是厘清内涵的核心要素。研学旅行既区别于学校教育，又不同于一般旅游。以《关于推进中小学生研学旅行的意见》为核心的一系列政策法规，围绕着研学旅行的内涵进行过界定。一方面强调"研学旅行"是一种校外教育活动，是素质教育的探索和实践，属于体验式教育。另一方面指出"研学旅行"不等同于旅游，其核心在于"研"，主张开展"研究性学习"，反对"只旅不学"。此外，"研学旅行"定义中主张通过"集体旅行、集中食宿"[1]的方式开展，这种"集体"属性给博物馆带来接待压力，导致质量下滑。因此，我们不能片面理解"集体"就是"一次性大规模"，在制定实施细则时，鼓励分批次开展，每场人数控制在30~40人。

二是厘清研学旅行的重要原则。所谓"原则"是指行事的依据和标准，具有很强的指导和约束的双重作用[2]。研学旅行主张坚持"教育性、实践性、安全性和公益性"原则。其中，首要的两大原则即为教育性和实践性，此两大原则与内容密切相关，说到底是指导研学旅行达成终极目标——"实现素质教育、积累生活经验、养成文明出行和提高生活质量"。其中有两个值得关注的结合，"教育性"原则与"学生身心特点、接受能力和实际需要"结合，"实践性"原则"因地制宜"，与"地域特色"结合。而我们在实际操作中格外强调的与"校本课标"结合，尽管可以被归类至"实际需要"，但其实并非是最核心的结合内容。后两大原则具备很强约束作用——安全性和公益性，换言之，此为参与底线，一旦不符合，研学旅行活动应被取消。

三是厘清意义的核心要素。研学旅行的开展意义重大，克服了长期以来很多地方不敢组织学生开展校外活动的障碍，真正撬动起素质教育的支点。即"遵循了教育规律，突出知行合一，在学生学会做人做事，学会动手动脑，获得全面发展；培养学生创新精神、实践能力和社会责任感；拉动内需，促进经济发展"[3]。一言概之，促进学生健康成长和全面发展。如果"素质教育"这一核心意义未认清，那么博物馆研学旅行就容易变成灌输式教育的翻版，或者走马观花的挂名研学。最终无法促进学生健康成长和全面发展，反而埋下损害学生利益的隐患。

二、两点探索助推"政府主体严格监管"

(一)设置基本准入条件,促使研学机构获身份认证

自2016年年底《关于推进中小学生研学旅行的意见》明确规定将研学旅行"纳入中小学教育教学计划",研学旅行成为朝阳行业,同时该《意见》规定研学旅行既可学校自行组织,也可委托具备资质的机构进行[4]。由此,令不少社会机构趋之若鹜,如旅行社、教育培训机构、留学机构等。除了博物馆主导的研学旅行外,学校主导的通常安排在学期中,而寒暑假接单的通常是社会机构。其中,不少机构抱着"火热市场利益均沾"的心态进入,他们或者不具备资质,或者通过中间人获取业务,出现严重的质量问题。多家媒体甚至国家文物局纷纷发文强调加强质量监管。为了不使研学旅行"沦落"为社会机构牟取暴利的工具,需要制定和颁布中小学博物馆研学旅行行业准入制度,对社会机构的经营资质或达标条件进行严格审核。

鉴于准入制度主要是针对社会机构制定和颁布的,从根本上来看其实施的是带有教育属性的活动,同时资料提供方和活动场地为博物馆。因此将《民办教育培训机构设置的基本条件》和《博物馆条例》作为准入条件设置的主要参考依据。同时,国家旅游局发布的《国家旅游局公告(2016年37号)》定义了《研学旅行服务规范》(LB/T 054-2016)。该《规范》中定义的服务方有:主办方、承办方和供应方,其中对于承办方和供应方的规定含糊,或"应设立研学旅行的部门或专职人员",或"应具备相应经营资质和服务能力"。据此,我们从教育属性和人员资质出发,对社会研学机构准入条件做出如下规定:1. 承担机构只能是社会教育机构,旅行社不可独立承担,但可以经委托承接食宿等后勤服务。2. 机构负责人或业务主管具有2年以上教育工作经历,具有中级以上职称或大学专科以上文化程度。3. 要有与其规模和功能相适应的专职和兼职教师,其中承担研学导师的专职教师不少于1人。所聘教师具备国家规定的任教资格和学历要求。4. 内部有严格的管理制度和规范,对研学旅行项目有明确的规定和要求。5. 必要的创建资金和稳定的运行经费来源(有资金来源、资金数额及有效证明文件)。由上海市委宣传部、上海市教育委员会、共青团上海市委员会、上海市精神文明建设委员会办公室、中共上海市教育卫生工作委员会和上海市青少年学生校外活动联席会议办公室,联合组建研学旅行审批小组,申报机构根据准入条件的规定提供申报材料,由审批小组根据申报材料决定是否颁发许可证。对未通过者,及时通知相应机构。对新获得许可证者,由审批小组在相关管理部门的官网中予以公示。

(二)建立绩效管理机制,激发行业内部动力

通过建立评估和激励两方面机制来实现绩效管理,提供行业发展以动力。

第一,评估机制。将从实施依据、评估种类和评估落实三点予以论述。首先,实施依据。一是在"研究目标"中,突出"体验目标"和"情感目标",而适度弱化"认知目标";二是重视过程性和成长性评价,"实施过程"在整个标准体系中权重应偏高;三是强调"研学导师"的"双重能力"和学生的"主体作用",此点与博物馆资源的专业性和素质教育的本质需求基本吻合的。

其次,评估种类。博物馆研学旅行包括前中后三个不同阶段,可以采取相应不同的评估

类型：前置性、形成性、补救性和总结性评估。前置性评估是指在研学旅行实际开展前的评估，该项评估中研究者需要明确问什么问题、收集什么数据以及如何使用；形成性评估是指在研学旅行正式实施前，通过模拟来试错，斯克里文指出此类评估可用于检测观众潜在的情感反应，但当前少有以此为目的开展的研究；补救性评估和总结性评估通常是研学旅行完成后，为补救和改进本次活动开展的评估[5]。

最后，评估落实。博物馆方面，将研学旅行纳入博物馆定级评估、运行评估和绩效考评等体系，并制定相应细则。此外，上海自2019年起有一批基地和营地的研学旅行活动开始接受绩效评估，即上海市青少年学生校外活动联席会议办公室组织市内博物馆申报全国中小学生研学实践教育基地、营地。研学实践基地、营地的建设和管理每年以项目的形式进行考核与验收。但该项绩效评估只适用于申请项目的营基地。因此，可作为常规评估的有益补充。学校方面，将开展博物馆研学旅行情况纳入学校督导范围，作为社会实践课程归入学生综合素质评价内，在某种程度上与学业、升学相挂钩，并实现评估工作常态化。社会机构方面，可制定许可证3年重新续延制度。针对先前已经获得许可证的社会机构，通过标志性成果、具体措施和未来规划等材料进行评估，以决定是否可以继续获得许可证。

第二，激励机制。激励机制主要从货币和荣誉两方面激励考虑。首先，货币激励方面。"货币激励"是指支付人员应得的劳动报酬。上海有关管理部门在制定地方性政策法规时，应规定博物馆研学旅行相关经费预算中包含人员劳务酬金，即按照劳动时间和劳动强度支付给参与者适当费用。据悉，目前仍未有博物馆研学旅行专项经费，学校方面这部分费用通常会被统筹进德育经费、学生活动经费或课程教育经费；博物馆方面主要是通过上海市青少年学生校外活动联席会议办公室向教育部办公厅申报"中央专项彩票公益金支付中小学生研学实践教育项目"专项经费。鉴此，建议给予研学旅行专项经费，并在预算中包含人员劳务酬金。其次，荣誉激励。人员劳务酬金只是支付基本的劳务支出，因金额不高，激励作用通常有限，同时这种激励更多只是辐射到公办学校和博物馆，社会机构等不在激励之列。为此，我们提出"荣誉激励"的做法。每年或每两年，面向由上海市中小学、博物馆或社会机构组织的所有研学旅行活动，举办"上海市中小学生博物馆研学旅行十佳项目"申报和评比，遴选出一批具备创新性、带动性、导向性和科学性的研学旅行项目，成为上海市级、区级的示范项目，给予荣誉激励并构建"十佳项目库"，以积累具有推广价值的经验。

三、三点突破助推"学校／家长主体积极响应"

博物馆研学旅行的需求方来自学校或家长，受众是中小学生，他们是博物馆研学旅行政策的主动或被动的响应者，只有掌握其真正的需求及结构，才能构建需求数据集，提高供需匹配度。鉴此，主张通过以下三点突破来助推"学校（家长）主体响应"。

（一）创建专职联系人，以消除沟通中遇到的障碍

缺乏沟通机制是制约博物馆研学旅行有效供给的症结之一。对于校方而言，组织者单凭人脉，难以建立实质性的合作关系，且稳定性不强；对于博物馆而言，校方由于未提前和馆方联系，导致馆方无法了解校方需求，难以开

展针对性强的教育活动；对于社会机构而言，由于没有有效的沟通渠道，无法得到馆方的审核、监督和支持。鉴于社会机构的趋利动机，当前专职联系人等沟通机制主要为服务学校而创建。首先，在博物馆中建立研学旅行项目组，并专设岗位负责与学校等的直接沟通。在合作中，制度供给、信任和监督是最重要的因素[6]，而信任和监督都离不开稳定的制度建设。研学旅行项目组的职责是：1.建立日常联系制度。2.宣传研学旅行理念，与跨界合作主体达成共识；3.制定博物馆主导的研学旅行计划；4.向学校或社会机构介绍本馆资源和当前展教活动；5.给予学校主导或社会机构主导的博物馆研学旅行，以必要的场地、人员和专业支持；6.实施或配合实施研学旅行，与参与方共同完成活动的设计、开展和评估。其中，专职联系人作为研学旅行的馆方代言人和对接者，主要任务是提供各方所需的信息，明确各方需求，并提供必要帮助。其次，在学校成立研学旅行项目组，遴选优秀的德育老师或班主任担任组长，通过馆方专职联系人做信息的及时沟通。学校研学旅行（不仅限于博物馆研学旅行）项目组的职责是：1.明确校方组织研学旅行的理念及其特色。2.制定学校主导的研学旅行计划，确定并落实参与合作的对象；3.与馆方及时沟通，表达需求以获取信息和支持；4.实施或配合实施研学旅行，与参与各方共同完成活动的设计、开展和评估。综上，创建由专门的项目组及由专员负责的沟通渠道，可有效降低多方沟通和信息交互的成本，并在不同学校或博物馆跨界合作时，实现内部资源的合理协调[7]。

（二）调查研学旅行的需求结构分布，以构建需求数据集

主张由相关管理部门委托行业中介组织，开展常规性需求调查，并将需求结构定期向全社会公布。根据2018年上海统计年鉴，截至2017年年底，上海全市共有中小学1653所（普通小学741所，普通中学912所），博物馆125家（综合类12家、历史类41家、艺术类6家、自然科技类3家、其他63家）。行业中介组织可通过分层抽样，选取不同类型的学校代表（市、郊区分开，重点和非重点分开；公、民办分开；小学和中学分开），学生代表（小学低年级、高年级、初中、高中）及其家长代表开展定性研究（焦点小组访谈法、无结构和半结构访谈法等）或定量研究（问卷调查法）。其中，重点调查对象是中小学生，因为研学旅行真正的受众是学生，满足其需求和兴趣才是根本，所以建议样本构成中学生、学校和家长的比例构成为5:3:2。重点调查内容是人口变量、参加动机、有何期待、博物馆类型偏好，感兴趣的主题、内容和教育方法，存在疑问、有何建议等。调查可采取"线上填写"和"线下调研"相结合方式。对采集的需求数据集进行清洗和分析，反映出学生、学校和家长需求的面，以及需求内容、需求程度和需求层次的点。

（三）在保证普世教育的同时，探索符合个性需求的精英教育

目前上海地区的中小学主要是通过自行组织、与博物馆合作或与社会机构合作三种方式开展博物馆研学旅行，其中以自行组织方式为主。开展博物馆研学旅行的学校基本存在三种动机：一是社会实践动机，即管理部门对学校有专门的社会实践要求；二是提高竞争力动机，即部分优质学校（尤其是民办学校），由于家长有强烈诉求，所以希望提高学校竞争力；三是培养人才动机，即部分学校人才培养观正确，立足长远、立德树人，愿意主动增加实践教学环节，以拓展学生视野和格局。为此，应根据不同学校的不同组织方式和开展动机，采取普世教育和精英教育两种不同的教育定位，以满足学校、家长和学生差异化需求。普世教育是指大团队式的研学旅行，通常拥有低配比的师资、开展同质化活动，如展区参观（有时含讲解）+学习单（相关资料）学习。精英教育是指小团队式（或小组式）的研学旅行，往往拥有高配比的师资、开展定制化活动。精英教育一般分两种情况，一种是多次来馆，一种是一次来馆，前者可采取项目式定制（成系列的活动），后者可使用一次性定制（可由馆方提供选择菜单，或由馆校合作开发）。

首先普世教育主要适用于：采取任何方式组织的，出于社会实践动机的学校，以及只重视认知需求、结果导向的家长。尽管普世教育是受硬性成本影响的被动策略，但是也可以在参观路线规划、讲解主题开发和学习单设计上有所创新。精英教育主要适用于：采取任何方式组织的（尤其是与博物馆合作开展的），出于提高竞争力动机和培养人才动机的学校，以及同时重视体验、过程以及情感导向的家长。其中，立足培养动机的学校，相较于提高竞争力动机的，通常忠诚度更高，更易实现个性化定制，旨在满足学生个性需求。此外，还需要注意两点：第一，精英教育才是与博物馆研学旅行本质的教育定位，所以当前只是采取阶段性发展策略，未来会从普世教育逐步过渡到精英教育。第二，博物馆研学旅行的目标是实现素质教育，目前为吸引学校前来以及建立与学生关联，学校的校本课标受到极大重视。但是精英教育不应以课标为核心，而应以儿童身心特征及其兴趣为核心，校方和馆方各取所长，发挥各自优势：校方熟悉学生和教育手段、馆方了解资源和使用方法。

四、两点创新助推"博物馆主体分类参与"

（一）抓好软硬件建设，以创新接待服务

"研学旅行团队接待能力不足"是绝大多数博物馆遭遇的问题，尽管我们已明确博物馆实物和教育属性适合儿童学习，但打卡式的批量服务最终会使有限且优质的公共资源被滥用，所以改善博物馆软件服务和硬件设施，以提升其接待能力势在必行。

第一，软件服务方面，提倡量化管理和预约报备。首先采取量化管理。通过观众评估把握观众的客流分布，总结客流量峰谷规律。依据该规律科学安排每日展览适合活动场次，每场参观人数根据各馆规模大小合理确定，如钱学森图书馆最合适的人数是以班级为单位，即40人左右。若研学旅行团队以百余人的规模来馆，则可分为若干小团队，研学活动在开发时应考虑兼顾到各个小团队，采取交叉方式参与。如将由120个人组成的团队分成3组，每组参观时间为40分钟，那么需要设计120分钟3个模块的研学活动，以便每一小组轮流参加各个模块，以保证有序开展且效果显著。以钱学森图书馆为例，该馆在面临中国中学350余名研学团队时，采取了化整为零的做法，将所有学生分成6或7人的学习小组，每组根据特定的参观路线，完成指定的探索任务，实现空间上互相交错、时间上并行不悖。其次，实施预约报备。如果欲采取量化管理，预约报备则是前提。在美国，除了博物馆内部人员，其他任何机构不能在馆方未批准的情况下，使用博物馆资源来组织教育活动。因此，在美国并未出现大量以研学旅行为主营业务的社会机构，从而保证博物馆资源的正确使用。但在我国，随着研学

的市场主体涌现，预约报备成为必须。博物馆可创建含团队人数、来馆时间、师资配备等基本信息的预约报备表，在官网或公众微信号的"博物馆研学旅行"专栏挂出。研学旅行团队下载并填写完成后提交，馆方进行审批后返回。通常报批工作应在活动开展前至少一周预约。研学旅行开展当日，团队负责人须携带审批表，出示后方能进馆。如广东省博物馆规定若研学旅行准备在馆内开展专题采访、临摹写生和定向寻宝等活动，必须预先办理审批手续，每场活动人数不超过30人。

第二，软件服务方面，主张培养更多优质的研学导师。上述的量化管理必然意味着配备更多的馆方和校方老师。但相较于校方老师，博物馆教育人员人数较少，且承担的责任往往更大，全程负责活动或对活动的协调和管理，在保证研学活动的质量上起着关键作用，所以现有数量无法满足量化管理和接待服务的需要。鉴此，首先通过培训、研修等方式进一步提升现有研学导师的业务水平。其次，重点打造研学旅行志愿者队伍，并可根据人员构成实行分众管理，如以兴趣为标准进行分组，使得每一位志愿者都能尽其所能。每年年底，可通过评选志愿者之星等方式来肯定其公益付出。如英国自然历史博物馆会在志愿者日历中分享志愿者故事。同时，志愿者可以本人名义参与"上海市中小学生博物馆研学旅行十佳项目"的申报和评选。

第三，硬件设施方面，开辟教育空间、完善基础设施。在欧美博物馆，从学生团队来馆到离开均有相配套的设施设备。首先，有专门提供学生团队车辆停靠的停车区域，以保证学生进出安全。其次，学生团队入馆后会有专门划定给学生集合和休息的公共空间。再者，提供体量较大的收纳箱，以团队为单位，对学生书包及其他杂物进行收纳。尔后，有专门的学生餐厅可提供给学生集体用餐，或划定某一空间允许学生自带午餐在此享用。最后，根据各馆实际情况和研学所需，配备多样化的教育空间，如教育活动室、探索屋或实验室等。

（二）博物馆分类参与，以促成内容优质开发

根据"博物馆研学旅行"的类型和特点，可分成博物馆主导的"营地型"研学、学校主导的"课程型"研学和社会机构主导的"旅行型"研学三类。在研学旅行的内容开发上，博物馆针对这三类的参与方式和参与程度是有所差异的。目前各类研学旅行仍以各自单独开发为主，彼此参与度不高。同时，按照研学旅行团队的参观次数、团队规模和参观要求，还可将其分成三类：一是一次来馆的大规模、低要求的团队；二是一次来馆的大规模、高要求的团队；三是多次来馆的小规模、高要求的团队。

首先，博物馆应在官方网站上，针对研学旅行团队到馆所需的信息，以专门板块刊出，保持信息清晰而全面。主要包括：参观前：1.预订活动和就餐——公布馆方研学活动，团队可通过查询提前预定活动，并预定午餐地点（只适用于非商业性质的研学旅行团队）。2.特殊需求——如果团队有特殊需求（如轮椅等），提前致电馆方研学项目小组或联系人。3.预参观——团队来馆前，由相关负责人前往博物馆预参观，以合理规划当天活动。4.监督指南——提供有关团队参观中教师/成人与学生的陪同比例。如英国自然历史博物馆为保证学校团队的活动质量，在官网中公布馆方认定的最佳教师/成人陪同比例。5.责令离开——如果团队中任何人的行为对他人的安全或学习产生不利影响，馆方会要求团队离开。参观当天：1.路线——抵达博物馆的路线及地图；2.停车和对接——停车地点和接待地点。如英国自然历史博物馆规定学生到馆后将被带到绿色地带底层的学校接待处。3、提前到达——已预定活动的团队，建议提前20分钟到达活动地点。4、餐饮——餐厅所在位置、用餐时间以及是否可自带食物等。5、贴心通告——告知博物馆的闭馆或更新消息。

其次，博物馆设计开发基本的资料包，主要提供一次来馆的大规模、低要求团队使用。该资料包括博物馆简介、各展区地图、探索性和拓展性材料。这些材料应在分众化和精细化上体现出差异。因此，各馆应根据实际情况，按照学生年级分布和身心发展特征，逐步探索针对性强的资料。以美国近年来最受家庭观众喜欢的博物馆——美国自然历史博物馆为例，该馆针对幼儿园到二年级、三至五年级、六至八年级、九至十二年级开发出各具特色的资料包。美国国立自然历史博物馆也将资料包分为两种：提供给10岁及以下、11岁及以上。英国自然历史博物馆面向学校团队，专门开发出早期基础阶段（5岁及以下）、重要阶段1（5~7岁）、重要阶段2（7~11岁）、重要阶段3（11~14岁）、重要阶段4（14~16岁）、最后阶段16岁以后（16~18岁）六阶段的资料包。

再者，博物馆研发"项目制"的系列教育活动和"菜单式"的主题教育活动。前者主要提供多次来馆的小规模、高要求团队使用，后者则提供一次来馆的大规模、高要求团队使用。一是"项目制"的系列教育活动，指的是针对某一类型或主题推出一定时间段的系列活动，其遵循学生由浅入深的认知规律，提供相对完整的探索过程，促使学生深度参与。如菲尔德博物馆针对11~14岁儿童开发出系列活动，参与者将探索自然科学中的各种问题，研究该馆的展览和收藏，并有机会走进幕后，与世界各地的科学家建立联系。上海自然馆（科技分馆）也将"馆校合作"项目中的"青少年科学诠释者"和市教委德育办公室的"进馆有益"微课题项目进行串联，构建出项目式的研学活动。二是"菜单式"的主题教育活动，此类活动将根据博物馆的格物致知和非正式教育的特征，立足其基本陈列、藏品体系和专家资源，重点参考行业每年发布的需求数据集，开发针对不同年龄或年级的主题活动。这些不同活动形成丰富的菜单，提供研学旅行团队自行选择和组合。如美国国立自然历史博物馆的"很好奇（Curious）"展区，为幼儿园到五年级的学生提供主题菜单：K-1年级——"发现恐龙"；K-2年级——"动物皮毛"和"贝壳分类"；3-5年级——"识别矿物"和"昆虫的生存"；4-5年级——"探索生态系统"，配合参观哺乳动物馆或蝴蝶馆。无论是项目制，还是菜单式，除了主要依靠馆内人员外，也可招募相关专业志愿者、邀请外部专家资源加入、与专业机构合作，或部分业务外包等，甚至可以让中小学生参与表达和共同开发。如大都会艺术博物馆的儿童地图是邀请100多位艺术家合作设计而成的。

最后，博物馆根据学校需求，采取个性化定制的方式，与学校合作开发研学内容。主要提供一次来馆的大规模、高要求团队使用。这种类型适用于对博物馆教育价值认可度高的学校，校方通常对博物馆学习持有较高的热情，在这一类型中双方要：1.明确理念和需求（考虑校本课标要求）；2.制定合作计划（合作任务落实到人）；3.充分利用双方既有资源；4.准备周期较长；5.调动师生（尤其是学生）参与的积极性。如广东省博物馆自2017年推出的"驿路同游"，采取与教师结盟的设计策略[8]。首先，馆方开设为期5天的"驿路同游：博物馆综合实践课设计"培训课程，招募到一批共同开发课程的教师。其次，与广州十六中合作，由教师全程参与、全学科共同助力，进行研学内容的联合开发。最后，为古驿道途径的博物馆教育人员进行培训，以共同完成研学实践。正是由于馆校深入且全面的合作，该研学活动既充分解读古驿道展览及其文化资源，又融合了政治、历史、语文等诸多学科，真正打破双方的行业阻隔，使学生拓展视野的同时体验生活。尽管上述活动体现了合作开发的众多要素，但是在学生主体功能的发挥上却美中不足。美国阿肯色州水晶桥美国艺术博物馆，开发出的研学活动，学生15人构成1组，配备一位研学导师，首要原则为"倾听学生的想法"。目前如何发挥学生作用，仍是国内开发的短板，亟须改进提升。

五、两项举措助推"市场主体有效对接"

（一）用社会化高、专业性强的"钓鱼式"小项目，带动研学产品质量提升

据不完全统计，2018年研学旅行市场利润已超过上百亿[9]。研学旅行作为一个新兴市场，成了各方争抢资源的"香饽饽"。但目前这一行业内问题颇多，机构龙蛇混杂、质量良莠不齐，所以树立行业典范迫在眉睫。事实上社会机构主导的旅行型研学中不乏优秀案例。以武汉学知研学旅行服务有限公司在博物馆研学旅行的课程开发为例[10]，该机构放弃"大而全"选择"小切口"做法，如其立足展厅内的曾侯乙墓开发出"曾侯乙的餐桌"课程，首先该选题关注的是学生感兴趣的食器餐具，其次针对不同年级的学生推出与他们身心发展相契合的主题：面向小学三四年级学生，主题为"曾侯乙的餐桌"；面向小学五六年级学生，主题为"曾侯乙的神秘纹饰"；面向初中一二年级学生，主题为"国之重器话礼仪"；面向高中生，主题为"国宝守护人"。

目前针对学校主导的课程型研学，有来自教育部门的社会实践经费（或德育经费、课程教学经费）支持，针对博物馆主导的营地型研学，也有出自教育部门的"中央专项彩票公益金支持校外教育事业发展项目"协助。但上述两项经费并不向社会机构开放，这种官方经费的参与申报，不仅是给优质项目以经费补助，更大的作用是发挥项目的引导示范功能。鉴此，我们建议面向所有机构（含社会机构）设立研学旅行项目经费。这类经费以项目制申请，既鼓励成熟的品牌项目申请，也鼓励新兴的创新项目申请，既鼓励知名的大型机构申请，也鼓励无名的小微企业申请。制定项目经费评审细则，明确项目评选标准，贯彻"内容为王"思想。采取匿名评审＋会议评审的双重评审机制。研学旅行项目经费每年申请一次，《通知》应向全社会公开发布。经由公开和公正的评审流程，避免科层官僚体制的逐层拨付，找到一套从内容上统合的遴选方式。同时，项目经费的支持和研学政策的鼓励还可被捆绑，成为融资平台构建的基础。通过"钓鱼式"项目引导，不但可以激励社会小微力量主动参与，还可以从中遴选出拥有创新性、引导性和科学性的项目加以培育。培育成功的项目未来还可参与评选"上海市中小学生博物馆研学旅行十佳项目"。由此，通过面上的"钓鱼式"项目，到点上的"十佳"项目，构成上海市级、区级的示范项目群，从而为研学市场树立行业标杆，带动研学产品整体质量提升。

（二）创新行业协会在师资和绩效上的"管理中介"作用

研学导师和绩效培训等工作主要由相关管

理部门或博物馆承担，由于行政管理面广事杂，如果涉及多个部门，而又缺乏集中统一的指挥，容易导致各自为政、一盘散沙。因此在英美等国，类似工作主要由美国博物馆联盟（American Alliance of Museums）或英国艺术委员会（Arts Council）等行业中介有序推进。以美国博物馆联盟为例，其提供的是强大专业支持，包括知识分析、标准确立、人才培养和方向规划等。如美国博物馆联盟每年5月举办年会，评选出年度各类奖项；设有专业培训委员会；制定"趋势观察""战略规划"等方向。上海目前虽然已建立博物馆、教育、旅行等行业相关协会，但不少有名无实、亟待完善，在间接管理和监督制约的深层引导还存在较大的提升空间。

文旅和教育等行业相关协会应至少在"师资培训"和"绩效考核"两大核心任务上发挥"管理中介"作用。首先，在"师资培训"方面，目前研学导师多以学校、博物馆和社会机构各自系统的内部培训为主，博物馆偶尔会面向中小学组织一些培训活动。同时，社会上也有专门颁发研学导师证书的机构，但他们的培训通常周期较短，有"交钱给证"之嫌。沙汕汕[11]、吕澄[12]等学者也曾撰文指出开展研学导师培训的重要性。我们主张在上海市委宣传部、上海市教育委员会、共青团上海市委员会、上海市精神文明建设委员会办公室、中共上海市教育卫生工作委员会和上海市青少年学生校外活动联席会议办公室的指导下，由文旅、教育两大行业的行业协会共同承担研学导师的培训等相关工作。行业协会同时也可承接上海市初中生综合素质评价实施的"种子基地"校、上海地区小学生研学实践教育营基地的研学导师培训业务。邀请文旅和教育等相关领域的专家共同创建培训课程库，培训内容不仅包含博物馆研学旅行的内涵、原则和意义等政策法规，还包含博物馆学、教育学、心理学等专业内容，既重视理论学习，也重视实践操作。每年接受培训的学员可参加行业协会组织的考试，通过者颁发资格证书。值得注意的是培训学员的招募不能局限于来自事业单位的学校教师和博物馆员工，社会人士也应在学员构成上占据一定比例。

其次，在"绩效考核"方面。目前，评估和激励等绩效管理主要由相关管理部门承担，其中专业性较强的绩效考核可以转由行业协会承担。主要包括博物馆方面——获得中央彩票公益金的营地、基地的绩效评价，学校方面——将研学旅行作为社会实践课程的学生综合素质评价，以及社会机构方面——许可证三年续延的贯彻实施。此外，作为荣誉激励的评比类活动也可由行业协会负责实施。如前文所述的每年或每两年举办的"上海市中小学生博物馆研学旅行十佳项目"等。

六、余论

博物馆研学旅行是跨界合作的产物，既新颖而又复杂。因此，"厘清认知"是实现上海中小学博物馆研学旅行有效供给的前提。为协调参与各方的利益以促成均衡，以释放每一主题的善意与潜能，我们主张构建有效的利益主体关系协调机制。通过两点探索助推"政府主体严格监管"——"设置基本准入条件、建立绩效管理机制"；借由三点突破助推"学校主体积极响应"——"创建专职联系人、调查需求结构分布、探索个性化需求"；借助两点创新助推"博物馆主体分类参与"——"创新接待服务、博物馆分类参与"；依靠两点举措助推"市场主体有效对接"——"培育优质项目、创新行业协会作用"。

在这一协调机制调控下,上海地区以中小学或家庭为单位的需求数据集被掌握,各类主体被培育并走向专业化,从根子上缓解上海中小学生博物馆研学旅行的供需结构矛盾,提高博物馆研学旅行的供需匹配度。基于主体利益均衡的有效供给路线图是以渐进式推进为基调,在实现上海中小学博物馆研学旅行适当社会化的同时确保专业化,逐步推进研学旅行的实效提升。首先,通过政府和行业协会的监管,参与主体各自健康有序开展,以普世教育为主;其次,参与主体加快合作,规范普世教育,探索精英教育实现方式;最后,突破行业壁垒,以项目本身为主导,参与主体深入合作,普世和精英教育按需供给。通过市场机制配置资源,发挥市场主体补充作用的同时建立起以供给对象需求为导向的博物馆研学旅行供给新机制,从而促使上海中小学博物馆研学旅行实效得以根本提升。

【注释】

[1] 教育部等11部门:《教育部等11部门关于推进中小学生研学旅行的意见》,载中华人民共和国教育部官网,http://www.moe.gov.cn/srcsite/A06/s3325/201612/t20161219_292354.html。

[2] 本书编写组编:《"三种意识"学习读本》,北京:中共中央党校出版社,2007年,第138页。

[3] 教育部等11部门:《教育部等11部门关于推进中小学生研学旅行的意见》,载中华人民共和国教育部官网,http://www.moe.gov.cn/srcsite/A06/s3325/201612/t20161219_292354.html。

[4] 教育部等11部门:《教育部等11部门关于推进中小学生研学旅行的意见》,载中华人民共和国教育部官网,http://www.moe.gov.cn/srcsite/A06/s3325/201612/t20161219_292354.html。

[5] [英] Roger Miles, Museum visitor studies in the 90s, London: Science Museum, 1993, pp.24-33.

[6] 吴惟予、肖萍:《契约管理:中国农村环境治理的有效模式》,《农村经济》2015年第4期。

[7] 宋娴:《中国博物馆与学校的合作机制研究》,华东师范大学博士学位论文,2014年。

[8] 王芳:《"驿路同游":建构馆校合作研学实践新模式》,《文博学刊》2019年第3期。

[9] 河南省青少年研学中心:《博物馆研学怎么做才能更高效》,载知乎网,https://zhuanlan.zhihu.com/p/78994256。

[10] 赵垒:《博物馆研学,大主题、小切口》,《中国旅游报》2018年12月25日第2版。

[11] 沙汕汕:《初中历史教学中研学旅行之探讨》,曲阜师范大学硕士学位论文,2018年。

[12] 吕澄:《博物馆与研学旅行相结合探析》,《传播力研究》2019年第3卷第12期。

试析方言在地方通史展陈中的运用
——以晋江市博物馆《晋江历史风景线展》为例

陈聪艺（晋江市博物馆）

摘要： 在展陈中运用方言与公众对话交流，是博物馆保留、展示及传播地方文化特性最直接的展陈设计方法。晋江是我国著名的侨乡，晋江市博物馆在地方通史展陈中通过运用方言"闽南语"的展览互动方式，意在向公众呈现出原汁原味的闽南文化，唤起公众特别是晋江海内外侨胞、港澳台同胞对"家"的记忆，从而引发公众对身份的认同，增加归属感。本文以国内外部分博物馆关于展陈中运用方言的做法为借鉴，试析上述做法中晋江市博物馆在把握地方文化特色及展览直观效果等方面的借鉴价值及存在的不足。

关键词： 晋江；闽南语；博物馆；展览

近年来，社会各界愈来愈重视博物馆的活化问题，希望通过各自独特的文化魅力吸引公众走进博物馆。晋江市博物馆是县级市博物馆，其地方通史展《晋江历史风景线》在展陈设计中，通过运用方言"闽南语"的展览互动方式，意在向公众呈现出原汁原味的闽南文化，唤起公众特别是晋江海内外侨胞、港澳台同胞对"家"的记忆，从而引发公众对身份的认同，增加归属感。本文以国内外部分博物馆关于展陈中运用方言的做法为借鉴，试析上述做法中晋江市博物馆在把握地方文化特色及展览直观效果等方面的借鉴价值及存在的不足。

一、语言资源在博物馆展陈中的运用

语言虽然看不见、摸不着，但它作为人类重要的遗产之一，也应作为博物馆收藏、展示的重要馆藏类别。"语言是重要的资源，这就要求我们对语言的开发利用进行战略思考和顶层设计，使丰富的语言资源能够充分发挥其应有的作用。"[1] 目前，世界各地有60多座以语言文字为主题的博物馆，它们均以各自特色吸引着全球多数公众。国外如：美国国家语言博物馆(National Museum of Language)2008年开馆，以"美国地区英语词典（DARE）虚拟展，Philogelos: 古希腊笑话大全等为主要展示内容；加拿大语言博物馆（Canadial Language Museum）2011年成立，每年在不同城市轮流举办双语展览，开设推特账户和网络博客等，向公众推介语言振兴、加拿大语言学家的工作及语言保护相关的人物访谈，增进大众了解加拿大境内多种语言；葡萄牙语言博物馆(Museum da Língua Portuguesa) 建于2006年，通过互动的展陈方式展示生动活泼且多样化的葡萄牙语，使公众通过展品启发了解自己母语的独特之处，发现语言与人之间的关系。国内如：中国湖南江永女书生态博物馆成立于2002年，以女书的实物、图文、音像等形式，展示人类迄今发现的唯一现存的性别文字，展示地方独特的社会文化现象；河南安阳中国文字博物馆2009年开馆，是我国第一座以文字为主题的博物馆，涉及甲骨文、金文、简牍和帛书、汉字发展史、汉字书法史、少数民族文字、世界文字等多个方面；广西贺州学院语言博物馆2016年开馆，是国内第一个实体语言博物馆，也是首个高校语言博物馆，通过线上线下展示，增强公众与母语的情感及保护传统文化的理念；上海外国语大学语言博物馆2019年开馆，是我国首座以世界语言多样性为主题的博物馆，通过多模态的展陈方式向公众呈现世界语言性的面貌，并以此基础透视中外文明交流史；福建泉州市博物馆《世界闽南文化展示中心》常设展览，以图文、实物互为结合的展陈形式向公众展示闽南方言这一古汉语的"活化石"，通过"乡音"将世界的闽南人联结成一个世界大家庭。

综上国内外博物馆关于语言资源的展陈形式，以实物、图文互为结合的传统展陈方式较多，而以声像、影音形式的展陈方式较少，存在一定的局限性。

二、《晋江历史风景线展》展陈布局情况

"博物馆既是挖掘、传承和弘扬地域文化的文化教育机构，又是展示地域文化的最佳载体"[2]。我们常说，要了解一座城市，就要先走进这座城市的博物馆。因而，博物馆不仅仅只有公众教育的职能，还有引领城市文化、弘扬城市精神、搭建城市多元文化交流平台等方面的特殊作用。晋江市博物馆《晋江历史风景线展》在展陈设计上，以严谨的学术态度，整体解读晋江地方历史文化，将面积2000平方米的展览分为泉南首邑、海疆重镇、海上丝路、陶苑奇葩、桥甲天下、宗教圣地、海滨邹鲁、华侨之光8个主题，完整展现晋江历史脉络，最大化呈现晋江悠久的历史和文化底蕴，旨以增进公众对晋江本土文化的认知。整个展陈设计从"晋人南渡、沿江而居"大型浮雕、"燕尾脊"闽南传统古大厝、远销肯尼亚的磁灶窑陶瓷、天下无桥长此桥的"安平桥"、民族英雄郑成功的练兵处"东石寨"及施琅"施氏大宗祠"、世界上唯一保存较为完整的草庵"摩尼教光佛"及"明教会"黑釉碗、龙山寺及千手千眼观音（涉台文物）等，又或是海外华人、香港、澳门与台湾同胞远渡重洋，开拓奋斗和心系桑梓故事，以大量的图文展板、实物及场景，引导公众共同探索晋江的历史文化长河，感受晋江地域文化特色，激发其强烈的认同感与归属感。

三、闽南语在《晋江历史风景线展》中的运用

王献忠说："方言是一个地区民俗的载体，它是民俗文化赖以留存、传承的媒介，它不仅是民俗文化的表现形式，它也是内容。"[3] 晋

江市博物馆在《晋江历史风景线展》的展陈设计中,将闽南语重点运用于第八部分"华侨之光",结合灵活的互动形式,突显地方特色文化,不仅有助于公众得到视觉上的愉悦和知识上的满足,更找寻到精神上的归属。

一是结合空间展示,增强情境体验感。闽南语有着现代汉语"活化石"的美称,是闽南文化传承、传播的核心载体。主要分布于福建、台湾、浙江、广东、海南等地及东南亚、菲律宾等海外闽南华侨居住区。"华侨之光"主题展厅以部分实物及晋江人在异域从事割橡胶的谋生场景,生动形象地使观众在参观过程中获得共情体验,对闽南语的认识更为鲜活与立体,让公众感受闽南语厚重的内涵及文化魅力。

二是通过互动参与的沉浸体验,增强语言感染力。讲解员在引导公众参观时,会根据参观群体的不同开展互动交流,增加其体验感。如接待青少年群体,特别是侨二代、侨三代,在讲解中会先激发起他们对场景故事的好奇心,通过现场的互动问答向他们讲述当时出洋华侨的辛酸及社会历史背景。并带他们诵读闽南语歌谣《过番歌》:"在咱唐山真无空,即着相招过番邦……离爹离娘心头酸,离某离仔割人肠,离兄离弟目烟黄,目渗流落到天光。"略带青涩,却又充满力量的乡音时常在展厅响起,唱出当年秉承着中华文化特质的晋江先人漂洋过海、闯荡打拼的奋斗历程和积淀下来的拼搏历程,也使海内外的青少年传承与弘扬爱拼敢赢的"晋江精神"。

三是将闽南语作为文化符号并传承。晋江人的足迹可以说遍及世界各地,至今约有300多万晋江籍华侨华人分布在世界五大洲50多个国家和地区,其中绝大多数分布在东南亚各国,素有"海内外500晋江人"之说。晋江市博物馆充分发挥这一地域文化优势,将闽南语运用在展陈之中进行展示,是博物馆对方言有意识的保护,也是博物馆弘扬"见证历史、以史鉴今、启迪后人"的使命所在。

四、闽南语在展陈运用中的意义

法国历史学家皮埃尔·诺拉认为,博物馆呈现和塑造的记忆不能独立于权威话语的操控,也不是那些深植于有机的社会生活和生命中的鲜活记忆,而是一种话语建构的叙事[4]。笔者认为,晋江市博物馆作为县级综合性博物馆,能立足地域文化,紧抓地方特色,并在展览中融入地域方言,从而保存晋江的历史记忆与文化之根,具有重要的学术和现实意义。

一是具有学术研究意义。闽南语是闽南文化的承载,蕴涵着地域文化特有的地域特征、思想观念、生活习惯等,不仅是闽台两岸人民交往的重要工具,更是联结海内外华人华侨的重要纽带。晋江市博物馆将闽南语运用于展陈当中,为闽南语在海外的传播与研究提供资料;为闽台两地因语言同音,而形成一致的地名文化提供研究;为晋江华人华侨史提供史料研究。

二是具有方言传承意义。闽南语是闽南文化的鲜明标识之一,而闽南文化是中华文化的一部分。传承闽南语,就是发展闽南文化,弘扬中华文化。晋江市博物馆是青少年的"第二课堂",也是爱国主义教育基地,是青少年接受地域传统文化教育的重要阵地。2017年,晋江市博物馆成为泉州市首批研学教育基地,积极接待晋江与台湾及海外举办的青少年"寻根之旅"夏令营,通过各种闽南文化的互动体验活动,"讲好中国故事""传播好中国价值""打造好中国话语",为青年学子增加交流学习的平台,进一步亲近晋江、了解晋江,增进对中华文化的热爱和认同。

三是具有促进闽台两岸文化交流意义。晋江与台湾一海相隔，闽台两岸文脉相承、同礼同俗。因此，晋江博物馆通过闽南语与地方文化的相互构建与展示，既强化台湾同胞对"祖根"的认同感，也增进闽台两岸人民的感情融和、心灵契合，为进一步推动两岸关系和平发展，推进祖国和平统一做贡献。

四、结语

晋江市博物馆作为地方综合性博物馆，尝试将方言运用于展陈设计之中，有其独到之处，却也存在缺陷。如，在展陈中，方言缺失声像、影像等声光电设备，互动性较为单一，公众服务功能存在局限性；年轻讲解员对于方言的认知不足，无法让观众特别是青少年群体更好地接受和使用地方语言，"第二课堂"的教育作用面临尴尬。

2020年，晋江市博物馆将对《晋江历史风景线》展进行改版提升，在展览布局上更加强调传统文化的传承，在展陈形式上注重文物"活"起来。闽南文化是两岸文化交流的重要部分，做好闽南语的传承与弘扬，大有文章可做。

【注释】

[1] 詹伯慧《把语言作为资源来认识》（《人民日报》2016年6月26日）

[2]《基地地域文化的博物馆展示研究》张暇玥，《经营管理者》，2010年第12期。

[3] 王献忠，《中国民俗文化与现代文明》，中国书店出版。

[4]《一衣带水——闽台缘博物馆》，何奕斌，《刺桐博物》，2018年11月。

陶瓷史构建运动下的博物馆与地方知识
——以淄博地区博物馆为中心

赵 冉（淄博市博物馆）

摘要： 陶瓷是博物馆收藏和展览的重要部分，对于传统陶瓷生产地的博物馆来说，本地陶瓷史更是其主要的研究话题之一。在淄博陶瓷史和地方知识的建构过程中，博物馆主导了陶瓷史的"博物馆化"，试图通过展览语言形成独立的叙事文本却一直步履维艰；博物馆拥有的对历史叙述的阐释权力一定时间内规范了陶瓷史的书写规范，其所界定的起源时间、性质地位、时代风格等概念汇集而成为社会广泛接受的传播内容；来自城市形象塑造和城市认同的需要无时无刻不在对博物馆形成压力，它所做出的反应来源于对客观的认知也来自于对地方知识构建方式的认同，两者最终相互妥协最终达到博物馆内外的平衡；相对于对内部空间塑造的犹豫，博物馆建筑设计形成的外部构造语言试图地融合传统和现代，激发了观众对陶瓷史的想象并成为界定城市景观的地标性建筑。

关键词： 淄博；博物馆；陶瓷史；地方知识

博物馆在地方史的书写过程中扮演着一个重要的角色，它依靠包括文物在内的一切感官材料将纷繁复杂的历史脉络重新熔铸，将被国家史的巨大洪流淹没的地方史呈现在城市中心，从而在参观者认知构架中植入作为部分而存在的地域性历史。地方博物馆一开始就肩负着从国家历史叙事中辨识出区域性独特因素的任务，其后它的目的是积极凸显地域性特征，从而参与到地方史的书写过程中去，成为"凝聚集体意识和文化认同的核心"[1]。博物馆在这一过程中的作用是什么，是如何参与地方文化符号的重新构建中去？本文以淄博地区博物馆在陶瓷史的发现和建立过程中的作用为例，试图通过批判的视角对这一命题进行观察，以理解博物馆在主动参与地方知识书写中所扮演的角色。

一、陶瓷史的"博物馆化"

淄博是我国陶瓷工业重镇。1950年淄博市日用陶瓷和工业陶瓷产量分别占全省的92.39%和100%，这一地位在之后虽然有所弱化，但变化幅度并不大。

和大多数拥有类似历史过程的地区一样，淄博对于陶瓷史的认识是一个不断变化的过程。

在20世纪70年代之前，淄博的陶瓷工业的地位虽然众所周知但其历史并没有被文史界所关注。这一时期出版的《淄博文史资料选辑》中，琉璃、鼻烟壶等工艺品都占据了一定的篇幅，涉及陶瓷的仅有一篇，其内容为记述一家工业陶瓷厂兴衰[2]。

在有科学考古发掘之前，淄博陶瓷史尤其是瓷器的烧造起源被限定在文献中所记载的北宋。1976年对寨里窑和磁村窑的考古发掘至关重要，这成为淄博陶瓷史构建之肇始。这两次发掘都由淄博市博物馆所主持，寨里窑发掘成果在简报中被定性为"目前发现最早的一处北方青瓷窑址"，这个结论在当时国内其他诸多窑址未被发现的情况下来说是可以被理解的[3]。1982年出版的《中国陶瓷史》接受了简报中的定义，并进一步说"它（寨里窑）发展较早，持续生产的时间颇长，是北方青瓷的一个重要产地"，但是该书作者意识到当时考古发掘的局限性，最后严谨地指出："可以推知北方青瓷尚有其他窑场，不仅山东淄博的寨里窑而已。"[4]这一观点后来被证实。

1982年，淄博市展览馆馆舍划归淄博市博物馆所有，淄博市博物馆有了举办基本陈列的展览场地。同年，淄博市博物馆举办了第一个正式基本陈列——淄博古代历史文物展，淄博古窑址出土文物第一次在世人面前揭开面纱，而此时随着大街窑址发掘结束，淄博市的窑址考古活动陷入长时间停顿，但陶瓷史的"博物馆化"也由此开始。

"物"的"博物馆化"从文物进入博物馆视野中便已经开始。在它们正式成为展览品后，博物馆的职责是要将普通观众从未了解和难以理解的专业知识转化为可以接受的信息。

除了考古获得的资料之外，博物馆也征集到一些陶瓷文物资料。在考古发掘之前，博物馆对一些具有本地文化特色、时代久远的陶瓷器已经有一定的认识，但不能完全确认为本地产品；在考古发掘之后，这种模糊的认识得以确认，更多符合本地产出特征的陶瓷器被收纳入博物馆。

对于博物馆来说，要回答淄博陶瓷史如何从开始走到现在，它所采取的最重要的手段是展览阐释与叙述。只有这种方式才能让观众理解了"物"的含义，物的意义才得以真正发挥。博物馆陈列的语境下，淄博陶瓷史的书写也肯定是要以一定的规模和组合呈现，以达到传播目的。观众主要通过观察就能获得意义，这是博物馆展览最具典型意义的教育方法。正如卡罗尔·邓肯所言，博物馆作为仪式化的场所，观众在其提供的剧本中进行仪式的表演，遵循特定的结构性叙事路线，在规定的地点止步完成冥想或学习，作为个体的文物在这个框架内，被博物馆的宏大叙事结构赋予了整体意义[5]。博物馆面临的挑战是如何将陶瓷史变为仪式的一部分，"博物馆化"不仅是"物"成为展品的简单过程，也是一个经过逻辑思考、价值排序、观念组合的仪式化过程。

然而，陶瓷史并非是淄博地方史中的重要部分。窑址发掘前后不久，淄博市两项重大的考古发现——商王墓地和大武汉墓——出土的数以万计的文物涌入淄博市博物馆，成为迄今该馆体量最大的文物藏品。在它们所支撑的博物馆展陈话语体系中，陶瓷史所受到的重视远远不如内容更为丰富的青铜、玉器等。面对天然的弱势，陶瓷史如何能突出重围，以独立的面貌呈现呢？

在很长一段时间内，包括淄博市博物馆在内的淄博地区博物馆并没有完成这个任务。淄博市博物馆在1993年举办的"八千年文物精华展"、1994年举办的"齐文化大展"中，陶瓷史依然是作为部分而存在，而在其后的"馆藏文物精品展""古代淄博"展览中，设计者有意识增加了陶瓷史的比例，但无奈受制于展览主题，最后的效果只能服从于整体设计框架，陶瓷史被浓缩为段落式的简介。直到2003年中国（淄博）国际陶瓷博览会期间，"近代淄博民间陶瓷艺术展"在淄博市中国陶瓷馆中拥有了一个独立展厅进行展示，这是淄博窑第一次作为主体呈现。这次展览本来只是作为一个临时展，但推出后收到热烈欢迎便成为固定陈列。"近代淄博民间陶瓷艺术展"重要的意义不仅是让观众认识到淄博陶瓷的独特风格，更是博物馆将陶瓷史从地方史中独立的一次有益尝试。

"淄博窑"这一概念得以完整用展览的形式出现得益于山东省博物馆于2019年举办的"窑火千年——淄博窑陶瓷文化展"。包括山东省博物馆、淄博市博物馆、淄川博物馆等单位收藏的400余件淄博窑瓷器在距离淄博不远的省会济南相聚，讲述淄博窑的时代变迁、地区交流、商业发展与海陆交通等历史脉络。可惜的是，这只是一个临时展览，无论展览方是如何深入研究和精心设计都不能克服天然的缺陷：按照年代顺序排列的文物并不能完全说明陶瓷史的发展逻辑，过程性被提及却没有被还原，缺少与地方性格的血肉联系，观众的精神投射也难以获得反馈。

对于淄博陶瓷史是否能以独立的单元完整呈现在博物馆之中，我们只能保持谨慎的乐观。大中型博物馆的实践之外，一些小型的博物馆有意或无意地朝着这个方向进行了尝试，其中值得一提是昆仑陶瓷博物馆。位于淄川区的淄博瓷厂倒闭后，当地政府在此建立了一个文化创意园区，并将工厂的原料车间和成型车间厂房改造为陶瓷博物馆。为了保存原工业遗产历史风貌，建筑整修兼顾时代变迁与新的使用需求，尽可能保存时间质感的历史痕迹，包括保留了工厂使用的设备球磨机、泥浆池、烘干机、盘类自动循环成型机等，作为装置艺术，表现了工业机械美学，呈现相关生产制程。在这里，"博物馆化"的过程不是将陶瓷史搬进博物馆而是将博物馆搬入陶瓷史。"物"这一概念的外延被放大，可移动文物与不可移动文物共同构成工业遗产的物质部分，而工业流程、生产技能、企业文化等构成了工业遗产的非物质部分[6]。

二、阐释权力与陶瓷史的书写

博物馆对历史的阐释权力基于客观的认知还有想象的重构。陶瓷史不是一个固定不变的文本，而是随着时间推移呈现出变化。博物馆在依靠藏品、展览、研究对陶瓷史进行挖掘时，并不一定能及时应对变化的发生，往往会出现超前或滞后的现象。换言之，分属不同时空的文物在展览中构成似乎有意义的陶瓷史叙事结构时，我们就要怀疑一些不在场的证据是否会推翻整个框架。但是，博物馆的阐释行为中往往更倾向于对原有观点的证明而非改易。

同样是在1982年，一件青釉莲花尊出土于淄博淄川区的一个北朝墓葬中。这件器物以其优美的造型、繁缛的纹饰立即引起文博界的广泛关注。对于它的产地，学术界有不同的看法，但淄博本地博物馆研究者普遍认为它应是淄博本地寨里窑的产品。

这件器物的发掘同样是由淄博市博物馆主持，在撰写的简报中，写作者委婉地表达了这一观点："青瓷莲花尊与寨里窑生产的碗同出，并且尊上的忍冬图案与寨里窑瓷片上的忍冬图案相同，为进一步推定此尊的窑口提供了重要线索。"[7]其后，有本地学者更是明确提出："淄川龙泉和庄北朝时期墓葬出土的青釉莲花瓷尊是目前我国已发现的唯一能确认其生产窑口的同类型之瓷尊，其学术研究当为最高，代表了我国北方北朝时期最高的制瓷水平。"[8]

青釉莲花尊的到来恰好弥补了淄博陶瓷缺少精美代表性器物的缺陷，它和寨里窑在中国陶瓷史上阶段性的独特地位相结合，催促着淄博地区博物馆研究者对陶瓷史进行规范性的描述。1998年淄博市博物馆贾振国先生发表的《淄博古代瓷窑综论》是关于淄博窑研究最全面的概括和总结。该文基于窑址考古和文献记载将淄博窑分为9个发展阶段，并对窑炉和烧造工艺进行研究。直至目前，博物馆对陶瓷史的研究最成功的范例集中于近代。《山东大鱼盘》《乡野之风：近代淄博民间陶瓷艺术》这两本出自淄博市博物馆安利华先生的著作成功地将近代淄博陶瓷史引入大众视野，他所定义的此时期陶瓷"敦厚、质朴、粗放、自然"的美学风格被后来研究者普遍接受。淄博中国陶瓷馆的高岩先生则另辟蹊径，试图将淄博窑从《中国陶瓷史》所圈定的"磁州窑系"中剥离出来，而成为新的窑系。

我们检索1982年之后的地方文献发现，由博物馆研究者所定义的淄博陶瓷史的若干概念如起源时间、性质地位、时代风格已经逐渐频繁出现在本地文史著作和新闻报道中，其中最典型的是2006年淄博日报社"千年淄博窑"大型新闻采访活动。这组采访"将沿着淄博陶瓷历史的发展脉络，对具有代表性的古窑址进行探访，展示有关淄博窑的历史、文化以及淄博陶瓷兴起、鼎盛、变迁、发展的过程；深入现代陶瓷企业采访，展示现代陶瓷经济和陶瓷科技日新月异的发展景象。"[9]淄博陶瓷史的种种概念如"中华第一窑""北方青瓷起源地"等随着媒体传播成形并在区域或特定人群中流行开来后，人们又需要到博物馆去求证正确与否，将本来由博物馆衍生的知识印象进一步固化。

无论是从文物占有还是认知水平来讲，淄博本地的博物馆研究者无疑天然拥有对陶瓷史阐释的绝对权力。但是，博物馆依据所掌握的材料对地方史进行书写时，不可避免的一个尴尬是许多资料并没有进入馆藏范围，从而丧失了唯一阐释者的身份。在结束了对四个窑址的发掘后，此后淄博地区再未有窑址考古活动。令人惋惜的是，包括寨里窑、磁村窑在内诸多窑址在大规模的基建过程中并未得到保护，许多重要的窑址遭到破坏，众多精美的文物流落至个人收藏者手中。这无形削弱了博物馆陶瓷展览的丰富性，从而模糊了淄博陶瓷史所呈现的物化形象，而散落在各处的藏品也无法在文化整体中获得更广泛的存在意义。

2004年以后，淄博地区的非国有博物馆如雨后春笋般建立起来，其中有收藏陶瓷的综合性博物馆，也有以陶瓷为主题的专题博物馆如淄博文昌古陶瓷博物馆、在堂鱼盘艺术博物馆、渭头河大缸博物馆等。这些博物馆在收集文物之外，利用独有藏品发出有别于国有博物馆的声音，比如在堂鱼盘艺术博物馆的馆长曹在堂先生对淄博青花鱼盘产生时代的推断就与过去的认识有所区别[10]。

我们认识到，博物馆对陶瓷史的阐释和民间对陶瓷史的阐释之间存在着隔阂。他们对历史脉络有相同的认识，但对某一历史阶段的具体特征会基于掌握材料的不同而有异。博物馆阐释者进行的官方书写严谨而又受制材料，往往会出现不被民间认可的情况，来自民间的阐释者手中的材料却又被质疑。在双方对阐释权争夺的拉锯战中，陶瓷史也随着认识的深入而不断变化。

三、来自博物馆外部力量的介入

当器物脱离原有的存在情景进入博物馆后，对它阐释和使用的权力也就发生了转移，从而成为社会文化语境下的一个焦点。博物馆、观众以及政府机构都可以宣称是权力的拥有者。

在讨论陶瓷史时不可避免地要考虑到陶瓷工业在淄博经济中占据的重要地位。1990年，淄博陶瓷工业总产值38611万元，占全省陶瓷工业总产值的三分之二，全市日用陶瓷总站量完成29706万件，在我国12个重点陶瓷产区中居第二位。同一年，淄博市举办了首届中国淄博陶瓷琉璃艺术节并使之延续成为淄博最重要的节庆活动之一，"陶瓷琉璃开道，文化艺术搭台，多种经贸唱戏"路径和其他地方类似的城市营销活动并无二致。历史沉淀和现实情境共同构成了城市的叙事资源，"陶琉之乡"无可争辩地成为淄博市文化名城建设的一个重要板块。对于淄博，陶瓷是天然的城市形象元素，"是城市的历史文化积淀、遗存和集体文化记忆，以及城市物质文明的发展水平与精神文明的状况和追求等汇聚而成的纵横贯通的识别性符号与共识性话语，它们是构成城市形象传播的叙述个性、叙事素材和叙事策略的资源库。"[11]

城市形象传播和推广是城市管理者的主要工作之一，作为文化中枢的博物馆则需要在对城市形象策略理解和接受的基础上，提供符合自身目标定位的内容和手段。在这方面我们能看到博物馆做出了不少努力，2013年在淄博市淄川区（寨里窑、磁村窑等窑址所在地）举办"中国北方早期青瓷发现与研究暨发源地论证会"则是其中最具代表性的行为。论证会虽然是由区政府主办，但实际牵头单位则是当地的博物馆。最终，专家宣布淄博寨里窑为我国北方早期青瓷的发源地。

在经济发展的欲望驱动下，文化被寄予超越本身价值的期望，文化主体可能会发生变化，可以称之为"文化赋值"。城市管理者对博物馆文物的要求不仅是对消逝的辉煌历史的证明，而是要印证当下正在发生的事实是基于历史的延续：时间的裂缝被修补，传统仍在继续，赋予陶瓷史本身的文化概念部分消除了人们在工业化进程中不可避免的人格的"物化"，无形中弱化了对工业化带来负面影响的质疑。

对于博物馆来说，"文化赋值"的压力一方面来自地方行政行为带来的一系列活动，可能这些活动并非完全指向博物馆或对博物馆发出行政指令，但博物馆则不可避免地受到环境因素的潜在影响；另一方面，观众通过参观体验进行城市认同的行为也会对博物馆形成压力：他们更希望自己所处的地方拥有独一无二的文化特质，而博物馆也需要协助城市管理者完成市民对城市身份的文化认同，激发人们对城市的积极想象。陈霖在对苏州博物馆城市认同叙事进行讨论时分析："博物馆媒介空间不仅是文化展示、美学赏鉴的场所，不仅为社会交往和意义建构特定的平台，而且它本身就是被建构的叙事，并通过规制其间的展陈和参展活动，参与到特定的共同体对自己的历史与身份的讲述之中。"[12]此时，博物馆既担负着向外进行"他者认同"的任务，又要承担起向内完成"自我认同"的使命，使自身成为城市居民梳理和保存记忆的精神空间。

正如2013年国际博协区域博物馆委员会（International Committee for Regional Museums）年会主题"重塑区域身份认同——创造新记忆，保存旧记忆"所表达的一样，中小型区域博物馆在"推动新记忆的创造""促进文化的多元性，保存物质与非物质文化遗产具有积极的意义"[13]。然而，可能会产生一个问题：接受"文化赋值"影响的博物馆所做的一切是证明历史还是制造历史?

在这里,我们明显能看到学院知识和地方知识之间的分歧,两者之间虽然有密切的关系,但后者无时不在试图突破前者的框架形成有利于自身发展的话语体系,"地方的世界中,重视的是知识的实用性、对生存的意义,而不是追求和真实相符"[14]。当代中国地方知识的兴起充满了各式各样、五花八门的行动,其中有探微知著者查缺补漏,也有牵强附会者不足为论,其动力部分来自于知识本身自我完善的需要,更重要的来源是地方经营形象策略下的影响。我们在分析和评价这些行为时要十分谨慎,地方知识话语的形成并非完全是基于真实认知的逻辑自洽,其中的一部分来自地方行政意志和受众的无意识干涉,作为行政单元如博物馆等机构则迎合了外部的期望。

四、是否成为界定城市景观的地标性建筑?

在陶瓷史的书写过程中,博物馆建筑所扮演的角色往往被忽视:它被认为是一个独立装置,充满了现代性,外部和内部的关系并不重要。然而,建筑的意义不仅如此,它赋予了博物馆可以延伸的概念,"从观念和物质上决定了参观的条件。它不仅构造了展览的框架,而且塑造了参观者的经历。"[15]如果说展览空间的线性叙事结构体现的是时间的延续,那么建筑则是博物馆的空间叙事方式。

1992年,淄博中国陶瓷馆挂牌成立,之后在淄博市中心、与市博物馆毗邻建设了规模颇大的场馆,被称为"目前国内规模最大、档次最高、展品最全的专业陶瓷馆"。2019年,淄博中国陶瓷馆新馆在淄博市文化中心开馆,展览规模和水平与之前相比都有巨大的提升。

无论是新馆还是旧馆,古代和近代陶瓷历史所占的比重并不是很大。在最初的10000余件展品中,文物数量只有500余件,新馆建成后文物数量虽有所增加,但和之前一样,馆内更多的展品是现代陶瓷。相对于古代文物的贫瘠,存量丰富的现代陶瓷代表着淄博现代工业和艺术的成就,同样也是构成陶瓷史的一个重要组成部分。作为淄博窑代表的青釉莲花尊被安放在"古瓷厅"的显著位置,和一些其他窑口如定窑的精美文物构成陶瓷史而非淄博陶瓷史的发展序列。这一点为一些研究者所诟病,因为这样的展览方式无疑意味着外来知识入侵了本地历史,地方知识的纯粹性被消解,从而引起观众的认知混乱。这种批判确有道理,但也要考虑到馆藏文物数量有限前提下的无奈和妥协。

相对于展陈空间对地方知识的建构,陶瓷馆的建筑更能引起人们的注意。这栋建筑与图书馆、文化馆等几个场馆共同构成淄博市文化中心,在一定程度上削弱了作为独立单元的个性化地位,但它依靠巨大的体量仍获得参观者的关注,激发观众进入参观的意愿。陶瓷馆新馆所处的淄博市张店区是一个新兴城市,历史古迹乏善可陈,不用像苏州博物馆等建设在老城区的博物馆一样考虑历史环境,但依然面临着现代和传统融合的问题。建筑师试图从本地元素中获得灵感,将提炼出的地域元素——窑炉,赋予新的陶瓷馆建筑[16]。这种被称为"馒头窑"的北方典型窑炉至今还散落在博山区山头镇和淄川区的龙泉镇,有的已经使用上百年,在20世纪80年代才停烧。当我们在有"陶镇"之称的山头镇漫步时,一座座长满杂草的窑炉会在某个拐角突然出现在眼前,尽管已经荒废但却是淄博最具有代表性的地方建筑。淄博人尤其是博山人对于窑炉的感情是深厚而复杂的，随着城镇化和旧城改造加快，窑炉逐渐消失，人们希望作为文化传统而能对其保留。因此，建筑师设想观众在来到陶瓷馆时可以比较容易地建立起对它所蕴含文化内涵的基本认识：已经废弃的窑炉是陶瓷史的重要一部分，如今它抽象地依附在博物馆的外壳上，与展厅内的可移动文物共同组成完整的历史链条；或者说，陶瓷史的一个部分被博物馆建筑叙述出来，最终成为人们对历史的共同想象。

但是，这种尝试可能并不成功。我们看到建设元素的提炼结果出现了某种偏差，作为整体的窑炉元素被舍弃，却只是单纯选中了烟囱这一并不典型的符号，导致实际形成的效果和预期相差较远，建筑师的想象与观众的想象没有完全重合。从整体上观察，所见只是一个长方形的建筑中间突兀地安置了不甚规则的圆台，我们难以将之与"馒头窑"在一定程度上联系起来。

对于观众而言，建筑与文物共同构成认识历史的引导者。借助中国陶瓷琉璃馆的开放，陶瓷史有了转化为界定城市景观的标志建筑的可能性，局限在博物馆内部的历史可以向外显化在建筑之上，形成区别于其他城市景观的意向表达，从而引发观众对历史本身的想象。成为地标的建筑也可以成为更新城市空间、界定城市的地方性元素，赋予博物馆在城市中心召唤观众的能力，并进一步确认了陶瓷史在地方知识中占据的重要地位。只是，建筑语言与陶瓷语言在最终形成的作品中分道扬镳，陶瓷史并未从地方历史中脱颖而出获得外在形态，成为遗憾。

五、结语

综上所述，淄博陶瓷史的概念在20世纪70年代被博物馆带入地方知识的视野后，阐释由此发生并随着认识的深入和城市意志的演进而不断发生变化，这一历史在城市文化定位中被不断提及，并成为一个固定的符号，陶瓷史"博物馆化"的过程被抽象为城市符号形成的过程。关于陶瓷史的知识被地方使用、发挥和塑造，不可避免地发生了变异，又在中国陶瓷史整体框架范围内被不断纠正。在这个过程中，博物馆地位从主导者变为参与者，甚至出现滑向边缘的危险趋势，让未来淄博地方陶瓷史的建构充满了不确定性。

【注释】

[1] 王嵩山：《博物馆、地方风格和都市再生》，《博物馆学季刊》2006年第19卷第4期。

[2] 山东省淄博市政协文史资料研究委员会：《淄博文史资料选辑·第三辑》，莱芜：莱芜印刷厂印刷，1985年，第89~100页。

[3] 文物编辑委员会：《中国古代窑址调查发掘报告集》，北京：文物出版社，1984年，第352~359页。

[4] 中国硅酸盐学会：《中国陶瓷史》，北京：文物出版社，1982年，第163页。

[5] [美]卡罗尔·邓肯著，王雅各译：《文明化的仪式：公共美术馆之内》，台北：远流出版事业股份有限公司，1998年，第17~42页。

[6] 刘迪、于明霞：《论工业遗产的博物馆化保护》，《博物馆研究》2009年第4期。

[7] 张光明：《淄博和庄北朝墓葬出土青釉莲花瓷尊》，《文物》1984年第12期。

[8] 高岩：《"淄博窑"的前生今世》，《陶瓷科学与艺术》2018年第7期。

[9] 徐光莹、毕红梅：《"千年淄博窑"采访活动昨启动》，《淄博日报》2006年10月9日第2版。

[10] 曹在堂：《吉庆有鱼——在堂爱玲鱼盘收藏研究集》，北京：五洲传播出版社，2009年，第2页。

[11] 何国平：《城市形象传播：框架与策略》，《现代传播（中国传媒大学学报）》2010年第8期。

[12] 陈霖：《城市认同叙事的展演空间——以苏州博物馆新馆为例》，《新闻与传播研究》2016年第8期。

[13] 谢颖：《重塑区域身份认同》，《中国文物报》2013年10月30日第6版。

[14] 王嵩山：《博物馆与地方知识》，《博物馆学季刊》2003年第17卷第2期。

[15] [美] 珍妮特·马斯汀编著，钱春霞等译：《新博物馆理论与实践导论》，南京：江苏美术出版社，2008年，第48页。

[16] 沙红翠：《探班淄博市文化中心中国陶瓷琉璃馆 46米高馒头窑成陶琉新坐标》，《淄博晚报》2018年9月4日第3版。

新时代区域博物馆参与构建中国话语体系"地方版"初探

——以瑞金中央革命根据地纪念馆为例

杨长勇（瑞金中央革命根据地纪念馆）

摘要： 走进中国特色社会主义新时代，在百年未有之大变局加速演进的大背景下，区域博物馆在中国话语体系和地方文化构建中具有不可替代的作用。本文结合瑞金纪念馆的实践和个人工作思考，重点探讨区域博物馆在参与中国话语体系构建中的角色定位、表达特性和实现路径问题，认为区域博物馆是话语体系构建的重要平台、实现话语转换的有效媒介、文化教育传播的公共空间，在把握新时代阶段性发展特征中要突出区域文化的博物馆表达特性——人民性、交互性、教育性，并着眼提升参与构建中国话语体系水平，坚持问题导向，从区域博物馆"讲什么""怎么讲""怎么传播"三个维度，探讨推进中国话语体系"地方版"话语内容、话语方式、话语传播的构建路径，以更好发挥区域博物馆话语对内统一思想、凝心聚力的作用，助力提高中国话语对外传播力、影响力和话语权。

关键词： 新时代；区域博物馆；中国话语体系"地方版"；初探

走进中国特色社会主义新时代，在百年未有之大变局加速演进的大背景下，构建中国话语体系成为国内发展和国际交往的迫切需要，也是文博界必须为之奋发作为的重大课题。区域博物馆作为一个地方重要的公共文化场所，承载着绚丽多彩的地方历史文化，从不同层次和视角诠释着国家和民族的核心理论、价值取向和精神谱系，以丰富的"见证物"讲述中国历史、中国道路、中国精神，在中国话语体系和地方文化构建中具有不可替代的作用。

中国话语体系构建涉及对内和对外话语体系。博物馆参与中国话语体系构建，其立足点既要面向国内、也要面向国外。区域博物馆首要的是参与对内话语体系构建，说好自己的话，讲好自己的故事，构建博物馆表达的中国话语"地方版"，助力形成科学完备的话语体系格局。本文结合瑞金纪念馆的实践和个人工作思考，拟就区域博物馆在构建中的角色定位、表达特性和实现路径等问题作些粗浅探讨，以更好发挥区域博物馆话语对内统一思想、凝心聚力的作用，助力提高中国话语对外传播力、影响力和话语权。

一、走进新时代：找准区域博物馆在中国话语体系构建中的角色定位

在新时代构建中国话语体系视域下关注博物馆的角色定位，各级博物馆在保持教育、研究、欣赏、收藏、保护这些原始使命的同时，也在增加新的角色和功能。只有明晰博物馆在话语体系构建中的角色，找准位置，准确定位，才能增强参与构建的思想自觉和行动自觉，在科学的边界内最大限度发挥效用。

（一）区域博物馆是话语体系构建的重要平台

话语体系是由一系列相互关联的语言符号、概念、范畴构成的话语系统，是一定时代经济社会发展方式、时代精神和文化传统的表达方式。中国话语体系是集古今中外优秀文明成果之大成的文化创造，是时代的产物[1]。区域博物馆是一个区域的文化综合体，是一个城市的文化地标，"通过建筑空间保存记忆，拥有着各式各样的物质文化，并且通过典藏、诠释与展示等方法，保留见证人类文明的历程并书写历史，成为一个国家、一座城市的地标和文化殿堂"[2]。从中可以看出，区域博物馆本身承载着丰富的文化资源，在参与话语体系构建中有着天然优势，对中国话语体系构建不但起着重要的支撑作用，更在展示、阐释、传播等方面起着重大作用。这就需要区域博物馆要以主角身份参与构建中国话语"地方版"，站在中华文化的大背景、大格局、大视野中审视、阐释、传播区域文化，处理好区域文化与中华文化两者之间的关系，对区域文化扬弃继承、转化创新，不断赋予新的时代内涵和现代表达形式，使承载传播的区域文化话语内容与中国话语相互衔接，成为关联密切、逻辑严密的体系，以中国话语的"地方版"丰富和支撑整个话语体系内容；同时，也要发挥优势助力中国话语对外广泛传播，通过各种巡展、教育活动等形式和渠道，阐释传播中国文化，形成构建合力。

（二）区域博物馆是实现话语转换的有效媒介

话语本身是一种文化符号、文化要素。文化性是话语的基础属性。从这个意义上看，中国话语体系是一种文化话语。从话语分类上看，学界有不同的分类。有学者提出"我们所理解的话语主要讲的是政治话语、学术话语、大众话语和普世话语"[3]。也有学者认为，按逻辑层次上可以划分为中国特色社会主义的学术话语体系和日常话语体系[4]；按建构主体划分可以分为个体层面话语体系、社会层面话语体系和国家层面话语体系[5]。作为区域文化教育机构的博物馆对受众表达的文化话语，是中国话语的"地方版"，集成了诸多学术成果，处于国家、社会和个体的中枢，具有政治和文化属性，其目的是让受众对博物馆承载的历史文化、思想观念、道德规范、精神传统等方面予以认同和传承。而博物馆具有鲜明的媒介特征，其本身是一个媒介，在传达各种信息的过程中又往往需要借助各种其他媒体的力量。这在实现话语转换上有着独特优势。政治话语、学术话语等具有抽象性的话语，可以通过展览、展演、讲解等形式和互动性、体验式的方式进行阐释和传播，通过创设情感共鸣的艺术语境和公关活动的集体空间促进转化接纳，使区域博物馆建构的话语表达更为具体化、形象化、通俗化，其知识体系和承载的思想、价值、精神能够易于大众接受并得到广泛传播，实现政治话语、学术话语向大众话语、普世话语转换，从而有

效扩大传播力和影响力。

（三）区域博物馆是文化教育传播的公共空间

话语本身即是文化教育传播的一个重要载体和工具，而文化教育传播也是话语的一项基本功能。任何话语都是通过文化传播的手段和方式向社会表达和传递其内在的思想内容，进而实现其价值意义的。[6]区域博物馆自诞生之日起就承担起文化教育传播的使命，具有教育激励的价值功能。张謇在创办最早的博物馆南通博物苑时，希望"导公益于文明，广知识于世界"。到了今天，"一个博物院就是一所大学校"，博物馆已经完全从最初贵族的私人收藏发展成为公共文化机构，需要以理服人、以文服人、以德服人，提高对外文化交流水平，完善人文交流机制，创新人文交流方式，综合运用大众传播、群体传播、人际传播等多种方式展示中华文化魅力。因此，构建中国话语体系"地方版"，要发挥博物馆的文化传播价值和教育功能，在宣传塑造、传承创新和交流阐释等方面持续发力，通过持续不断的内容生产、建立健全文化信息的交换体系、提升针对受众的意义阐述，运用各种新媒体，拓宽传播新渠道，从而实现传受关系的对等及受众参与互动，最终实现受众自身对话语所表达的思想、文化、精神、价值的认知、接纳与意义建构。

二、拥抱新时代：在把握新时代阶段性发展特征中突出区域文化的博物馆表达特性

"明者因时而变，知者随世而制。"新时代是文博事业发展充满机遇的时代，是文博事业转入高质量发展的阶段。在这个阶段，新发展理念、新发展战略、新发展举措等相继深入实践，博物馆事业宏观发展环境呈现鲜明的阶段性发展特征。区域博物馆参与构建中国话语体系，也要把握新时代阶段性发展特征，紧扣新理念、新战略、新举措，因势而动、顺势而为，紧贴实际、贴近群众，因时因地制宜、彰显地方特性，从而发挥自身的独特价值和作用。

瑞金是红色故都、共和国摇篮、中央红军长征出发地。瑞金中央革命根据地纪念馆（以下简称为瑞金纪念馆）是革命类纪念馆，负责保护管理利用境内革命文物、传承苏区革命文化、弘扬苏区精神。近几年，瑞金纪念馆在实践中注重把握供给侧结构性改革的方向、文化和旅游融合发展的要求、研学旅行和红色教育培训的热潮，在话语表达传播中突出人民性、交互性和教育性，努力构建中国话语"瑞金版"，展现苏区革命文化和苏区精神的时代魅力。

（一）把握供给侧结构性改革的方向，突出人民性

供给侧结构性改革是新时代经济社会发展的主线，是中国改革开放以来最深刻的一次政府功能转变，深刻影响着经济社会持续健康发展。供给侧结构性改革的根本目的是提高社会生产力水平，落实好以人民为中心的发展思想。博物馆作为公共文化产品的供给者和文化话语的构建传播者，要坚持以人民为中心的发展思想，从供给侧入手，顺应人民群众需求，提高供给侧对人民群众需求变化的适应性和灵活性，切实解决"供需错位"问题，更好满足广大人民群众美好生活需要。因此，瑞金纪念馆首先树立以人民为中心的话语构建思想。立足瑞金革命遗址得到较为全面系统维修保护的现状，适时顺应形势发展要求，牢固树立人民至上思想，强化观众导向，将工作重心从以"物"为本向以"人"为本转变，由"藏品中心"向"公众中心"转移，实现传统功能的拓展和升华。

其次是构建以主体观众需求为导向的展示传播体系。根据革命纪念类博物馆主体观众主要是党员干部、社会团体、社会公众和未成年人四大群体的特点，围绕他们参观体验全过程中的各个环节需求，结合博物馆供给侧提供的宣传、讲解、展陈、文创等文化产品和服务，全链条关注观众的需求、重视观众的体验，切实满足主体群体多元需求。具体实践中体现在展陈上，引进或自办贴近干部群众的《家和万事兴——家教家风主题展》《中央苏区廉政史》等主题展览；在服务设施上，为提高观众参观便捷性，完成人脸识别进馆参观、"扫描二维码、免费听讲解"等项目；讲解上，注重因人施讲，推进启发式、提问式、互动式讲解，对青少年注重故事性，对党员干部注重结合时政、直面党史领域里的热点焦点问题，释疑解惑，正面引导。

（二）把握文化和旅游融合发展的要求，突出交互性

推动文化和旅游融合发展是国家推进高质量发展做出的重要决策，也是构建新发展格局的重要领域，当下正以蓬勃发展之势，在理念融合、体制融合、职能融合、产业融合、服务融合等方面加速深度融合，将更好解决旅游内容化、文化市场化问题。在这种背景下，区域博物馆参与话语构建要把握文旅融合趋势和规律，立足2019年国际博协在国际博物馆日作出的"当今的博物馆正在重新定义自身，变得更具交互性"的科学判断，在依托博物馆文物的基础上介入旅游，让观众在享受旅游乐趣的同时与博物馆专业人员分享知识，与区域人文深入互动，使区域文化得到更广泛更有效的宣传传播。瑞金纪念馆首先着力构建苏区革命文化的物化话语表达体系，创设交流互动语境。红色文物是发展红色旅游的核心和灵魂，也是苏区革命文化话语的历史见证。瑞金纪念馆抓住国家支持中央苏区革命遗址保护利用的利好政策，实现境内遗址修复全覆盖，成为江西革命遗址国保（36处）、省保（22处）单位修复最多的县级区域；同时开展红色标语保护修复、可移动文物本体修复、文物数字化保护等工作，特别是在叶坪、沙洲坝、云石山三个地方进行集中连片整体性修复保护，真正做到有址可寻、有物可看、有史可讲，扩大了苏区革命文化话语的物化规模，创设了让受众产生情感共鸣的语境氛围和分享互动的集体空间。其次是通过建设体验互动项目提高话语传播效果。着力解决苏区革命文化宣传传播过程中体验不足、互动不足的突出问题，推进文物保护利用与旅游产业互融共进，投资1200多万元在全国率先采用VR、AR等新技术，实施红色景区旧址陈展提升项目，完成裸眼3D影院、VR畅游红都、冲出重围VR体验、智能讲解员和"一苏大"交互体验、概况查询、仿真硅胶雕塑、田园风光雕塑、3D影墙等一大批项目，让观众在体验、参与、互动中理解感受苏区革命文化魅力，接受苏区优良传统和苏区精神教育。三是创新苏区文化话语传播方式。精心策划宣传传播议题，由自行决定内容的单向传播，转变为与大众互动的方式。2019年国庆期间与今日头条平台合作举办"壮丽70年，寻根共和国摇篮"网络红人游瑞金现场直播活动，总曝光量达996.3万，单篇微博最高阅读量为168万。

（三）把握研学旅行和教育培训的热潮，突出教育性。

教育是各级各类博物馆的首要功能和目的，也是话语作为交流沟通工具的一项基本价值功能。随着近年来"研学旅行"纳入中小学生日常教育范畴、党员干部教育培训常态化推进，区域博物馆以其丰富资源和独特魅力，已成为各类研学旅行的重要目的地之一，其中革命类

博物馆更因党员干部接受党性党史教育要求，成为红色教育培训的主阵地，这些都为区域博物馆参与话语构建和传播提供了新的契机。因此，瑞金纪念馆在话语构建中，把握发展新趋势，把教育放在更加突出的位置，构建多层次多渠道的教育传播格局。一方面，主动服务青少年研学旅行。自2017年"研学旅行"元年起，坚持用青少年喜闻乐见的形式讲好苏区故事、长征故事，主动与学校对接，打造"童心永向党"等社教活动精品，联合推出"喝红井水、吃红军餐、唱红军歌、听红军史、走长征路、悟红色情"系列课程，在叶坪、红井等核心景区，因地制宜推出了《一苏大会》等一批情景再现项目，增添人物雕塑，切实增强了历史的真实感和现场参与感；深挖红色文化资源，不断创新演绎形式，策划推出《画说中华苏维埃共和国》少儿连环画、《红井漫画》等，配合推出了江西第一部大型红色教育启蒙动画片《红游记》，针对未成年人特点开发了红色书签、红色锁扣等系列红色文具及日用品，让红色研学旅行寓教于乐、有声有色、入心入耳。另一方面，主动服务党员干部红色教育培训。主动策应"两学一做"学习教育、"不忘初心、牢记使命"主题教育，挖掘历史内涵，为党员干部学习教育培训量身定制红色文化服务产品，吸引了中国井冈山干部学院等全国80多个单位、企业前来挂牌建立教育基地或现场教学点。积极转化编研成果，主持或参与编辑出版《红都典藏》等系列红色文化书籍；开发《伟大的苏区精神》等专题课程和《一生守望》等现场教学课；着力提升陈展水平，提升改造《人民共和国从这里走来》基本陈列展览，推出《苏区精神永放光芒》《中央苏区群众路线史料展》等原创展览；精心编排历史情景剧《红姑》和《红色家书》小剧场，丰富红色教育培训教学形式。

三、奋进新时代：区域博物馆参与构建中国话语体系"地方版"的路径选择

新时代是奋斗者的时代。站在新的历史起点上，高质量推进中国话语构建，区域博物馆要发挥优势、知责奋进，坚持问题导向，抓住重要领域和关键环节进行创造性转化和创新性发展，积极探索更加有效的路径，推动形成区域特色鲜明、包容互补的中国话语体系"地方版"，更加全面系统生动地表达传播地域文化，进而向世界讲好中国故事、传播中国声音、树立中国形象，展现中国话语的说服力、感染力和吸引力。

（一）更好地解决"讲什么"的问题，构建上下结合、包容互补的话语内容

博物馆是"收藏、保护并向公众展示人类活动和自然环境的见证物"的场所[7]。博物馆的这个特质决定了其参与话语构建是以文物为依托，话语内容具体而充实。当前，区域博物馆内容构建上仍存在不少问题：由于地方财政投入有限，一些文物资源没有得到及时抢救和保护，如在当下加快城镇化进程中，为推进城镇建设导致一些文物遗址损毁或灭失，话语构建缺乏文物支撑；对区域文化或主要文化遗产、文物的价值提炼不准、特色不鲜明，阐释、转化成大众喜闻乐见的文化知识和文化产品还不够充分；话语内容缺乏自上而下的系统梳理和统一规范，不少各自为战、口径不一，如对秋收起义暴发地，湖南江西长期争执，对长征出发地，于都、瑞金各执一词，说到中央苏区，往往只谈赣南不谈闽西，或者只谈闽西不谈赣南等等[8]；讲解内容不同程度存在不到位、乱演绎等问题。这些问题，都直接影响到区域博

物馆话语表达传播的吸引力、公信力和影响力。今后首先要加强文物保护利用，加大文物保护投入，夯实博物馆构建话语的根基；采取聘请专家、课题研究、召开研讨会等方式，加大对区域文化或主要文化遗产、文物价值内涵的提炼、阐释和转化力度，提升话语内容的广度、深度和温度；强化对内容的审核把关，分类加强话语内容的系统梳理和规范表述，处理好分与总、个性与共性的关系，确保内容表述准确真实，地方话语与中央主流话语衔接协调，避免出现各言其说、自说自话、误导观众的状况；挖掘文物的历史文化内涵和时代价值，丰富拓展话语内容，以新视野做出新概括、新提炼，并通过巡展、特展、联展和各种社教活动等渠道进行持续不断的内容生产，使博物馆话语表达贴近人民、贴近生活、贴近实际，提升吸引力、感召力和影响力；进一步突出以物说事讲史的特点，让博物馆的话语内容真实可信，见人见事见精神，彰显蕴含的价值观念。

（二）更好地解决"怎么讲"的问题，构建更加契合大众、切实有效的话语表达方式

传播内容具有特定的价值和意识形态倾向，这些倾向通常不是以说教而是以"报道事实""提供娱乐"的形式传达给受众的；它们形成于人们的现实观、社会观之中[9]。"怎么讲"就显得极为重要，这就需要注意话语方式、说话方式问题。当前，区域博物馆在话语形式、说话形式上，存在话语形式转换效果不理想，政治话语、学术话语未切实转换成大众话语，高深宏大的话语让普通大众难以理解消化；没有充分吸收来自实践和基层的思想，语言不够鲜活；与大众工作生活衔接有差距；面向普通大众的讲解、导览等方式单一，不分受众，以一应全，而且不同程度存在背诵式假讲、表演式假讲现

象等等，直接影响话语效果等等。因此，推进区域博物馆话语构建要加强话语转换转化，促进政治话语、学术话语转化成大众话语，"将其转化为大众愿意接受的内容，这就需要做到'四化'，也就是把学术的东西通俗化，把理性的东西感性化，把知识性的东西趣味化，把复杂的东西简单化"[10]，使话语表达生动形象有趣，易于被人民群众所理解掌握。要针对不同层次的受众群体，对讲解、导览、社教活动等话语载体推送不同的版本，如专业版、大众版、青少年版，满足不同观众需求，从而使抽象深奥的政治话语、学术话语具体化、大众化、时代化。要深入群众生活，善于观察、学习群众语言，理解和把握普通大众的语言风格和特点，把握群众的认识水平和实际诉求，将话语的"真理底气"与"群众地气"结合起来，与大众日常的工作学习需求无缝连接，以人民群众喜闻乐见的表达方式阐释高度抽象的政治话语、学术话语，推动博物馆话语在不同受众间有效传播和内化。

（三）更好地解决"怎么传播"的问题，构建更加立体多元、丰富多样的话语传播格局

当今时代，科学技术高度发达，传播媒介迅速发展，在传播学视域下重视博物馆话语传播应成为区域博物馆话语构建的重要路径。当前，区域博物馆受人才、技术、经费等因素影响，"说了传不开"的局面还未完全改观，存在不少需要注意和改进的地方：传播环境的创设还不足，通过情境创设、拟态环境、空间叙事等元素营造的外在传播力还不强；开展传播活动应用新媒介的能力和水平还不高，新兴技术手段介入延迟，或者是有形式没内容，形式与内容结合不紧密的状况还不少；传播过程中，展览、社会教育活动等形式同质单一、特色不强，吸

引力不高,设计开发能力不足,观众参与度互动性不高;关注新技术、传播策略多,忽视对传播效果的评估反馈等等。因此,新时代区域博物馆提高话语构建水平,要加强对话语传播的顶层设计,立足地方特色优势明晰传播什么、向谁传播、用什么方式传播、传播目的等问题;从博物馆建筑设计和空间布局入手,打造成城市文化地标,成为旅游目的地和网红打卡地,提高外在传播力;运用新技术,扩展传播形式,加快向"智慧""互联网+"转型,利用"VR+互联网"和"AR、MR+现实"等技术手段创新游览模式和展示方式,从娱乐项目、实景演出、庆典活动等实体互动模式入手,结合报刊、书籍、动漫、影视等传统媒体渠道,利用好"两微一端"和短视频APP等新媒体资源,让客户在线上和线下都能享受沉浸式体验,多层面增进对核心文化价值阐释的认知与理解,实现人民对于文化自信和文化认同的精神升华[11]。加强对传播效果的评估和研究,建立健全反馈纠正机制,更好掌握受众需求,推动补齐工作短板,提升话语传播水平。

【注释】

[1] 钟天娥:《中国特色社会主义话语体系:本质属性、价值功能与构建路径》,《理论探索》2018年第3期。

[2] 姚安:《博物馆十二讲》,北京:科学出版社,2011年,第1页。

[3] 韩庆祥:《中国话语体系的八个层次》,载爱学术网,https://www.ixueshu.com。

[4] 张钧然:《新形势下构建中国特色社会主义话语体系的路径研究》,吉林财经大学马克思主义学院硕士学位论文,2017年。

[5] 钟天娥:《中国特色社会主义话语体系:本质属性、价值功能与构建路径》。

[6] 赵君香:《中华文化传承与国际传播研究:博物馆的视角》,济南:山东大学出版社,2018年,第113页。

[7] 《博物馆条例》(2018最新版)

[8] 俞银先:《关于做好江西红色资源保护和利用工作的几点思考》,《党史文苑》,2019年11期。

[9] 赵君香:《中华文化传承与国际传播研究:博物馆的视角》,济南:山东大学出版社,2018年,第55~56页。

[10] 陆建松:《我们需要更多会为文物讲故事的人》,《瞭望东方周刊》,2018年第3期。

[11] 张冬宁:《国家考古遗址公园如何阐释和转化其核心遗产价值》,《中国文物报》2020年5月19日第六版。

迎接机遇挑战 共筑文化殿堂
——平津战役纪念馆通过展览讲好博物馆故事的做法与启示

王 悦（平津战役纪念馆）

摘要： 我国的博物馆是承载、保存并传播各具特色的地域文化的理想载体，融入地域文化也将使博物馆文化得以更好地发展、充实和提升，博物馆应抓住各地挖掘和发展特色地域文化之机，将地域文化的内涵融入各项工作，才能有利于发展。在这些地域文化的打造活动中，各地的博物馆要承担起什么任务，博物馆文化通过打造这些特色地域文化又能取得什么样的发展，这是个值得探讨的问题。

关键词： 博物馆；平津战役纪念馆；文化

博物馆是当今社会最重要的文化殿堂之一。几乎没有一种机构像博物馆这样负有如此之多的神圣的、公益性的使命——人类生存及其环境物证的收藏、保管、保护、科研、信息传播、展示、公民教育……博物馆就如一部综合性的百科全书，通过收藏的文物保存人类发展各个阶段的故事，但如何把故事用展览的方式传递给观众，并形成自身特色，是每个博物馆都必须面对的问题。时至今日，平津战役纪念馆已走过20多年，作为国家一级博物馆，全面、集中展示了平津战役的历史文化。它用展览讲述着自己鲜活可读、历久弥新的故事，在吸引观众，让观众学到知识、受到启发和思考的同时，也打造了自身独特的地域文化品牌。

一、利用藏品优势办展，宣教、展出手段推陈出新，反映地域文化特色

如何讲好中国故事，建立起属于自己的话语体系，让世界各国能够更好地理解并接受中国的表达方式，未来的博物馆外宣工作亟待破题。各地深入挖掘和打造本地特色地域文化，其目标和任务是要发挥其文化力的影响，"发挥其校正功能""重建社会价值体系，重建精神家园，重塑社会信仰，从而为构建和谐社会服务"，这就需要广泛、深入、迅速的传播，博物馆的陈列展览是负担这个任务的理想载体和形式。博物馆不但是文化遗物的收藏和研究机构，也是宣传教育机构，教育是博物馆十分重要的一项社会职能，而博物馆教育主要通过一系列陈列展览来实现。

博物馆的陈列展览不同于一般的美术作品展或商品、工艺品展，博物馆陈列展览是建立在对所征集的历史文物或特定对象进行深入研究基础上，向社会和群众展示和传播相关的知识、信息、思想、美感和精神等，达到教育和影响人的目的。陈列展览的作用与打造特色地域文化的目的和任务本身就是一致的。打造特色地域文化，就要把这些文化遗产转化成可供利用的历史资源，给文化遗产向历史文化资源转化创造了条件。只要人们通过参观博物馆陈列展览获得知识、信息或其他有意义的体验，博物馆收藏的文化遗产便成为服务于现实生活的文化资源。文化遗物倘若尘封在仓库或任由其自然的存在，都将是死物，要发挥其文化价值就必须让群众认识、了解并从中受到教育，博物馆进行收藏研究，并在此基础上举办陈列展览就是最直观、最有效的途径。

把握地域文化特色对加强博物馆展览的概念具有重要作用。全国有将近3000个博物馆，而且大多为当地的历史博物馆或者艺术博物馆，给人千篇一律的感觉。"为什么展""为谁展""展什么""如何展"的问题，成为平津战役纪念馆策展时不断深耕的要点，尤其在地域和馆藏优势下，更希望在实现社会效益最大化的同时，能与观众产生更深层次的地域文化共鸣。经历了《国家宝藏》《赢在博物馆》等央视的一系列大平台合作之后，博物馆越发受到公众的关注，社会关注度和影响力日益提升，这又对平津馆提出了新的要求。作为全国爱国主义教育示范基地，讲好红色故事、传播中国声音是新时代赋予平津馆人的新使命和新任务。如何利用展览讲述平津馆独一无二的故事，我们仍然要进一步研究和探索，在内容和形式上既要继承又要创新，让观众更乐于接受我们的工作，让红色文化、革命文化真正在观众中生根发芽

开花结果。

（一）举办特色展览，提供鲜活教材

利用好原有场馆，深入挖掘文化资源中蕴藏的生命价值，是确保平津战役纪念馆爱国主义教育基地永久魅力的根本所在。举办临时展览是体现纪念馆文化价值和功能的基本方式，是纪念馆与社会、公众联系的重要渠道，更是责任与担当。对于纪念馆来说，举办临时展览不是难事，但要每月都有新展览却不容易，在这方面平津馆幸不辱命。2018年，平津馆推出了"宣传贯彻党的十九大专题""抗日战争专题"和"社会主义核心价值观专题"三大类共12个主题鲜明、内容丰富的精品展览，让观众看得懂、听得进、记得住，触动内心。其中，原创展览《不忘初心 牢记使命——全体党员学习贯彻宣传落实党的十九大精神专题展》《信仰的力量——重庆渣滓洞纪实大型图片展》《地雷战》《地道战》《热血洒满黑土地》《抗日烽火在京津冀燃烧——纪念冀东抗日大暴动八十周年专题展》等主题展览，颂扬了革命先辈的丰功伟绩，让观众在这里重温历史，缅怀英烈，促进了思想情感的升华，在社会上引起强烈反响。2018年5月15日，京津冀三地签署留《京津冀博物馆协同创新发展合作协议》。为缅怀革命先烈，传承红色基因，推动京津冀协同发展在文化历史领域的合作，平津战役纪念馆自主创作了《抗日烽火在京津冀燃烧——纪念冀东抗日大暴动八十周年专题展》，本展览是京津冀协同发展在文化领域的深入实践，对扩大战史研究范围、讲好中国故事、传播中国声音方面发挥了重要作用。从某种意义上说，博物馆陈列就是展陈设计者与观众之间的互动交流。因此，近年来平津馆尽量避免简单的说教和图片式的低级呈现方式，在数量增加的基础上，致力于精益求精的展陈。由平津战役纪念馆申报的"天津市《踏

寻雷锋足迹》大型展览及基层巡展活动"最终荣获2012年度天津市最受市民群众欢迎的精神文明建设项目。

（二）创新讲解形式，让教育活起来

讲好红色故事，颂扬爱国主义精神已经成为当前革命类纪念馆工作的重中之重。平津战役纪念馆作为唯一再现平津战役辉煌历史的场馆，让更多的人铭记这段历史，让革命先辈的精神传遍津门故里、神州大地，是历史赋予平津战役纪念馆的神圣职责。为了尽好这份沉甸甸的责任，不断增强宣传教育的吸引力和感染力，讲解员在用传统方式讲解的同时，开动脑筋，大胆创新，采用快板、相声、表演唱等艺术形式进行讲解，深受观众喜爱。

"下面请听我为大家表演快板《不朽的岁月》。"报幕完毕，快板响起，"……话说一九四九年天寒地冻一月天，津沽大地风烟起国共两军战正酣……"讲解员的表演时而紧张时而平缓，抑扬顿挫声情并茂，观众们更是听得全神贯注。一段快板述说一个感人的故事，仿佛把大家又重新带回到硝烟弥漫的战争年代。一位观众看完表演对讲解员说道："你的节目太好了，用快板讲解我还是第一次看到，形式新颖、内容生动、感觉震撼、易于接受。比起普通的讲解更加充满吸引力和感染力，让我更加清楚地感受到，从解放战争到今天，我们国家发生翻天覆地的变化，也深刻体会到中国共产党的伟大。这次参观是接受红色教育中受益最深的一次，不仅全方位、多角度了解了革命先辈的思想，而且深切感悟到了革命先辈的远见卓识和不朽风范，受到了一次终生难忘的红色教育的洗礼，更加坚定了不忘初心，砥砺前行，把我们的国家建设得更加美好的决心和信心。"

爱国主义精神产生在中国的不同时期，与我们党的整个革命、建设和改革的历程相伴始终、与时俱进。在新的历史条件下，革命类纪念馆要创新宣传教育形式，发掘和利用红色文化独特的价值，用爱国主义教育激励新一代，把革命精神世世代代传下去。

（三）打造军事一条街，拓展教育战线

欣赏博物馆陈列的水平，不是看文物藏品的数量，而是如何扩大其文物的深度和广度，展示其文化内涵，文化宣传和文化渊源。一个博物馆的展览应该着重反映出当地的地域文化特色，只有把握地域文化特色、地理和文化优势，才能成为精品中的精品。为了更好地丰富展示内容，展现军事题材特色，发挥国防教育功能，吸引更多游客的参观热情，平津馆在上级的大力支持下，深入挖掘其内在价值，将接收的兵器进行维修保养后，倾力打造"军事文化一条街"。据统计，平津馆"军事文化一条街"共陈列大型兵器展品19件，总长度400多米，每月都有超过5万人次的观众和本市市民专程前来参观并合影留念，观众纷纷表示："这里面有很多难得一见的装备，更不要说近距离接触了。""军事文化一条街"为讲好中国故事、传播好红色声音、打好意识形态领域主动仗提供了鲜活教材，同时也创出军事文化和国防教育品牌。

今后我们平津馆人要以此为动力，持续开展好平津战役历史资料的搜集、挖掘、整理和利用工作，坚守好意识形态主阵地，为后人留下更多更鲜活的史料，让平津战役那段光辉历史熠熠生辉。

二、依托博物馆资源发展创意文化产业模式，打造独有文化品牌

大力发展文化创意产业，提高中国文化软实力和影响力，是我国文化发展战略的重要举措。2016年5月，国务院办公厅转发文化部、

国家发展改革委、财政部、国家文物局等部门《关于推动文化文物单位文化创意产品开发的若干意见》的通知，正式拉开了博物馆、美术馆、图书馆、文化馆等国有公共文化单位开发文化创意产品的序幕。发展文化创意产品是文化自信的具体体现，是贯彻落实中央关于"把革命文物保护好，把革命精神传播好，把红色基因传承好"指示精神的行动举措，是讲好中国故事、传播好中国声音的重要载体，是当前及今后一段时期的文博单位重点工作之一。近年来《国家宝藏》《天下寻宝》《我在故宫修文物》《如果国宝会说话》《文明守望》等大批鉴宝等文博类节目的热播，不仅将"博物馆热"从线上带到了线下、还带来了观众观念的转变，点燃了社会公众对于文物鉴赏和博物馆参观的热情，掀起了博物馆旅游的热潮。以中国国家博物馆为例，2017年共开放312天，接待参观总数超过800万人次，平均每天接待观众2.6万人次。此外博物馆还掀起了"文创产品热""古董收藏热"和"古玩淘宝热"等热潮，引发了强烈的市场"连锁反应"。由此可见，博物馆文创产品的兴起与消费升级相关。比如，随着人们收入的提高，旅游不再是"坐坐车、拍拍照"，而是升级到了更深层次的文化与生活体验。民宿代替传统酒店成为越来越多年轻人的选择。再比如，现在餐饮行业更多不再只是满足消费者吃得饱、吃得好，更要吃得健康、吃出文化，从而带动了各类特色主题餐厅的快速发展。同样的道理，博物馆以文创商品作为载体，借助互联网、粉丝经济等现代营销方式，将传统元素融入当代生活，正是迎合了消费升级背景下的全新文化需求。比方说，《国家宝藏》节目中为观众熟知的《千里江山图》，就被故宫进行系统设计和推陈出新，衍生出青绿山水项链、艺术桌垫、团扇、徽章、围巾等文创产品。在博物馆文创产品蓬勃发展的时代，在琳琅满目的商品中精心挑选一件富有特色的文创产品留存以示纪念，或赠送亲朋好友，是一件令人心悦的事。

平津战役纪念馆作为全面展示解放战争三大战役之平津战役的专题性纪念馆，记录了我党我军发展壮大的光荣历史，肩负着弘扬红色文化，传承红色基因、开展爱国主义教育和国防教育的神圣职责，为此我们的文创工作应当紧紧围绕纪念馆的性质、任务和使命来展开。我们确立了本馆文创产品研发的整体工作思路：一要根据"挖掘平津元素，突出军事特色，成系列、多品种，象征性与实用性并重，符合当代人审美需求"的总体原则。按照"先易后难、先简单后复杂"的工作路径，采取品质高、质量优、价格廉的商业模式，持续研发和拓展具有我馆特色的文创产品种类和数量。二是要强化知识产权保护意识，确保我馆每一件文创产品的独特性。三是要坚持党风廉政建设贯彻文创产品研发、制作、销售的全过程，做到既干成事，又确保清正廉洁；既发展事业又保护好干部；社会效益、经济效益双促进、双丰收。

随着文创产业的发展进入井喷期，博物馆衍生品开发也出现了同质化现象严重、产品设计单一等问题。有网民表示担心，过于泛滥的纪念品会造成对古人和文物的过度消费，使之成为丧失历史意义的"空虚存在"，还会影响国人对传统文化的"敬畏"感。文创产品的同质化已成为制约博物馆文创产业高质量发展的因素之一。红色文化旅游购物市场形势在变、消费群体也在变，而很多博物馆文创产品却一成不变。这些产品远远脱离了现代人的生活方式，陈旧的设计难以让年轻的客户买单。观众希望买到的是博物馆最具地域文化特色并且在其他地方无法购买的产品，应围绕"有趣""有用""有文化内涵"来做文章,聚焦不同消费群体的不同诉求点,抓住"刚需""痛点""高频"诉求,开发设计出识别度高、形象鲜明、高颜值的"走心"爆品。只要有好的创意,也能逆势挣钱。当然,这里的"创意"都是与博物馆有关的,都是围绕博物馆展览、充分利用博物馆资源的优势,这样即使是在商品销售的淡季,也同样能够营利。把创意置于地域文脉的整体语境中,以博物馆文创产品的研发视为地域文脉的场景化呈现,由此促进历史文化的创造性转化和创新性发展的系统性创意对博物馆文创产品研发者提出了更高的要求。因此,在文创产品研发方面,我们的总体设想是,根据我馆所肩负的职责和使命,围绕"珍爱和平""平津战役历史""国防建设"三大主题,推出文化用品、生活时尚用品、艺术品和寓教于乐的青少年用品等四大系列的文创原创产品。"和平系列"文创产品,旨在弘扬世界和平的主题,注重唯美与色彩,强调艺术性与现代感,符合当代人审美特点与需求。文化元素的提取着眼于世界和平的大视野,凡世界认同的"和平"寓意既元素,均可为我采纳。"平津战役历史系列"文创原创产品,旨在弘扬和铭记平津战役光辉历史,突出庄严、凝重特色。该系列文创原创产品依托馆藏文物资源进行,融入创意挖掘提取平津战役文化元素,让文创产品"火"起来。"国防系列"文创原创产品,紧扣国防教育的主题,突出强军梦,研发出品仿真性、实用性兼具的文创产品,满足广大军事爱好者、户外运动者的需求。

在物质生活丰富起来的同时,老百姓也更关注日常生活的审美,期待传统文化走进自己的视野,而这既需要专业的文化创意与设计,又离不开产品背后的情怀支撑。博物馆等非营利机构的人力物力有限,并且主要都用在专业研究领域,文创产业的可持续发展需要积极探索产品授权、多方合作的共赢模式。同等重视线上、线下销售,是我馆文创产品营销的基本思路。我馆出资建设平津文创产品营销平台,开设"平津文创商城",加强与"博物馆商店"等网站的对接,积极推介我馆的文创产品,拓宽销售范围,努力增加销售量。同时,计划整修文创商店,使之成为博物馆的新热点、新亮点,让购买文创产品成为观众参观博物馆不可或缺的内容,让"把博物馆带回家"成为一种时尚生活方式。

目前,消费者对文创产品的消费行为是一种文化或场景的情绪发酵,消费产品的同时消费者希望带走的其实是文化体验,一次性消费变成了长远的体验性消费。文创产业要实现健康有序发展,必须兼顾经济效益和社会效益,注重保护文物的历史价值和传统意义。有了历史积淀作为支撑,文创产品才能真正体现中国传统文化的醇厚韵味。

三、科技支撑、深度体验,将新方法、新技术、新手段应用到博物馆自身的管理和展示中

互联网信息技术、数字技术、虚拟现实技术、人工智能技术等科技的进步为博物馆发展插上了腾飞的翅膀,并衍生出微信、微博、短视频、APP等众多交互媒体平台,为今后博物馆智慧化发展指明了方向,促使博物馆的展陈质量和水平不断提升,文化装备产业的发展也助力博物馆旅游产品的丰富化、体验方式的深度化,使博物馆从传统的说教式展陈向多样化、复合型、互动式的展陈方式转型,从而提高观众的旅游体验质量。因此,在当前的信息化科技时代,应将互联网、物联网、大数据、虚拟现实、

人工智能等科技手段充分融入博物馆标识体系、解说体系、保护与开发当中，丰富博物馆的陈列展示、服务管理、开发利用方式，让博物馆能"说话"、会"说话"，说"文化话"，说"通俗易懂的话"，让古老文物在新时代融合新鲜血液，焕发新的生命力，让冰冷的、静态的博物馆藏品"活起来"。打造有温度、有情怀、并且创意感十足、穿越感极强、科技化融入、人性化彰显、互动性充盈的现代化博物馆，从而调动观众积极性，激发观众兴趣，延长观众游览时间，增强观众体验黏性。为了让陈列文物"活"起来，平津战役纪念馆的展示手段也一改以往陈旧的模式，采用多种艺术手法和现代声、光、电等技术相结合的手段，以强烈的视觉语言真实、完整地再现了平津战役波澜壮阔的历史过程，震人耳目，感人肺腑。整个馆将建筑、雕塑、绘画、影视等综合艺术巧妙融为一体，在展示和游客线路设计上力求身临其境和游人的参与性，多年来为广大游客所接受和喜爱。由于科技资讯的不断发展，旅游业也朝着多元化展示途径和顾客导向发展，作为国防教育基地的纪念馆为了弘扬爱国主义精神，普及国防教育，在馆区内设立了军事体验园。体验园科普区以中国人民革命军事博物馆等主办的"国庆大阅兵回顾展"为主体，展现中华人民共和国成立以来历次阅兵大典的壮观场景。在这里，近百件先进的武器装备模型集体亮相。其中，按1∶1比例精心打造的歼10战斗机、武直10直升机、中国99式主战坦克和东风21导弹车雄踞在此。在国防文化展区，展示了大量珍贵的历史档案和影像图片等资料。在体验区和挑战区中，参与者可以近距离观看并体验战斗机飞行模拟器。现场还配备有基于当下科技界热点AR技术的互动游戏。参与者可身临其境，变身"猎鹰勇士"。除此之外，还有航母保卫战、索马里护航、宇宙探险、无敌神枪手、神威导弹兵和守卫钓鱼岛等众多精彩体验项目，吸引了不少孩子和家长前来近距离感受，他们在这里穿军装、打枪靶、体验模拟器，一圆成为小战士的梦想。近年来，纪念馆在互动式、参与式和情境式的展示教育中不断探索，游人反映极好，并且在互动、参与的过程中对内容和形式又提出了不少建设性改进意见，相互的交流使游人和管理者均获得满意的效果。通过以上活动，在公众与纪念馆之间建立起沟通的桥梁，纪念馆与公众双方的社会互动提升了纪念馆的公众教育与服务这一社会职能，真正实现了大众化的普及教育。

在体验经济时代，博物馆需要牢牢抓住游客的视觉、味觉、嗅觉、听觉、触觉，用激光、虚拟现实技术等抓住观众的"眼球"，用地方小吃、特色美食等打开观众的"味蕾"，用花香、泥土、海水等味道展示"自然气息"，用唱片、磁带、老式录音机等物件还原"历史留声"，用剪纸、雕刻等形式触摸历史的"印记"，从而为游客提供全方位、综合性的感官体验。同时，通过节事节庆活动（文博旅游节、文创集市大会）、知识闯关体验活动（文字游戏大闯关、科普知识大比拼）、现场创意活动（彩陶绘画体验、书法临摹体验、用积木搭建自己心中的楼阁），以及博物馆"寻宝之旅""跟着博物馆去旅行"等夏令营活动和科普研学活动设计，打造令人眼前一亮、为之一振的新亮点、新产品，为游客制造兴奋点、新惊喜，从而让游客观众"嗨"起来。近期，"优谷朗读亭"现身平津战役纪念馆，吸引了众多的观众朋友。"朗读亭"里"麻雀虽小，五脏俱全"，配置有专业的音响系统、电子屏幕，系统自带诗词散文、经典文学、红色故事等大量数字朗读资源供读者选择。观众纷纷在"朗读亭"前排起长队。平津战役纪念馆的讲解员也在"朗读亭"中与朗读者一起交流朗读技巧。"朗读亭"是平津战役纪念馆全民阅读推广工作的创新尝试，它为观众提供了一个私密的朗读与情感传递空间，为平津战役纪念馆红色文化宣传工作增添了新的内容，为发扬"崇文重教，诗书传家"的优良传统提供了一种新的思路。游客在这里可以体会"朗读亭"带来的乐趣，倾听"朗读亭"传送的红色声音。为了更好地发挥爱国主义教育基地宣传教育的功能，还利用高科技手段采用多台多媒体查询系统，为游人提供了大量平津战役历史资料和中国革命历史的最新资讯。同时，纪念馆积极充实教育内容，丰富陈展形式，开展网上数字展馆建设，努力争创精品工程，从而实现以特色树品牌，以品牌促发展的良性循环发展。

就博物馆、纪念馆而言，尤其是青少年一代，由于受当今世界文化大流通的影响，他们的思想观念、审美标准、看问题的角度等等，都与上一代人有着很大的差异，因而对青少年的教育和引导显得更为重要，而教育的方式方法问题也就摆在了我们面前，如何运用多元化的展示方式和展示效果将目前的展品导向迈入观众导向就是一个刻不容缓的问题。只有将先进的陈列艺术和现代的科技手段相结合，各类展览才能更具吸引力和感染力，才能达到内容与形式的完善统一。观众通过博物馆提供舒适化的观展环境、趣味性的互动体验装置及各种媒介，能够激发自身的想象力与创造力，落实行动力，真正参与进博物馆的各种活动中，在"特定的情境中体验、发现、反思，从而对特定知识产生兴趣，将被动的参观变为主动的学习和创造过程。"这对于观众自身尤其是青少年群体来说，无疑是一件美事。

当今世界，科技高速发展，日新月异，文化的相互交融，全球文明带来世界范围内的文化趋同，文化的多样性和特色逐渐衰微，拯救地域文化，时不我待。"文化自信是更基础、更广泛、更深厚的自信。""要让文物说话，让历史说话，让文化说话。"博物馆在文化传播方面都负有重要任务，在文化积累与文化交流方面都具有广阔天地。近年来，博物馆人着手从展览、藏品和博物馆空间等方面，借鉴世界博物馆的发展经验，创新实践，为观众提供多样化、具有广泛参与性的博物馆文化，提升参观感受，从而使博物馆独特的文化价值得到发挥，推动了社会的和谐发展。

长三角一体化语境下区域博物馆开放性叙事探究

赵甜甜（安徽博物院）

摘要：传统的区域博物馆叙事以封闭自足的线性叙事为主。封闭性叙事固然能够强化对区域文化的集中阐释，但也同时有明显的"视野局限"。长三角一体化发展要求基于现代意识和全球眼光去推动具有当代价值的区域文化一体化建设，在文旅深度融合发展、大运河文化带建设等国家政策背景下的"新江南文化"建构，要求区域博物馆叙事模式从封闭性向开放性转化，更加强调区域文化之间的交互联动。区域博物馆的开放性叙事建构，借鉴大英百物展叙事创新对旧有叙事模式进行打破，从叙事空间的开放性、叙事结构的对话性和跨媒介叙事三方面重构博物馆叙事机制，让博物馆叙事既能够反映区域历史和故事，也能够对当下进行表述，更具主动参与性。探索建构"江南文化"的博物馆整体叙事路径，从物的关联、主题展览和当代性叙事三个角度给予博物馆实践例证，并试从理论层面探索为区域博物馆开放性叙事建立新的"物的关联"。

关键词：长三角一体化、区域博物馆、江南文化、大运河文化带、开放性叙事

一、视野局限：区域博物馆的封闭性叙事结构

叙事，字面意思就是讲述故事。在结构主义理论中，叙事由"故事"（story）和"话语"（discourse）两部分组成，故事指的是"讲什么"，即内容与实存；话语指的是"如何讲"，即内容进行表达和传播的方式。在文学、电影、音乐等艺术领域，叙事结构包括线性叙事、非线性叙事和反线性叙事。线性叙事结构严格按照单一的时间向度来组织安排，注重故事的完整性和时空的统一性，体现为内在结构的因果逻辑和外在结构的线性形式，呈现为一个静态的、内在自足的封闭体系。非线性叙事是由同一主题连接起所有故事或情节线索的松散结构，意在打破时空的统一性，利用嵌套、双时空、主题–并置、复调等手法，更强调非现实的心理结构和开放式结局。反线性叙事是对叙事的解构，有意去故事、去情节、去结构，更多表达一种难以言明的情绪或哲思。从叙事学发展历

程来看，线性叙事作为一种经典叙事手法，最容易被观众接受；非线性叙事则随着现代人理解力的提高也逐渐获得观众的理解与认同；反线性叙事更多是实验性质的，多用于先锋艺术。随着20世纪90年代末后经典叙事学的崛起，叙事在新的开放性视野下，部分解构了以往的叙事学理论框架和概念，更加注重受众与社会、历史、文化语境的关联，以及自身的跨学科、跨媒介研究。叙事也逐渐被置于人类文化和人类心理构成的宏观语境中，在文化实践中得到广泛应用。

博物馆叙事基于文物实存与考古研究成果，以展览为主要叙事媒介。区域博物馆根植于所在地区，收集历史遗存和展示当地文化多样性，通过内在自足的封闭性叙事强化对区域文化的集中展示，由此建立地域特色，塑造和传达认同感。传统的区域博物馆封闭性叙事，以地方通史陈列为主要呈现方式，其建构于中国通史的宏大线性叙事逻辑之下，以朝代更迭为划分依据去展示地域历史文明的发展脉络。线性叙事构建起完整的时间轴和历史序列，但出于因果逻辑的需要，也在一定程度上挤压了地域特色的展示空间，这一地方叙事主动性的缺失由地域特色专题陈列予以补足。以安徽博物院为例，"皖风徽韵——安徽历史文化陈列"由一个地方通史陈列（"安徽文明史陈列"）和四个专题陈列（"徽州古建筑""安徽文房四宝""江淮撷珍""新安画派"）共同组成，荣获第十届全国博物馆十大陈列展览精品奖。这种打破通史陈列窠臼，从自身藏品优势和地域文化特征出发，以历史发展顺序纵向排列，文物精粹分列专题横向展开，多个陈列组织成展的区域博物馆基本陈列方式，在20世纪90年代曾被全国文博界誉为具有推广意义的"安徽模式"。

封闭性叙事固然能够增强对区域文化集中阐释的力度，但同时也有明显的"视野局限"。主要体现在三个方面：一是作为展品存在的"物"，自身所携带的大量信息被遮蔽。物品经由博物馆化（musealisation）作为独立的展品进入展厅展示环境，成为构成展览线性叙事逻辑的微观粒子，这就隔断了存在于历史场域中的"物"与"物"的关联，以及"物"与宏观社会文化语境的关联。"物"自身所蕴含的社会、文化、哲学、美学等元素，以及在岁月变迁中不断累积的历史信息（物的"传记"），都被隐藏起来，遮蔽了视线，也抑制了多元发声的可能。二是基于通史逻辑的展览叙事，无法打破博物馆作为跨学科研究的壁垒。通史线性叙事基于考古学和历史学的既有成果，呈现相对稳定的"完成"状态。而随着新博物馆学和社会结构变革日益推动博物馆进入文化理论的研究视野，博物馆研究要求社会学、艺术史学、符号学、人类学、心理学、教育学等多学科的交叉融合，博物馆研究的地域与边界被极大拓展，开始寻求突破单向度线性展览叙事的多重路径。三是作为知识权威的展览，隔断了与观众，以及与当下社会、历史、文化语境的关联。基于全知视角的线性展览叙事，营造出一种客观超然的历史语境与知识权威形象，观众被视为被动的接受者，而非主动的参与者。自我完成的区域叙事形成封闭的知识空间，一方面不具有社会生长性，难以与当下语境形成互动，这与博物馆作为"社区焦点"，发挥"文化中枢"作用的当代使命不相符；另一方面，也隔断了跨区域文化在相似进程和相互交流之中产生的交错关联，这与当下区域一体化建设推动文化共建政策亦不相适应。

二、政策语境：长三角一体化发展与"江南文化"

2018年11月，长三角区域一体化发展上升为国家战略。根据中共中央、国务院印发的《长江三角洲区域一体化发展规划纲要》（2019年12月），实施长三角一体化发展战略，意在引领我国参与全球合作和竞争，也为了探索区域一体化发展的制度体系和路径模式[1]。这一愿景体现在区域文化一体化建设层面，就要求基于现代意识和全球眼光去建设具有当代价值的"江南文化"。2018年6~11月，解放日报·上观新闻先后推出"江南文化回望与前瞻"访谈录、"上海文化品牌建设之江南文化大家谈"系列访谈，探寻历史上的江浙沪皖四省市在孕育、丰富和发展江南文化的过程中所做贡献与相互联动，提出在新时期建设以上海为龙头的"新江南"文化的学术设想[2]。12月，江苏省委宣传部主办首届"江南文脉论坛"，从多元文明、人文传统、精神家园、地域文化、共同记忆等角度，在世界文明与中华文明的大背景下探讨如何提升江南文化的品牌力、传播力和影响力。2019年10月，"首届长三角江南文化论坛"在上海举办，由四省市社科联牵头，推动学术界致力于区域文化与江南文化的融合与创新发展研究，在长三角更高质量一体化发展的大背景下，持续挖掘利用江南文化资源，深化区域文化交流融合，推动区域文化协同发展。

2019年2月，《大运河文化保护传承利用规划纲要》印发，通过共同开展文化遗产保护展示、河道水系资源条件改善、绿色生态廊道建设、文化旅游融合提升4项工程，以及精品线路和统一品牌、运河文化高地繁荣兴盛2项行动，打造大运河璀璨文化带、绿色生态带、缤纷旅游带[3]。以此为契机，在文旅深度融合发展的战略机遇期，推动江南文化版图内纵向的运河文化共建，与"文化圈"意义上的长三角区域文化一体化形成联动，将成为"江南文化"建设的重要发力点。

在此宏观政策背景下，四省市博物馆也积极参与长三角区域文化共建活动。2018年5月，上海博物馆、南京博物院、浙江省博物馆、安徽博物院等四省市区域博物馆参加"博物致知"首届长三角博物馆教育博览会，并在上海成立"长三角博物馆教育联盟"。11月，参加首届长三角文化产业博览会。12月，参加首届江南文脉论坛"博物馆与江南记忆"分论坛，从考古成果、特色展览、藏品体系三方面梳理整合江南文化记忆。2019年11月，参加第二届长三角文化产业博览会，签订《长三角地区推动文物博物馆一体化发展战略合作框架协议》《长三角三省一市博物馆协会（学会）战略合作协议》《长三角三省一市博物馆文创联盟协议》三项协议，长三角文博圈正式形成。纵向上，在大运河文化带建设方面，2018年6~8月，大运河沿线八省市共同举办大运河文化带非遗展，启动文化遗产创新创意设计大赛和大运河文化之旅三项活动，其中，文化遗产创新创意设计大赛分赛事由省级博物馆承办并组织讲座、沙龙、研修、展示等主题活动。

总体来说，区域博物馆参与长三角区域文化共建，目前尚停留在政策运营层面，较缺乏主动参与意识。尤其是将"江南文化"共建内化到区域博物馆叙事中去，还需要一个相当长的自发自觉与学习转变的过程。但在长三角一体化发展的宏观政策形势下，区域博物馆参与区域文化记忆构建与创新发展，树立全球视野，建构当代性，在江南文化的整体叙事语境中向开放性叙事转化，强调观众对话，重视区域文化联动，已成必然。

三、话语建构：区域博物馆的开放性叙事探究

（一）打破与重构：大英百物展的叙事模式借鉴

以一百件藏品讲述从两百万年前到至今的人类历史这一"不可能完成的任务"且获得巨大成功，最初的荣誉归于2010年BBC播出的《大英博物馆世界简史》系列节目，其叙事规则由BBC广播马克·达马泽制定，要求物品尽可能公平地选自全球不同地区；尽可能多方面地展现被证明切实可行的人类经验，让观众了解各个社会的全貌；既收录伟大艺术品，同时也包含日常生活必需品。BBC认为，虽然无法看到文物本身，但听众能通过"想象"这一种特殊的欣赏方式，对文物自发地展开讨论，从而创造出属于自己的历史。麦格雷戈在《大英博物馆世界简史》一书的导言"来自过去的讯息"中就叙述者这一非同凡响的叙事理念进行了概括：对文物的选择在于讲述多个故事而非单一事件；对文物的排列既仰赖对史实的科学排序，也存在"必不可少的诗意"地重构；注重对不完整保存的文物的利用；重视文物的"传记"性质；将多种不同的声音与观点纳入视野；文物具有局限性，研究者与讲述者要始终保有开放的心态[4]。正是与BBC这一跨媒介合作，突破了博物馆依赖封闭叙事与文物展示的传统思路，为其后大英百物展全球巡展的轰动奠定了基础。

BBC广播节目为大英百物展带来的叙事创新，上海博物馆馆长杨志刚曾于2017年6月大英百物展在上海博物馆巡展期间对其做出过客观评价："'大英百物展：浓缩的世界史'是一个极具突破意义的项目。突破之一，在于它不落窠臼，从人类创造的物品，而非本身就带着主观性的文字记载来讲述历史；突破之二，在于它囊括了200万年前到当代的来自全世界的人造物品，打破了考古学、历史学、艺术史学传统上的学科壁垒；突破之三，也是最重要的，它向我们展示了各个文化独立发展过程中的相似进程，以及这些文化发展到一定程度后互相间产生的联系和冲突，彻底更新了我们对'全球化'的认识。"在大英百物展中，文物不再作为微观粒子被安置于历史的线性叙事逻辑之下，而是最大限度地被解读出自身所携带的"跨越时空所传递的信息"，从更加真实、也更加本质的角度讲述人类在历史进程中的进化与分裂、信仰与堕落、希望与绝望。展览带给观众的震撼不只是对世界史或全球化在认知上的彻底更新，更有心理层面的沉浸感与深刻的移情效果。或许大英百物展本身不可复制，但杨馆长所说的展览三大"突破"，正是破解区域博物馆封闭性叙事"视野局限"的三大关键：文物说话、学科交叉、相互关联性。

事实上，大英百物展的叙事创新远不仅于此。重新回到BBC广播所自信的，受众以"想象"创造属于自己的历史这一提法。如果说博物馆展览是在讲述故事，那么观众参观展览的过程就是以一种隐喻的方式，将故事从头至尾读完。受考古成果与随机捐赠的局限，博物馆所讲述的历史故事与实物藏品体系很难完全匹配，这就天然形成了博物馆叙事的碎片属性，需要观众运用想象力予以补足。观众参观展览的过程，亦是观众想象力参与博物馆故事建构的过程。这一认知直接推动了博物馆叙事进入后经典叙事学的领域，影响深远。麦格雷戈基于这一认知所指出的叙事者自身的开放心态、诗意的重构、对非线性叙事技巧的使用等，都值得区域博物馆去研究与借鉴。

（二）故事与话语：博物馆开放性叙事机制

1. 叙事空间的开放性

叙事空间包括故事空间（story-space）和话语空间（discourse-space），前者指故事发生的当下环境，后者指叙述者所在的空间。在博物馆叙事中，故事空间即是展品空间。由于展品被剥离了原始语境，其故事空间事实上已被消解掉，需要借助文字、展板等辅助手段，在观众脑中形成半虚构空间，由观众自己在意识中进行故事的完整性建构。博物馆的话语空间即展厅空间。观众位于话语空间内部，空间转换随着观众的自由移动发生连续变化。博物馆的故事空间与话语空间通常是分离的，仅在直接进入展厅展示的历史遗迹之中实现二者在叙事上的统一。博物馆藏品边界的拓展推动非实物展品，如：社会记忆、社会现象、自然现象等进入展厅，这些非实物展品借助于辅助展品系统，最终也是以实体空间的形态向观众呈现。区别于小说与电影的虚拟叙事，博物馆依托于文物实存与实体空间的展览叙事，反而能够在信息极易获取的时代，带给观众独特的博物馆体验。博物馆的社教讲解、信息宣传、文创研发进一步延展博物馆的叙事空间。2020年国际博物馆日期间，南京博物院联合18家博物馆共同推出"水韵华章——博物馆文化创意设计展"，分为"沟通的桥梁：展览""活化的空间：文化衍生品"和"探索的乐园：社会教育活动"三个单元，可视为博物馆对叙事空间拓展认知的例证。

区域博物馆叙事空间的开放性，在故事空间上，需要叙述者放松展览叙事的逻辑链，由观众接收叙事碎片后，调动各自的知识储备自行编码，形成不同于与策展人预设的叙事理解。尤其是展品叙事，可部分脱离展览叙事逻辑，讲述自身"传记"，衍生出主题之外的其他故事，牵引出与其他区域文化的关联性，形成微观层面的开放格局。在话语空间方面，可以不设定固定动线，让观众自行选择参观路径。但这种开放性并不意味着任由观众置身于数据库的混沌之海，而是预设了主题，再依托非线性叙事手法进行巧妙引导。非线性叙事模式中的"主题 - 并置叙事"最值得被博物馆叙事所借鉴。围绕某一个确定的主题，所有的故事或情节线索被并置在一起，而相互之间并无特定的因果关联或时间顺序。观众可以随意选取一条支线进入其中，根据自身心理偏好和情感卷入，触发对主题的不同理解与感悟，最终形成开放式的展览结局。如南京博物院2020年国际博物馆日主题展览"融·合：从春秋到秦汉——中国传统文化中的多元与包容"，就是以"多元与包容"为主题，分别从政治经济、思想文化、社会生活、交流融合等方面予以阐释。

当代性在另一个层面深刻影响着博物馆叙事。展览叙事空间逐渐与城市化时代背景相契合，与当代社会文化语境相呼应。在"为了明天收藏今天"收藏理念影响下，展览题材开始打破传统叙事空间隔离现实的情境自足性和封闭感，对现实生活呈现强烈的开放性；博物馆服务社区理念的深入，也推动展览题材向城市化空间倾斜，面向城市青年社群，聚焦城市生活百态，反映城市化问题。浙江省博物馆于2020年7月展出的"'浙'里长城·浙江省抗击新冠肺炎疫情纪实展"，就是对当前这段特殊的时代记忆的物化呈现。疫情期间，虽然博物馆闭馆或限流，但都面向社会公开征集与疫情紧密相关的见证物并筹备主题展览，而社会各界的热烈响应与支持，本身也构成了博物馆开放性叙事的重要组成部分。

2. 叙事结构的对话性

一方面，当代博物馆更加强调交互性，提供创意与知识的平台，让观众共同创造、分享与互动。另一方面，"博物馆疲劳"（museum fatigue）的客观存在需要更有效的、有趣的展览叙事。叙事结构的"对话性"主要体现在文本表述与受众接受之间的强烈互动，推动观众积极主动参与文本意义的建构。南京博物院民国馆可谓博物馆对话性叙事典范。展馆真实还原了民国时期繁华的都市街景，街道上有邮局、火车站、理发店、中药铺、书店、银楼等可履行实际功能的实体店铺，观众漫步其中，可以邮寄信件、按方抓药、选购书籍美食等，身临其境地体验民国社会风情。此外，展览叙事还可以借鉴非线性叙事结构中的悬念、断裂、个人叙事等叙事策略。博物馆叙事的悬念设置，可以形成一定的叙事张力，引起观众的心理期待与探究式沉思。如宁波博物馆于2019年7~9月展出的"我从海洋来——从鱼到人的生命之旅"，在引言部分就向观众提问："演化的参加者是谁？演化的时间怎样衡量？古生物学家通过什么样的可触摸的线索分析演化的过程？"从一开始就激起观众的探究心理。由设问引出的分形叙事在博物馆展览中已经得到运用。分形叙事认为单向度的线性叙事不足以表达清楚复杂的因果关系，一对多、多对一的因果逻辑要求在叙事的某个节点产生分叉，以及其后的连续分叉，从而形成全面的开放格局。由设问提出悬念，再流向不同的可能性，需要观众在参观过程中充分调动自身经验与知识储备，做出选择并重组文本，展览自身则在与观众的互动中形成更有效的历史叙事。

传统的线性叙事迎合了观众的日常思维逻辑，但也因此对处于复杂现实中的当代人来说，欠缺了思维挑战与审美趣味。叙事舍弃连贯性，淡化次要情节，以闪回手法突出"决定性瞬间"，呈现出断裂或破碎的结构形态，反而能够更有效地调动起观众的参与积极性，唤醒观众自身的建构能力，从而实现叙述者与观众的积极对话，叙事也通过这种对话关系重获结构的统一。如浙江省博物馆"越地长歌"展第五单元讲述浙西海塘的建设，用大事记淡化自唐朝以来的海塘建设历程，在叙事的末端集中讲述明清修建的鱼鳞海塘，凸显在明清时期潮灾频繁、海塘修筑备受政府重视的历史阶段，以及鱼鳞海塘在古代筑堤的建造工艺上达到了艺术价值的最高峰，用的就是闪回手法。博物馆还可以通过空间化的场景叙事来凝固这一"决定性瞬间"，营造突兀感。此外，依托辅助展示手段，在展厅设置沉浸式项目、互动式游戏或开放式观影等，也可有效放大叙事的对话效果，并进一步延展叙事空间。

当不可避免需要宏大叙事时，运用情感策略强化观众认同感的个人叙事，对观众来说就显得尤为重要。当代博物馆开始重视对记忆与现象的采集，口述史的重要性日益提升。2018年，苏州博物馆出版《治画记忆——苏裱国家级非遗传承人范广畴谈艺录》，就是口述史田野调查的学术成果。而口述史在博物馆展览中的植入，不但可以实现叙述者与观众的直接交流，让展览实际变成动态的信息流和开放可调整的系统。更重要的是，口述史作为社区情感、记忆和文化的载体，能有效拉近与观众的距离，强化移情效应，将客观叙事变成带有情感温度的主观物质，从而对观众内心造成触动，达到博物馆培养情感、态度与价值观的教育目标。如南京大屠杀遇难同胞纪念馆于2017年12月推出的"南京大屠杀史实展"，其档案墙摆放了1万多盒大屠杀个性化档案资料，都是根据幸存者、死难者遗属口述以及档案馆收藏资料搜集整理而成；展览文字也植入了口述内容，实物与口述的结合，其真实性与画面感带给观众强烈的震撼与心理冲击，也将升华为刻骨铭心的历史记忆与对和平发展的强烈憧憬。

3. 跨媒介叙事

数字技术深刻地影响了媒体世界。在媒介大融合的潮流中，任何一种媒介形态的叙事都不再是单一与纯粹的。大英百物展就是BBC广播与大英博物馆合作而诞生的跨媒介叙事典范。新媒体环境下，数字展览、社交媒体、线上活动、文创IP授权等不断推动博物馆叙事的开放性、互动性转向，博物馆叙事日益走向多元与复杂，并渐次形成多种叙事形态共存的发展态势。近年来，《国家宝藏》《如果国宝会说话》等节目的热播在全社会掀起"博物馆热"。故宫文创让600岁故宫成为超级网红，IP开发热度转向推动，博物馆IP运营时代来临。腾讯、阿里巴巴、百度等科技巨头纷纷布局文化产业，建立数字博物馆，推出互动小程序，开发文博创新项目，已实现敦煌、故宫等文化IP数字化落地。2020年初，国家文物局政府网站推出"博物馆网上展览平台"，居家云观展成为新冠疫情防控期间文化生活新方式。2月以来，抖音、淘宝、腾讯、快手等大型互联网平台相继举办"云游博物馆"直播活动，日观看量超过千万，博物馆直播成为文博数字化发展新趋势。博物馆通过官方网站、微信、微博等自媒体开展的展览宣传也如火如荼。跨媒介叙事迎合了当代人试图理解并主动参与到正在变得日渐复杂、多元与融合的现实世界之中的心理需求。在博物馆的跨媒介叙事中，观众不仅看到区域的历史与故事，更能够通过网络互动进入博物馆的叙事之中，做出个人化表达，既构成线上博物馆叙事的一部分，也创造出一个具有社会生长性的故事和话语空间，从而搭建起博物馆"超级互联"的交互式知识与创意平台。

（三）探索与实践：博物馆讲述"江南故事"

1. "江南文化"整体叙事路径建构

故事通过视点（point of view）建构意义，帮助人类建立基本的价值观，以理解世界和自己。2013年，美国博物馆联盟年度主题定为"故事的力量"（Power of Story）。拥抱故事讲述，意味着博物馆在展览叙事层面，真正从"以物为中心"推进到"以人为中心"的当代转向。2015年，美国大都会博物馆首席数字官斯瑞·斯瑞尼瓦桑（Sree Sreenivasan）在接受采访时提出，未来的关键在于讲故事；实体与虚拟世界、个人经历与网络，正是通过"讲故事"这一方式实现联结。在长三角一体化发展的政策背景下，区域博物馆想要参与江南文化记忆建构，从档案的保存场所转变为主动传播的媒介，那么拥抱开放性，以交流联动的方式讲述"江南故事"就显得尤为重要。

从宏观语境来看，历史上，吴文化、越文化、徽文化、海派文化等分支在不同时期各领风骚，交相辉映，共同构成江南文化的底蕴，但作为后起之秀的徽文化、海派文化又明显区别于核心区的"水乡江南"，边缘区域文化如何实现与核心区文化的交融，是一大挑战。在当代，上海作为长三角唯一首位城市具有强大的辐射带动作用，随着长三角城市群成长为世界第六大城市群，一个以上海为龙头，长江为龙身的沪江浙皖"新江南"正加速崛起，这就要求建设以上海为龙头，兼具中国特色和世界意义的"新江南文化"，区域文化共建如何在继承传统江南文化的基础上合理扬弃和超越，也需要进一步的探索与实践。

历史与当代的江南文化版图错位，一方面要求打破旧有的封闭式文化格局与研究范式，以开放性视野厚植共性根基，探索四省市区域文化与江南文化的创新融合发展路径，重构"新江南文化"版图；另一方面，花开数朵，各表一枝，也要突出地方特色，进行差异化运营，在当代语境中建构本区域的共同记忆与"自我认同"。与此相对应的区域博物馆叙事，一方面，基于"江南文化"的宏观视角，从单纯对"物"的关注转移到主动寻找"物"与"物"相互间的关系和隐性逻辑，通过数字技术予以呈现；从专题展览转向主题展览，围绕一个文化现象，把不同类别的馆藏文物串联起来，反映一个主题，这两种开放性叙事实践都将推动"江南文化"整体叙事的建构。另一方面，面对共同的当代处境，区域博物馆转向城市化、生活史、女性史等主题的当代性叙事，既能强化区域自我认同，也能实现共同语境中的彼此呼应。

2. 长三角区域博物馆叙事实践

从长三角区域博物馆叙事实践来看，三种开放性叙事路径可以分别从上海博物馆"每月一珍"（物的关联）、"春风千里——江南文化艺术展"（主题展览）、安徽博物院"向往——'我'与安徽改革开放四十年"（当代性叙事）三个典型案例予以例证：

比起作为区域博物馆，上海博物馆更多是一个大型艺术类博物馆。2015年上博官网推出"每月一珍"栏目，当时还没有长三角一体化发展的政策语境。"每月一珍"的初衷是精心打磨"一件文物的数字展"，让观众在多种形式、不同观点的立体维度中建立起对文物的自我认识。虽然如此，在长三角区域文化共建才提上日程，区域博物馆开放性叙事尚未跟上的当下，"每月一珍"着力于"物的关联"的开放性叙事，对区域博物馆未来的叙事路径仍然具有十分重要的借鉴意义。以唐孙位"高逸图卷"为例，第一部分"禁苑遗珍"阐释了图卷内容和收藏历史，链接了4幅图、4处标记和2篇文章，覆盖《宣和画谱》、收藏家李玮简介、宋代内附收藏印、题跋释文、画商靳伯声简介、陈毅市长批准购入凭证等；第二部分"情高格逸"讲述画家生平、艺术风格、历史评价和艺术史背景，链接1张图表、2组图和1篇文章，覆盖顾恺之同名画作列表、大英博物馆《女史箴图卷》、阎立本《历代帝王图》、梁令瓒《五星二十八宿神行图》、《历代名画记》疏密二体阐述；第三部分"林下之风"讲述图卷所表达的竹林七贤故事，衍生中国人物画历史概述，链接4幅图、3组比对图和4条延伸阅读，涉及竹林七贤简介、容启期人物简介和相关文物、西善桥东晋墓砖刻《竹林七贤图》比对、如意源流、麈尾简介、《洛神赋图》、墓葬壁画、《簪花仕女图》；第四部分"衣冠风流"讲述魏晋时期的服饰、酒器、家具等，内容上结合了沈从文《中国古代服饰》和鲁迅《魏晋风度及文章与药及酒之关系》，链接3幅图和5组图，涉及六朝青瓷瓠樽、汉代战国凤鸟纹耳杯、南里王村唐墓壁画、唐房龄公主墓壁画仕女图、银鎏金杯盘、青铜俎或案、曾侯乙墓漆几、大都会博物馆藏东魏武定元年李道赞等500人造像碑等。可以说，"每月一珍"在真正意义上打破了学科壁垒，在文物诠释的深度上形成突破，成就了信息量巨大的"一件文物的数字展"。这种叙事思路若是有意识地用在"江南文化"的语境中去寻找"物的关联"，将为区域博物馆讲述"江南故事"提供坚实的学术根基和展览叙事借鉴。

不同于"每月一珍"，上海博物馆于2020年5月推出的"春风千里——江南文化艺术展"是真正有意识地在长三角一体化发展的政策语境下，为响应上海市委、市政府《关于全力打响"上海文化"品牌加快建成国际文化大都市三年行动计划》而策划的大型主题艺术展。展览共展出文物197件/组，以上海博物馆馆藏文物为主，借展安徽博物院、南京博物院、浙江省博物馆等15家文博单位重要文物，涵盖骨角器、玉石器、青铜器、陶瓷器、书画、古籍、漆器、家具、印章等诸多门类，无疑是长三角区域博物馆携手共建江南文化记忆的案例典范。从展览叙事来看，在"江南文化"的大主题下，五大板块"悬古垂文——我欲因之梦吴越"溯本寻踪，突出江南社会民风由尚勇至崇文的转变；"安礼达生——何妨吟啸且徐行"由"五礼"入手，表现江南"仓廪实而知礼节"与规范之外的寄托与通达、"自由"与"诗性"；"铸业铭志——文采风流今尚存"讲述江南人物"诗性"之外的责任、思想与气节；"雅意闲趣——南国古来风物好"再现古代江南文人鉴古藏珍的雅意生活和诗书画印创作；"怀器鸣棹——直挂云帆济沧海"展开一幅大运河与海上丝绸之路繁荣并臻、江南城镇"商贾辐辏，百货骈阗"的画卷[5]。五大板块各自独立成章，分别表现了崇勇尚智又文秀典雅的江南基调、安礼乐仪又旷达洒脱的江南性情、治平济世与明德修身的江南人物、阳春白雪与市井浮生的江南风尚、抱诚守真又开放兼容的江南器度，但又共同诠释着"江南文化"诗性、自由与责任等特质，是典型的"主题—并置"叙事模式。可预想，这一叙事模式在未来将普遍用于区域博物馆的整体叙事，而非线性叙事其他几类结构模式，如：戏中戏（嵌套）、双时空（历史与当下交织）、对话式复调（同一主题的多侧面论述、多重内聚焦视角）、对位式复调（多视角立体式叙事）等。是否能够用于区域博物馆创新整体叙事，也十分值得期待。

安徽博物院于2018年12月推出的"向往——'我'与安徽改革开放四十年"属于封闭自足的区域博物馆叙事，将其置于"江南文化"整体叙事的语境下去观视，乃是因为区域博物馆当代性叙事本身就共享着相同的时代语境和政策背景，天然带有整体叙事的属性，能够相互产生共鸣与对话。"向往"展是响应时政热点的产物，以红色基因传承与时代精神遥相呼应，从而完成对区域红色文化的构建，这也是中国区域博物馆的共同叙事主题。"向往"展能够获得第十六届全国博物馆十大陈列展览精品推介"特别奖"，其特别之处在于以"我"为主体的个人叙事，通过观众全程参与、"家"的场景复原等，给观众以沉浸式体验，让其亲眼见证、亲身感受到改革开放带来的获得感和幸福感，凸显微观层面的人文关怀，这也是当年度唯一一个从民生视角来讲述改革开放四十周年故事的展览。展览由四位青年策展人进行"零展品"策展，以"我"的全新眼光去观视、释读，乃至重构这段历史，能够将时代感性很好地带入其中，进而把握住观众观展的共情心理。以开门办展的方式为"零展品"破局，通过向社会发布"展品征集令"吸引公众参与，借机与这些改革开放的亲历者们接触交谈，收集文化记忆，更进一步将"口述史"植入展览，如邀请"老鞋匠"闫道庭向观众亲述自己如何凭借辛勤劳动实现在省城置下五套房产的奇迹。个人叙事与口述史的植入，供销社、美发店、教室、婚房等老场景的复原，老照片、老影视片段的循环播放，"希望的田野""春天的故事""美好新时代"等入耳的乐曲，观众留言本、照片墙等，都向观众呈现出完全开放的叙事姿态，邀请观众参与其中，通过对话与互动，共同完成展览的当代性叙事，共同构建当代的"安徽精神"，创造安徽人民新的"共同记忆"。"向往"展的个体叙事模式，也可为长三角区域红色文化共建，提供区域博物馆当代性叙事的新视角。

3. 长三角开放性叙事的理论探索

长三角一体化发展语境下的区域博物馆开放性叙事路径探索与实践，才刚刚起步。如前所述，"江南文化"版图还存在着历史与当代的错位，边缘区与核心区的融合、共性文化根基的厚植，尚需要理论的建构，方能更好地为区域博物馆开放性叙事实践提供指引。在前举的三个案例中，"每月一珍"的借鉴意义尚不能补足"江南文化"语境的欠缺。而在历史上，江浙沪皖地缘相近、人缘相亲、商贸往来频繁，由此试从理论层面探索为区域博物馆开放性叙事寻求新的"物的关联"：

一是在地缘文化上，明清时期安徽江苏长期同属一省（明属南直隶，清属江南省），两省之间横向上的沟通认同大于各自省内纵向上的认同；淮河连接皖北和苏北，长江贯通四省市，沿线城市与南京、苏州交流往来频繁，新安江则推动皖南接受浙北吴文化的辐射；大运河作为贯通南北的交通大动脉，从西晋永嘉南迁催生"江左风流"，到宋室南渡奠定"天上天堂，地下苏杭"，再到明清盛世江南"无徽不成镇"，历史上江南文化的每一次高潮都离不开其所承载的文化交融。这些横向或纵向的跨区域文化联系，都可以作为文化主题或文化现象去搜集"物的关联"。

二是在人缘文化上，永嘉之乱、安史之乱、靖康之难促成中原士民三次南迁，江浙沪皖在不同程度上都受到中原文化的影响，尤其是北方士族散落各地聚居，受侨姓文化世族的影响，江南土著大族也逐步演变为文化士族，江南文化由"尚武"转为"崇文"。这一文化共性历时长，影响广泛，区域博物馆可以"物证"参与江南文化研究学术共同体的共时研究与成果分享。

三是在商贸往来上，历史上浙商、苏商、徽商都是著名商帮，可以三大商帮活动线路为研究索引，串联起江南文化与各区域文化的发展脉络与交错联系。以徽商为例，提取"无徽不成镇"为亮点，重点研究明清徽商活动线路对江南文化所产生的深远影响，尤其是江南市镇中留存的徽州建筑痕迹、明清江南文学和戏曲评弹中的徽商形象等，同时深挖徽商贾儒精神对当代商业文化的启发。从区域博物馆叙事来看，徽学作为与敦煌学、藏学并列的国内地域文化三大显学之一，无论是学术研究还是文物实存都十分丰厚，但以商帮为索引跨学科寻找"物的关联"还有待实践。

总之，在长三角一体化发展的语境中，区域博物馆叙事应以开放性叙事为发展方向，打破学科壁垒，深挖文物隐藏信息，强化区域文化之间的相互关联。借鉴非线性叙事策略，进一步强化博物馆叙事的对话性与当代性，让静止客观的形式转变为带有情感温度的主观物质，引导观众自觉建立对整体叙事的时间性和空间性联系，从而在完成区域自身叙事的同时也促成整体叙事的建构，为中国特色话语体系构建提供博物馆的叙事表达。

【注释】

[1] 中共中央国务院印发《长江三角洲区域一体化发展规划纲要》，载新华网，http://www.xinhuanet.com/politics/2019-12/01/c_1125295202.htm。

[2] 唐力行：《一个以上海为龙头的"新江南"正在崛起》，载上海市社会科学界联合会官网，http://www.sssa.org.cn/xsyt/680120.htm。

[3] 中共中央办公厅 国务院办公厅印发《大运河文化保护传承利用规划纲要》，载新华网，http://www.xinhuanet.com/2019-05/09/c_1124473457.htm。

[4] [英]麦格雷戈：《大英博物馆世界简史》，译者：余燕，北京：新星出版社，2017年，第1~13页。

[5] 王笈：《上海博物馆"春风千里——江南文化艺术展"开幕》，载中国新闻网，http://www.chinanews.com/cul/2020/05-25/9194544.shtml。

【参考文献】

[1] [美]西摩·查特曼：《故事与话语》，北京：中国人民大学出版社，2013年。

[2] 龙迪勇：《空间叙事学》，上海：生活·读书·新知三联书店，2015年。

[3] 许捷：《叙事展览的结构与建构研究》，浙江大学博士学位论文，2018年。

[4] 胡为一：《开放的叙事——从接受性参与到主动参与》，中国美术学院硕士学位论文，2016年。

[5] 高明珍、光唯：《微电影开放性叙事分析》，《电影文学》2016年第20期。

[6] 周安翠：《博物馆主题展览叙事研究》，南京师范大学硕士学位论文，2016年。

[7] 穆力兵：《博物馆、科技馆展览叙事结构及叙事载体分析》，《自然科学博物馆研究》2018年第2期。

中小型博物馆在地域文化弘扬上的传承创新
——以台州市博物馆为例

程 龑（台州市博物馆）

摘要：博物馆作为对人类和人类环境的物质见证进行收集、保护、研究、传播和展览的重要机构，与区域文化之间存在着密不可分的联系。博物馆肩负承载和传承区域文化的使命，区域文化为博物馆的发展注入生命活力。在博物馆事业发展不平衡的当下，汇入中国话语体系的区域文化表达，对于中小型博物馆而言尤为重要。本文以台州市博物馆为例，探讨台州市博物馆面对藏品匮乏、人力紧张等不利因素之下，利用多维度融合区域文化元素的体验式展陈、深挖地域文化魅力的宣教活动，开展区域文化的弘扬。分析台州市博物馆在2016~2020年期间，以讲故事的展览、创新的宣教活动、文化IP原创、文旅融合思维等方式进行创新，在呈现区域文化特殊现象的同时，梳理出区域文化与中华文化的内在关系。并结合笔者的一线工作经验，阐述几点思考，以期为促进中小型博物馆的区域文化弘扬建言献策。

关键词：台州市博物馆；地域文化；文化IP；文旅融合

一、前言

改革开放40余年来，我国博物馆事业飞速发展，博物馆数量从1978年的349家增长到现在的5000多家，年参观人数接近10亿人次，年举办展览2万余个，教育活动20万次[1]。伴随着近几年《我在故宫修文物》《上新了故宫》《国家宝藏》等一批接地气的文博类节目的热播，不仅将"博物馆热"从线上带到了线下，还带来了观众观念的转变，点燃了社会公众对于文物鉴赏和博物馆参观的热情，掀起了博物馆参观的热潮。文旅融合降低了博物馆参观的门槛，带来了更广范围的社会公众[2]。博物馆作为对人类和人类环境的物质见证进行收集、保护、研究、传播和展览的重要机构，与区域文化之间存在着密不可分的联系。广大博物馆，特别是区域综合型博物馆，感受着区域文化为自身发展注入的生命活力，肩负着承载和传承区域文化的使命。

台州市博物馆是一座位于浙江省东南部的地市级综合型博物馆，位于台州市市民广场，毗邻台州市图书馆、文化馆、科技馆等台州市主要文化服务场馆，建成开放于2016年7月，目前已接待到馆观众超150万人次。由于一些特殊原因，建馆之初即面临着馆藏文物较少、展陈空间有限、工作人员数量较少的重大挑战。基于此，台州市博物馆对本土文化内容进行深耕，探索服务方式方法的创新，认真进行自我定位。经过对自身优劣势的分析，决定规避"器物定位型"展陈这一劣势，运用"讲故事"的方式，采用当前国际上比较前沿、较为流行的、富有科学内涵的博物馆展陈新理念，即"历史的记忆""自主学习型""增加回头率"等设计思想，综合运用各方面元素，结合辅助场景，多维度呈现台州这座城市的历史发展面貌，讲述历史文脉与传承。在宣教活动的开展上，通过深挖地域文化，推出了"小顽童、大历史""大工匠""感受家乡风物之美——STEAM课程"等品牌教育活动。在文化创意方面，以和合文化为核心，推出了和合二圣人物IP系列文创。此外，台州市博物馆积极拥抱文旅融合大趋势，用旅游的思维助力博物馆区域文化故事的讲述，于2019年12月成功创建国家3A级景区，以提升观众到馆的参观体验感。

在博物馆事业发展不平衡的当下，这种发挥自身优势，以扬长避短的方式讲述区域故事的方式，形成了一定的台博特色，对于中小型博物馆而言尤为重要。本文拟结合笔者在台州市博物馆七年来的工作体会，对本馆在区域文化弘扬方面的举措，做一浅要分析，以求教于方家。

二、用精品展陈讲好区域故事

（一）用常设展陈讲好区域故事

被誉为人类文明宝库、文化殿堂、智慧结晶的博物馆是城市历史的记录者和展现者[3]。台州市博物馆以"记得住乡愁、留得下情怀"为办馆宗旨，努力践行并探索着博物馆在文化建构中的角色与使命。"十二五"期间的基本陈列主要有两大类组织方式，即叙事型与类型学。在涉及区域历史文化和具有明显逻辑线索的展览中，许多博物馆开始采用叙事的方式，"讲故事"的概念开始在博物馆展览中流行[4]。台州市博物馆即为其中的一员。

台州市博物馆的基本陈列展览在设计之初即以呈现台州先民所创造的历史文化和精神文化遗产为着力点，分历史和民俗两条脉络梳理了台州的历史，并在展示过程中采用历史现象还原的情景再现技术来叙述区域性历史文化故事，通过文物、文字、场景、声光电技术等有机组合的方式进行展现，给观众以身临其境之感。基本展陈"山魂海魄——台州地区历史文化陈列"以台州地区历史发展的主要阶段为依据，勾勒出历史演变发展的主要脉络，分"序厅、灵江之畔、章安古港、天台之州、赤城潮涌"五个单元呈现台州历史，将台州的建制沿革、重大历史事件、重要的文化创造与历史上的杰出英才等内容贯穿于其中，让观众得以更为深入的认识与理解台州，自觉地激发观众的文化自觉与自信。

基本展陈"大地情怀——文化地理学视野中的台州民俗陈列"则是国内第一个采用文化地理学视角策划的民俗类陈列展览，在参评2016年度浙江省十大精品陈列展的过程中，得到了专家学者的高度认可，获得了第二名的成绩。民俗厅的展陈从"记得住乡愁、留得住情怀"的策划原则出发，在设计之初即通过台州地域范围内民俗起源地实地勘察的方式，进行采样，力争在展厅内实现多地区场景的高度还原，带给观众以身临其境之感。展厅内均匀布置了三十余处互动装置，极具"可看性、可玩性",并对3项国家级、6项省级非遗项目进行了展示。以"石塘渔村"造景为例，在国内率先采用多感官刺激的方式，将视觉、听觉、嗅觉、风感四重感官作用于观众。

（二）引进临时展览讲好区域故事

考虑到台州市博物馆的常设展览无法经常进行更替变化，引进优秀的临时展览也是台州市博物馆讲述自身故事的一种方式。为此，台州市博物馆积极引进展品可看度高、能引发观众共鸣的精品展览，与全国其他地区的博物馆建立一定的文化交流，让广大市民能够近距离了解其他地域、文化特色的专题展览。

2016-2020年期间，台州市博物馆先后引进了"黄宾虹书画展""诸侯的礼乐 来自周王朝的青铜瑰宝""驼铃古道 锦绣丝路""紫气东来 圣旨驾到——明清圣旨精品展""福建外销瓷展""釉光溢彩——洛阳市文物考古研究院唐三彩特展"等大型临时展览，极大地丰富了市民们的精神文化生活。除却引进区域外的大型临时展览外，台州市博物馆更结合区域文化实际，结合所处的地域文化特色，积极服务于本土收藏家、文博爱好者、民间工艺大师等群体。通过精心策展的方式，让文物藏品更传神地传递历史信息，更温情地讲述台州故事，先后举办了"绣都藏秀——廖春妹刺绣收藏展"、台州民间珍藏造像铜炉展、临海市博物馆馆藏金石书画展、"义武奋扬——台州冷兵器收藏展""艺魂——吴岳 孙亮 椒二职大型玻璃作品联展"、台州市第九届根艺盆景艺术精品展等展览。自台州市博物馆建成开放以来，台州市博物馆累计引进临时展览30余场次，以中国传统文化与台州地区文化相结合、比对的展示方式，为来馆观众讲述中国故事。

三、用宣教活动讲好区域故事

（一）基于基本展陈、临时展览推出精彩纷呈的宣教活动

为了避免"博物馆只逛一次就够"的尴尬，台州市博物馆围绕基础展览和临时展览开展了一系列的延伸教育和拓展服务。以基本陈列"山魂海魄历史厅"的和合文化专区陈列为例，展厅当中通过实物藏品以及声光电技术展示和合文化。考虑到展览展示更多的是观众被动的接收讯息。我们从独具台州特色的"和合文化"入手，开展"我为和合文化代言"系列活动，开设"和合剪纸""和合篆刻""和合陶泥""和合刺绣""和合文化"小小讲解员等活动，取得了较好的社会反响，彰显了台州的和合文化。当青少年群体经由参与活动亲手制作有关和合主题的相关物件，再由讲解员和活动老师引导至展厅的和合文化专区，此时，带有个人深刻体验的讲解聆听无疑会达到较好的效果。

在"和合"系列主题活动取得良好社会效应后，我们继续针对基础常设展览中的藏品"金书铁券"，设计开展了汉服体验之"免死金牌的故事"小课堂。通过在活动结束后收集观众意见，探索后期可以重点加以解读的观众感兴趣的文物。这种充分考虑受众需求的活动开展方式，大受欢迎。我们随后又针对台州刺绣研发了"大工匠"系列活动、在受众感兴趣的热点精品文物基础上加以提炼形成"小课堂 大历史"课程，通过对展览进行上述方式的延伸和拓展，吸引不同类型的群体多次走进博物馆，保持着博物馆"常看常新""总也不厌"的特质。

围绕临时展览，台州市博物馆下大力气对其进行挖掘，基于对台州本土历史文化的理解，对引进的展览进行一定的"再加工"。以"洛阳考古所馆藏唐三彩展览"为例，台州市博物馆围绕不同的受众群体,推出了一系列丰富多彩的活动,如:针对儿童观众推出"大工匠——纸间盛唐"和"小玩童——釉光溢彩、小小考古家"系列活动;针对年轻受众,从传统文化服饰的挖掘入手,推出夜场活动"唐潮一梦——博物馆奇妙夜"。尤其是奇妙夜配展活动,用创新的手法讲述中国故事,当日入馆参观人数高达4000多人次,"博物馆奇妙夜"直播总点击量76.5万,成为区域文化活动当中的现象级"爆款"。

(二)开拓思路,整合社会资源共同开设steam课程

台州市博物馆以远少于全省同体量场馆的工作人员数量,服务了将近150万人次的到馆观众。相对较少的人员数量在一定程度上限制了活动的开展,但却挡不住团队成员集思广益、开拓创新的思路。为了更好地讲述区域文化故事,台州市博物馆深度挖掘潜力,自2018年9月份开始,联合社会力量,开启了博物馆STEAM课程。意图以儿童视角,在有效融合STEAM教育理念的同时,让参与者感受台州文化、中国传统文化的浸润。

如表一所示,台州市博物馆深度分析展陈中的台州文化内涵,从生命、环境、物质、技术、工程入手,让青少年以全新的视角体验、感受博物馆。

以台州市博物馆STEAM课程工程系列"从三门石窗到未来之窗"为例,课程以民俗厅基本展陈"三门石窗"为立足点,重点放在引导学生采用学科融合的学习方式,运用跨学科思维解决现实问题。带领儿童观众从初步探索石窗的构造,到过去至未来发展的历程。从对石窗构造的构图,到构图手稿付诸实践,完成现实版的"石窗"。

图1 配展活动:"纸间盛唐"传承手艺人的工匠精神

图2 配展活动:小课堂 大历史之唐三彩纸间盛唐

图3 配展活动:唐潮一梦台州市博物馆奇妙夜活动

图4 参与台博STEAM课程的小学生动手制作"石窗"

表一　台州市博物馆 STEAM 课程表（第一期）

课时安排	STEAM 涉及领域	课程主题
1	生命	《生命的由来（立体绘画）》
2	生命	《生命的周期循环》
3	环境	《河流有生命，江河有故事》
4	环境	《家乡的田野与河流》01
5	环境	《家乡的田野与河流》02
6	物质	纸与色彩的探索——纸的历史
7	物质	纸与色彩的探索——不同材质的纸可以做什么
8	技术	光的探索01——无骨花灯的考察，光的物理性
9	技术	光的探索02——灯的应用
10	工程	唐诗之路——古诗与建筑
11	工程	唐诗之路——古镇与城市空间
12	工程	灿烂文明——轮子的使用
13	工程	灿烂文明——榫卯结构
14	工程	未来建筑——动物之城
15	工程	未来城市——三门石窗到未来之窗
16	工程	自己的家——归纳整理的奥妙
17	工程	探险金字塔

在长达 17 次课程的过程中，我们以台州历史文化故事为核心，将重点放在引导学生采用学科融合的学习方式，运用跨学科思维解决现实问题，不断提升学生的逻辑思维能力、解决问题的创新能力、团队合作能力。

（三）培育小小讲解员，形成台州故事的文化传承

在宣教活动开展的过程中，我们也积极探索如何将地区文化更好地传播给更多群体，如何让青少年更好的感悟区域文化。除却邀请专家学者在馆内开展"台博大讲堂"学术讲座、送讲座进入校园外。颇具特色的就是小小讲解员的培养。台州市博物馆建馆以来开展了 7 期小小讲解员的招募与培训活动，培育了 160 余名言语幽默、充满自信的讲解员。在展览过程中，展品是博物馆信息传播的核心载体，观众观展主要就是从展品中获取信息、了解其中的文化意义。台州市博物馆的宣教活动，安排让青少年们以博物馆"小主人"的身份深入了解藏品，熟记文物的来龙去脉，再通过个人理解，用相对专业的语言介绍给成年观众。这种方式，不仅增强了青少年的表达能力和社会交往能力，也提升了他们的自信。与此同时，根据不同年龄段学生的特点，台州市博物馆分别针对小学二年级至六年级和初中阶段的报名学生，开设不同的讲解培训，定向指导"无骨花灯""和合文化""章安古港""灵江之畔"讲解稿的撰写，要求他们结合自身对于藏品的理解和观感进行讲解，这样的讲解生动活泼而不生硬，是青少年内心感受的真实表达，也让到馆观众在聆听讲解时印象深刻。以这样的方式，让青少年将区域文化内化于心，外化于行，形成台州文化的代际传承。

四、用原创文化IP、文创产品讲好区域故事

台州市博物馆于 2017 年年底启动博物馆文创系列产品的开发工作，将"和合二仙"原创 IP 形象衍生到文具和家居等文创产品上。IP 即为 Intellectual Property 的缩写，中文直译为"知识产权"。知识产权又称精神产权、智力成果权，是指在人类的精神生产过程中，基于人的脑力劳动创造出来的，具有一定表现形式的一切科学成就[5]。台州市博物馆通过深度挖掘寒山拾得人物造型的历史底蕴，使用和合二圣、和合精神为元素，设计了原创 IP 形象，将传统文化与当下紧密结合，彰显台州作为和合文化起源地的独特魅力。

2018 年 4 月 27 日，和合二圣首度亮相第十三届中国（义乌）文化产品交易会。在义乌国际博览中心，两个憨态可掬的童子形象吸引了不少人——手拿莲蓬的小娃娃叫寒山，头顶盒子的叫拾得。和合二圣的第一次登场便得到了人民日报海外版的报道。2018 年 10 月 25 日，市博物馆又赴北京参加中国北京国际文化创意产业博览会，和合文化系列文创产品受到了国际友人、专业观众和文博同行的一致好评。2019 年 4 月 27 日，和合二仙文创系列产品伴随着产品线的进一步丰富，再度亮相义乌文交会。并于 2019 年 5 月 16 日，作为台州和合文化代表团的一员，赴深圳展示和合魅力。2019 年 8 月 21 日至 24 日，和合二圣作为文旅融合的台州元素符号，精彩亮相于友好城市通化的第五届吉林通化松花砚文化旅游节，讲述台州故事。

台州市博物馆以和合二圣为原型设计的文创产品，涵盖了蒲团扇、折扇、鼠标垫、尺子、书签、便签本、手机壳、懒人沙发、雨伞、帆布包、

徽章等系列，合计21个品种，一经亮相便受到市民的追捧。市博物馆在组织宣教活动的过程中，将该系列的产品赠送给志愿者、来馆观众、台州友好城市。值得一提的是，台州市博物馆原创的和合二圣人物形象，在台州创建国家级公共文化示范区时，作为创建的"形象代言人"，出现于全市公共文化服务设施的宣传展示当中。以老少咸宜、接受度高的和合二圣人物形象作为海报设计，易于拉近受众与公共文化宣传的距离。

图5　台州市博物馆原创IP和合二圣形象被运用于台州国家公共文化示范区创建工作当中

五、用文旅融合思维创设更优质的文化体验

诚如朱莉、丁燕所言"由博物馆所引导的文化，它不仅仅只被理解成城市过去的标志和记录。更应该将它看作城市文明的推进者和引导者，鼓励其搭建文化多元性展示的舞台，利用特有的资源和方式，为城市乃至社会提供精神文明的有力支持。"[6]作为中小型文博场馆，台州市博物馆深知自身在馆藏、展陈水平等方面与大型场馆的差距，希望在日常管理等方面，以参观者为中心，创设更优质的文化体验。

围绕台州全市创建全国文明城市这一契机，台州市博物馆聘请设计师设计制作社会主义核心价值观展示系统，增设LED屏幕，不间断滚动播放公益广告、展陈信息。增加贴心服务，添置免费纸巾机、观众休闲区、志愿者休息驿站等服务设施。积极探索志愿者团队培育与建设的有效方式，对标国家标准，结合"和合文化"的内涵，建设了一支高素养的"和合志愿者"服务团队，开展定点定时讲解服务，累计为观众提供了1859场免费的专业讲解服务；设置学雷锋志愿服务站，党员文化志愿者服务队获评浙江省2017年度优秀文化志愿者服务团队。志愿者服务遵循奉献、友爱、互助、进步的精神，逐步成为台州市博物馆文化的一部分。

围绕"最多跑一次"改革，台州市博物馆又增设城市主干道道路交通指引标志、公交站点标志、母婴室等服务设施，母婴室还获评浙江省省级"妈咪暖心小屋"示范点。为了让"诗歌与远方"更好地走在一起，围绕2018年提出的文旅融合，台州市博物馆增设人脸识别设备、文博一体机、游客中心、医务室、便民充电宝、便民饮水机、家庭卫生间等便民服务设施，改造馆外周边路灯、停车指引标志、遮雨顶棚，用观众思维优化博物馆参观指引，并于2019年12月成功创建为国家3A级旅游景区。通过网站和公众号展示虚拟展厅、3D文物等数字化资源，推出"台博君"虚拟人物，开发"台好玩啦"微信小程序，增设文博一体机等数字化展示设备，向观众提供互动性更强的体验。

综合上述举措，台州市博物馆用自身行动践行文旅融合，讲好区域文化故事、中国故事，赢得了良好的社会声誉。

六、结语

任何一种文化只有走进大众，走进日常生活，才能被百姓所接受，才能不断激活文化的基因，使之不断得以传承和创新。能够以多样化方式靠近大众的文化保护不仅使文化的价值得以发挥，而且其本身得到了传承。毕竟文化只有全方位的融入人民生活的各个领域、各个环节，与人民生产生活深度融合，才有长久生命力，才能真正实现活起来、传下去。作为藏品匮乏、人员编制数较少的中小型博物馆，台州市博物馆的运行发展其实面临着很多问题，但即便如此，台州市博物馆也不断要求自身对本土文化内容进行深耕，探索服务方式方法的创新，努力提升区域内文化的传播和服务水平。

结合笔者的从业心得，认为台州市博物馆积极探索区域文化的传播实践方式，对于提升台州的城市文化内涵，丰富广大市民的日常精神生活，增强市民的家乡情怀发挥了重要的作用，个中举措也值得其他同类型的中小型博物馆参考借鉴。诚如我馆的宗旨"记得住乡愁，留得下情怀"所言，作为地市级综合型博物馆，希望通过在区域文化表达上的精耕细作，更好地培养观众参观博物馆的兴趣，养成全家共同来博物馆体验文化的意识，让孩子们从小爱上博物馆，让成年人成为博物馆参观的爱好者，让老年人感受博物馆与自身的情感连接，让喜欢来博物馆的观众们更频繁的参观博物馆，成为台州文化的代言人。

台州作为和合文化的圣地，需要以博物馆在内的公共文化服务机构深入探索和合文化与中华文化的内在关系，并加以弘扬、传播。台州市博物馆和合系列活动的推出、和合二圣IP系列文创的打造，都是台州市博物馆中国故事传播的系列实践探索。希望未来能够有更多的公共文化场所，结合自身职能，为市民、为广大群众提供更为丰富的中华文化系列产品和服务，让中国历史、中国故事在新时代焕发更多的光彩。

【注释】

[1] 施雨岑：《年参观人数近10亿 中国博物馆如何激发内生动力》，载自新华网，http://www.xinhuanet.com/2018-12/25/c_1123903800.htm。

[2] 钱兆悦：《文旅融合下的博物馆公众服务：新理念、新方法》，《东南文化》2018年第3期。

[3] 单霁翔：《博物馆的社会责任与城市文化》，《中原文物》2011年第1期。

[4] 国家文物局博物馆与社会文物司（科技司）著：《博物馆陈列展览通览》，北京：当代中国出版社，2017年，第9页。

[5] 梅宪华：《知识产权概论》，上海：上海人民出版社，1995年，第3页。

[6] 朱莉、丁燕：《博物馆：城市文明的践行者》，《携手2010：宁波国际博物馆高峰论坛论文选辑》。转引自单霁翔著：《走过关键十年 当代文化遗产保护的中国经验 第三卷 走向"大千世界"的中国博物馆》，南京：译林出版社，2013年，第13页。

中国博物馆协会博物馆学专业委员会 & 浙江省博物馆出版的学术研讨会论文集系列

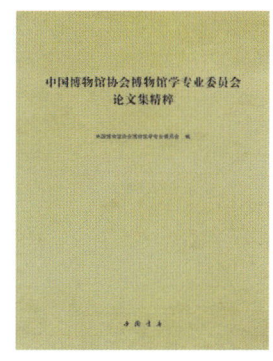

《中国博物馆协会博物馆学专业委员会
论文集精粹》

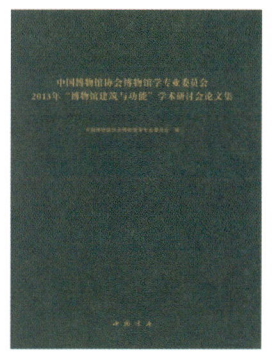

《中国博物馆协会博物馆学专业委员会
2013年"博物馆建筑与功能"学术研讨会论文集》

《中国博物馆协会博物馆学专业委员会
2013年"博物馆与教育"学术研讨会论文集》

《中国博物馆协会博物馆学专业委员会
2014年"博物馆个性化研究"学术研讨会论文集》

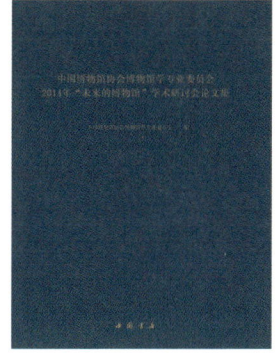

《中国博物馆协会博物馆学专业委员会
2014年"未来的博物馆"学术研讨会论文集》

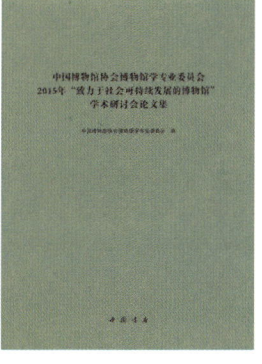

《中国博物馆协会博物馆学专业委员会
2015年"致力于社会可持续发展的博物馆"
学术研讨会论文集》

《中国博物馆协会博物馆学专业委员会
2016年"博物馆的社会价值研究"
学术研讨会论文集》

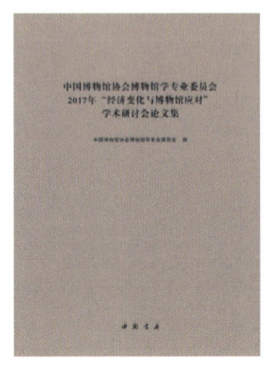

《中国博物馆协会博物馆学专业委员会
2017年"经济环境变化与博物馆的应对"
学术研讨会论文集》

《中国博物馆协会博物馆学专业委员会
2018年"理念·实践——博物馆变迁"
学术研讨会论文集》

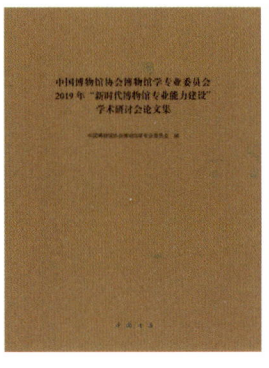

《中国博物馆协会博物馆学专业委员会
2019年"新时代博物馆专业能力建设"
学术研讨会论文集》

《中国博物馆协会博物馆学专业委员会
2020年"博物馆与中国特色话语体系构建"
学术研讨会论文集》